한눈에 파악하고 한번에 적용하는

# 초등 통합교과 수업 대백과 152

한눈에 파악하고 한번에 적용하는

# 초등 통합교과 수업 대백과 152

**초판 1쇄 펴낸날**　2026년 2월 13일

**지은이**　전상현
**펴낸이**　홍지연

**편집**　홍소연 김선아 차소영 이예은 서경민
**디자인**　이정화 박태연 정든해 이설
**마케팅**　강점원 원숙영 김신애 김가영 김동휘
**경영지원**　정상희 배지수
**저작권**　한지훈

**펴낸곳**　㈜우리학교
**출판등록**　제313-2009-26호(2009년 1월 5일)
**제조국**　대한민국
**주소**　04029 서울시 마포구 동교로12안길 8
**전화**　02-6012-6094
**팩스**　02-6012-6092
**홈페이지**　www.woorischool.co.kr
**이메일**　woorischool@naver.com

© 전상현, 2026
ISBN 979-11-6755-368-3 03370

• 책값은 뒤표지에 적혀 있습니다.
• 잘못된 책은 구입한 곳에서 바꾸어 드립니다.

**만든 사람들**
**편집**　이선희
**디자인**　책은우주다

# 초등 통합교과 수업 대백과 152

전상현 지음

우리학교

# 초등 학생을 위한 통합교과,
# 어떻게 제대로 준비하고 가르칠까?

'오늘은 통합교과를 어떻게 가르치지?'

몇 년간 2학년 담임, 그리고 1학년 담임을 맡으며 매일 아침 교실 문을 열 때마다 똑같은 고민을 했습니다. 교과서를 펼쳐도, 지도서를 살펴봐도 막막하기는 매한가지였지요. 바쁜 일상 속에서 차시마다 창의적인 수업을 준비하기란 쉽지 않았으니까요.

저처럼 이런 고민을 하는 선생님들이 많을 테지요.

'다양한 수업 자료가 있다면 선생님들에게 큰 도움이 되지 않을까?'

그래서 저는 교과서 활동 외에 1, 2학년 선생님들이 교실에서 바로 활용할 수 있는 수업을 하나씩 실천하기 시작했습니다. 이 책은 바로 그 결실입니다.

## 수업을 고민하고, 함께 나누는 교사

돌이켜보면 저는 늘 수업을 고민하는 교사였습니다. 그동안 『메이커 교육 사용 설명서』,『생태 환경 수업 대백과 100』등 수업 관련 책도 출간했습니다. 그 과정에서 다양한 선생님과 수업 이야기를 나누었고, 또 그러면서 다시 수업을 만들어 갔지요. 이번에는 통합교과 수업에 어려움을 겪는 선생님들을 위해 이 책을 출간하게 되었습니다.

### 이 책의 구성

내용 역시 초등 1학년 통합교과 주제인 학교, 사람들, 우리나라, 탐험, 하루, 약속, 상상, 이야기 교과서를, 초등 2학년 통합교과 주제인 나, 자연, 마을, 세계, 계절, 인물, 물건, 기억 교과서를 순서대로 정리해 학습안으로 담았습니다. 무엇보다도 주제마다 10개 안팎의 수업 사례를 제시해, 선생님들이 필요한 내용을 쉽게 찾아 활용할 수 있도록 정리했습니다.

이 책은 학생들의 성장 호흡에 맞춰 2년의 여정을 4가지 색깔의 수업으로 그렸습니다. 1학년 1학기는 낯선 학교가 따뜻한 배움터가 되도록 '만남과 적응'에 집중했습니다. 친구 얼굴을 그리며 어색함을 깨고, 보물찾기하듯 학교 곳곳을 탐험하거나 노래와 춤으로 학교를 배우는 놀이를 통해 즐거운 등굣길을 열었습니다. 1학년 2학기는 그림책을 통해 '상상력'을 깨우고 '소중한 약속'을 배우는 시간입니다. 엉뚱한 상상으로 나만의 이야기를 펼치는 것은 물론, 우리가 지켜야 할 약속과 환경의 소중함을 그림책으로 배우며 더불어 사는 마음을 기르도록 이끌었습니다.

2학년 1학기는 시야를 넓혀 '나와 세상의 연결'을 고민했습니다. 나에 대해 깊이 탐구하는 것을 시작으로, 교실 밖으로 나가 우리 마을의 숨겨진 보물을 찾고 마을 이름을 활용해 예술 작품을 만드는 생생한 탐구 활동을 통해 내가 사는 지역에 대한 애정을 키우도록 했습니다. 마지막 2학년 2학기는 배움을 다지는 '성장과 확장'의 시기입니다. 시시각각 변하는 계절을 온몸으로 느끼고 다양한 인물과 직업, 과거와 현재의 물건을 탐구하며 생각의 폭을 넓혔습니다. 그리고 지난 추억을 갈무리하며 의젓한 3학년으로 나아갈 단단한 힘을 채워 주는 수업 들로 학생들을 응원했습니다.

각 수업 사례는 다음과 같이 구성했습니다.


**수업 사진**: 실제 수업 장면을 담아 수업 분위기를 한눈에 파악할 수 있다.

**수업 흐름 안내**: 도입부터 마무리까지 수업의 전체적인 흐름을 이해하기 쉽게 설명한다.

**수업 준비물 제시**: 필요한 준비물을 명확하게 제시하여 수업 준비 시간을 단축한다.

**활동 순서 정리**: 단계별 활동 순서를 일목요연하게 정리하여 수업 진행이 쉽다.

**상현달* 선생님의 수업 사전**: 수업을 진행하며 얻은 노하우와 팁을 담았다.


또한 학부모와 아동의 동의를 받아 수업 장면이 담긴 사진을 실었고, 수업 사례마다 실제로 활용한 학습지 목록 출처를 에필로그에 QR 코드로 수록해 선생님들이 한눈에 수업을 이해할 수 있도록 했습니다. 학습지 목록의 활용도를 높이도록 무료로 파일을 내려받을 수 있는 동시에 한글 파일 형태를 취해 선생님들이 학급 상황에 맞게 수정해 사용할 수 있습니다.

---

* - '학생들의 꿈이 보름달로 차오를 때까지 가장 먼저 떠서 길을 비추는 상현달'이라는 의미를 담은 저자의 닉네임.

이 책이 통합교과 수업을 준비하는 전국의 모든 선생님에게 조금이나마 도움이 되기를 바랍니다. 저 또한 여전히 수업을 고민하고 더 나은 수업을 위해 노력하는 교사로 살고 있습니다. 앞으로도 수업을 고민하는 교사, 수업을 나누는 교사로 선생님들과 같이 성장할 수 있도록 열심히 교실 현장에서 이 길을 걸어갈 것입니다.

선생님들의 교실에서 아이들의 웃음소리가 가득하기를, 그리고 이 책이 그 웃음을 만드는 작은 씨앗이 될 수 있기를 소망합니다.

2026년 2월

새학기를 준비하며

#  차례

초등 **1학년 2학기** 통합교과 수업

## 초등 2학년 2학기 통합교과 수업

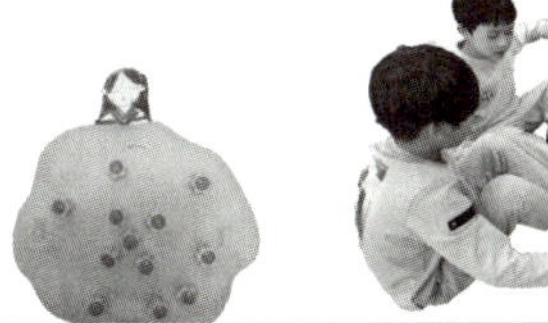

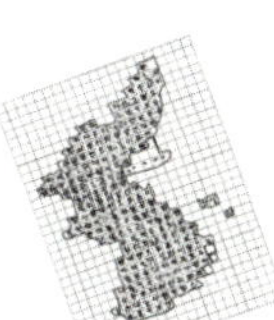

|1권|
초등 1학년 1학기 통합교과 수업
학교

# 그림책 『우리 반』을 읽고
# 꽃처럼 아름다운 우리가 되어 볼까?

## 어린이들을 꽃에 비유하며 다양성과 개성을 존중하는 마음을 길러요

그림책 『우리 반』은 어린이들을 꽃에 비유하며 각자의 다양성과 개성을 존중해야 한다는 내용이 담겨 있어요. '모두 다른 모습과 색깔로 어우러진 소중한 존재'라는 메시지가 시적 언어와 따뜻한 그림으로 표현되어 있어 학생들이 서

로의 다름을 인정하고 존중하는 마음을 기를 수 있지요. 학생들은 그림책을 읽으며 학습지 빈칸을 채우고, 나중에는 그림책 마지막 장에 등장하는 선생님과 아이들이 함께 사진을 찍는 그림에 우리 반 얼굴을 넣어 보는 활동을 합니다. 그림에 있는 아이들 얼굴 크기를 측정한 후, 우리 반 아이들과 선생님 얼굴을 적절한 크기로 출력해 붙여 '진짜 우리 반 그림책'을 완성하는 것이지요.

학생들은 자신의 얼굴이 그림 안에 들어간 모습을 보며 신기해하고 즐거워하며, 친구들의 얼굴도 하나씩 붙여 가면서 진짜 우리 반이 완성되어 가는 과정을 지켜봅니다. 그다음에는 꽃처럼 아름다운 아이들과 '무궁화꽃이 피었습니다'가 아닌, '우리 반 꽃이 피었습니다' 놀이를 합니다. 그림책에 나온 길쭉한 꽃, 뚱뚱한 꽃, 노랑 꽃, 하양 꽃 등을 말하며 놀이를 이어가면서 학생들은 자신과 친구들이 모두 소중하고 아름다운 존재임을 깨닫습니다.

이 과정에서 학생들은 자연스럽게 공동체 의식과 소속감을 형성하며 서로에 대한 애정과 관심을 키워 가지요. 교사는 활동 중에 학생 각자의 특별함을 구체적으로 언급하며 모든 아이가 사랑받고 있다는 것을 느끼도록 도와줍니다.

## 수업 준비물

그림책 『우리 반』, 학습지, 학생과 교사 얼굴 사진, 풀, 가위

## 활동 순서

1. 『우리 반』을 함께 읽으며 꽃과 어린이들의 비유에 관해 이야기한다.
2. 학습지의 빈칸을 채우며 그림책의 내용을 정리한다.
3. 그림책 마지막 장의 단체 사진 그림을 자세히 관찰한다.
4. 그림 속 아이들 얼굴의 크기를 측정한다.
5. 우리 반 아이들과 교사의 얼굴 사진을 적절한 크기로 출력한다.
6. 그림 속 아이들 얼굴 위에 우리 반 아이들 얼굴을 차례대로 붙인다.
7. 우리 반 꽃이 피었습니다 놀이를 한다.
8. 그림책에 나온 다양한 꽃의 특징(길쭉한, 뚱뚱한, 노랑, 하양 등)을 말하며 놀이한다.
9. 서로의 다름이 아름답고 소중하다는 것에 관해 이야기를 나눈다.

## 상현달 선생님의 수업 사전

그림책의 꽃 비유를 통해 모든 어린이가 각자 고유한 아름다움을 가진 소중한 존재임을 깨닫도록 합니다. 얼굴 사진을 그림에 붙이는 활동에서는 모든 학생이 주인공이 되는 경험을 하게 되므로, 자신감과 소속감을 느낄 수 있도록 격려해야 해요. 우리 반 꽃이 피었습니다 놀이를 통해서는 재미있게 활동하면서도 서로의 다름을 자연스럽게 인정하고 받아들이는 분위기를 조성하는 것이 중요하지요. 특히 외모나 특성이 다른 친구들을 놀리거나 차별하지 않고, 오히려 그 다름이 우리 반을 더욱 아름답게 만드는 점이라는 것을 강조합니다.

# 우리 학교 공간,
# 어떻게 배치되어 있을까?

쌓기나무로 만든 학교 공간 사진을 활용해 위치 개념을 알아봐요

얼마 전 학생들과 쌓기나무를 활용해 학교 공간의 이름을 쓰고 공간 배치도 해 보았어요. 이렇게 학생들이 쌓기나무로 만든 공간을 사진으로 찍어 보관해 두었습니다.

이 사진을 활용해 학습지로 제작한 후 학생들에게 나누어 줍니다. 학생들은 학습지를 보며 자신이 쌓기나무로 만든 것이라며 좋아합니다. "우와, 우리가 만든 거다!" 아주 신이 납니다. 그리고 학습지를 보며 학교에 어떤 공간이 있는지 다시 떠올려 봅니다.

지금 학생들은 수학 시간에 오른쪽, 왼쪽, 첫째, 둘째 같은 위치 개념을 배우고 있습니다. 자신이 쌓기나무로 만든 학교 공간에서 위치를 알아보면 더 관심을 가지게 되지요. 이제 학생들은 학습지 사진과 함께 문제를 읽으면서 스스로 답을 찾아갑니다.

혼자 문제를 해결한 후에는 친구가 기록한 학습지와 서로 비교합니다. "나는 이렇게 썼는데, 너는?" 서로의 답을 확인하는 학생들의 모습이 진지합니다. 학생들이 기록한 답을 보니 수학 시간에 배운 내용을 어느 정도 잘 이해하고 있습니다. 하지만 친구와 함께 답을 확인하는 과정에서 틀린 답을 찾지 못하기도 하지요.

마지막 단계로 선생님과 함께 답을 확인합니다. 학생들은 교사의 설명을 들으면서 틀린 부분을 찾아 고쳐 나갑니다. 그리고 자신은 왜 이렇게 답을 썼는지 제 생각을 이야기합니다. 자신이 직접 만든 학교 공간이기에 더욱 집중하며 위치 개념을 익혀 갈 수 있어요.

## 수업 준비물

쌓기나무 활동 사진, 학습지, 연필

## 활동 순서

1. 이전에 쌓기나무로 만든 학교 공간 사진을 학습지로 제작해 나누어 준다.
2. 학습지를 보며 어떤 공간이 있는지 함께 이야기한다.
3. 수학의 위치 개념(오른쪽, 왼쪽, 첫째, 둘째 등)을 활용한 문제를 개별로 푼다.
4. 완성한 학습지를 친구와 서로 비교하며 답을 확인한다.
5. 선생님과 함께 정답을 확인하며 틀린 부분을 찾아 수정한다.
6. 자신이 왜 그렇게 답했는지 이유를 발표한다.

## 상현달 선생님의 수업 사전

학습지에 실제 활동 결과를 담으면 학생들의 참여 동기가 크게 상승합니다. 쌓기나무로 만든 학교 공간 사진은 학생들에게 친숙함과 자부심을 주어, 위치 개념 학습에 더욱 적극적으로 임하게 할 수 있지요. 문제 해결 후 친구와 비교하는 과정, 교사의 피드백 단계까지 차분하게 진행하여 학생들의 논리적 사고와 협력적 태도를 자연스럽게 끌어낼 수 있습니다.

# 종이컵으로 사람 모양을 만들면 무엇이 달라질까?

종이컵과 그림책을 활용한 신체 모양을 탐색해요

학생들은 키, 몸무게 등 신체의 많은 부분이 제각기 다르지요. 서로 다른 몸이지만 종이컵을 활용하면 모두가 누워 있는 몸을 만들 수 있어요. 먼저 학생 한 명이 팔과 다리를 벌리고 바닥에 눕습니다. 다른 학생들은 종이컵을 활용해 누위 있는 학생 주위로 종이컵을 배치합니다.

시간이 지나면 누워 있는 학생 주위로 사람 모양이 만들어집니다. 이때 누워 있는 학생은 바닥에 놓인 종이컵이 흐트러지지 않도록 조심스럽게 일어나야 합니다. 엉덩이를 바닥에 붙이고 혼자 일어서는 것은 어렵습니다. 옆에 있는 친구들이 누워 있는 친구의 손을 잡고 당겨 주면 쉽게 일어날 수 있습니다.

다음으로 비어 있는 사람 모양 안에 종이컵을 채워 넣습니다. 빈 곳이 없이 종이컵을 놓으면 친구의 몸 형태를 한 종이컵 사람이 완성되지요. 이제 촘촘하게 채워진 종이컵들이 얼마나 큰 무게를 견딜 수 있는지 실험해 볼 차례입니다. 무게를 고르게 전달하기 위해 완성된 종이컵 사람 위에 그림책을 올려놓습니다. 표지가 딱딱한 양장판 그림책은 사람이 올라갔을 때 몸의 무게가 특정 종이컵에만 쏠리지 않고 바닥에 있는 종이컵 전체로 힘을 분산하는 역할을 합니다.

이제 그림책 위에 누워 볼 차례입니다. 학생들은 자신이 그림책 위에 누우면 밑에 있는 종이컵들이 무게를 이기지 못하고 찌그러질 거라고 생각하지만 실제로는 그렇게 되지 않습니다. 단, 엉덩이부터 천천히 눕는 과정이 필요합니다. 모든 학생이 그림책 위에 누워 본 후에는 그림책 위를 걸어 봅니다. 마지막으로 친구들이 손을 잡고 있는 모양으로 종이컵 사람을 만들어 봅니다.

## 수업 준비물

종이컵, 그림책(딱딱한 양장판), 넓은 바닥 공간, 네임펜

## 활동 순서

1.  한 학생이 팔다리를 벌리고 바닥에 눕는다.
2.  남은 학생들은 종이컵을 이용해 누운 학생 주위에 사람 모양을 만든다.
3.  누운 학생이 엉덩이를 바닥에 붙이고 혼자 일어나 본다.
4.  친구들이 손을 잡아 함께 일으켜 주는 경험을 한다.
5.  사람 모양 안의 빈 공간에 종이컵을 넣어 사람 형상을 완성한다.
6.  종이컵 사람 위에 그림책을 올려 힘의 분산 현상을 실험한다.
7.  그림책 위에 누워 보거나 걸어 보며 결과를 관찰한다.
8.  손 잡은 친구 모양으로 종이컵 사람을 만들어 협동의 의미를 체험한다.

## 상현달 선생님의 수업 사전

양장판 그림책을 사용하는 것이 중요합니다. 얇은 책은 힘을 분산시키지 못해 종이컵이 눌릴 수 있습니다. 학생들이 그림책 위에 누울 때는 반드시 엉덩이부터 천천히 누워야 하며, 갑자기 뛰어오르면 안 됩니다. 이 활동을 통해 학생들은 힘의 분산 원리를 자연스럽게 체험하게 됩니다. 안전을 위해 교사가 항상 옆에서 지켜보며 도움을 주어야 하고, 무리한 동작을 하지 않도록 안내합니다.

# 학교를 픽셀 아트로 표현하면 어떤 모습일까?

우리 학교의 특징을 생각하며 픽셀 아트를 만들어요

오늘은 학생들과 픽셀 아트<sup>pixel art</sup>로 학교를 표현하는 활동을 합니다. 활동을 시작하기 전, 학생들에게 픽셀 아트가 무엇인지 간단히 설명해요. 픽셀 아트는 작은 정사각형 픽셀을 이용해 그림을 그리는 방법이라고 설명하면서 예시 작품들을 보여 줍니다.

다음으로 학생들에게 우리 학교의 특징적인 모습을 떠올려 보도록 합니다. 학교 외관, 운동장, 조형물 등 학교를 대표할 만한 것을 기억해 봅니다. "우리 학교, 하면 뭐가 생각나요?" 하고 물어보니 학생들은 "미끄럼틀!", "큰 나무!" 하며 저마다 기억에 남는 장소를 이야기합니다.

이제 본격적으로 학습지에 작은 네모 칸을 채우면서 학교를 표현합니다. 학생들이 그린 학교의 모습을 보면 흥미롭습니다. 네모 칸을 색칠해서 학교 외관만 그린 학생도 있고, 네모 칸에 칠한 색깔을 달리해서 학교를 표현한 학생도 있어요. 어떤 학생은 운동장까지 세심하게 표현하기도 합니다.

어떤 방법으로 학교를 표현하느냐는 크게 중요하지 않습니다. 학교를 표현하기 위해 우리 학교의 모습에 대해 한 번 더 고민하고 떠올린다면 그것으로 충분합니다. 완성된 작품을 들고 "우리 학교가 이렇게 멋있었구나!" 하며 뿌듯해하는 아이들의 모습이 인상적입니다.

학생들은 픽셀 아트 활동을 통해 학교를 바라보는 새로운 시각을 가지게 됩니다. 다양한 재료와 표현 방법을 활용하니 창의력이 한층 더 빛나는 순간이 되었습니다.

## 수업 준비물

픽셀 아트 학습지(네모 칸이 인쇄된 종이), 색연필 또는 마커, 예시 픽셀 아트 이미지

## 활동 순서

1. 픽셀 아트의 개념과 대표 예시를 간략히 설명한다.
2. 학교의 특징적인 장소와 구조를 떠올려 본다.
3. 학습지의 네모 칸에 색을 칠해 학교를 픽셀 아트로 각자 표현한다.
4. 완성한 작품을 친구들과 함께 감상하고 발표한다.
5. 학교의 모습과 관련된 기억을 나누며 발표를 마무리한다.

## 상현달 선생님의 수업 사전

픽셀 아트 활동은 자유롭고 창의적인 표현을 장려하는 동시에, 학생 저마다의 시각적 사고와 공간 구성력을 기를 수 있습니다. 형식의 정답에 얽매이지 않고, 학생들이 자신의 관점에서 학교를 바라보고 표현하는 경험 자체가 중요합니다. 작품 완성 후 각자의 표현 방식에 대해 함께 이야기할 시간을 충분히 마련해 주세요.

# 내 얼굴과 머리카락,
# 어떻게 표현할까?

얼굴 도안 색칠을 하고 머리카락을 꾸미고 잘라요

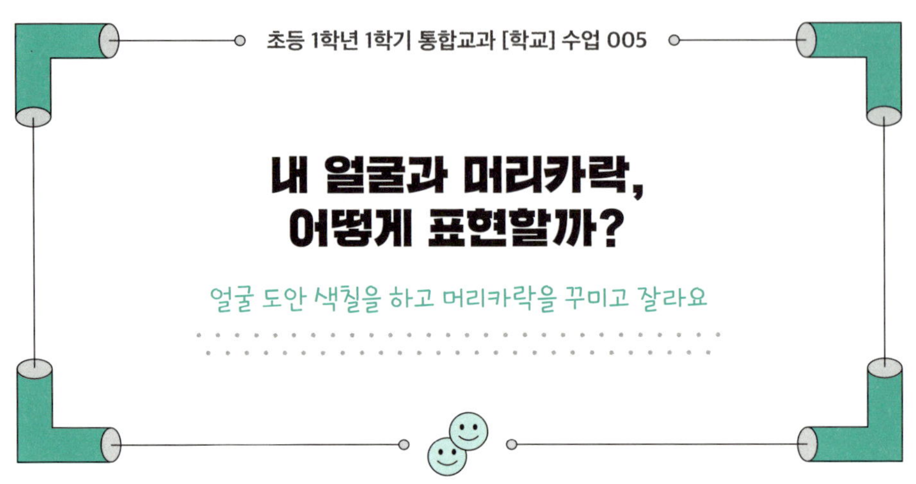

오늘은 학생들과 각자의 얼굴이 들어간 도안을 활용해 이것을 색칠하고 머리카락을 꾸미고 자르는 활동을 합니다. 먼저 학생들은 자신의 얼굴이 들어간 도안을 색칠합니다. 얼굴색을 칠하고 볼에 살짝 분홍빛을 더합니다. 각자의 개성이 담긴 얼굴이 완성되자 이제 머리카락을 색칠합니다. 머리카락은 검정색 머리카락에서 벗어난 갈색, 빨간색으로 염색합니다. 머리카락 색깔뿐만 아니라 다양한 모양으로 꾸미면서 상상력을 펼칩니다.

다음으로 가위를 사용해 머리카락을 자유롭게 자릅니다. 처음에는 조심스럽게 한 가닥씩 자르다가 점점 과감하게 자릅니다. 직선으로 자르기도 하고 곡선으로 자르기도 합니다. 조금 더 특별한 표현을 위해 색연필을 사용해 머리카락을 말아 곱슬머리를 표현합니다. 색연필에 종이를 감아 손으로 눌러 주면 자연스럽게 컬이 생깁니다.

활동을 마친 후에는 완성한 작품을 칠판에 전시하고 감상하는 시간을 갖습니다. 색칠하고 가위로 자르는 단순한 활동에도 학생들의 창의력과 개성이 담기지요. 학생들의 손끝에서 탄생한 머리카락이 모두 다르고 특별하듯이, 학생 한 명 한 명이 소중한 존재임을 함께 알아 가면 좋겠습니다.

작품을 감상하며 학생들은 서로 다른 표현을 존중하고 긍정적으로 바라보는 경험을 쌓게 됩니다. 직접 머리카락을 자르고 꾸미는 과정에서 소근육 발달과 자기표현의 즐거움을 동시에 느낄 수 있습니다. 수업이 마무리될 즈음엔 교실이 생동감 있는 전시장처럼 변합니다.

## 수업 준비물

학생 얼굴이 들어간 도안, 색연필, 가위, 풀

## 활동 순서

1. 자신의 얼굴이 들어간 도안을 받고 얼굴에 색칠한다.
2. 머리카락을 다양한 색깔로 자유롭게 색칠한다.
3. 가위를 사용해 머리카락을 원하는 모양으로 자른다.
4. 색연필에 종이를 감아 곱슬머리 효과를 만든다.
5. 완성한 작품을 칠판에 전시하고 함께 감상한다.
6. 친구들의 작품을 보며 서로의 개성을 인정하고 격려한다.

## 상현달 선생님의 수업 사전

학생들의 얼굴 사진은 미리 촬영해 적절한 크기로 조정한 후 도안에 합성해야 합니다. 색연필로 곱슬머리 효과를 낼 때는 너무 세게 감으면 종이가 찢어질 수 있으므로 적당한 힘으로 감도록 안내합니다. 가위 사용 시 안전에 주의하고, 완성도보다는 창의적인 표현 과정 자체에 의미를 두도록 합니다. 완성한 작품들은 모두 다르지만 각각의 아름다움이 있다는 점을 강조해 주세요.

# 진짜와 가짜를 가려볼까?

## '진진가' 활동을 통해 학교와 나에 대해 알아봐요

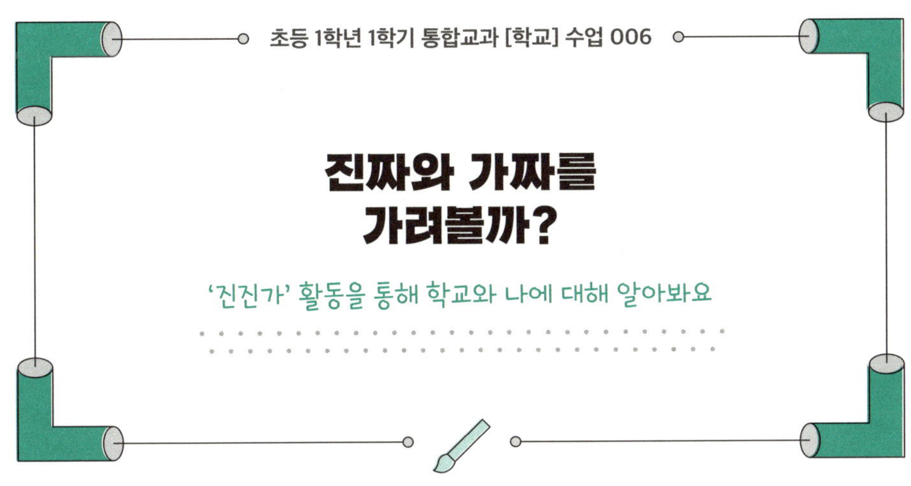

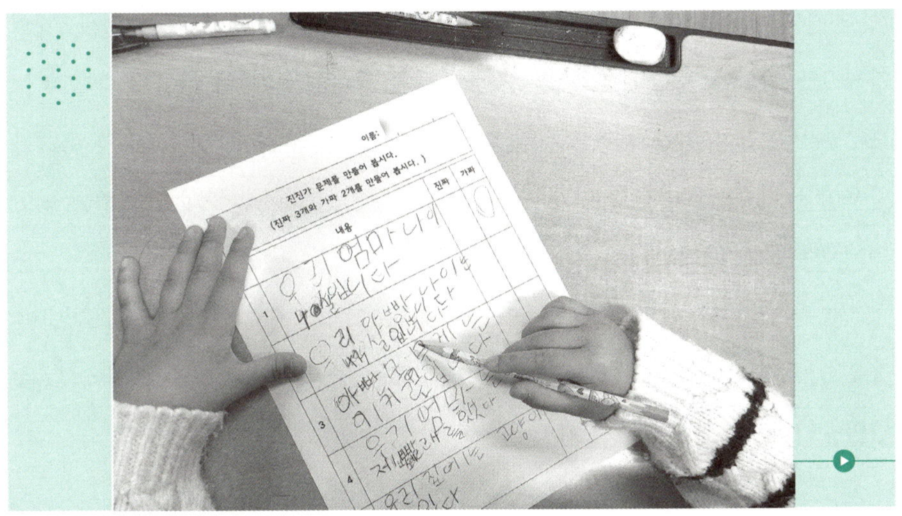

오늘은 학생들이 학교에 대해 얼마나 알고 있는지 궁금했습니다. 그래서 진진가('진짜 진짜 가짜'를 뜻하며, 진짜와 가짜를 여러 개 섞어 가짜를 찾는 수업 오프닝 게임) 활동을 통해 학생들과 함께 학교에 대해 배우는 시간을 가졌지요.

먼저 학교와 관련된 총 5개 문제를 준비했습니다. 이 중 2개는 진짜, 3개는 가짜 문제입니다. 학생들은 학습지에 있는 문제를 읽고 가짜라고 생각하는 문제를 찾아 고칩니다. 학습지에 답을 모두 기록한 후에는 짝과 함께 답을 비교하지요. 답이 다른 경우에는 서로 이야기를 나누며 왜 그렇게 생각했는지 설명하고 답을 고칩니다.

다음으로 교사와 관련된 문제 5개를 학습지로 제작했습니다. 이번에는 진짜 3개와 가짜 2개를 찾는 활동입니다. 학생들이 교사에 대해 얼마나 알고 있는지 테스트하는 시간이지요. 학생들은 고민하며 답을 찾은 후에 친구와 함께 서로의 답을 비교합니다.

마지막 활동은 학생들이 직접 진진가 문제를 만드는 것입니다. 진짜 3개와 가짜 2개가 섞여 있는 문제를 만듭니다. 가족 이야기, 자신의 이야기 등을 바탕으로 재미있는 문제를 제작합니다. 문제를 다 만든 후에는 짝과 서로의 문제를 바꾸어 풀어요. 답을 모두 찾은 후에는 학습지를 원래 주인에게 돌려주어 맞았는지 틀렸는지 확인합니다.

진진가 활동을 통해 학생들은 단순히 학교에 대한 지식을 배우는 것을 넘어, 글을 읽고 생각하고 판단하는 힘과 함께 의사소통 능력과 창의력까지 키울 수 있었습니다.

## 수업 준비물

진진가 학습지, 필기구

## 활동 순서

1. 학교와 관련된 진진가 문제 5개를 준비해 학습지로 제작한다.
2. 학생들이 진짜 2개, 가짜 3개 중 가짜 문제를 찾아 답을 기록한다.
3. 짝과 함께 답을 비교하고 다른 부분에 대해 이야기를 나눈다.
4. 교사와 관련된 진진가 문제를 풀며 정답을 확인한다.
5. 학생들이 직접 자신에 대한 진진가 문제를 만든다.
6. 짝과 서로의 문제를 바꾸어 풀고 정답을 확인한다.

## 상현달 선생님의 수업 사전

진진가 활동은 진짜 2개, 가짜 1개 또는 진짜 3개, 가짜 2개로 구성하는 것이 좋습니다. 학교 관련 문제는 학생들이 알 수 있는 수준에서 출제하되, 약간 함정이 있는 문제를 만들면 더 흥미로워집니다. 학생들이 직접 문제를 만들 때는 가족이나 자신의 취미 등 친구들이 추측할 수 있는 내용으로 안내해 주세요. 이 활동의 핵심은 정답 맞히기가 아니라 생각하고 판단하는 과정 자체에 있어요.

# 우리 학교의 상징,
# 얼마나 알고 있을까?

교가와 상징물 학습지로 학교의 의미를 되새겨 봐요

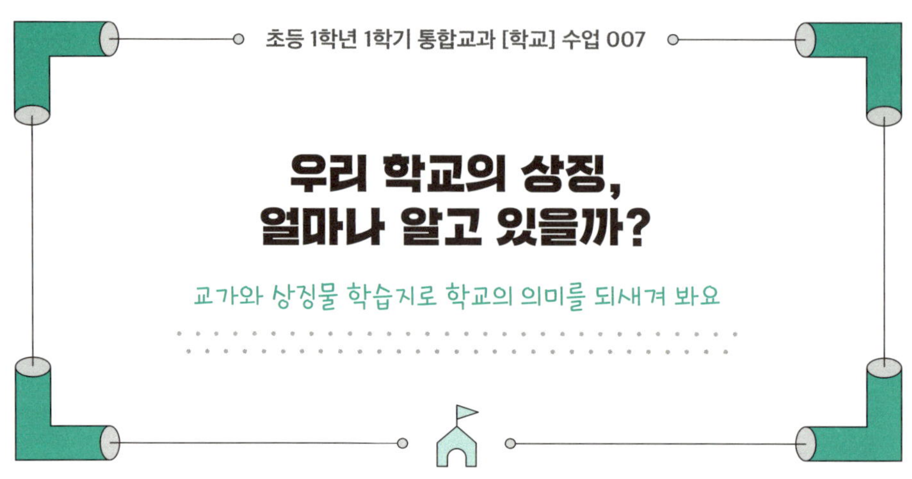

　　수업을 준비하며 「학교 교육 계획」을 펼쳐 보았습니다. 학생들이 학교의 일원으로 자라날 수 있도록 2가지 학습지를 제작했지요. 첫 번째는 교가의 일부 가사를 가린 학습지, 두 번째는 학교 상징물(나무, 꽃, 색깔, 동물)의 사진과 이름을 적을 수 있는 학습지입니다.

　수업을 시작하며 학생들에게 학교의 상징이 왜 중요한지 간략히 설명합니다. 먼저 교가 학습지를 나누어 주고 가려진 부분에 어떤 낱말이 들어갈지 예측해 봅니다. 학생들이 제 생각을 충분히 기록할 시간을 줍니다.

　다음으로 교가를 들려줍니다. 단순히 듣기만 하는 것이 아니라 가려진 부분에 집중하도록 안내합니다. 첫 번째는 전체적인 흐름을 파악하고, 두 번째는 가려진 부분에 집중하도록 합니다. 교가를 들은 후 실제 가사를 확인하고 학습지에 기록합니다.

　교가를 통해 학교의 정신을 노래로 익혔다면, 이번에는 눈에 보이는 상징을 탐구할 차례입니다. 교가 학습이 끝난 후 학교 상징물 학습지를 나누어 줍니다. 학생들에게 사진을 보며 각 상징물의 이름을 추측하여 기록하도록 합니다. 학교마다 고유한 교목, 교화 등이 지정되어 있지만, 1학년 학생들에게는 생소할 수 있기에 사진 자료를 충분히 활용하여 흥미를 유발하면 좋습니다.

　학생들이 충분히 생각하고 기록한 후에 학교 상징인 나무, 꽃, 색깔, 동물의 정답을 확인합니다. 단순히 정답만 알려주는 것이 아니라, 그 식물이나 동물이 가진 강인함, 아름다움 등의 특성이 우리 학교 학생들과 어떻게 닮았는지를 말하면서 선정의 이유와 의미에 대해 깊이 있게 생각하는 시간을 갖습니다.

　수업을 통해 학생들은 평소에 무심코 지나쳤던 학교의 상징에 관심을 가지게 됩니다. 교가를 흥얼거리고 학교에 있는 실제 상징물을 찾아보기 위해 학교를 탐험하기도 합니다.

## 수업 준비물

교가 일부 가사를 가린 학습지, 학교 상징물 사진이 포함된 학습지, 학교 교가 음원

## 활동 순서

1. 학교 상징의 중요성에 대해 간략히 설명한다.
2. 교가 학습지를 나누어 주고 가려진 부분을 예측해 기록한다.
3. 교가를 두 번 들으며 가려진 부분에 집중한다.
4. 실제 교가 가사를 확인하고 학습지에 기록한다.
5. 학교 상징물 학습지를 나누어 주고 이름을 추측해 기록한다.
6. 각 상징물의 정답을 확인하고 선정의 이유와 의미를 생각한다.
7. 학교 내에서 실제 상징물을 찾아보는 탐험을 한다.

## 상현달 선생님의 수업 사전

교가의 가려진 부분은 학생들이 추측할 수 있는 수준에서 선정하는 것이 좋습니다. 너무 어려우면 흥미를 잃을 수 있고, 너무 쉬우면 활동의 의미가 줄어듭니다. 학교 상징물 사진은 학생들이 알아볼 수 있도록 선명하게 준비해야 합니다. 상징물의 의미를 설명할 때는 학생들의 눈높이에 맞춰 쉽게 전달하는 것이 중요해요. 실제 탐험 활동을 통해 학습한 내용을 확인하면 더욱 기억에 남는 수업이 됩니다.



초등 통합교과 수업 대백과 152

# 학교 낱말,
# 어디에 숨었을까?

가로·세로·대각선 퍼즐로 학교 관련 단어를 찾아요

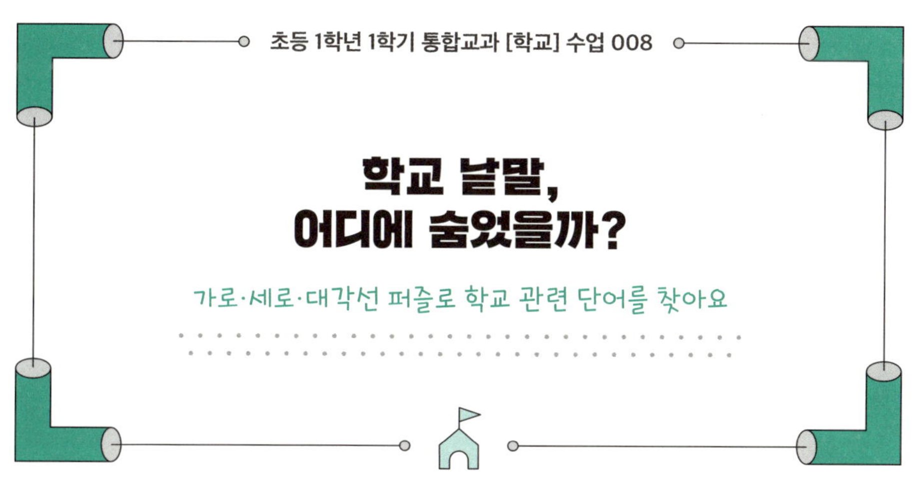

오늘은 학교와 관련된 낱말을 가로, 세로, 대각선에서 찾는 활동을 합니다. 지금까지 배웠던 학교 관련 낱말들을 복습하고 재미있게 활용할 수 있는 활동입니다. 수업을 준비하며 네모 칸이 그려진 학습지를 두 종류 준비했습니다. 첫 번째는 빈칸으로 된 학습지, 두 번째는 글자가 이미 채워진 학습지입니다. 6×7 크기의 네모 칸으로 구성했는데 학생들의 수준에 따라 칸수를 조절할 수 있어요.

먼저 학생들에게 학교와 관련된 낱말을 자유롭게 말해 보도록 했습니다. 교실, 사물함, 분필, 선생님 등 다양한 낱말이 나옵니다. 학생들이 말한 낱말을 칠판에 기록합니다. 첫 번째 활동으로 빈칸 학습지에 학교와 관련된 낱말을 넣는 활동을 합니다. 가로는 왼쪽에서 오른쪽으로, 세로는 위에서 아래로, 대각선은 비스듬히 적는 것이라고 알려줍니다. 모든 학생이 학습지를 완성한 후에는 학습지를 서로 바꿔 가며 친구가 숨겨 놓은 낱말을 찾는 활동을 합니다.

두 번째 활동은 교사가 미리 준비한 글자들로 이미 채워진 학습지를 나누어 줍니다. 이 학습지에 학교와 관련된 낱말이 숨겨져 있습니다. 학생들은 집중해서 낱말을 찾고 친구들이 찾은 낱말을 공유하며 문제를 함께 해결합니다.

모든 학생이 낱말 찾기를 마친 후에는 함께 정답을 확인합니다. 그리고 찾은 낱말 중에서 가장 기억에 남는 낱말은 무엇인지 말하고, 그 이유도 함께 이야기로 나눕니다.

## 수업 준비물

빈칸 학습지, 완성된 낱말 찾기 학습지, 색연필, 연필

## 활동 순서

1. 학교와 관련된 낱말을 자유롭게 말하며 칠판에 기록한다.
2. 빈칸 학습지에 학교 관련 낱말을 가로, 세로, 대각선으로 적는다.
3. 완성한 학습지를 친구와 바꿔서 숨겨진 낱말을 찾는다.
4. 미리 준비한 낱말 찾기 학습지를 나누어 준다.
5. 학습지에서 학교 관련 낱말을 집중해서 찾는다.
6. 친구들과 찾은 낱말을 공유하며 함께 문제를 해결한다.
7. 모든 낱말을 찾은 후 정답을 확인한다.

## 상현달 선생님의 수업 사전

낱말 찾기 퍼즐은 인터넷에서 무료 프로그램을 활용하면 쉽게 제작할 수 있습니다. 학생들의 수준에 따라 칸의 크기와 낱말 개수를 조절하는 것이 중요합니다. 처음에는 가로와 세로 방향만 사용하고 점차 대각선까지 추가하면 난이도를 단계적으로 높일 수 있어요. 학생들이 직접 만든 퍼즐을 친구와 바꿔서 푸는 활동은 더욱 집중도를 높이고 재미를 더해 줍니다. 정답 확인 후에 낱말의 의미나 학교에서의 경험을 함께 나누면 더욱 의미 있는 활동이 됩니다.

# ⟨뭔가 좋은 일이⟩ 노래로 학교를 배워 볼까?

## 음악·언어·신체 활동을 통합해 학교를 탐색해요

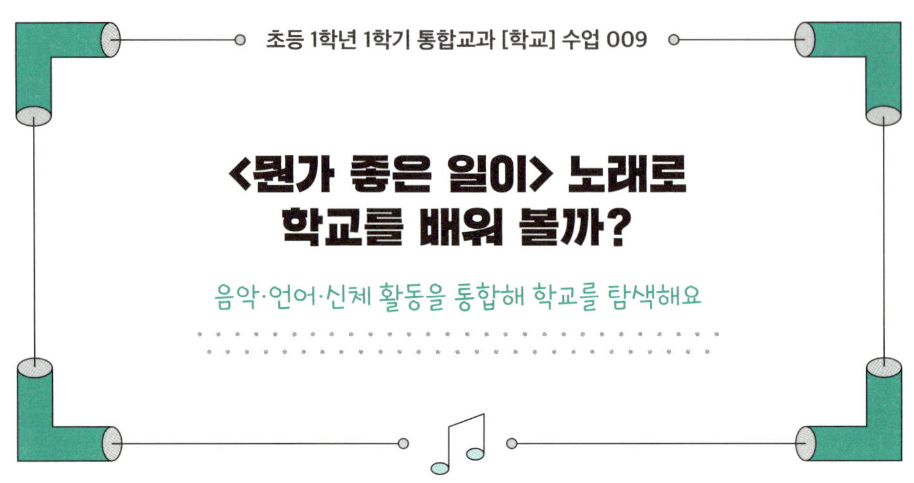

오늘은 학생들과 이호재 선생님이 작곡한 ⟨뭔가 좋은 일이⟩ 노래를 활용해 학교에 대해 알아보는 활동을 합니다. 학생들은 음악을 통해 언어를 익히고 몸으로 표현하면서 학교의 다양한 모습에 대해 알아 가지요.

먼저 학생들은 〈뭔가 좋은 일이〉 노래를 듣습니다. 처음 들어보는 노래라 호기심 가득한 눈빛으로 집중합니다. 노래가 경쾌하고 가사가 긍정적이어서 학생들이 즐겁게 따라 부릅니다. 반복되는 리듬과 희망찬 가사는 낯선 학교생활에 긴장해 있던 학생들의 마음을 부드럽게 어루만져 줍니다. 노래를 두 번 들은 후, 미리 준비해 둔 가사 낱말 카드를 나누어 줍니다. 학생들은 기억을 더듬어 가사 순서대로 낱말을 배열합니다.

이 과정은 단순히 노래를 익히는 것을 넘어, 문장을 논리적으로 구성해 보는 국어 활동으로 자연스럽게 연결됩니다. 처음에는 혼자 낱말의 순서를 맞춘 후에 다시 친구와 협력해 가사의 순서를 맞춥니다. 혼자 고민할 때는 보이지 않던 부분이 친구와 카드를 맞대어 보는 과정에서 해결되기도 하지요. 낱말 배열이 어느 정도 진행된 후 다시 한번 노래를 들려줍니다. 학생들은 자신이 배열한 순서가 맞는지 귀 기울여 확인하며 스스로 오류를 발견하고 수정하는 과정에서 듣기 능력과 집중력을 향상할 수 있습니다.

마지막으로 〈흥딩 스쿨〉 영상을 보며 노래에 맞춰 몸으로 표현하는 활동을 합니다. 처음에는 쑥스러워하던 학생들도 점차 적극적으로 참여하기 시작합니다. 학생들은 영상 속 동작을 따라 하며 즐겁게 노래를 부릅니다.

오늘 수업은 단순히 노래를 듣고 가사를 익히는 것을 넘어, 언어와 음악, 신체 활동을 통합했습니다. 〈뭔가 좋은 일이〉 노래처럼 오늘 우리 교실에도 뭔가 좋은 일이 가득하면 좋겠습니다.

〈뭔가 좋은 일이〉 음원, 가사 낱말 카드, 〈흥딩 스쿨〉 영상

1. 〈뭔가 좋은 일이〉 노래를 두 번 들려준다.
2. 미리 준비한 가사 낱말 카드를 나누어 준다.
3. 학생들이 기억을 바탕으로 가사 순서대로 낱말을 배열한다.
4. 친구와 협력하여 가사 순서를 완성한다.
5. 노래를 다시 들으며 배열한 순서가 맞는지 확인한다.
6. 스스로 오류를 발견하고 수정한다.
7. 〈흥딩 스쿨〉 영상을 보며 노래에 맞춰 몸으로 표현한다.

〈뭔가 좋은 일이〉 노래는 새 학기 3월 아이들의 설렘과 걱정을 표현한 곡으로, 학급 분위기 조성에 매우 효과적입니다. 가사 낱말 카드는 핵심 단어를 선별해서 만드는 것이 좋습니다. 너무 많으면 활동이 어려워지고, 너무 적으면 재미가 떨어집니다. 〈흥딩 스쿨〉 영상의 책상 춤은 교실에서도 쉽게 따라 할 수 있어 활용도가 높습니다. 학생들은 몸으로 표현하는 활동을 통해 노래를 더 깊이 이해하고 기억할 수 있어요.

# 초등 1학년 1학기 통합교과 수업
# 사람들

# 반쪽 얼굴이 노래가 될 수 있을까?

## '토닥토닥' 카드와 수노 AI를 활용해 나만의 노래를 만들어요

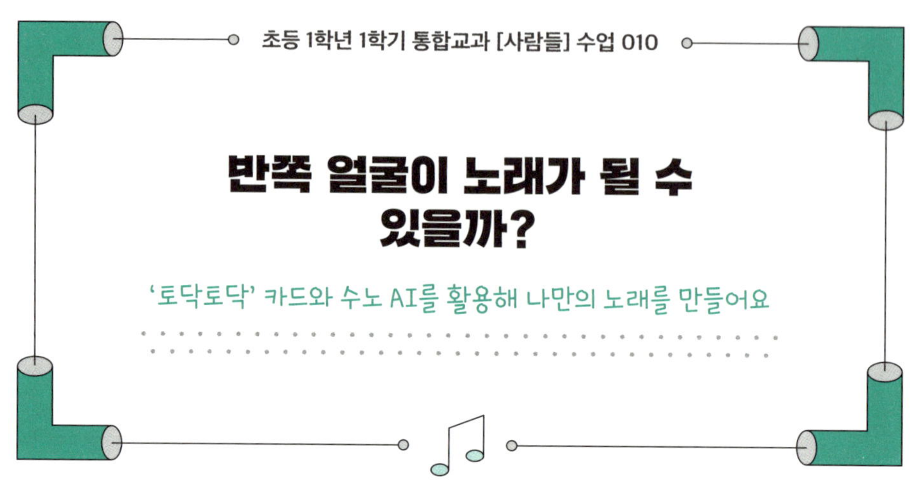

수업을 시작하기 전, 학생들의 호기심을 자극하기 위해 얼굴 사진 4장을 준비했습니다. 각 사진은 얼굴의 반쪽만 보이도록 가린 학습지 형태로 제작했어요. 학생들은 호기심 가득한 눈으로 사진을 유심히 관찰하며 누구인지 추측합니다.

도입 활동 후 본격적으로 친구 얼굴 그리기 활동을 합니다. 학생들은 먼저 짝의 얼굴을 꼼꼼하게 관찰하지요. 처음에는 어색해하던 학생들도 점차 서로의 얼굴을 진지하게 관찰하며 세밀한 부분까지 표현하려고 애씁니다. 시간이 지나자 친구의 얼굴이 완성되고, 사진과 그림이 자연스럽게 이어진 얼굴을 보며 학생들은 성취감을 느낍니다. 서로의 겉모습을 자세히 관찰하며 친밀감을 높였다면, 이번에는 친구의 마음을 어루만져 줄 따뜻한 말을 찾을 차례입니다.

이를 위해 서준호 선생님이 제작한 토닥토닥 카드를 활용한 활동을 이어갑니다. 이 카드에는 다양한 응원과 위로의 메시지가 담겨 있어, 평소 쑥스러워 전하지 못했던 마음을 대신 표현하기에 좋습니다. 학생들은 카드를 하나하나 읽어 보며 친구에게 해 주고 싶은 말, 혹은 내가 듣고 싶은 말이 적힌 카드 5개를 신중하게 선택합니다.

그다음에는 학생들이 선택한 따뜻한 문장에 멜로디를 입혀 노래로 만들어 보는 활동을 합니다. 단순한 글귀가 음악으로 다시 태어나는 특별한 경험입니다. 퍼플렉시티Perplexity AI를 활용해 학생들이 선택한 문장을 노래 가사로 만든 후, 수노Suno AI(음악 생성 AI 사이트)에 입력하여 실제 멜로디와 반주가 있는 노래로 제작합니다.

학생 얼굴 반쪽 사진, 도화지, 색연필, 토닥토닥 카드, 태블릿 또는 컴퓨터

1. 반쪽만 보이는 얼굴 사진을 보고 누구인지 맞춰 보는 도입 활동을 한다.
2. 짝과 마주 앉아 서로의 얼굴을 꼼꼼히 관찰한다.
3. 관찰한 내용을 바탕으로 친구 얼굴의 반쪽을 그림으로 완성한다.
4. 완성한 작품을 교실에 전시하고 서로 감상한다.
5. 토닥토닥 카드 중에서 마음에 드는 응원 메시지 5개를 선택한다.
6. 선택한 메시지를 AI 도구를 활용해 노래 가사로 만든다.
7. 음악 생성 AI로 완성한 가사를 노래로 제작한다.
8. 완성한 노래를 함께 듣고 소감을 나눈다.

얼굴 그리기 활동 시 학생들이 부담을 느끼지 않도록 "잘 그리는 것보다 친구를 자세히 관찰하는 것이 중요해요."라고 미리 안내하세요. 그림 실력보다는 관찰력과 노력하는 과정을 칭찬해 주는 것이 좋습니다. 토닥토닥 카드가 없다면 교사가 직접 응원 메시지를 작성한 카드를 준비할 수 있습니다. 음악 생성 시 저작권 문제가 없는 AI 도구를 선택하고, 완성한 노래는 학급 행사나 특별한 날에 다시 활용하면 더욱 의미가 있습니다. 활동 시간이 부족할 경우, 얼굴 그리기와 음악 만들기를 각각 다른 차시로 나누어 진행하는 것도 좋은 방법입니다.

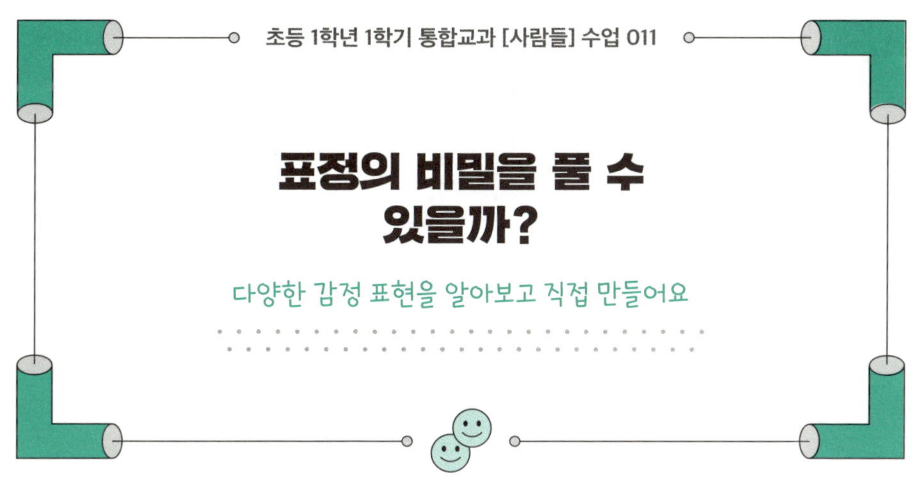

# 표정의 비밀을 풀 수 있을까?

## 다양한 감정 표현을 알아보고 직접 만들어요

감정을 표현하는 방법은 여러 가지가 있지만 가장 직관적인 방법은 표정을 통해 감정을 드러내는 것입니다. 따라서 사람들의 얼굴에 나타나는 감정을 잘 파악하는 것이 중요합니다.

수업을 시작하기 전, 미리 준비한 다양한 표정 12개가 담긴 학습지를 학생들에게 나누어 주었습니다. 학생들은 이미지를 보고 어떤 표정인지 자신의 생각을 학습지에 기록합니다. 화남과 놀람 같은 기본적인 감정은 쉽게 맞히지만, 두려움, 심심함 같은 미묘한 감정은 학생마다 다르게 해석하기도 하지요.

학생들이 모든 표정에 대해 생각을 기록한 후에는 친구와 서로의 답을 비교합니다. 친구와 기록한 내용이 다르면 왜 그렇게 생각했는지 서로 이야기를 나눕니다. 이야기가 끝난 후, 미리 준비한 정답 카드를 잘라 섞은 다음 학생들에게 나누어 줍니다. 학생들은 자신이 받은 카드에 적힌 표정과 학습지의 이미지를 매칭해 풀로 붙이는 활동을 합니다.

마지막으로 학습지의 12개 표정을 직접 자신의 얼굴로 만들어 보는 활동을

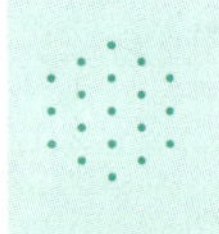

합니다. 학생들의 표정 연기가 끝난 후, 스마트폰으로 표정을 촬영합니다. 다음 날 학생들의 표정을 찍은 사진을 활용해 '어떤 표정일까요?' 퀴즈 놀이를 합니다.

수업을 통해 학생들은 사람의 다양한 감정을 인식하고 표현하는 능력을 기를 수 있습니다. 또한 친구들과 나눈 이야기를 통해서 같은 표정도 사람마다 다르게 해석할 수 있다는 것도 알게 되었지요.

## 수업 준비물

12가지 표정 학습지, 정답 카드, 가위, 풀, 스마트폰

## 활동 순서

1. 12가지 표정이 담긴 학습지를 나누어 준다.
2. 각 표정을 보고 어떤 감정인지 학습지에 기록한다.
3. 친구와 서로의 답을 비교하고 다른 부분에 대해 이야기한다.
4. 정답 카드를 나누어 주고 학습지 이미지와 매칭한다.
5. 12가지 표정을 직접 얼굴로 만들어 본다.
6. 학생들의 표정을 스마트폰으로 촬영한다.
7. 다음 날 촬영한 사진으로 표정 맞히기 퀴즈를 한다.

## 상현달 선생님의 수업 사전

12가지 표정은 기본 감정(기쁨, 슬픔, 화남, 놀람, 두려움, 혐오 등)과 복합 감정을 적절히 섞어 구성하는 것이 좋습니다. 학생들이 표정을 직접 만들 때는 거울을 준비해 주면 더 정확한 표정을 만들 수 있어요. 같은 표정에 대해 저마다 다른 해석이 나오는 것은 자연스러운 현상이므로, 정답보다는 왜 그렇게 생각했는지 그 근거를 들어보는 것이 더 중요합니다. 수업을 위해 촬영한 표정 사진은 개인정보 보호를 위해 수업 목적으로만 사용하고 적절한 시점에 삭제해야 합니다.

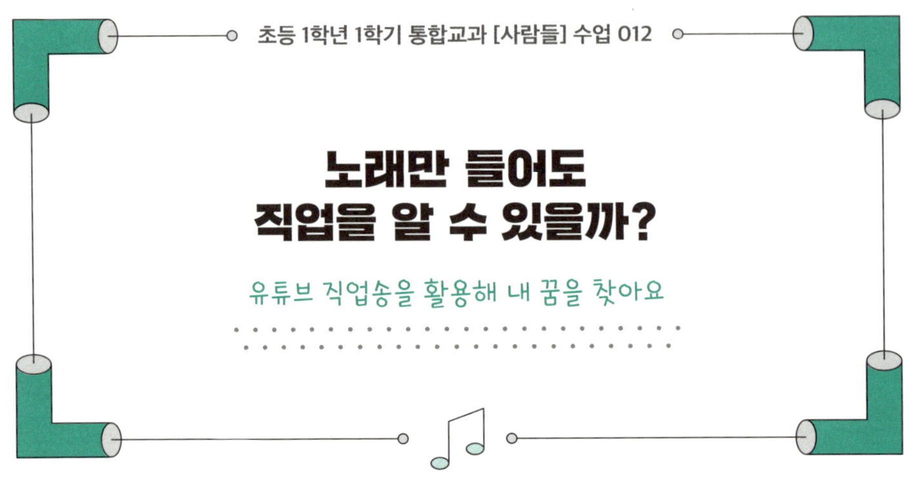


# 노래만 들어도
# 직업을 알 수 있을까?

유튜브 직업송을 활용해 내 꿈을 찾아요

오늘은 유튜브에서 직업과 관련된 노래 영상을 활용한 수업을 준비했습니다. 학생들은 좋아하는 노래를 통해 직업에 대해 배울 수 있습니다. 미리 준비한 학습지에는 영상에 나올 직업과 직업이 아닌 것을 섞어 놓았습니다. 그리고 각 직업과 그들이 하는 일을 선으로 연결하는 문제도 포함했지요.

교실에 신나는 직업송이 울려 퍼지자 학생들의 눈이 반짝입니다. 화면에 나오는 다양한 직업인의 모습을 보며 여러 가지 직업에 대해 말합니다. 노래가 끝나고 학습지를 나누어 주자 학생들은 집중하며 스스로 문제를 해결해 나갑니다.

개별 활동이 끝나면 친구들과 서로의 답을 비교합니다. 틀린 내용이 있으면 친구들과 이야기를 나누면서 함께 수정해 나가는 과정에서 각 직업의 특성을 더 깊이 이해하게 됩니다. 다음으로 새로운 학습지를 학생들에게 나누어 줍니다. 이 학습지에는 미래에 자신이 되고 싶은 직업을 그림으로 표현하고, 그 직업이 하는 일에 대해서도 기록하도록 구성했습니다. 학생들은 의사가 되어 환자를 치료하는 모습, 선생님이 되어 학생들을 가르치는 모습 등을 상상력을 발휘

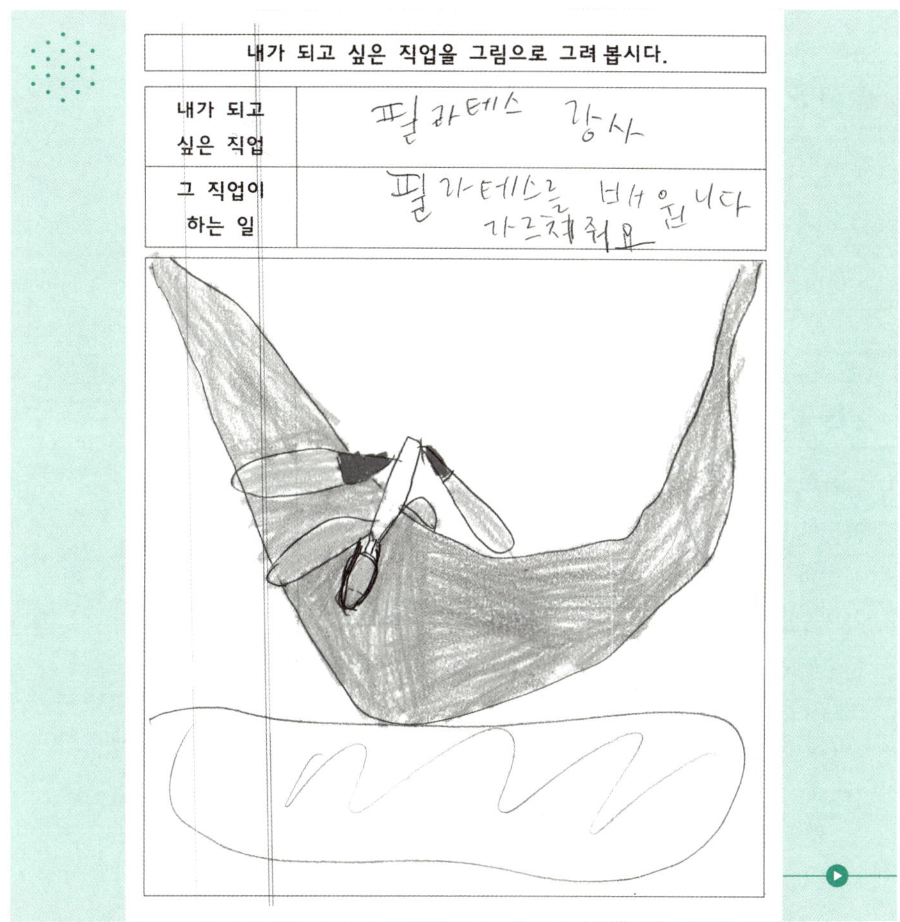


해 그려 냅니다.

학생들이 그림을 다 그리면 함께 그림을 보면서 이야기를 나누는 시간을 갖습니다. 각자의 꿈과 그 직업을 선택한 이유, 그 직업인이 되려면 필요한 것들에 대해 자유롭게 발표하며 서로의 꿈을 응원해 줍니다.

## 수업 준비물

유튜브 직업송 영상, 직업 매칭 학습지, 꿈 그리기 학습지, 색연필

## 활동 순서

1. 유튜브에서 직업과 관련된 노래 영상을 함께 감상한다.
2. 영상에 나온 다양한 직업에 대해 이야기한다.
3. 직업과 직업이 아닌 것을 구별하는 학습지를 개별로 푼다.
4. 각 직업과 하는 일을 선으로 연결하는 문제를 해결한다.
5. 친구들과 답을 비교하며 틀린 부분을 함께 수정한다.
6. 미래 희망 직업을 그림으로 표현하고, 하는 일을 기록한다.
7. 완성한 그림을 보며 서로의 꿈에 대해 이야기한다.

## 상현달 선생님의 수업 사전

직업송은 〈장래 희망송〉, 〈알파벳 직업송〉 등 다양한 영상이 있으니 학생들의 수준에 맞는 것으로 선택하면 됩니다. 학습지에 직업이 아닌 것을 섞어 넣을 때는 학생들이 헷갈릴 만한 것(예: 게임, 유명인 등)을 포함하면 더 흥미로워집니다. 꿈 그리기 활동에서는 그림 실력보다는 자신의 꿈을 표현하려는 마음에 더 큰 의미를 두어야 합니다. 학생들의 그림을 통해 개별적인 관심사와 성향을 파악할 수 있는 좋은 기회입니다.

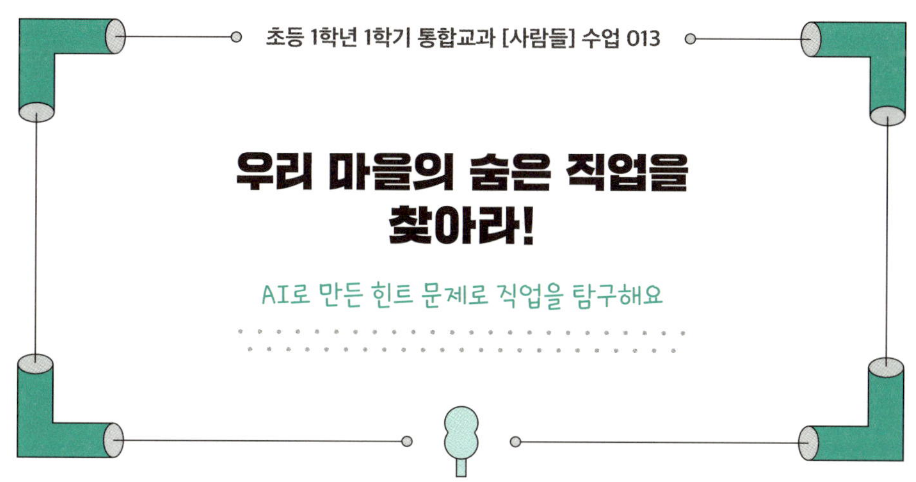

# 우리 마을의 숨은 직업을 찾아라!

## AI로 만든 힌트 문제로 직업을 탐구해요

수업하기 전날, 학생들과 함께 우리가 살고 있는 마을의 모습을 떠올려 봅니다. 우리 마을에는 어떤 가게들이 있을까요? 빵집, 철물점, 병원, 우체국, 은행…… 학생들과 함께 머릿속으로 마을 한 바퀴를 돌아보고, 그곳에서 일하는 사람들의 직업에 대해 이야기를 나눕니다.

이때 학생들이 답한 내용을 수집해서 수업에 활용할 학습지 제작 계획을 세웁니다. 학생들이 제시한 다양한 직업을 바탕으로 챗GPT를 활용해 힌트 문제 10개를 제작합니다.

다음 날 그림책 『하나뿐인 우리 동네』를 학생들과 함께 읽습니다. 그림책의 주인공이 동네 가게들을 하나씩 구경하며 여러 가지 물건을 살펴보는 이야기를 통해, 학생들은 자연스럽게 우리 마을에서 일하는 사람들을 떠올리게 되지요.

그 후 학습지를 학생들에게 나누어 줍니다. 학생들은 고민하면서 하나씩 답을 적어 갑니다. 다음으로 친구와 짝을 이루어 함께 문제를 해결하고, 마지막으로 정답을 함께 확인합니다.

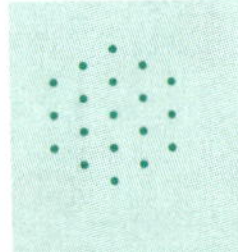

| | 힌트 | 내 생각 | 정답 |
|---|---|---|---|
| 1 | 이 사람은 우리를 도와줍니다. 빨간 차를 타고 출동합니다. 불과 관련이 있습니다. | 소방관 | ◯ |
| 2 | 이 사람은 아픈 사람을 돌봐 줍니다. 하얀 옷을 입고 병원에서 일합니다. | 간호사 | ◯ |
| 3 | 이 사람은 우리 동네를 깨끗하게 만듭니다. 아침에 쓰레기를 수거하러 옵니다. | | 환경미화원 |
| 4 | 이 사람은 편지를 배달합니다. 오토바이를 타고 다니며 우편물을 전달합니다. | 우체관 | 집배원 |
| 5 | 이 사람은 학교에서 우리에게 공부를 가르쳐 줍니다. 칠판에 글씨를 쓰며 설명합니다. | 선생님 | ◯ |
| 6 | 이 사람은 길에서 자동차가 잘 다니도록 신호를 조정하고 교통을 관리합니다. 도둑을 잡는 일을 합니다 | 경찰관 | ◯ |
| 7 | 이 사람은 우리 머리를 예쁘게 잘라 줍니다. 가위를 사용해 머리를 다듬습니다. | 미용사 | 헤어디자이너 |
| 8 | 이 사람은 우리를 안전하게 멀리 데려다줍니다. 큰 차를 운전하며 많은 사람들이 타고 다닙니다. | 버스(기사) | 운전기사 |
| 9 | 이 사람은 물건을 팔고 계산을 도와줍니다. 가게에서 일하며 손님을 맞이합니다. | 아이스크림(가게) 카페 | 점원 |
| 10 | 이 사람은 자동차를 고칩니다. 망치나 드라이버 같은 도구를 사용해 문제를 해결합니다. | 철물.집 | 정비사 |

이 수업을 통해 학생들은 자신이 살고 있는 지역 사회의 다양한 직업에 대해 관심을 갖게 되고, 동네 사람들의 역할과 중요성을 이해하게 됩니다. 또한 혼자서 문제를 해결하는 활동과 함께 친구들과 협력해서 학습하는 과정을 통해 함께 배우는 즐거움도 경험합니다.

## 수업 준비물

그림책 『하나뿐인 우리 동네』, 챗GPT로 제작한 직업 힌트 학습지, 연필

## 활동 순서

1. 전날 학생들과 우리 마을의 가게와 직업에 대해 이야기한다.
2. 챗GPT를 활용해 학생들이 언급한 직업의 힌트 문제 10개를 제작한다.
3. 『하나뿐인 우리 동네』를 함께 읽는다.
4. 제작한 학습지를 나누어 주고 개별적으로 문제를 해결한다.
5. 친구와 짝을 이루어 함께 답을 확인하고 토의한다.
6. 전체적으로 정답을 확인하며 자기 점검을 한다.
7. 지역 사회에 존재하는 직업의 역할과 중요성에 대해 이야기한다.

## 상현달 선생님의 수업 사전

챗GPT에 힌트 문제를 요청할 때는 "초등학교 1학년 수준에 맞는 직업 관련 힌트 문제"라고 구체적으로 명시하는 것이 좋습니다. 학생들이 전날 언급한 직업을 모두 포함시키면 더욱 흥미를 갖게 할 수 있습니다. 개별 → 짝 → 전체 확인의 단계적 학습으로 모든 학생이 참여할 수 있는 기회를 제공합니다. 정답 확인보다는 왜 그렇게 생각했는지에 대해 학생들의 추론 과정을 들어보는 것이 더욱 의미가 있습니다.

# 조각난 명화,
# 완전한 그림으로 맞춰 나가기

카플라로 교과서 속 명화 퍼즐을 완성해요

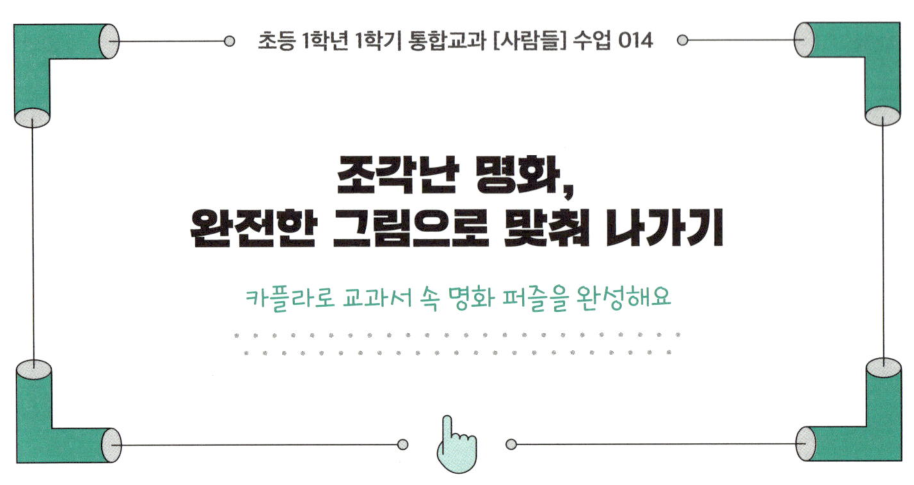

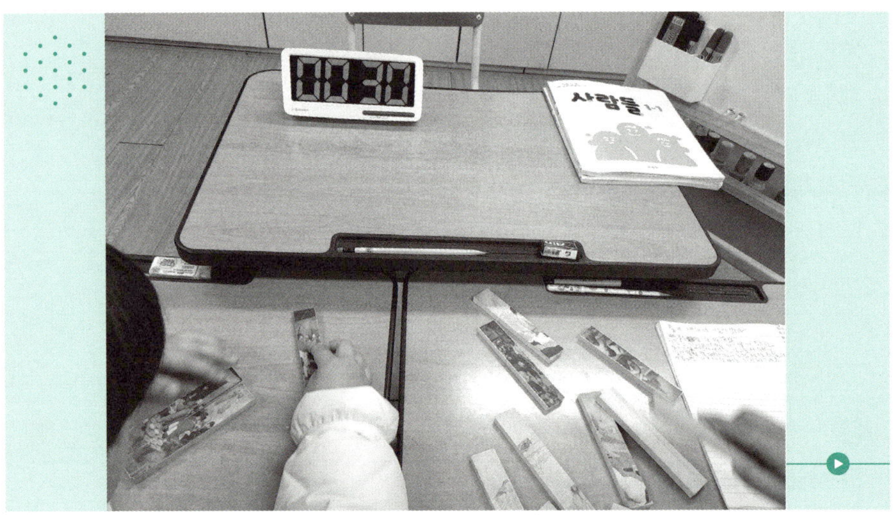

초등학교 교과서에는 〈서당도〉, 〈농부의 결혼식〉, 〈아니에르의 물놀이〉 그림이 있습니다. 학생들은 그림 속에 등장하는 사람들의 모습과 표정을 유심히 관찰합니다.

수업 전날, 교과서에 있는 그림들을 인터넷에서 찾아 출력했습니다. 카플라 Kapla(나무 블록) 5개를 나란히 놓고 가로와 세로 길이를 측정한 후 그 크기에 맞춰 그림의 크기를 조절했습니다. 다음으로 출력한 그림을 카플라 하나의 크기에 맞춰 정확히 자른 후, 각 카플라에 그림 조각을 하나씩 붙입니다.

학생들에게 뒤섞인 카플라 조각들을 주었습니다. 처음에는 어떻게 해야 할지 헤매던 학생들은 이내 카플라 조각들을 유심히 관찰하더니 하나씩 옮기기 시작합니다. 교과서에서 본 그림들을 떠올리며 조각조각 흩어진 그림을 맞춰 나갑니다. 그림 맞추기가 어려울 때는 교과서를 펼쳐 원본을 확인한 후 다시 맞춰 봅니다.

그림 맞추기가 어느 정도 익숙해진 후에는 새로운 도전을 합니다. 1단계는 2분 동안 3종류의 그림을 모두 맞추는 것입니다. 1단계를 성공한 후에는 20초씩 줄여 가며 2단계, 3단계로 이어지는 미션에 도전합니다. 다음 날 〈씨름도〉를 하나 더 추가했습니다. 〈씨름도〉와 〈서당도〉는 비슷한 색감과 인물들 때문에 학생들이 어려워하지만, 몇 번 연습하자 관찰력이 꽤 향상되었습니다.

하나하나의 카플라 조각은 그 자체로는 의미를 파악하기 어렵지만, 올바른 자리에 놓이면 아름다운 명화의 일부가 됩니다.

## 수업 준비물

교과서 명화 이미지, 카플라 나무 블록, 프린터, 가위, 풀, 초시계

## 활동 순서

1. 교과서의 명화를 카플라 5개 크기에 맞춰 출력한다.
2. 출력한 그림을 카플라 크기로 자른 후 각각 붙인다.
3. 카플라 조각들을 섞어 학생들에게 나누어 준다.
4. 학생들이 교과서를 참고하며 그림을 완성한다.
5. 친구들과 협력하여 어려운 부분을 함께 해결한다.
6. 시간 제한을 두고 빠르게 맞추는 도전에 참여한다.
7. 단계별로 시간을 줄여 가며 난이도를 높인다.

## 상현달 선생님의 수업 사전

카플라 블록은 정확한 크기 측정이 중요합니다. 그림을 자를 때도 정밀하게 잘라야 퍼즐이 제대로 맞춰집니다. 처음에는 쉬운 그림부터 시작하고, 점차 복잡한 명화로 난도를 높이는 것이 좋습니다. 시간 제한 활동은 학생들의 집중력을 높여 주지만 너무 시간이 짧으면 스트레스가 될 수 있으니 적절히 조절해야 합니다. 이 활동의 핵심은 퍼즐 맞추기 자체가 아니라 협력을 통해 더 큰 의미를 만들어 가는 과정에 있습니다.

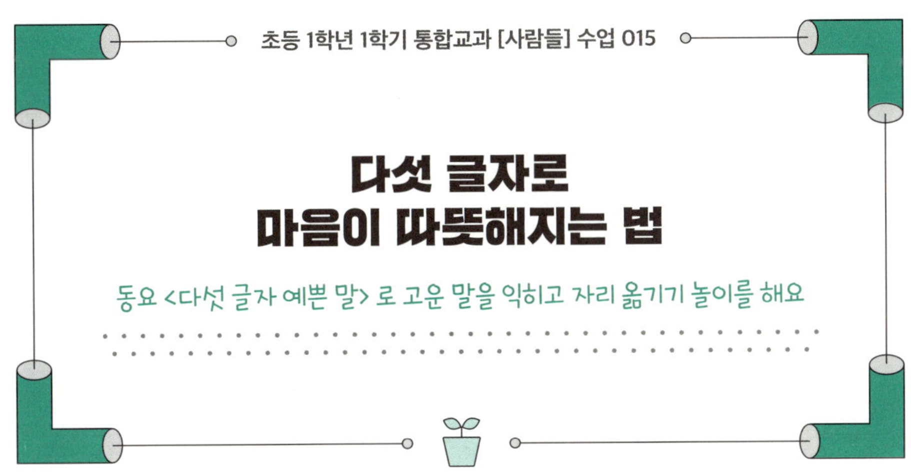

# 다섯 글자로
# 마음이 따뜻해지는 법

동요 〈다섯 글자 예쁜 말〉로 고운 말을 익히고 자리 옮기기 놀이를 해요

오늘은 동요 〈다섯 글자 예쁜 말〉을 활용해 예쁜 말을 찾아보고 빈칸을 채우며, 자리 옮기기 놀이까지 해 보는 활동을 진행합니다. 먼저 학생들은 〈다섯 글자 예쁜 말〉을 듣습니다. 사랑합니다, 고맙습니다, 감사합니다, 아름다워요 등 다섯 글자로 이루어진 예쁜 말이 노랫말에 담겨 있어 학생들이 자연스럽게 고운 말을 익히게 됩니다.

노래를 한 번 들은 후 학습지에 노랫말의 빈칸을 채우는 활동을 합니다. 이 과정에서 서로 의견을 나누고 기억이 나지 않는 부분은 친구와 이야기를 나눕니다. 다음으로 다시 한 번 노래를 들으며 학습지의 빈칸을 완성합니다. 반복해서 듣고 채우는 과정은 학생들에게 자연스럽게 예쁜 말을 익히게 하는 효과가 있지요.

이어서 학생들에게 학습지를 1장 더 나누어 줍니다. 학생들은 학습지에 친구, 선생님, 가족에게 할 수 있는 다섯 글자 예쁜 말을 직접 써 봅니다. 자신만의 예쁜 말을 생각하며 서로에게 따뜻한 말을 건네는 연습을 합니다.

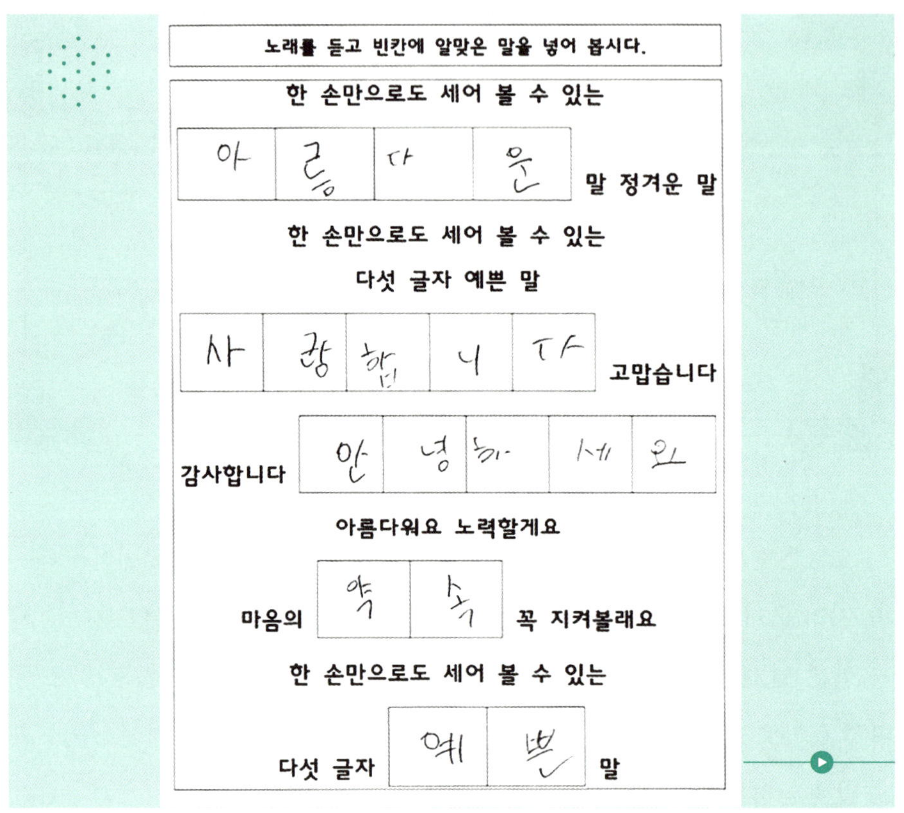


마지막으로 '사랑합니다' 놀이를 합니다. 이 놀이는 기존의 '당신은 친구를 사랑합니까' 놀이를 쉽게 변형한 것으로, 술래가 "사랑합니다."라고 외치면 의자에 앉아 있는 학생들이 "왜요?"라고 묻습니다. 이때 술래는 "실내화를 신어서요.", "안경을 써서요."와 같이 이유나 긍정적인 특징을 담은 말을 합니다. 이제 학생들은 자리를 바꾸어 앉으며 자연스럽게 긍정적인 언어를 사용하게 되지요.

## 수업 준비물

동요 〈다섯 글자 예쁜 말〉 음원, 빈칸 채우기 학습지, 예쁜 말 쓰기 학습지, 의자

## 활동 순서

1. 〈다섯 글자 예쁜 말〉을 함께 듣고 따라 부른다.
2. 노랫말 빈칸 채우기 학습지를 나누어 주고 개별로 작성한다.
3. 친구와 의견을 나누며 기억나지 않는 부분을 함께 해결한다.
4. 노래를 다시 들으며 빈칸을 완성한다.
5. 새 학습지에 친구, 선생님, 가족에게 할 예쁜 말을 직접 써 본다.
6. 사랑합니다(자리 옮기기) 놀이를 한다.
7. 오늘 배운 예쁜 말을 실생활에서 사용해 보기로 약속한다.

## 상현달 선생님의 수업 사전

〈다섯 글자 예쁜 말〉은 흥딩 스쿨 버전을 활용하면 율동도 함께할 수 있어 더욱 효과적입니다. 빈칸 채우기는 너무 어렵지 않게 핵심 단어 위주로 구성하는 것이 좋습니다. 학생들이 직접 써 보는 예쁜 말 활동에서는 창의적인 표현도 인정해 주어야 합니다. 사랑합니다 놀이에서는 외모보다는 긍정적인 특징을 언급하도록 미리 안내하는 것이 중요합니다. 이 활동의 핵심은 일회성 수업이 아니라 지속적으로 예쁜 말 사용 습관을 기르는 것입니다.

# 고마운 사람들은
# 누구일까?

교과서 그림으로 우리 주변의 소중한 사람들을 찾아봐요

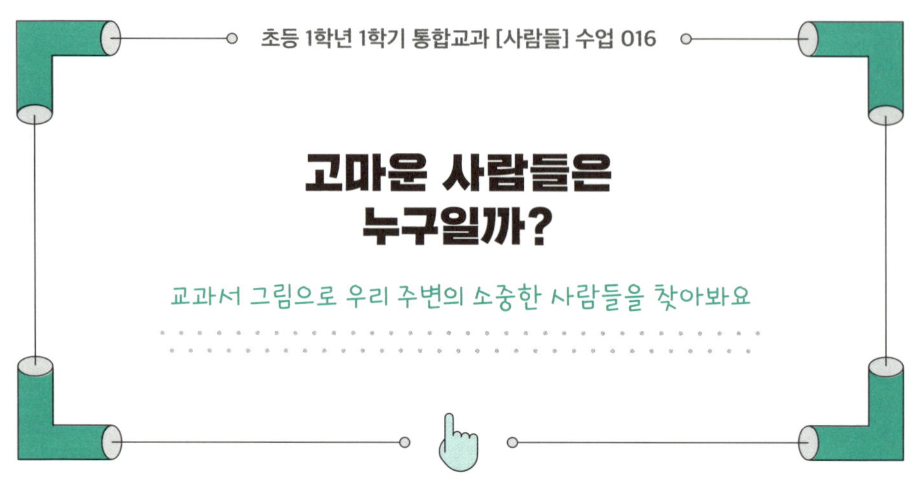

오늘은 학생들과 함께 고마운 사람들을 떠올리고, 그들이 어떤 일을 하는
지 알아보는 활동을 합니다. 먼저 교과서에 나오는 여러 사람의 그림을 오렸
습니다. 학생들은 오려 낸 그림 중에서 자신이 고마움을 느끼는 사람 4명을 고

릅니다. 그림을 고르는 동안 학생들은 이 주제를 둘러싸고 각자의 경험과 생각을 자연스럽게 나눕니다.

선택한 그림은 학습지에 붙이고 2개의 예시 글을 참고해 고마운 점을 기록합니다. 학습지 마지막에는 '사람들은 고마워하며 살아가요.', '사람들은 다른 사람 덕분에 살아가요.'라는 문장을 따라 쓰며 소리 내어 읽습니다. 학생들은 문장을 따라 쓰며 우리 모두 서로에게 힘이 되고 있다는 사실을 알게 되지요.

이어서 경찰차와 소방차 도안을 활용해 입체 작품을 만드는 활동을 합니다. 학생들은 도안을 오리고 색칠하면서 경찰과 소방관이 우리 생활에 어떤 중요한 역할을 하는지 다시 한번 생각합니다. 수업을 마무리하며 학생들에게 우리 주변에 있는 고마운 사람들에 대해 이야기합니다. 학생들은 가족, 친구, 선생님, 그리고 마을에서 만나는 다양한 사람을 하나둘씩 떠올리게 되지요.

교과서 속 그림을 오려 붙이고 각 인물의 고마운 점을 적어 보는 작은 활동이었지만 학생들은 그 속에서 제 생각을 담아냅니다. 농부, 택배 기사, 배움터 지킴이, 버스 기사 등 학생들은 자신의 여러 가지 경험을 통해서 우리 사회와 사람들에 대해 고마운 마음을 드러내게 되지요.

## 수업 준비물

교과서 인물 그림, 학습지, 가위, 풀, 경찰차·소방차 도안, 색연필

## 활동 순서

1.  교과서에 있는 다양한 사람의 그림을 준비한다.
2.  학생들이 고마움을 느끼는 사람 4명의 그림을 선택한다.
3.  선택한 그림을 학습지에 붙이고 고마운 점을 기록한다.
4.  예시 문장을 따라 쓰며 소리 내어 읽는다.
5.  경찰차와 소방차 도안을 오리고 색칠해 입체 작품을 만든다.
6.  우리 주변의 고마운 사람들에 대해 이야기를 나눈다.
7.  일상에서 감사 인사를 실천해 보기로 약속한다.

## 상현달 선생님의 수업 사전

교과서 그림은 학생들이 쉽게 알 수 있는 직업군 위주로 선별하는 것이 좋습니다. 고마운 점을 적을 때는 구체적인 경험을 바탕으로 쓸 수 있도록 안내해 주세요. 문장 따라 쓰기에서는 글씨보다는 내용의 의미를 이해하는 데 중점을 두어야 합니다. 입체 작품 만들기는 완성도보다는 만드는 과정에서 해당 직업에 대해 생각해 보는 시간으로 활용하는 것이 좋습니다. 이 활동을 통해 학생들이 일상에서 감사 인사를 자주 표현하는 습관을 기를 수 있기를 바랍니다.

# 눈을 감으면 세상이
# 어떻게 보일까?

그림책과 체험 활동으로 시각 장애인의 삶을 이해해요

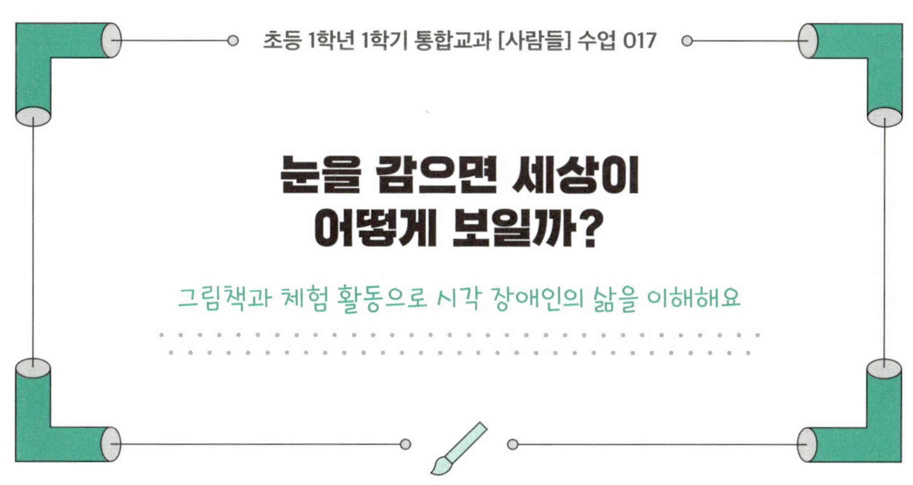

세상에는 다양한 사람이 함께 살아갑니다. 모든 사람이 사회의 중요한 구성원이에요. 오늘은 학생들과 함께 시각 장애인의 삶을 이해하고 공감하는 시간을 가집니다.

　먼저 그림책『눈을 감아 보렴』을 읽습니다. 이 그림책은 시각 장애가 있는 형에게 동생이 자신이 보는 세상을 설명해 주려는 것으로 시작합니다. 책 속에서 형은 동생에게 눈을 감고 세상을 느껴 보라고 말합니다. 학생들도 그림책을 읽으며 '만약 내가 눈이 보이지 않는다면 어떨까?' 하고 생각해 봅니다.

　그림책을 읽은 후 안대를 쓰고 쌓기나무를 높이 쌓는 활동을 합니다. 평소에는 쉽게 할 수 있는 활동이지만 눈을 가리고 하니 완전히 다른 경험이 되지요. 학생들은 손의 감각에만 의존해 나무를 하나씩 조심스럽게 쌓아 올립니다. 이번에는 더 작은 쌓기나무를 활용해 높이 쌓아 봅니다.

　다음으로 안대를 쓴 후 친구의 설명만을 듣고 점선 잇기 활동을 합니다. 첫 번째 도안은 바나나입니다. 설명만 듣고 점선을 잇는 것은 쉽지 않습니다. 이번에는 역할을 바꾸어 활동합니다. 두 번째 도안은 바나나보다 조금 더 복잡한 우산입니다. 앞이 보이지 않기 때문에 친구의 설명을 잘 듣고 점선을 이어야 합니다. 눈이 보이지 않기에 손의 감각과 듣기 감각이 중요합니다.

　학생들은 활동을 통해 보이지 않는 것의 불편함과 함께 시각 외에 다른 감각이 얼마나 소중한지 깨닫게 됩니다.

## 수업 준비물

그림책『눈을 감아 보렴』, 안대, 쌓기나무, 점선 잇기 학습지, 연필

## 활동 순서

1. 『눈을 감아 보렴』을 함께 읽고 내용에 대해 이야기한다.
2. 시각 장애인의 삶에 대해 생각하는 시간을 갖는다.
3. 안대를 쓰고 큰 쌓기나무를 높이 쌓아 본다.
4. 작은 쌓기나무로 더욱 섬세한 쌓기 활동에 도전한다.
5. 안대를 쓰고 친구의 설명만 듣고 점선을 잇는다.
6. 역할을 바꾸어 설명하는 사람과 듣는 사람을 교차해 경험한다.
7. 체험 소감을 나누며 시각 장애인에 대한 이해를 깊게 한다.

## 상현달 선생님의 수업 사전

시각 장애 체험 활동은 단순한 불편함의 체험이 아니라 시각 장애인의 삶을 이해하는 데 목적이 있음을 강조해야 합니다. 안대를 사용할 때는 안전에 각별히 주의하고, 활동 공간에 장애물이 없는지 미리 확인해야 해요. 점선 잇기 활동에서 설명하는 학생에게는 구체적이고 정확한 방향 지시 방법을 안내하는 것이 좋습니다. 이 활동의 핵심은 시각 장애인에 대한 동정심이 아니라, 서로 다른 능력을 가진 사람들이 함께 살아가는 사회의 모습을 이해하는 것입니다.

# 평면 지구가 입체로
# 변신할 수 있을까?

그림책『온 세상 사람들』을 읽고 둥근 지구를 만들어요

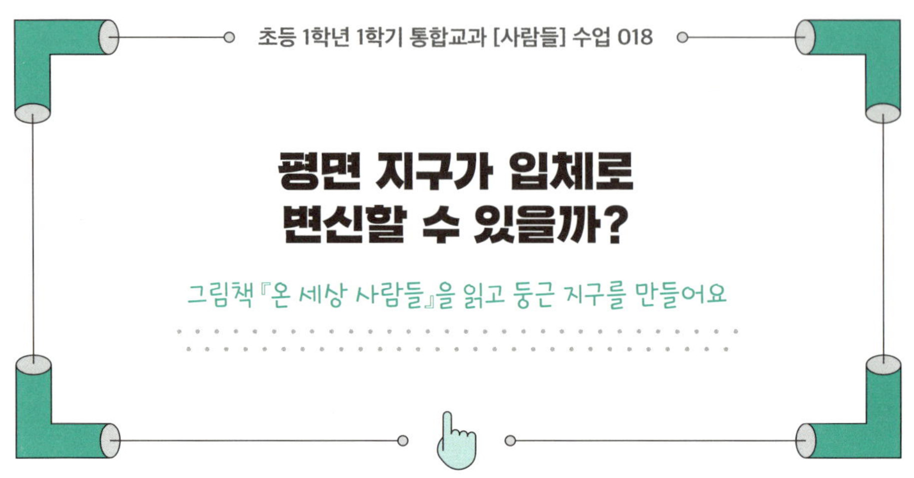

오늘은『온 세상 사람들』을 읽고 학생들과 함께 지구를 만들어 보는 활동을 합니다. 이 그림책에는 피부색, 머리 모양, 옷차림 등 세계 곳곳의 다양한 사람이 등장하지요. 학생들은 그림책을 통해 우리와 다른 모습, 다양한 문화를 자연스럽게 받아들입니다.

그림책을 읽은 후 2장의 학습지를 학생들에게 나누어 줍니다. 1장에는 컬러

로 인쇄된 지구 그림이, 다른 1장에는 흑백 지구 그림이 있습니다. 학생들은 컬러 지구를 참고해 흑백 지구를 자신만의 색으로 채색합니다. 이 과정에서 학생들은 실제 지구의 바다, 대륙, 다양한 나라의 위치와 색깔을 관찰하며 상상력을 더해 갑니다.

색칠이 끝나면 2장의 지구 도안을 오려 냅니다. 오려 낸 지구 도안을 원판의 양면에 붙여 앞뒤로 다른 느낌의 지구를 완성합니다. 다음으로 플라스틱 반구 2개를 글루건을 활용해 원판에 붙이면, 평면이었던 지구가 입체적으로 변신합니다. 학생들은 직접 손으로 만지고 입체적으로 바라보며 지구의 둥근 모양을 자연스럽게 이해할 수 있게 되지요.

마지막으로 강력한 네오디뮴<sup>Neodymium</sup> 자석과 낚시줄을 이용해 완성한 지구를 교실 천장에 붙입니다. 교실 천장에 둥둥 떠 있는 지구를 보며 학생들은 뿌듯함과 함께 우리 모두가 같은 지구에 살고 있다는 연결감을 느낍니다. 학생들은 오늘 활동을 통해 다름을 이해하고 존중하는 태도를 기릅니다.

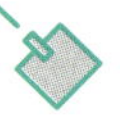

## 수업 준비물

그림책『온 세상 사람들』, 색연필, 가위, 풀, 플라스틱 반구 2개, 글루건, 네오디뮴 자석, 낚시줄, 지구 학습지(컬러, 흑백)

## 활동 순서

1.『온 세상 사람들』을 함께 읽고 다양한 지구의 사람에 대해 이야기한다.
2. 컬러 지구와 흑백 지구 학습지를 나누어 준다.
3. 컬러 지구를 참고하여 흑백 지구를 자신만의 색으로 채색한다.
4. 2장의 지구 도안을 가위로 오린다.
5. 원판 양면에 각각 다른 지구 그림을 붙인다.
6. 플라스틱 반구 2개를 글루건으로 붙여 입체 지구를 완성한다.
7. 네오디뮴 자석과 낚시줄을 이용해 교실 천장에 매단다.

## 상현달 선생님의 수업 사전

그림책『온 세상 사람들』은 다양성과 포용성을 자연스럽게 배울 수 있는 좋은 교재입니다. 플라스틱 반구는 미리 구입해 두고, 글루건 사용 시에는 화상에 주의해야 합니다. 네오디뮴 자석은 강력하므로 안전하게 다루도록 지도하고, 천장 매달기는 교사가 직접 해 주는 것이 좋습니다. 완성한 지구는 한 학기 동안 교실에 두어 지속적으로 지구 공동체 의식을 기를 수 있도록 활용하세요. 이 활동의 핵심은 만들기 기술이 아니라, 우리 모두가 하나의 지구에 살고 있다는 소속감과 다양성 존중입니다.

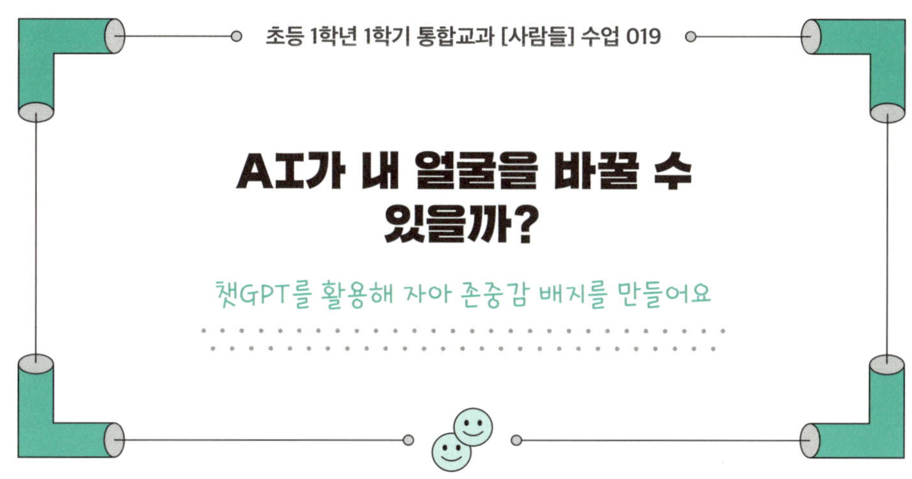

# AI가 내 얼굴을 바꿀 수 있을까?

## 챗GPT를 활용해 자아 존중감 배지를 만들어요

오늘은 학생들과 함께 자신의 웃는 모습을 관찰하고 특별한 배지로 만드는 활동을 합니다. 단순한 만들기 활동을 넘어 자아 존중감과 긍정적 자기 인식을 기를 수 있는 활동으로 구성했어요.

먼저 학생들은 짝과 마주 앉아 서로의 얼굴을 자세히 관찰하는 시간을 가집니다. 평소에는 무심코 지나쳤던 친구의 얼굴 특징을 하나하나 살펴보며 서로의 다름과 특별함을 발견해 갑니다. 다음으로 학생들 앞에 거울을 설치하고 웃을 때 내 얼굴이 어떻게 변하는지 자세히 관찰하도록 합니다.

거울을 통해 저마다 웃는 모습을 본 후에는 글로 써 보는 활동을 합니다. 학생들은 자신만의 표현으로 웃는 얼굴을 생생하게 묘사합니다. 그리고 토닥토닥 카드를 활용해 나에게 보내는 응원의 말을 하나씩 학습지에 기록합니다.

이제 본격적인 디지털 아트 활동을 합니다. 챗GPT의 달리$^{DALL-E}$3 기술을 활용해 학생들의 얼굴을 지브리 스타일의 웃는 얼굴로 변형하는 작업을 합니다. 학생들이 학습지에 기록한 웃는 얼굴 모습을 바탕으로 챗GPT에 구체적인 명

령을 내립니다. 챗GPT가 생성한 결과물을 보고 학생들과 함께 추가 수정 사항을 요청합니다.

챗GPT가 만든 사진을 내려받은 후 포토스케이프 Photoscape 프로그램을 사용해 둥글게 편집합니다. 그리고 학생들이 학습지에 기록한 '나에게 보내는 응원의 메시지'를 그림에 추가하여 개인별 맞춤형 디자인을 완성합니다. 배지 제작을 위해 프레스, 원형 커터, 버튼을 미리 준비해 두었습니다. 완성된 배지를 받은 학생들은 자신의 옷이나 가방에 달며 즐거워합니다.

## 수업 준비물

거울, 토닥토닥 카드, 학습지, 챗GPT 계정, 포토스케이프 프로그램, 배지 제작기, 원형 커터, 프레스

## 활동 순서

1. 짝과 마주 앉아 서로의 얼굴을 자세히 관찰한다.
2. 거울을 보며 자신의 웃는 모습을 관찰하고 글로 표현한다.
3. 토닥토닥 카드에서 자신에게 보낼 응원 메시지를 선택한다.
4. 챗GPT 달리3로 지브리 스타일로 얼굴을 변환한다.
5. 포토스케이프로 이미지를 둥글게 편집하고 응원 메시지를 추가한다.
6. 원형 커터로 이미지를 자르고 배지 제작기로 배지를 완성한다.

## 상현달 선생님의 수업 사전

생성형 AI 사용 시에는 학생들의 개인정보 보호에 각별히 주의해야 합니다. 얼굴 사진 업로드 전에 반드시 학부모 동의를 받고, 수업 후에는 모든 이미지를 삭제해야 합니다. 챗GPT 프롬프트 작성 시 학생들이 기록한 내용을 정확히 반영하되, 부적절한 결과가 나올 수 있으니 교사가 미리 검토하는 것이 중요합니다. 배지 제작기 사용 시에는 안전에 주의하고, AI 윤리 교육도 함께 진행해야 합니다.

초등 1학년 1학기 통합교과 수업

# 우리나라

# 평면 독도가
# 입체로 변신할 수 있을까?

플라스틱 반구를 활용해 '독도의 날' 입체 작품을 만들어요

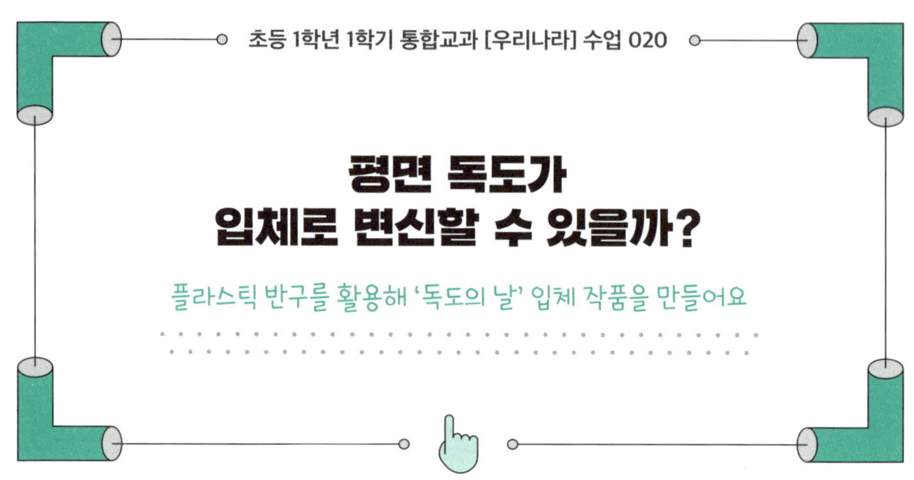

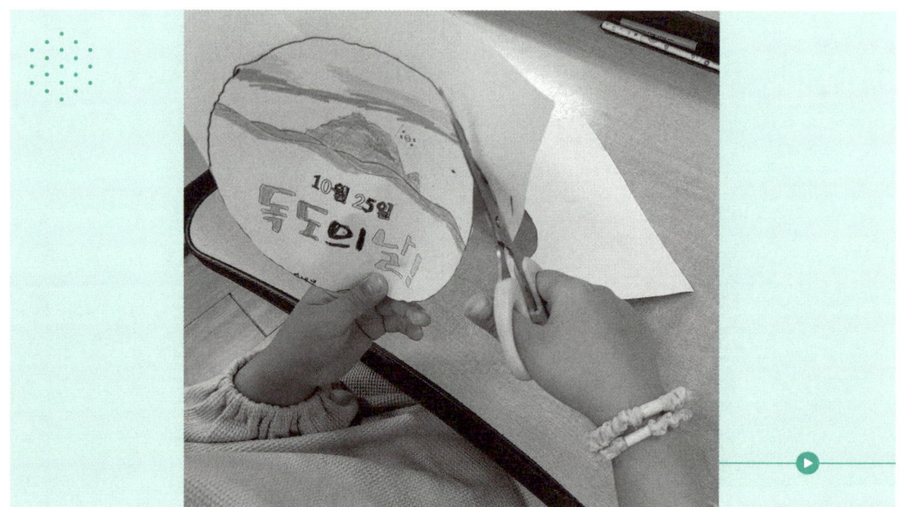


독도는 대한민국 영토 중에서 중요한 부분입니다. 잊지 말고 기억해야 하는 곳이지요. 그래서 오늘은 학생들과 함께 독도에 대해 알아보고 작품을 만들어 보는 활동을 합니다.

먼저 인터넷에서 독도의 날을 소개하는 도안을 찾아 내려받았습니다. 단순히 평면적인 활동으로 끝나지 않도록 포토스케이프 X 프로그램을 활용해 도안을 원형으로 자르고 색연필화 기능을 사용해 기존 색상을 제거했습니다. 이렇게 하면 학생들이 직접 색칠할 수 있는 깔끔한 밑그림이 완성됩니다.

평면화된 독도 도안을 나누어 주기 전, 교실에서 새로운 버전의 〈독도는 우리 땅〉 노래를 함께 불렀습니다. 노래를 부른 후 학생들은 가사의 의미를 생각하며 독도 도안에 색을 칠했지요.

평면의 종이 도안이 입체적인 작품으로 다시 태어나는 순간입니다. 학생들은 가위로 오려 낸 독도 그림 위에 투명한 플라스틱 반구를 조심스럽게 덮습니다. 납작했던 독도 그림 위로 볼록한 반구가 씌워지자, 평범했던 그림은 마치 수정 구슬 속에 담긴 보물섬처럼 신비롭게 변신하지요.

단순히 그림을 그리는 것에서 그치지 않고, 굴절되는 반구의 성질을 이용해 평면을 입체로 확장하는 시각적 경험을 제공합니다. 학생들은 반구 안에서 영롱하게 빛나는 독도를 요리조리 돌려보며, 우리 땅 독도가 바다 위에 우뚝 솟은 소중한 섬이라는 사실을 감각적으로 느끼게 됩니다.

완성한 작품들은 교실 게시판에 전시했습니다. 학생들은 서로의 작품을 감상하며 독도 이야기를 나눕니다. 같은 도안이지만 각자의 색감과 표현 방식에 따라 전혀 다른 느낌의 독도가 탄생하지요.

## 수업 준비물

독도 도안, 포토스케이프 X 프로그램, 색연필, 가위, 풀, 플라스틱 반구, 양면 테이프,
두꺼운 원 종이

## 활동 순서

1. 〈독도는 우리 땅〉 노래를 함께 부르며 독도의 의미를 생각한다.
2. 포토스케이프 X로 편집한 독도 도안을 나누어 준다.
3. 학생들이 각자의 개성대로 독도 도안에 색칠한다.
4. 가위로 도안을 동그랗게 자른다.
5. 두꺼운 원 종이에 색칠한 도안을 붙인다.
6. 플라스틱 반구를 양면 테이프로 도안 위에 붙여 입체화한다.
7. 완성한 작품을 교실에 전시하고 서로 감상한다.

## 상현달 선생님의 수업 사전

독도 교육은 단순한 지식 전달보다는 우리 영토에 대한 애착과 자긍심을 기르는 데 중점을 두어야 합니다. 플라스틱 반구는 문구점이나 온라인에서 쉽게 구입할 수 있으며, 크기는 도안에 맞춰 선택하면 됩니다. 포토스케이프 X의 색연필화 기능을 활용하면 기존 컬러 도안도 쉽게 색칠용으로 변환할 수 있습니다. 완성한 작품은 독도의 날뿐 아니라 연중 전시하여 지속적으로 독도 사랑 의식을 기를 수 있도록 활용하세요.

# 글자로도 호랑이를
# 만들 수 있다!

타이포그래피 기법으로 대한민국을 상징하는 동물을 나타내요

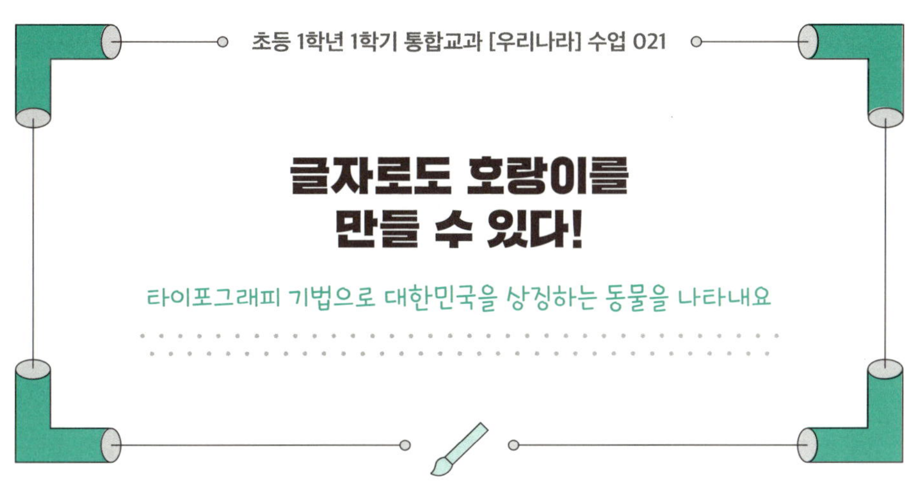

1988년 서울올림픽의 호돌이부터 2018년 평창올림픽의 수호랑까지 우리 나라를 대표하는 마스코트로 모두 호랑이가 선택되었지요. 또한 한반도 지도에서 호랑이는 대륙을 향해 앞다리를 치켜든 채 포효하는 모습으로 표현되어 우리 민족의 용맹과 진취적인 기상을 상징하기도 합니다.

그래서 오늘은 대한민국을 상징하는 호랑이의 모습을 활용해 타이포그래피 typography로 나타내려고 합니다. 타이포그래피는 글자를 활용해서 그림을 표현하는 미술 기법으로, 오늘은 동물 실루엣 안에 그 동물의 이름을 써넣어 글자로 동물을 표현하는 활동입니다. 이번에는 호랑이 모양 안에 '호랑이' 글자를 채워 넣어 작품을 만듭니다.

먼저 호랑이 도안을 A4 용지에 출력한 후 그 위에 OHP 필름을 겹칩니다. 그리고 A4 용지와 OHP 필름이 흔들리지 않도록 투명 테이프로 윗부분을 붙입니다. 투명한 OHP 필름 아래 비치는 밑그림을 따라, 학생들은 '호랑이'라는 글자를 빽빽하게 채워 넣기 시작합니다. 호랑이의 등줄기에는 굵직한 글씨로 힘을 싣고, 가느다란 꼬리 끝에는 작은 글씨를 섬세하게 배치하며 글자의 크기와 모양을 조절하는 타이포그래피의 묘미를 경험합니다.

이 활동은 단순한 따라 쓰기가 아니라, 글자가 모여 선이 되고, 선이 모여 면이 되는 조형의 원리를 이해하는 과정입니다. 학생들은 미끄러운 필름 위에서 집중력을 발휘하여 글자를 쌓아 올리고, 마침내 글자가 모여 용맹한 호랑이의 형상을 이루는 짜릿한 시각적 반전을 맛보게 됩니다. 중간중간 A4 용지를 OHP 필름과 분리해서 선이 잘 따져 있는지 확인합니다. 마지막으로 호랑이 도안에 색을 넣으면 멋진 호랑이가 완성되지요. 학생들은 주황색과 검은 줄무늬로 색깔을 입히기도 하고, 자신만의 개성 있는 색깔로 꾸밉니다.

## 수업 준비물

호랑이 도안, A4 용지, OHP 필름, 투명 테이프, 유성 매직, 네임펜, 색연필

## 활동 순서

1. 호랑이 도안을 A4 용지에 출력한다.
2. OHP 필름을 도안 위에 겹치고 투명 테이프로 고정한다.
3. 유성 매직으로 호랑이 모양 안에 '호랑이' 글자를 가득 채워 쓴다.
4. 호랑이의 윤곽선을 따라 그린다.
5. 중간에 A4 용지와 분리하여 작업 상태를 확인한다.
6. 호랑이 그림에 주황색과 검은 줄무늬 등으로 색칠한다.

## 상현달 선생님의 수업 사전

타이포그래피 작업은 인내심이 필요한 활동이므로 학생들에게 충분한 시간을 주어야 합니다. 글자를 배치할 때는 호랑이 형태가 명확히 드러나도록 윤곽선 부분의 글자 간격을 좁히는 것이 좋습니다. OHP 필름 사용이 어려운 경우 트레이싱지를 활용해도 됩니다. 색칠할 때는 전통적인 호랑이 색깔뿐만 아니라 학생들의 창의적인 표현도 인정해 주어야 해요.

# 윷놀이로
# 우리나라를 알 수 있는 방법

보드 게임 '윷지도'를 활용해 주요 도시 이름을 살펴봐요

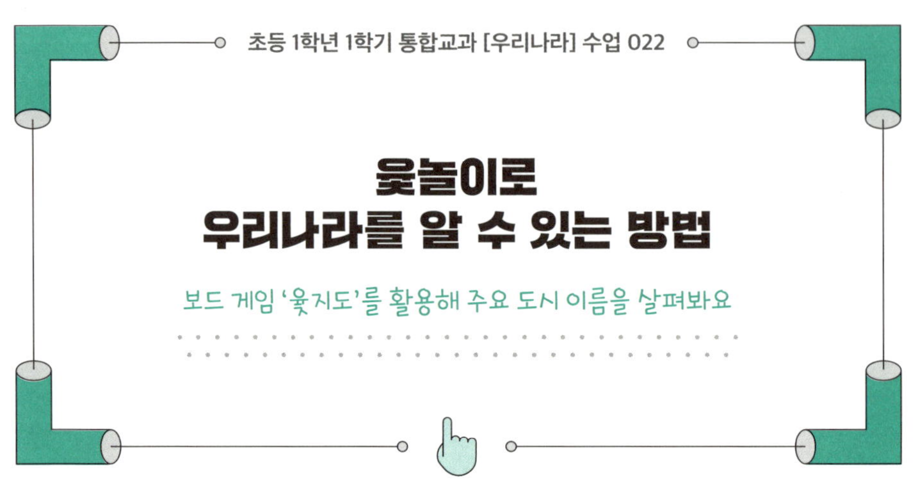

학토재에서 나온 윷지도는 한반도 전역의 중요 도시 지명이 그려진 지도 위에서 즐기는 윷놀이입니다. 대한민국은 물론 북한의 도시까지 포함하고 있어서

학생들이 우리나라 전체를 알 수 있는 교육적 효과도 있지요.

게임 규칙은 우리에게 익숙한 전통 윷놀이와 같습니다. 윷을 던져 나온 결과에 따라 말을 움직이지만, 그 목적지는 윷판의 점이 아닌 실제 우리 땅의 도시들입니다. 학생들은 '도, 개, 걸, 윷, 모'를 외치며 말을 옮기는 과정에서 자연스럽게 각 지역의 이름을 소리 내어 읽고 지리적 위치를 눈으로 익히게 되지요.

수업 시간에 윷지도를 꺼내자 학생들은 익숙한 윷놀이 판이 아닌, 지도가 그려진 게임판에 관심을 보입니다. 게임판을 펼치자 자신이 아는 지명을 찾으며 즐거워하지요. "여기 부산이다!", "작년에 놀러 갔던 곳이에요!" 하며 흥미를 보입니다.

윷을 던져 말이 '부산'이나 '제주' 같은 특정 도시에 도착하면, 학생들은 그 지역에 대해 자신이 알고 있는 경험과 지식을 꺼내 놓습니다. "나 제주도에서 귤 먹어 봤어!", "부산에는 바다가 있어!"라며 각자의 기억 조각을 맞추어 그 도시의 이미지를 함께 완성해 나갑니다.

이 과정에서 윷놀이는 단순한 승부 겨루기를 넘어, 우리나라 방방곡곡을 여행하는 지리 탐구 활동으로 확장됩니다. 교과서 속 딱딱한 지명이 아닌, 친구들과의 대화 속에서 살아 있는 장소로 기억되며 자연스럽게 국토에 대한 공간 감각을 익히게 됩니다.

## 수업 준비물

윷지도(학토재), 윷, 말

## 활동 순서

1. 윷지도를 펼치고 일반 윷놀이 판과의 차이점을 관찰한다.
2. 지도에서 자신이 아는 지역 이름을 찾아본다.
3. 전통 윷놀이 규칙을 확인한다.
4. 팀을 나누어 윷지도 게임을 시작한다.
5. 윷을 던져 나온 결과에 따라 말을 이동한다.
6. 말이 도착한 도시에 대해 아는 내용을 이야기한다.
7. 게임을 마치며 새롭게 알게 된 지역에 대해 이야기를 나눈다.

## 상현달 선생님의 수업 사전

윷지도는 전통놀이와 지리 학습을 자연스럽게 결합한 훌륭한 교구입니다. 게임을 시작하기 전에 지도에 표시된 주요 도시들을 함께 확인하는 시간을 갖는 것이 좋습니다. 학생들이 특정 지역에 대해 이야기할 때는 충분히 듣고 격려해 주세요. 북한 지역에 말이 도착했을 때는 통일에 대한 소망도 함께 이야기해 볼 수 있습니다. 이 활동의 핵심은 놀이를 통해 우리나라에 대한 관심과 애착의 마음을 기르는 거예요. 게임이 끝난 후에 가장 기억에 남는 지역과 그 이유를 발표하는 시간을 가지면 좋습니다.

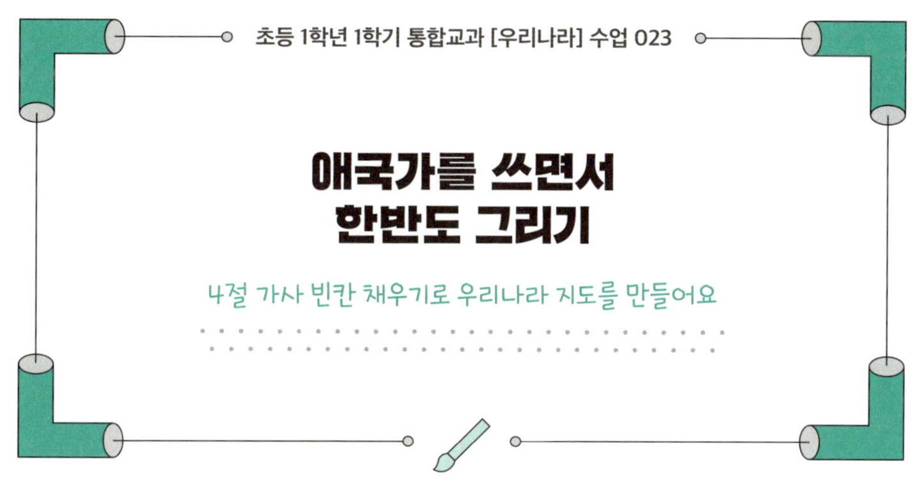

# 애국가를 쓰면서
# 한반도 그리기

## 4절 가사 빈칸 채우기로 우리나라 지도를 만들어요

오늘 수업은 〈애국가〉 4절까지 들으며 따라 부르는 활동으로 시작합니다. 교실에 〈애국가〉 멜로디가 울려 퍼지자 학생들은 자연스럽게 목소리를 모아 노래를 부릅니다.

〈애국가〉 1절은 모두 잘 알고 있지만 2절부터는 조금씩 버벅거립니다. 특히 3절과 4절은 대체로 잘 모르지요. 평소에 〈애국가〉 1절만 주로 불러서 나머지 절은 낯설 수밖에 없습니다. 그래서 학생들과 함께 천천히 따라 부르며 가사의 의미도 함께 생각해 봅니다.

다음으로 미리 준비한 학습지를 나누어 주었습니다. 학습지에는 〈애국가〉 4절 가사가 적혀 있는데 군데군데 글자가 빠져 있어요. 학생들은 방금 불렀던 〈애국가〉를 떠올리며 빈칸을 채워 넣습니다. 모르는 부분이 나오면 친구들과 이야기를 나누며 서로 도움을 주고받습니다. 이 과정에서 자연스럽게 친구와 협력하고 함께 배우는 즐거움을 느낄 수 있지요.

〈애국가〉 4절을 모두 따라 쓰면서 한반도 지도가 완성됩니다. 오늘 수업은

단순히 〈애국가〉 가사를 쓰는 것에서 그치는 것이 아니라 우리나라의 모양을 그려 가는 의미 있는 작업이기도 합니다. 〈애국가〉는 그냥 외워 부르는 노래가 아니라 우리나라를 사랑하는 마음을 담은 소중한 유산입니다. 학생들이 가사를 하나하나 써 가며 그 의미를 생각해 보는 동시에 우리나라의 아름다운 모습을 그려 가는 이 활동을 통해, 나라 사랑의 마음이 조금씩 싹트기를 바랍니다.

## 수업 준비물

〈애국가〉 음원, 한반도 모양 학습지(〈애국가〉 가사 빈칸), 스피커, 연필

## 활동 순서

1. 〈애국가〉 4절까지 음원을 들으며 함께 따라 부른다.
2. 각 절의 가사와 그 의미에 대해 간단히 이야기한다.
3. 한반도 모양 안에 〈애국가〉 가사가 빈칸으로 된 학습지를 나누어 준다.
4. 기억을 떠올리며 빈칸에 알맞은 가사를 채워 넣는다.
5. 친구들과 협력하여 모르는 부분을 함께 해결한다.
6. 완성한 학습지를 통해 한반도 지도가 그려진 것을 확인한다.
7. 〈애국가〉의 의미와 나라 사랑의 마음에 대해 이야기한다.

## 상현달 선생님의 수업 사전

〈애국가〉 4절까지 모두 아는 학생은 많지 않으므로 충분한 반복 학습이 필요합니다. 학습지는 한반도 모양 안에 〈애국가〉 가사를 배치하되, 1학년 수준에서 쓸 수 있는 핵심 단어를 빈칸으로 만드는 것이 좋습니다. 가사를 외우는 것보다는 그 의미를 이해하는 데 중점을 두어야 합니다. 친구들과 협력하는 과정에서 자연스럽게 소통 능력도 기를 수 있습니다. 완성한 한반도 지도를 통해 〈애국가〉가 우리나라 전체를 노래한 것임을 시각적으로 보여 줄 수 있어 더욱 효과적이지요.

# 위인의 마음을 내 손으로 만질 수 있을까?

### 이순신 장군과 유관순 열사를 보며 나라 사랑의 마음을 배워요

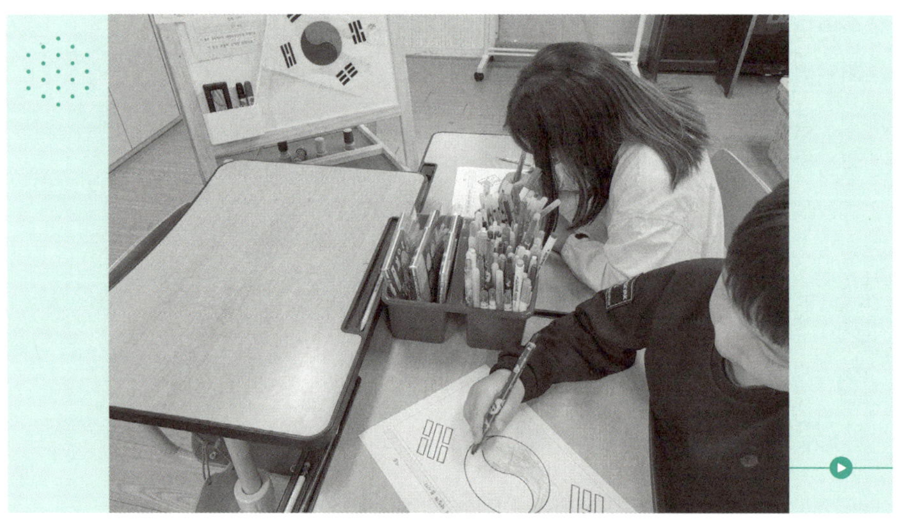

"여러분, 대한민국 하면 어떤 인물이 가장 먼저 떠오르나요?"

수업을 시작하며 던진 질문에 학생들은 저마다 아는 이름을 외칩니다. 역사 책에서 읽은 인물부터 자신이 좋아하는 가수나 배우까지 다양하게 등장합니다.

그중에서 오늘은 우리나라를 대표하는 두 위인 이순신 장군과 유관순 열사에 대해 조금 더 깊이 알아보는 시간을 가집니다.

첫 번째 활동은 이순신 장군에 대해 알아봅니다. 학생들은 학습지 문제를 풀며 임진왜란 당시 나라를 구한 장군의 업적을 하나씩 살펴봅니다. 이어서 챗GPT를 활용해 만든 거북선 도안을 학생들에게 나누어 줍니다. 학생들은 저마다의 색깔로 거북선을 칠하며 상상력을 발휘하지요. 알록달록한 거북선, 무지개색 갑판을 가진 거북선 등 다양한 거북선이 탄생합니다.

다음으로 유관순 열사에 대해 알아봅니다. 문제를 풀며 3·1운동을 이끌었던 유관순 열사의 용기 있는 삶을 되짚어 보는 시간을 가집니다. 유관순 열사에 대해 배운 후, 태극기를 직접 만들어 봅니다. 학생들은 태극기 도안의 건곤감리와 태극 문양을 꼼꼼하게 색칠하고, 나무젓가락을 뒤에 붙여 태극기를 완성했습니다. 이제 자신의 손으로 만든 태극기를 힘차게 흔들어 봅니다.

수업의 마지막에는 방금 만든 태극기를 손에 들고 그림 속 유관순 열사 앞에 모여 함께 태극기를 흔들었습니다. 작은 손들이 흔드는 태극기를 보니 마치 100여 년 전 그날의 함성이 들리는 듯합니다.

이순신·유관순 학습지, 거북선 도안, 태극기 도안, 색연필, 나무젓가락, 풀, 유관순 열사 그림

1. 대한민국을 대표하는 인물에 대해 자유롭게 이야기한다.
2. 이순신 장군 학습지 문제를 풀며 업적을 알아본다.
3. 챗GPT로 만든 거북선 도안을 개성 있게 색칠한다.
4. 유관순 열사 학습지를 풀며 3·1운동에 대해 배운다.
5. 태극기 도안에 건곤감리와 태극 문양을 정확히 색칠한다.
6. 나무젓가락을 붙여 태극기를 완성한다.
7. 유관순 열사 그림 앞에서 태극기를 함께 흔들며 마무리한다.

위인에 대한 학습은 단순한 지식 전달보다는 그들의 정신과 가치를 이해하는 데 중점을 두어야 합니다. 챗GPT로 거북선 도안을 제작할 때는 "초등학교 1학년이 색칠하기 쉬운 간단한 선으로 된 거북선"이라고 구체적으로 요청하면 좋습니다. 태극기 제작 시에는 건곤감리의 정확한 위치와 의미를 간단히 설명해 주되, 완벽함보다는 정성을 다하는 마음에 더 큰 의미를 두세요. 마지막 태극기 흔들기 활동은 단순한 퍼포먼스가 아니라 선조들의 마음을 체험하는 소중한 시간임을 학생들에게 전달하는 것이 중요합니다.

# 내 추억으로 채운
# 대한민국 지도 만들기

### 개인의 경험과 협동 퍼즐로 우리나라 구석구석을 살펴봐요

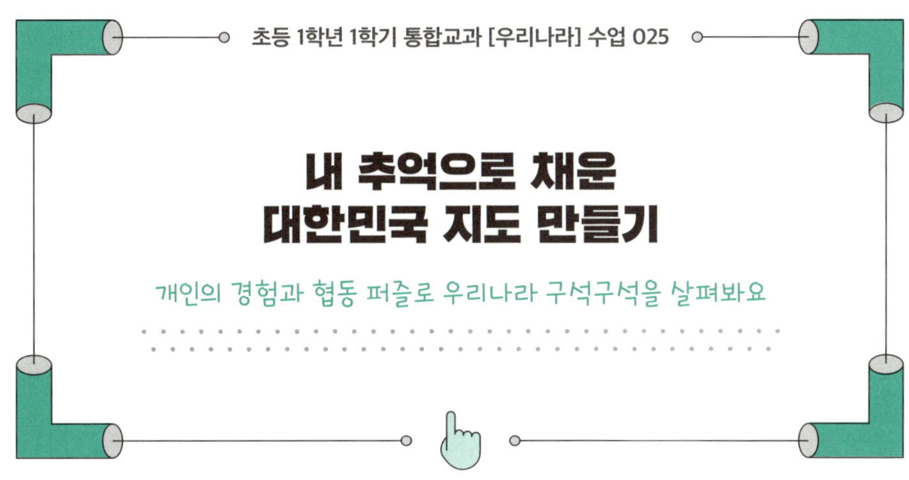

　　오늘은 학생들과 함께 각자의 추억이 담긴 대한민국 지도를 만들어 보는 활동을 합니다. 먼저 학생들에게 대한민국 지도가 그려진 학습지를 나누어 주었습니다.

교사의 말이 끝나자마자 학생들은 색연필을 들고 저마다의 기억을 더듬기 시작합니다. 자신이 살고 있는 지역에 색을 칠하고, 할아버지 댁이 있는 곳, 지난여름에 다녀온 바다, 체험 학습을 다녀온 곳까지, 하얀 지도 위가 금세 학생들의 발자취로 채워집니다. 새로운 학습지에는 자신이 다녀온 지역의 이름과 그곳에서 기억나는 장면을 글로 나타냈습니다.

이어서 각자 기록한 내용을 친구들 앞에서 발표하는 시간을 가졌습니다. 서울에서 사촌오빠와 놀았던 추억, 담양의 카페에 간 기억, 목포에 있는 아빠 친구 집에 놀러 간 경험까지 자신이 겪은 다양한 일을 발표합니다. 학생들은 친구들의 발표를 들으며 미처 가 보지 못한 곳에 대한 호기심과 상상력을 키웁니다.

발표가 끝난 후, 구글 어스Google Earth를 활용해 학생들이 이야기한 장소를 실제로 탐험합니다. 화면에 위성 사진이 나타나자 학생들이 신기해합니다. 평면적인 지도 위에서 보던 장소를 입체적인 화면으로 다시 만나니, 학생들의 기억은 더욱 생생해집니다.

수업의 마지막 활동은 협동심을 기르는 한반도 지도 완성하기 활동입니다. 10조각으로 나뉜 한반도 지도 퍼즐을 학생들에게 배분해 줍니다. 학생들은 머리를 맞대고 의견을 나누며 흩어진 조각들을 하나씩 맞추어 나갑니다.

## 수업 준비물

대한민국 지도 학습지 2종, 색연필, 구글 어스, 한반도 지도 퍼즐

## 활동 순서

1. 대한민국 지도 학습지에 자신이 가 본 곳을 색칠한다.
2. 새로운 학습지에 방문한 지역 이름과 기억나는 장면을 기록한다.
3. 각자의 경험을 친구들 앞에서 발표한다.
4. 친구들의 발표를 들으며 새로운 곳에 대한 호기심을 키운다.
5. 구글 어스로 학생들이 언급한 장소를 함께 탐험한다.
6. 10조각으로 나뉜 한반도 지도 퍼즐을 협동하면서 맞춘다.
7. 완성한 지도를 보며 대한민국에 대한 소감을 나눈다.

## 상현달 선생님의 수업 사전

개인의 경험을 바탕으로 한 활동이므로 아직 많은 곳을 가 보지 못한 학생들도 있을 수 있습니다. 이런 경우 현재 살고 있는 곳이나 학교 주변만이라도 의미 있게 표시할 수 있도록 격려해 주세요. 구글 어스 사용 시에는 인터넷 연결 상태를 미리 확인하고, 학생들이 언급한 주요 장소를 미리 북마크해 두면 수업이 원활해집니다. 지도 퍼즐은 학생 수에 맞게 조를 편성하여 모든 학생이 참여할 수 있도록 하는 것이 중요합니다.

# 지폐 속 인물들이 말하는 우리나라 이야기

## 일상 속 화폐로 우리나라 역사와 꿈을 찾아보아요

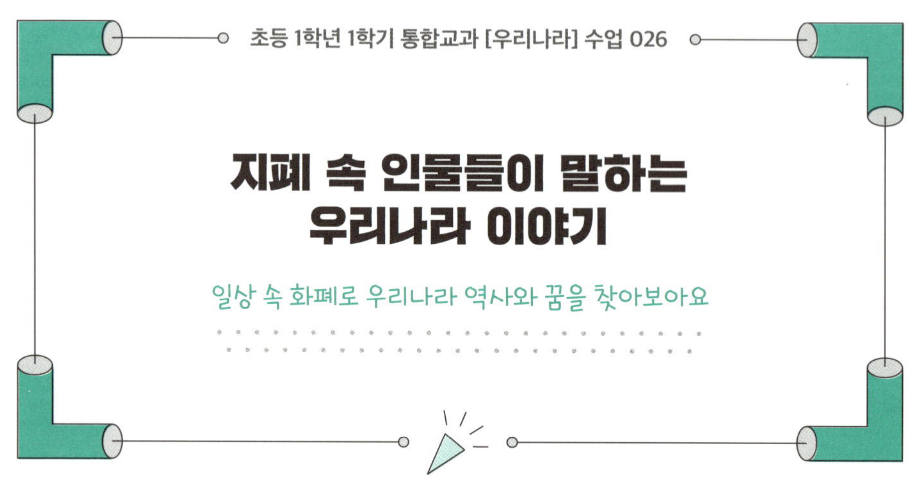

오늘은 학생들과 대한민국 지폐 4종을 살펴보면서 어떤 인물이 등장하는 지 알아보는 활동을 합니다. 평소 학생들이 자주 보지만 깊게 생각해 보지 않 았던 지폐가 오늘의 주인공이에요. 매일 군것질을 할 때 사용하는 돈이지만,

정작 그 안에 누가 살고 있는지 자세히 들여다본 적은 거의 없습니다. 학생들은 돋보기를 든 탐정처럼 지폐 속 인물의 표정, 복장, 그리고 배경에 그려진 작은 그림들을 꼼꼼하게 관찰합니다. 1,000원 지폐 안 퇴계 이황의 온화한 눈빛부터 5만 원 지폐 안 신사임당의 섬세한 붓 터치까지, 화폐는 그 자체로 훌륭한 역사 교과서가 됩니다.

학생들은 시각적 단서를 통해 인물의 특징을 파악하고, 그들이 왜 우리나라 화폐의 주인공이 되었는지 역사적 맥락을 연결해 봅니다. 이 활동은 무심코 지나쳤던 일상 속 사물에서 위대한 역사를 발견하는 안목을 길러 줍니다.

혼자 지폐 학습지를 풀며 문제를 해결한 후에는 친구들과 이야기를 나누며 인물의 이름을 채웁니다. 퇴계 이황, 율곡 이이, 신사임당의 이름을 처음 들어 본 학생들도 있지만, 함께 토론하면서 점차 잘 기억하게 됩니다. 각 인물이 어떤 업적을 남겼는지도 간단히 설명해 주면 학생들의 이해도가 더욱 높아집니다. 다음으로 지폐가 만들어지는 과정을 소개하는 영상 2편을 준비했습니다. 학생들은 영상을 보면서 그동안 잘 알지 못했던 지폐에 대한 지식을 쌓아 갈 수 있어요.

평소 당연하게 여긴 지폐가 얼마나 많은 기술과 노력으로 만들어지는지 새롭게 알게 됩니다. 특히 학생들은 위조 방지 기술이나 특수 용지 사용법 등을 보며 놀라워하지요. 지폐는 학생들이 일상에서 쉽게 만날 수 있는 역사 교육 자료입니다. 거창한 박물관이나 특별한 교구가 없어도 우리 손안의 지폐 한 장으로 충분히 의미 있는 학습이 가능합니다.

대한민국 4종 지폐 학습지, 지폐 제작 과정 영상, 연필

1. 대한민국 4종 지폐를 학생들에게 보여 주며 관심을 유발한다.
2. 1만 원권 지폐 속 세종대왕에 대해 간단히 이야기한다.
3. 1,000원, 5,000원, 5만 원 지폐 속 인물들을 학습지로 확인한다.
4. 개별로 학습지를 풀고 친구와 답을 비교하며 토의한다.
5. 지폐가 만들어지는 과정을 영상으로 시청한다.
6. 지폐 속 위인들의 업적과 의미에 대해 이야기한다.
7. 나도 훌륭한 인물이 되겠다는 다짐을 나눈다.

지폐 속 인물 학습은 단순한 암기보다는 위인들의 업적과 우리나라에 대한 사랑을 이해하는 데 중점을 두어야 합니다. 1,000원(퇴계 이황), 5,000원(율곡 이이), 1만 원(세종대왕), 5만 원(신사임당) 지폐에 대해 1학년 수준에서 이해할 수 있도록 쉽게 설명해 주세요. 지폐 제작 과정 영상은 학생들의 집중도를 높이는 좋은 자료입니다. 이 활동을 통해 학생들이 일상 속에서 역사와 문화를 자연스럽게 접할 수 있고, 자신도 훌륭한 사람이 되고 싶다는 꿈을 갖게 되기를 바랍니다.

# 왜 10만 원 지폐는 없을까?

교사 사진을 활용해 나만의 10만 원 지폐 도안을 만들어요

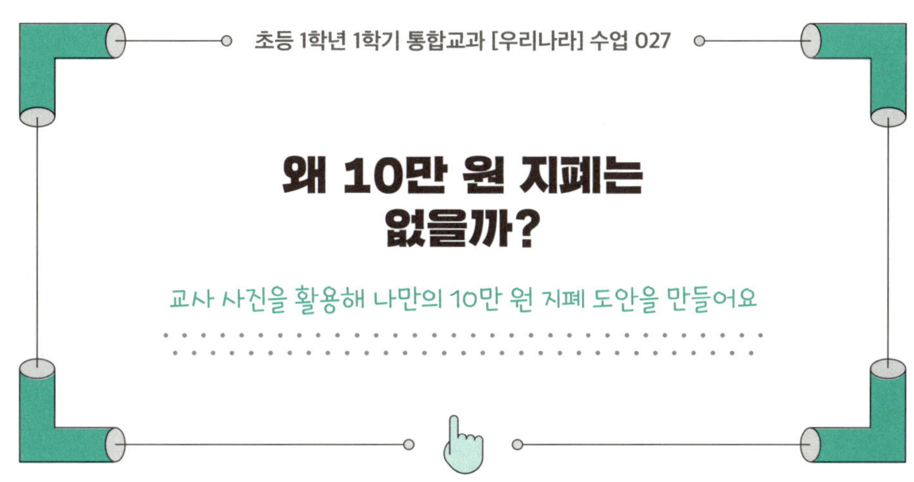

현재 10만 원 지폐는 없습니다. 이 사실을 학생들에게 알려 주자, "정말요? 왜 없어요?" 하고 묻습니다. 그 이유를 설명하자면 우리나라 경제에 대해 이야기해야 하기 때문에 1학년 아이들에게는 어려운 내용이지요.

그래서 10만 원 지폐가 만들어진다면 어떤 인물이 들어가면 좋을지 함께 생각해 보는 활동으로 바로 넘어갑니다. 교실 안은 활기가 가득합니다. 역사 인물, 스포츠 스타, 아이돌 등 다양한 인물의 이름이 나옵니다. 세종대왕, 손흥민, BTS 등 저마다 아이디어를 말합니다.

그런데 그때 교사인 제 이름도 나왔습니다. 제 이름이 나오자 학생들이 크게 웃습니다. 하지만 순식간에 선생님 얼굴이 들어간 지폐를 만들고 싶다는 분위기가 형성됩니다. 그래서 10만 원 지폐에 들어갈 제 사진 여러 장과 10만 원 지폐 도안을 준비했습니다.

다음 날 지폐가 만들어지는 과정이 담긴 영상을 다시 시청했습니다. 복잡하고 정교한 인쇄 기술, 위조 방지를 위한 다양한 보안 장치를 보며 지폐가 얼마나 많은 기술력이 집약된 결과물인지 학생들은 새삼 깨닫게 됩니다.

영상 시청이 끝나자 학생들에게 제 얼굴 사진과 10만 원 지폐 도안을 나누어 주었습니다. 학생들은 10만 원 지폐 도안의 앞뒤를 어떻게 디자인할지 생각한 후에 적절한 위치에 교사의 사진을 오려서 붙였습니다. 그리고 사진과 어울리는 그림과 글자를 넣어 꾸몄습니다.

## 수업 준비물

교사 사진 여러 장, 10만 원권 지폐 도안, 지폐 제작 과정 영상, 가위, 풀

## 활동 순서

1. 현재 10만 원 지폐가 없다는 사실을 알려 준다.
2. 10만 원권이 만들어진다면 어떤 인물이 좋을지 자유롭게 이야기한다.
3. 교사의 얼굴이 들어간 지폐를 만들자는 아이디어를 제안한다.
4. 지폐가 만들어지는 과정을 영상으로 시청한다.
5. 교사 사진과 10만 원권 도안을 나누어 준다.
6. 적절한 위치에 교사 사진을 오려 붙이고 디자인한다.
7. 교사의 이름, 생일, 관련 정보를 창의적으로 넣어 꾸민다.

## 상현달 선생님의 수업 사전

10만 원권이 없는 이유는 복잡하지만, 1학년에게는 "아직 필요성이 크지 않아서예요."
라고 간단히 설명하는 것이 적절합니다. 학생들이 제안하는 다양한 인물(역사 인물, 연
예인, 스포츠 선수 등)을 모두 긍정적으로 받아 주되, 화폐 인물 선정의 기준에 대해서는
간단히 언급해 주세요. 교사 사진은 미리 여러 장 준비해 두고, 학생들이 창의적으로
디자인할 수 있도록 충분한 시간과 재료를 제공하는 것이 중요합니다. 이 활동의 핵
심은 지폐 디자인 기술이 아니라 상상력과 창의성, 그리고 교사와 학생 간의 유대감을
기르는 것입니다

# 미로 속에서 세종대왕을 만나면 무슨 일이 벌어질까?

### 미로부터 궁궐 탐험까지, 놀이로 배우는 조선 시대

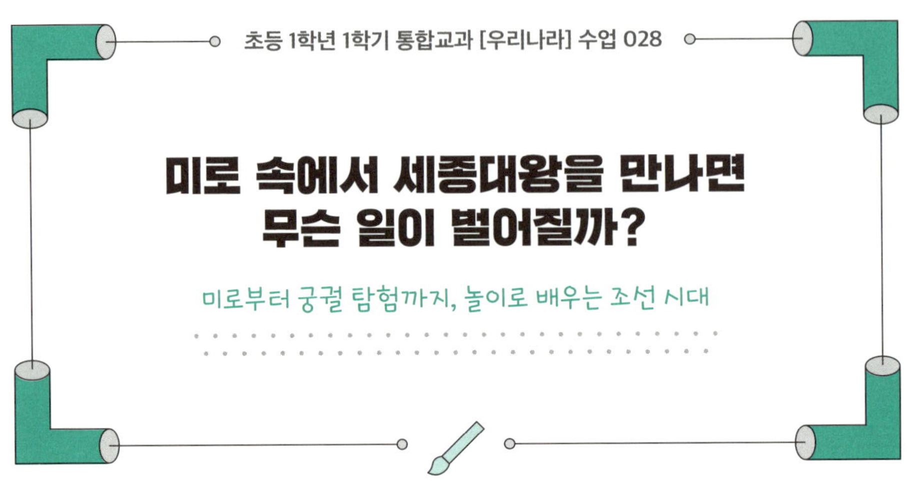

세종대왕에 대해 배우는 방법은 다양하지만, 오늘은 '미로 찾기'라는 놀이를 통해 조선 시대를 대표하는 위대한 왕을 만나 보는 시간을 가졌습니다.

챗GPT의 도움을 받아 세종대왕의 모습과 미로를 결합한 도안을 제작했고,

선이 불분명한 부분은 포토스케이프 X 프로그램으로 수정하여 학생들이 혼란스럽지 않도록 완성도 높은 학습 자료를 준비했습니다.

첫 번째 활동은 '1단계 세종대왕 미로 도전'이었습니다. 수업이 시작되자 먼저 학생들에게 세종대왕에 대해 알고 있는 내용을 친구들과 자유롭게 이야기하도록 했습니다. 이어서 미로 중앙에 그려진 세종대왕의 모습을 보며 관심을 보이는 학생들에게 1단계 미로를 제시했습니다. 빠른 학생은 2~3분, 느린 학생도 5분 내외로 대부분 어렵지 않게 해결할 수 있었습니다.

두 번째 활동은 '2단계 경복궁 근정전 미로 대모험'이었습니다. 핀터레스트 Pinterest(이미지 공유형 소셜 미디어 서비스)에서 발견한 복잡하면서도 아름다운 경복궁 근정전 미로는 1단계와는 차원이 다른 도전이었습니다. "어? 이건 어려워 보이는데요?" 하면서 학생들은 걱정스러운 표정을 지었지만, 포기하지 않고 끝까지 도전하는 모습이 인상적이었습니다.

세 번째 활동은 '세종대왕 영상 시청과 평가'였습니다. 다음 날 미로를 통해 세종대왕에 대한 호기심이 충분히 생긴 학생들에게 관련 영상을 보여 주었습니다. 평소보다 훨씬 높은 집중도로 세종대왕의 업적, 백성을 사랑하는 마음, 학문에 대한 열정을 학습했습니다. 영상 시청 후에는 5지 선다형 3문제로 구성된 학습지를 통해 한글을 만든 사람들, 한글을 만든 이유, 세종대왕은 어떤 왕이었는지를 확인하며 학습 내용을 정리했습니다.

## 수업 준비물

미로 찾기 학습지(1단계), 근정전 미로 찾기 학습지(2단계), 세종대왕 영상, 평가지(3단계)

## 활동 순서

1. 세종대왕에 대해 알고 있는 내용을 친구들과 자유롭게 이야기를 나눈다.
2. 1단계 세종대왕 미로 찾기에 개별적으로 도전한다.
3. 2단계 경복궁 근정전 미로 찾기에 친구들과 협력하여 도전한다.
4. 3단계 세종대왕 영상을 집중하여 시청한다.
5. 5지 선다형 3문제로 구성된 평가지를 통해 학습 내용을 확인한다.
6. 활동 전체를 돌아보며 세종대왕에 대해 새롭게 알게 된 점을 나눈다.

## 상현달 선생님의 수업 사전

1단계와 2단계의 난이도 차이를 명확히 해 학생들이 단계적으로 도전할 수 있도록 구성하는 것이 중요합니다. 협동 학습의 효과를 극대화하기 위해 2단계에서는 "혼자보다 함께할 때 더 좋은 결과를 얻을 수 있어요."라고 강조해 주세요. 미로 찾기 활동이 단순한 놀이가 아니라 역사 학습의 동기를 부여하는 도구임을 인식하고, 활동 후 반드시 3단계 세종대왕의 업적과 인품에 대한 심화 학습으로 연결하는 것이 핵심입니다.

# 무브먼트로 우리나라를
# 담을 수 있을까?

시계 만들기로 시간의 소중함과 전통문화에 대해 배워요

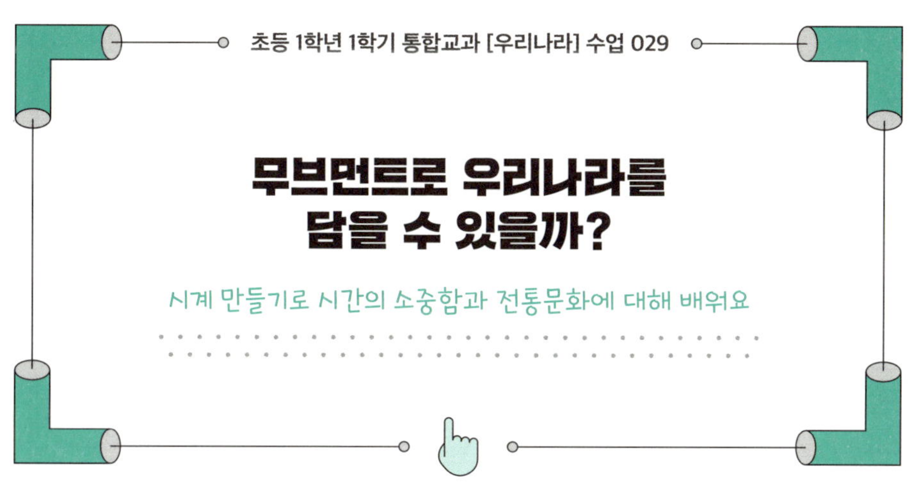

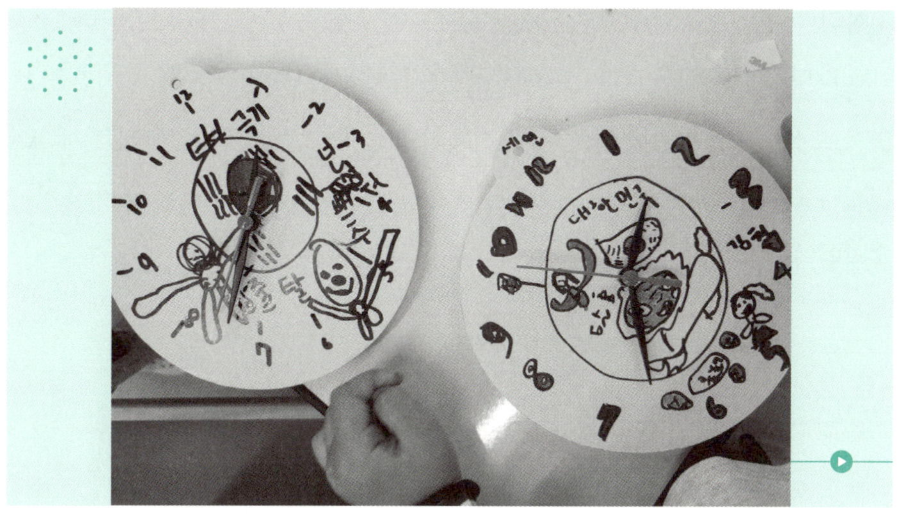

무브먼트$^{movement}$(시계를 움직이는 핵심 장치), 종이 원판, AA 건전지 재료를 활용해 우리나라의 아름다운 모습을 담은 특별한 시계를 만들어 보기로 합니다. 먼저 학생들은 종이 원판에 시간을 표시합니다. 처음에는 숫자를 어디에 써야 할지 막막해하는 표정이었습니다. 하지만 정확한 시간 위치를 나타내기 위해 3, 6, 9, 12의 숫자를 먼저 기록한다고 설명하자 곧 이해합니다.

12는 제일 위, 6은 제일 아래, 3과 9는 양옆에 쓰면 된다고 알려 주자, 학생들은 최대한 정확한 위치를 찾습니다. 다음으로 3, 6, 9, 12 숫자들 사이에 나머지 숫자들을 넣습니다. 다음으로 종이 원판에 우리나라를 나타내는 그림을 그리며 디자인합니다.

학생들은 교과서를 참고해, 태극기, 탈춤, 한복, 윷놀이 등의 그림을 종이 원판에 그리기 시작합니다. 그림이 완성된 후에는 종이 원판에 무브먼트를 고정하는 작업을 합니다. 먼저 종이 원판 가운데를 송곳으로 뚫은 후 무브먼트를 고정합니다. 다음으로 분침, 시침, 초침 순으로 무브먼트 홈에 끼워 넣습니다.

마지막으로 현재 시간을 보면서 시간을 맞춥니다. 학생들은 현재 시간을 보면서 조심스럽게 바늘을 돌립니다. 시계의 모습을 모두 갖추자 무브먼트에 AA 건전지를 끼웁니다. 그러자 무브먼트가 움직이며 똑딱똑딱 소리를 내며 초침이 움직입니다.

## 수업 준비물

무브먼트, AA 건전지, 종이 원판, 송곳, 색연필, 사인펜, 교과서, 자

## 활동 순서

1. 무브먼트와 시계 만들기 재료를 소개한다.
2. 종이 원판에 3, 6, 9, 12를 정확한 위치에 먼저 표시한다.
3. 나머지 숫자들을 적절한 간격으로 배치해 적는다.
4. 교과서를 참고하여 우리나라를 상징하는 그림을 그린다.
5. 종이 원판 중앙을 송곳으로 뚫고 무브먼트를 고정한다.
6. 시침, 분침, 초침 순서로 바늘을 끼운다.
7. 현재 시간에 맞춰 바늘을 조정한다.
8. AA 건전지를 끼워 시계가 작동하는지 확인한다.

## 상현달 선생님의 수업 사전

무브먼트를 사용한 시계 만들기는 실생활과 연결된 의미 있는 활동입니다. 송곳 사용 시에는 안전에 각별히 주의하고, 교사가 직접 구멍을 뚫어 주거나 학생들을 도와주는 것이 좋습니다. 시계 바늘을 끼울 때는 시침, 분침, 초침 순서를 정확히 지켜야 하며, 너무 헐겁게 끼우면 제대로 작동하지 않습니다. 숫자 위치는 정확해야 시계로서 기능할 수 있으므로, 미리 연필로 가이드 라인을 그어 주는 것도 도움이 됩니다.

초등 1학년 1학기 통합교과 수업

# 탐험

# 바다 동물들이 아픈 이유는 무엇일까?

그림책 『할머니의 용궁 여행』으로 해양 환경 보호와 생명의 소중함을 배워요

오늘은 『할머니의 용궁 여행』을 읽고 바닷속을 탐험하는 시간입니다. 이 책은 할머니가 바닷속 용궁에서 겪는 특별한 여정을 담은 그림책이에요. 용궁으로 떠난 할머니는 아름다운 경치와 함께 여러 바다 동물을 만나 그들 각자의 이



초등 통합교과 수업 대백과 152

야기를 듣게 됩니다. 바다 동물들은 저마다 아픔을 가지고 있지만, 할머니와의 만남을 통해 그 이유를 나누고, 함께 바다 환경의 소중함을 다시 한 번 생각해 볼 수 있는 그림책이지요.

책장을 넘길수록 학생들의 표정은 심각해졌습니다. 그림책을 읽은 후 책 속에 등장한 바다 동물 12마리의 이름을 학습지에 기록했습니다. 그리고 이 다양한 동물이 아픈 이유에 대해 생각해 보는 시간을 가졌지요. 학생들은 자신이 떠올린 동물들이 아픈 원인과 아프지 않게 할 방법도 하나하나 학습지에 기록했습니다.

동물 이야기를 나누며 학생들은 자연스럽게 "왜 동물들이 아플까?", "우리가 할 수 있는 일이 뭘까?"라는 질문을 던집니다. 수업은 단순히 바다 동물 이름을 외우는 활동을 넘어서 환경 보호라는 가치로 확장됩니다. 다음 활동으로 영상을 통해 실제 바다의 다양한 모습과 우리가 잘 알지 못하는 여러 바다 동물을 살펴보았습니다.

그림책『할머니의 용궁 여행』을 통해 학생들은 이야기 속 모험을 따라가며 바닷속 생명과 환경 문제에 대해 자연스럽게 고민하는 시간을 가졌습니다. 동물들의 아픔에 공감하고 치료하는 방법을 고민하는 것은 생명 존중의 마음을 키워줍니다. 그림책 한 권이 단순한 읽기 활동을 넘어 환경 보호와 실천의 가치, 생명의 소중함을 깨닫게 하는 가치 있는 배움의 시간이었습니다.

## 수업 준비물

그림책『할머니의 용궁 여행』, 바다 동물 학습지, 환경 보호 방법 학습지, 바다 영상 자료, 연필, 색연필

## 활동 순서

1. 『할머니의 용궁 여행』을 함께 읽으며 내용을 파악한다.
2. 책 속에 등장하는 12마리 바다 동물의 이름을 학습지에 기록한다.
3. 각 바다 동물이 아픈 이유에 대해 생각하고 토론한다.
4. 바다 동물들이 건강해질 수 있는 방법을 학습지에 기록한다.
5. 영상을 통해 실제 바다의 모습과 다양한 바다 동물을 관찰한다.
6. 우리가 실천할 수 있는 환경 보호 방법을 함께 이야기한다.
7. 바다 환경 보호를 위한 개인별 실천 약속을 정한다.

## 상현달 선생님의 수업 사전

『할머니의 용궁 여행』은 해양 쓰레기 문제를 어린이 눈높이에서 다룬 훌륭한 환경 교육 그림책입니다. 바다 동물들이 아픈 이유를 설명할 때는 플라스틱 쓰레기, 해양 오염 등을 1학년 수준에서 이해할 수 있도록 쉽게 설명해 주세요. 학생들이 제시하는 환경 보호 방법은 실현 가능한 것을 중심으로 격려하되, 무리한 약속보다는 작은 것부터 실천할 수 있도록 안내하는 것이 중요합니다. 이 활동의 핵심은 바다 동물에 대한 지식 습득이 아니라 환경에 대한 관심과 생명을 존중하는 마음을 기르는 것입니다.

# 똥파리와 고래가 만나면 어떤 일이 일어날까?

그림책에서 현실로, 다시 놀이로 이어 가며 바다 환경을 보호해요

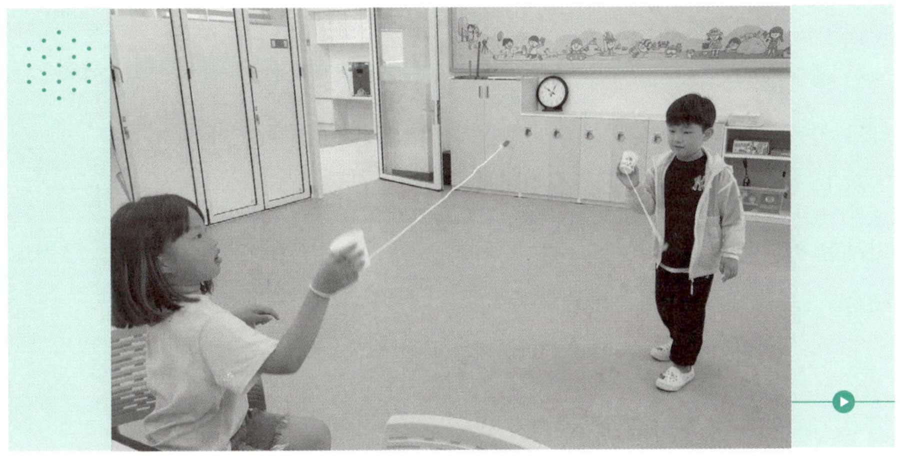

오늘 수업은 그림책 『똥파리가 고래를 만났어』를 함께 읽는 것으로 시작합니다. 책장을 넘길 때마다 학생들은 똥파리와 고래가 만났다는 것에 흥미를 가지게 됩니다. 하지만 고래가 배가 아파 힘들어하는 부분에서는 금세 표정이 진지해지지요. 그림책을 다 읽은 후, 학생들에게 "정말 이런 일이 일어날 수 있을

까요?” 하고 질문을 던졌습니다. 이어서 고래가 육지로 떠밀려 와 죽은 원인과 과정을 다룬 실제 다큐멘터리 영상을 함께 시청했지요.

영상이 끝난 후, 고래가 죽은 이유에 대한 생각을 나누었습니다. 학생들은 그림책 속 상상과 현실 속 환경 파괴를 연결 지으며 단순히 ‘이야기’를 읽는 것을 넘어 현실 문제를 이야기하기 시작했습니다.

다음 활동은 ‘아픈 고래에게 약 주기’ 놀이입니다. 먼저 종이컵에 사인펜을 사용해 고래 모양을 그리고, 종이컵 바닥 중앙에 작은 구멍을 뚫어 그곳에 털실을 연결합니다. 마지막으로 털실 반대쪽 끝에는 ‘페트병 뚜껑을 테이프로 붙인 약’을 만듭니다.

놀이 방법은 간단합니다. 종이컵을 좌우로 흔들어 반동을 이용해 페트병 뚜껑이 종이컵 안으로 들어가게 하는 것입니다. 뚜껑이 컵 안에 쏙 들어가면 “고래가 약을 먹었다!” 하며 성공하게 됩니다. 처음 시도했을 때는 대부분 실패했지만 몇 번 시도하니 요령이 생기기 시작했습니다. 털실 길이와 손목 각도를 조절하고 반동을 계산해서 움직이는 학생들의 눈빛이 점점 진지해집니다. 마침내 뚜껑이 컵 안으로 들어가자 모두 크게 환호합니다.

## 수업 준비물

그림책 『똥파리가 고래를 만났어』, 해양 쓰레기 다큐멘터리 영상, 종이컵, 사인펜, 송곳, 털실, 페트병 뚜껑, 테이프

## 활동 순서

1. 『똥파리가 고래를 만났어』를 함께 읽으며 내용을 파악한다.
2. "정말 이런 일이 일어날 수 있을까요?" 등의 질문으로 호기심을 유발한다.
3. 실제 해양 쓰레기로 인한 고래 피해 다큐멘터리를 시청한다.
4. 고래가 죽은 이유와 우리가 할 수 있는 일에 대해 이야기를 나눈다
5. 종이컵에 고래 모양을 그리고 바닥에 구멍을 뚫는다.
6. 털실과 페트병 뚜껑으로 '약'을 만들어 연결한다.
7. 컵을 흔들어 뚜껑이 들어가게 하는 고래 약 주기 놀이를 한다.
8. 환경 보호 실천 방법을 다짐하며 마무리한다.

## 상현달 선생님의 수업 사전

그림책과 실제 다큐멘터리를 연계한 수업은 학생들에게 강한 인상을 남깁니다. 하지만 다큐멘터리 내용이 너무 충격적이지 않도록 1학년 수준에 맞는 것을 선별해야 합니다. 고래 약 주기 놀이는 단순해 보이지만 손목 사용법과 반동 조절이 필요한 활동이므로 충분한 연습 시간을 주어야 합니다. 송곳 사용 시에는 반드시 교사가 직접 해 주거나 안전하게 도와주세요. 이 활동의 핵심은 환경 보호에 대한 무거운 메시지를 놀이를 통해 긍정적으로 내재화하는 것입니다.

# 교실 속 물건의 일부 모습만 보고도 찾을 수 있을까?

사진 속 숨은 물건을 찾고 글로 표현해요

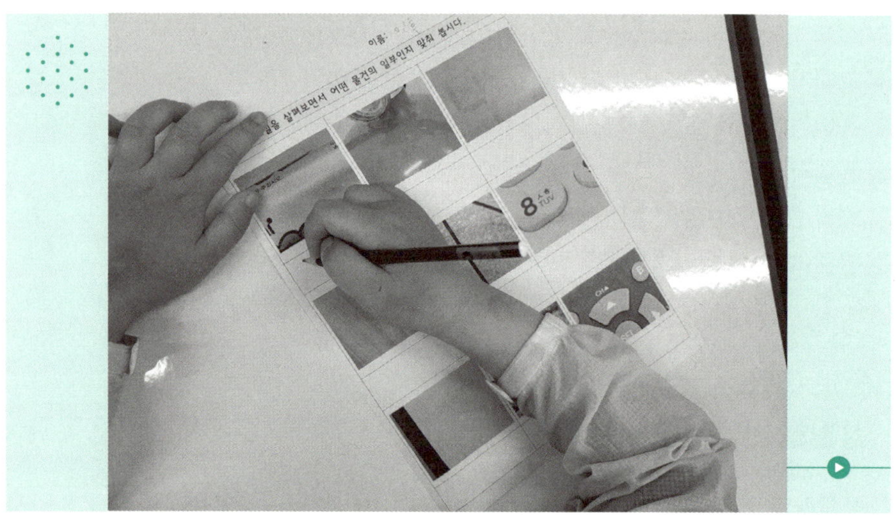

오늘은 물건의 일부 모습만 보고 어떤 물건인지 맞추는 활동을 계획했습니다. 하지만 어디서 문제를 가져올까 고민하다가 문득 깨달았습니다. 가장 좋은 교재는 바로 우리 교실에 있다는 것을요.

학습지를 제작하기 위해 교실을 탐험하며 물건 일부를 사진으로 찍었습니다. 평소에는 그냥 지나쳤던 교실의 모든 구석구석이 새롭게 보였지요. 소화기, 리모컨, 칠판 모서리, 보드 마커의 한쪽 모서리, 학생들에게는 익숙하면서도 새로운 퍼즐 조각이 될 수 있겠다는 생각이 들었습니다.

사진을 찍으며 너무 쉬워도, 너무 어려워도 안 되기 때문에 학생들의 시선을 고려하며 물건 9개를 선정해 학습지를 완성했습니다. 다음 날 학생들은 학습지에 있는 9가지 물건을 관찰한 후 어떤 물건인지 이름을 기록하기 시작했습니다. 몇 개는 쉽게 맞췄지만 아무리 봐도 잘 모르는 물건들이 있었지요.

이제부터 교실 탐험이 시작됩니다. 학생들은 학습지를 들고 교실 곳곳을 돌아다니며 학습지에 있는 것과 비슷해 보이는 물건을 찾습니다. 학습지에 있는 물건을 찾자 환호성이 들립니다. 평소에는 무심코 지나쳤던 교실의 물건들이 새로운 의미로 다가온 것입니다.

탐험이 끝난 후, 이번에는 학생들이 찾은 물건 9개 중 하나를 골라 글쓰기를 합니다. 단순히 '이것은 무엇이다.'라고 끝나는 것이 아니라, 선택한 물건이 하루를 어떻게 보냈는지 '물건의 하루' 일기를 써 보는 활동이에요. 처음에는 어떻게 글을 쓸까 고민하던 학생들이지만 곧 상상력을 발휘하기 시작합니다.

마지막으로 학생들은 자신이 쓴 글을 큰 목소리로 읽었습니다. 학생 각자의 이야기에는 다양한 관점과 상상력이 풍성하게 담겼습니다.

## 수업 준비물

교실 속 물건들, 카메라, 물건의 일부 사진 학습지, 일기 쓰기 학습지, 연필, 색연필

## 활동 순서

1. 교실을 돌아다니며 다양한 물건의 일부 모습을 사진으로 촬영한다.
2. 촬영한 사진으로 9가지 물건 맞추기 학습지를 제작한다.
3. 학생들이 사진을 보고 어떤 물건인지 추측해서 기록한다.
4. 학생들은 학습지를 들고 교실 곳곳을 탐험하며 실제 물건을 찾는다.
5. 친구들과 협력하여 찾기 어려운 물건들을 함께 발견한다.
6. 9가지 물건 중 하나를 선택해 물건의 하루 일기를 쓴 후, 친구들 앞에서 발표한다.

## 상현달 선생님의 수업 사전

물건의 일부 모습만 사진으로 찍을 때는 학생들이 추측할 수 있을 정도로 특징이 드러나되, 너무 쉽지 않도록 각도와 범위를 조절하는 것이 중요합니다. 교실 탐험 중에는 안전에 주의하고, 위험한 물건이나 높은 곳에 있는 물건은 미리 제외해야 합니다. 물건의 하루 일기 쓰기에서는 창의성과 상상력을 최대한 발휘할 수 있도록 격려하되, 글쓰기가 어려운 학생들에게는 그림과 함께 표현할 수 있도록 도와주세요.

# 나도 문제 출제자가
# 될 수 있다!

교실 물건 설명 퀴즈에서 출제자-응시자-채점자 역할을 모두 체험해요

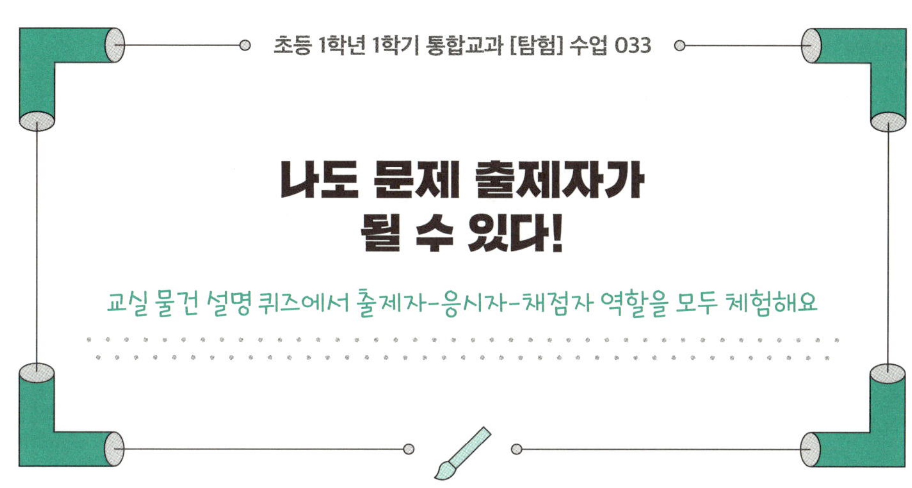

오늘 수업을 위해 교실 물건에 대한 설명 학습지를 만들었습니다. 물건에 대해 직접적인 이름을 언급하지 않고 특징만 설명한 문제들로 구성했지요. 학생들은 설명을 읽고 어떤 물건인지 맞추기 시작합니다. 물건의 이름이 떠오르지

않을 때는 교실을 쭉 둘러봅니다. 이때부터 진짜 탐험이 시작됩니다.

다음으로 친구가 학습지에 기록한 물건의 이름과 비교하면서 이야기를 나눕니다. 서로의 답을 확인하는 과정에서 자연스럽게 토론이 시작됩니다. 같은 설명을 읽고도 서로 다른 답을 쓴 경우에는 논리적 근거를 제시하며 대화를 이어 나갑니다.

이제 역할이 바뀔 시간입니다. 교사가 문제를 만드는 출제자가 아니고, 학생들이 직접 문제를 만드는 출제자가 됩니다. 문제를 만들기 전에 교실 탐험을 먼저 시작합니다. 이번에는 단순히 답을 찾는 것이 아니라 어떤 물건을 선택하고 어떻게 설명할지 생각하는 더 깊은 사고 과정이 필요합니다.

탐험이 끝난 후에는 직접 학습지에 물건을 설명하는 글을 씁니다. 학생들은 물건의 모양, 기능, 색깔과 크기를 중심으로 설명합니다. 문제는 학습지에 기록하지만, 답은 학습지가 아닌 포스트잇에 별도로 기록한 후 본인이 가지고 있습니다.

문제를 모두 출제한 후에는 친구와 학습지를 교환합니다. 이제 다른 친구가 만든 문제를 풀어 볼 차례입니다. 자신이 만든 문제를 친구가 푸는 모습을 지켜보는 학생들의 표정에 긴장감과 기대감이 나타납니다. 학생들은 자신이 출제한 문제의 채점자가 되어 친구가 쓴 답을 꼼꼼히 확인합니다.

교실 물건 설명 학습지, 빈 학습지(문제 출제용), 포스트잇, 연필

1. 학습지에 기록된 설명을 읽고 어떤 물건인지 추측하여 기록한다.
2. 교실을 탐험하며 모르는 물건의 답을 찾는다.
3. 친구와 답을 비교하며 다른 답에 대해 토론한다.
4. 이번에는 학생들이 교실을 탐험하며 문제로 출제할 물건을 선택한다.
5. 선택한 물건에 대한 설명 문제를 직접 출제한다.
6. 답은 포스트잇에 따로 적어 본인이 보관한다.
7. 친구와 학습지를 교환하여 서로의 문제를 푼다.
8. 출제자가 되어 친구의 답을 채점하고 힌트를 제공한다.

학생들이 출제하는 활동은 단순히 답을 맞히는 것보다 훨씬 높은 수준의 사고력을 요구합니다. 물건을 선택할 때는 너무 쉽거나 어려운 것보다는 적절한 수준의 것을 고르도록 안내해 주세요. 설명을 쓸 때는 물건의 이름을 직접 언급하지 않으면서도 특징을 잘 드러낼 수 있도록 도와주는 것이 중요합니다. 채점 과정에서는 친구의 답이 틀렸을 때 힌트를 주거나 설명을 추가하여 함께 정답을 찾아가도록 격려해 주세요.

# 학교 도면의 빈칸을
# 모두 채울 수 있을까?

직접 공간을 탐험하며 우리 학교 구조도를 완성해요

학교에 대해 가장 잘 아는 방법은 직접 눈으로 보고 발로 걸어 보는 것입니다. 우리가 매일 다니는 학교이지만, 정작 학생들은 우리 교실, 화장실, 급식실 정도만 알고 있는 경우가 많아요.

　그래서 오늘은 우리 학교의 진짜 주인이 되어 보는 특별한 탐험을 계획했습니다. 행정실에서 받아 온 학교 구조 도안에서 군데군데 지운 학습지를 제작했습니다. 학생들에게 익숙한 현관과 복도, 화장실, 계단은 그대로 두고, 실제로 사용하고 있지만 학생들이 잘 가지 않는 공간의 이름을 지웠지요.

　학생들은 먼저 교실에서 도안만 보면서 비어 있는 공간의 이름을 적습니다. 몇 개는 쉽게 맞혔지만 2, 3층으로 올라가니 어려워합니다. 그래서 학생들과 직접 1층부터 걸어 다니며 나머지 빈 공간의 이름을 기록했습니다.

　평소에는 들어가 보지 못했던 5, 6학년 교실도 비어 있어서 잠시 방문해 봅니다. 선배 교실에 들어가 본다는 것 자체가 특별한 경험이지요. 교무실과 방송실 같은 공간도 직접 들어가 구석구석 살펴봤습니다.

　학생들은 1층부터 3층까지 학교의 모든 공간에 직접 들어가 보면서 학습지에 있는 모든 빈칸을 채웠습니다. 이때 학생들은 서로 이야기를 나누며 협력했습니다. 혼자서라면 놓쳤을 공간도 친구들과 함께라서 모두 찾을 수 있었지요.

　이번 활동을 통해 학생들은 학교 구조를 외우는 것을 넘어서 공간에 대한 감각을 기를 수 있었습니다. 직접 발로 뛰며 몸으로 체험한 학습은 오래도록 기억에 남을 것입니다.

학교 구조도, 빈칸이 있는 학교 도면 학습지, 연필

1. 행정실에서 학교 구조도를 받아 온다.
2. 학생들이 잘 모르는 공간의 이름을 지운 학습지를 제작한다.
3. 교실에서 도면을 보며 알고 있는 공간의 이름을 먼저 적는다.
4. 1층부터 3층까지 학교 전체를 직접 탐험한다.
5. 각 공간을 방문하며 학습지의 빈칸을 채워 나간다.
6. 친구들과 협력하여 찾기 어려운 공간을 함께 발견한다.
7. 모든 빈칸을 채운 후 완성한 학교 구조도를 확인한다.

학교 탐험 전에는 각 공간의 선생님에게 미리 양해를 구하고 방문 일정을 조율하는 것이 중요합니다. 학습지 제작 시에는 학생 수준에 맞게 난이도를 조절하되, 너무 쉽거나 어렵지 않도록 적절한 공간을 선별해야 합니다. 탐험 중에는 학생들의 안전에 주의하고, 각 공간에서 지켜야 할 예의와 규칙을 미리 안내해 주세요. 이 활동의 핵심은 단순한 공간 암기가 아니라 학교에 대한 소속감과 공간 감각을 기르는 것입니다.

# 그림책 속 낱말 예측하기

## 20개 낱말을 예상한 후 확인하고 낱말 낚시 놀이를 해요

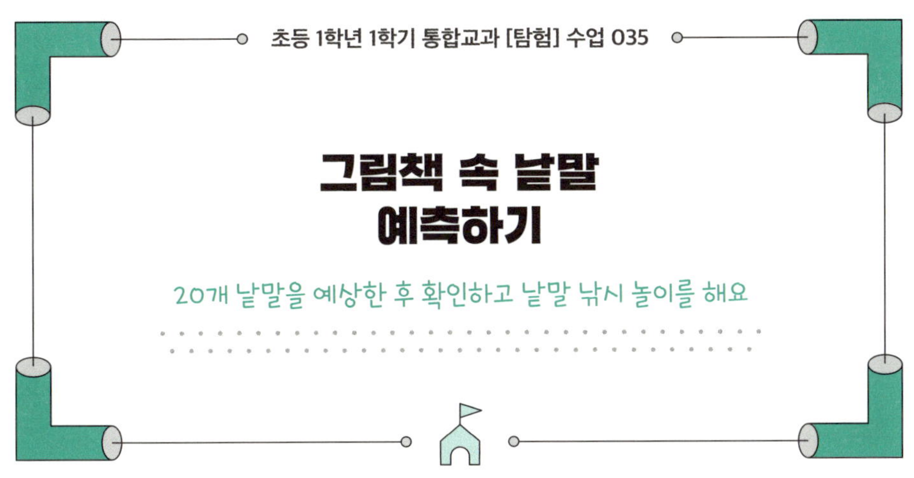

그림책 『멸치대왕의 꿈』은 동해 바다에 사는 3,000살 멸치대왕의 꿈 해석을 두고 망둥이와 가자미의 상반된 의견이 갈등을 일으키는 과정에서 다양한 시각과 상상의 중요성을 일깨우는 전래 동화입니다.

오늘은 이 그림책을 활용한 수업 활동을 계획했습니다. 그림책을 읽기 전 예상하고 확인하며 점수까지 얻는 게임 같은 활동을 구성한 거지요. 우선 학생들은 학습지에 있는 낱말 20개가 실제 그림책에 들어 있을지 예상해 보았습니다. 학생들은 제목을 보고 상상력을 발휘해서 추리를 시작합니다. 그림책에 들어 있을 것 같으면 예상 칸에 ○, 해당 낱말이 없을 것 같으면 ×표시를 합니다.

이제 학생들과 함께 그림책을 읽습니다. 그림책을 읽으며 해당 낱말이 나오면 확인 칸에 ○ 표시를 합니다. 이제 점수를 계산합니다. 예상 칸에 ○, 확인 칸에도 ○이면 10점이고, 예상 칸에 ×, 확인 칸에도 ×이면 10점을 얻습니다. 단순히 많이 맞히는 것이 아니라 정확히 예상하는 것이 중요합니다.

점수 계산이 끝난 후에는 종이컵을 활용해 낚시 놀이를 합니다. 학생들은 그림책에 나온 멸치, 가자미, 꼴뚜기 등의 이름을 하나씩 종이컵에 기록합니다. 그리고 나무젓가락, 털실, 종이컵으로 만든 낚싯대를 이용해 바닥에 놓인 바다 동물 이름이 적힌 종이컵을 낚기 시작합니다. 교실이 바다가 되고 학생들은 모두 어부가 됩니다.

처음에는 낚싯대 조작이 어렵습니다. 종이컵이 서로 포개지지 않아서 종이컵을 들어 올리지 못하지요. 하지만 시간이 지날수록 학생들은 요령을 익히기 시작합니다.

## 수업 준비물

그림책 『멸치대왕의 꿈』, 낱말 예상 학습지, 종이컵, 나무젓가락, 털실, 사인펜, 연필

## 활동 순서

1.  그림책 제목을 보고 20개 낱말이 책에 나올지 예상해서 표시한다.
2.  그림책을 함께 읽으며 실제로 나오는 낱말을 확인 칸에 표시한다.
3.  예상과 확인이 일치하는 경우 10점씩 계산해 점수를 매긴다.
4.  그림책에 나온 바다 동물 이름을 종이컵에 하나씩 적는다.
5.  나무젓가락과 털실로 낚싯대를 만든다.
6.  바닥에 놓인 종이컵 물고기들을 낚싯대로 낚아 본다.
7.  낚시 놀이를 통해 집중력과 소근육을 발달시킨다.

## 상현달 선생님의 수업 사전

낱말 예상 활동은 학생들의 추리력과 논리적 사고를 기르는 좋은 방법입니다. 20개 낱말을 선정할 때는 그림책 내용과 관련 있을 법한 것과 전혀 관련 없는 것을 적절히 섞어야 합니다. 점수 계산에서 정답 개수가 아닌 정확한 예측에 점수를 주는 것이 핵심입니다. 종이컵 낚시 놀이는 안전에 주의하되, 학생들이 충분히 연습할 수 있는 시간을 주어야 합니다.

# 풍선 위에 바다 생물 이름을
# 적을 수 있을까?

바다 생물 풍선 놀이로 환경 보호와 협동심을 배워요

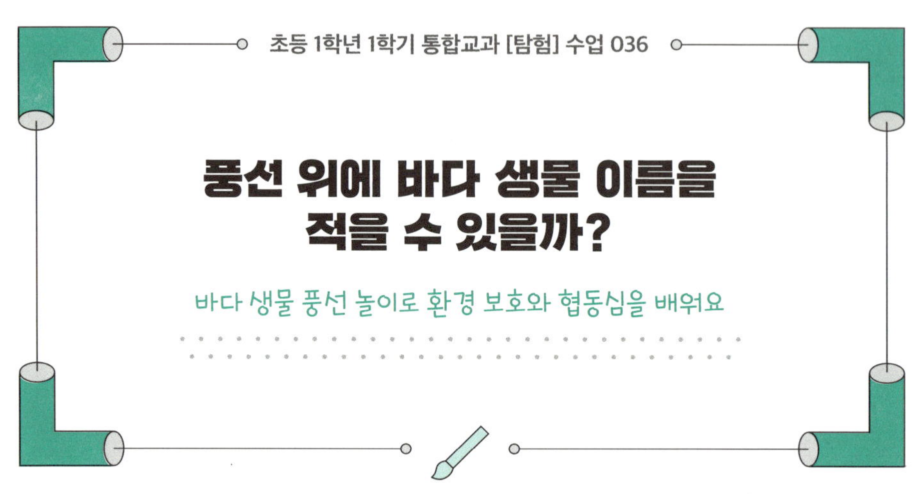

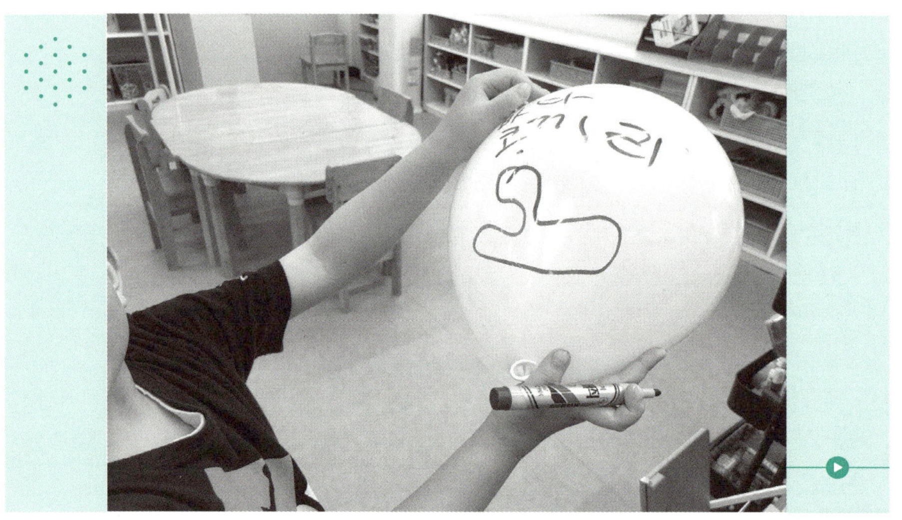

오늘은 교실에서 풍선을 준비해 바다 생물 이름을 매직으로 하나하나 적는 활동을 합니다. 학생들은 자신이 아는 바다코끼리, 고래, 거북 등 다양한 바다 생물 이름을 풍선 위에 새기며 자연스럽게 복습합니다.

교실 한가운데 책상을 일렬로 배치해 바다 경계선을 만들고, 풍선을 상대편 바다로 보내는 놀이를 진행합니다. 풍선의 특성상 예상하기 어려운 방향으로 날아가는 것이 놀이의 재미를 더합니다. 이후 펀스틱<sup>fun stick</sup>(체육 수업이나 놀이 활동에서 사용하는 막대 형태의 도구)을 활용해 더 정교한 조작으로 풍선을 보내는 전략적 활동을 합니다.

다시 놀이 규칙을 변경해 풍선을 바닥에 떨어뜨리지 않고 오래 튕기는 놀이로 바꿨습니다. 교실 바닥을 오염된 바다로 설정해 풍선에 적힌 바다 생물을 지켜야 한다고 설명합니다. 학생들은 경쟁이 아닌 협력으로 풍선을 지키는 데 집중했습니다. 제한 시간 동안 풍선을 떨어뜨리지 않도록 모두 협력해 성공을 이루었으며, 이내 환호성이 교실에 울려 퍼졌습니다. 학생들이 풍선을 떨어뜨리지 않으려고 애쓰는 모습에서 실제 바다 생물을 보호하려는 마음가짐을 엿볼 수 있었습니다. 이 놀이를 통해 바다 생물 이름의 복습은 물론, 환경 보호 의식과 협동심도 함께 길렀습니다.

학생들은 풍선 놀이를 통해 생명을 소중히 여기는 태도를 배우며 자신의 행동이 환경에 미치는 영향도 생각해 보았습니다. 교실 속 바다로 변신한 공간에서 이루어진 이 활동은 재미와 교육 효과를 동시에 거두었습니다. 풍선에 글씨 쓰기 활동은 소근육 발달에도 도움이 되었지요. 또한 펀스틱 사용 시에 안전 교육 역시 철저히 수행했습니다.

## 수업 준비물

풍선, 매직, 펀스틱, 책상, 타이머

## 활동 순서

1. 풍선에 자신이 알고 있는 바다 생물 이름을 매직으로 적는다.
2. 교실 한가운데 책상을 일렬로 배치해 바다 경계선을 만든다.
3. 풍선을 손으로 쳐서 상대편 바다로 보내는 놀이를 한다.
4. 펀스틱을 활용해 더 정교하게 풍선 보내기 활동을 한다.
5. 교실 바닥을 오염된 바다로 설정하고 환경 보호 의식을 심어 준다.
6. 제한 시간 동안 모든 학생이 협력해 풍선을 떨어뜨리지 않는다.
7. 놀이 성공 후 환경 보호와 협동의 의미에 대해 이야기한다.

## 상현달 선생님의 수업 사전

풍선에 글자를 쓰는 활동은 소근육 발달에 도움이 되지만 풍선 표면 특성상 쓰기가 어려우므로 충분한 시간을 주어야 합니다. 펀스틱 사용 시에는 안전에 각별히 주의하고, 다른 학생을 향해 휘두르지 않도록 미리 안내해야 합니다. 바닥을 오염된 바다로 설정하는 것은 환경 보호 의식을 자연스럽게 심어 주는 좋은 방법입니다. 마지막 협력 활동에서는 경쟁보다는 협동을 강조하여 모든 학생이 함께 성공하는 경험을 하도록 하는 것이 중요하지요.

# 물고기 떼를 직접 만들고
# 잡을 수 있을까?

그림책 『감기 걸린 물고기』와 연계해 테셀레이션 물고기 떼를 만들어요

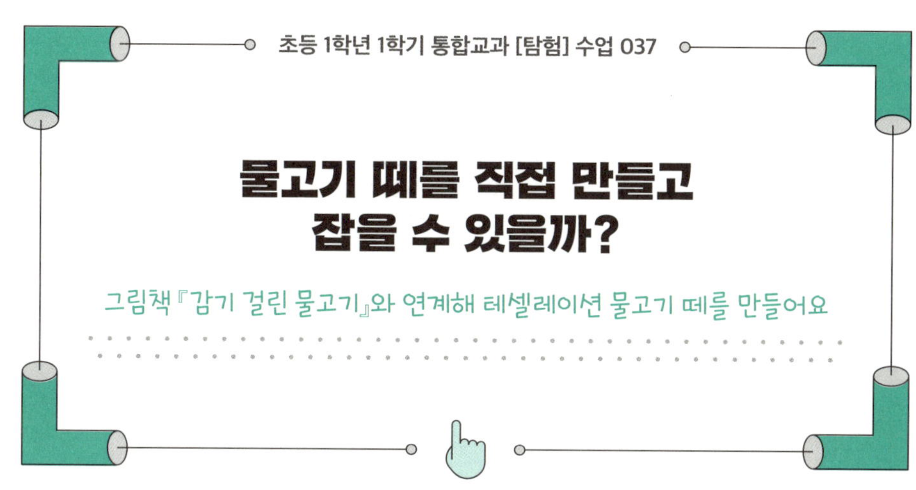

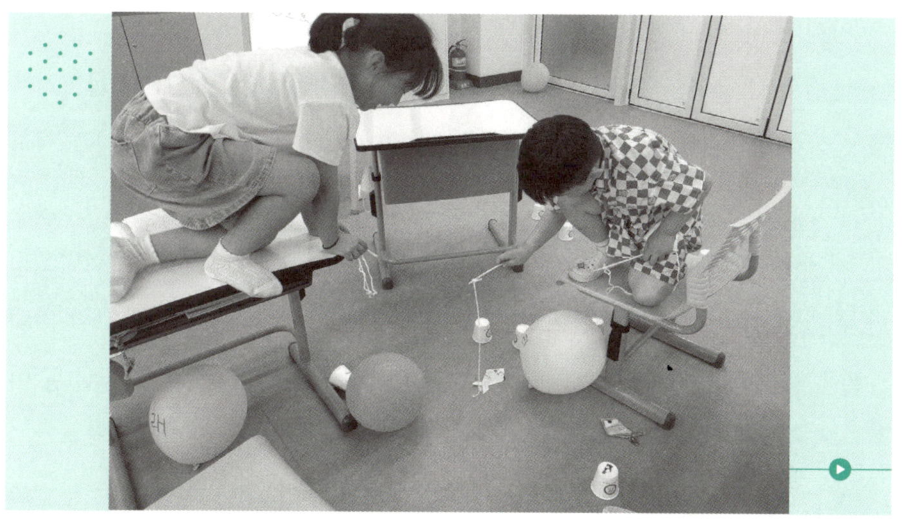

『감기 걸린 물고기』에는 배고픈 아귀와 알록달록한 물고기 떼가 등장합니다. 아귀는 물고기 떼를 잡아먹고 싶지만, 똘똘 뭉쳐 헤엄치는 물고기들은 쉬운 상대가 아닙니다. 물고기가 떼로 모여 있는 장면에서 아이디어를 얻어 이 수업

을 계획했습니다.

먼저 인터넷에서 물고기 모양 테셀레이션<sup>tessellation</sup>(규칙적인 모양으로 평면을 채우는 배치) 도안을 찾아 A4 1장에 물고기 도안 4개가 들어가도록 크기를 조정했습니다. 준비한 도안을 나누어 주자 학생들은 색연필을 사용해 도안을 디자인하기 시작합니다. 어떤 학생은 점무늬를, 다른 학생은 줄무늬를 그려 넣으며 다양한 물고기를 만들지요.

디자인이 끝나면 가위를 사용해 물고기 도안을 자릅니다. 그후 가위로 자른 물고기들을 다양한 위치에 놓으면서 물고기 떼를 만듭니다. 개별적으로 디자인한 물고기들이 하나로 모이니 그림책에서 봤던 장면이 나타납니다.

이제 본격적인 놀이를 준비합니다. 먼저 물고기에 클립을 고정하고, 나무젓가락, 털실, 장구 자석을 활용해 낚싯대를 제작합니다. 클립을 고정한 물고기들을 교실 바닥에 뿌린 후 학생들은 책상에 올라가 낚싯대를 사용해 낚시를 시작합니다.

처음에 학생들은 장구 자석이 계속 움직여 클립에 붙이는 것을 어려워했지만, 시간이 지나자 연달아 물고기를 잡아 올립니다. 이번에는 아이스크림 막대 양쪽에 클립을 고정한 후 2명이 서로 도우며 아이스크림 낚시를 했습니다. 이 활동은 개인 놀이에서 협력 놀이로 변화를 주었습니다.

오늘 활동을 통해 학생들은 그림책 속 물고기들이 떼를 지어 서로를 보호하는 지혜를 직접 만들어 보면서 체험했습니다.

## 수업 준비물

그림책『감기 걸린 물고기』, 물고기 테셀레이션 도안, 색연필, 가위, 클립, 나무젓가락, 털실, 장구 자석, 아이스크림 막대

## 활동 순서

1. 그림책을 함께 읽고 내용을 파악한다.
2. 물고기 테셀레이션 도안을 나누어 주고 개성 있게 색칠한다.
3. 가위로 물고기 도안을 정교하게 자른 후 물고기를 다양하게 배치해 물고기 떼를 만든다.
4. 물고기에 클립을 고정하고 낚싯대를 제작한다.
5. 개별 물고기 낚시 놀이를 진행한다.
6. 2명이 협력해서 아이스크림 낚시 놀이를 한다.

## 상현달 선생님의 수업 사전

테셀레이션 도안은 학생들이 색칠하기 쉽고 자르기도 간단한 것으로 선택해야 합니다. 물고기에 클립을 고정할 때는 클립이 떨어지지 않도록 적절한 위치에 단단히 끼워 주는 것이 중요합니다. 낚싯대 제작 시 털실 길이를 적절히 조절하고 자석이 흔들리지 않도록 고정할 필요가 있어요. 협력 낚시 활동에서는 2명이 호흡을 맞춰야 하므로 충분한 연습 시간이 필요합니다.

# 학교 외관을
# 조각조각 맞출 수 있을까?

분할한 학교 건물 도안으로 새로운 시각의 학교를 만들어요

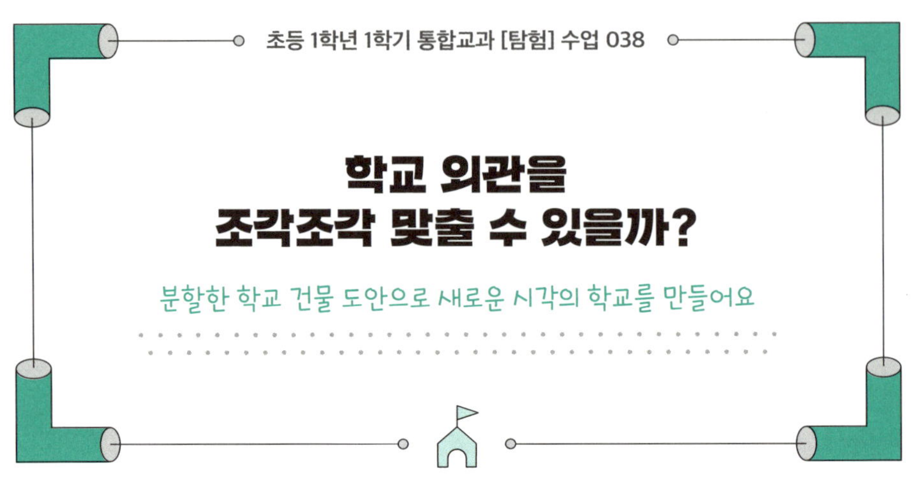

학교를 탐험하는 방법은 크게 2가지가 있습니다. 하나는 학교 안 여러 공간의 위치와 모습을 알아보는 것이고, 다른 하나는 학교의 외관을 살펴보는 것입니다.

오늘은 학교 외관 모습을 탐험하는 활동을 계획했습니다. 학생들이 매일 드나드는 학교 건물이지만 정작 전체적인 모습을 찬찬히 살펴볼 기회는 많지 않습니다. 먼저 학생들이 하교한 후 학교 외관 모습을 깔끔하게 촬영하고, 포토스케이프 X 프로그램을 활용해 학생 수만큼 조각난 그림 도안으로 변형했습니다.

학생들은 자신이 받은 작은 도안 조각을 들고 탐정처럼 추리를 시작합니다. "이 네모난 창문은 2학년 교실 같아!" 하고 외치며 작은 단서를 통해 전체 모습을 머릿속으로 그려 봅니다. 학생들은 부분적인 단서를 통해 전체 구조를 파악하는 공간 구성력을 기르며, 우리 학교의 생김새를 더욱 자세히 기억하게 됩니다.

친구들과 서로의 조각을 비교해 보며 자연스럽게 이야기를 이어 갑니다. 이제 다양한 색을 사용해 도안을 디자인합니다. 미리 실제 학교 건물의 색깔을 그대로 따라 할 필요는 없다고 안내했습니다.

디자인이 끝난 후에는 서로의 도안을 합쳐서 하나의 학교 모습으로 완성합니다. 개별적으로 색칠한 조각이 하나씩 모이면서 전체적인 학교 모습이 드러납니다. 각자 다른 색감과 스타일로 표현했지만 합쳤을 때는 전체적인 조화를 이루며 독특하고 아름다운 우리들만의 학교가 완성됩니다.

포토스케이프 X 프로그램, 분할된 학교 건물 도안

1. 학교 외관을 여러 각도에서 깔끔하게 촬영한다.
2. 포토스케이프 X로 사진을 그림으로 변형하고 학생 수에 맞게 분할한다.
3. 분할된 도안 조각을 학생들에게 나누어 준다.
4. 자신의 조각이 학교의 어느 부분인지 추리하고 이야기를 나눈다.
5. 친구들과 조각을 비교하며 연결 부분을 찾아본다.
6. 각자 창의적인 색감으로 도안을 자유롭게 색칠한다.
7. 모든 조각을 모아 하나의 완전한 학교 모습으로 완성한다.

학교 외관 촬영은 학생들이 없는 조용한 시간에 하는 것이 좋으며, 햇빛 각도와 날씨를 고려해야 합니다. 포토스케이프 X의 그림 변환 기능을 활용하면 사진을 쉽게 도안으로 만들 수 있습니다. 분할할 때는 학생 수와 난이도를 고려하여 적절히 나누어야 하며, 너무 복잡하거나 단순하지 않도록 조절이 필요합니다. 추리 과정에서 학생들이 자유롭게 의견을 나눌 수 있도록 격려하고, 창의적인 색칠에는 정답이 없음을 강조합니다.

# 마트에 숨어 있는
# 바다 생물들을 찾아볼까?

마트가 바다 생물 박물관으로 변했어요

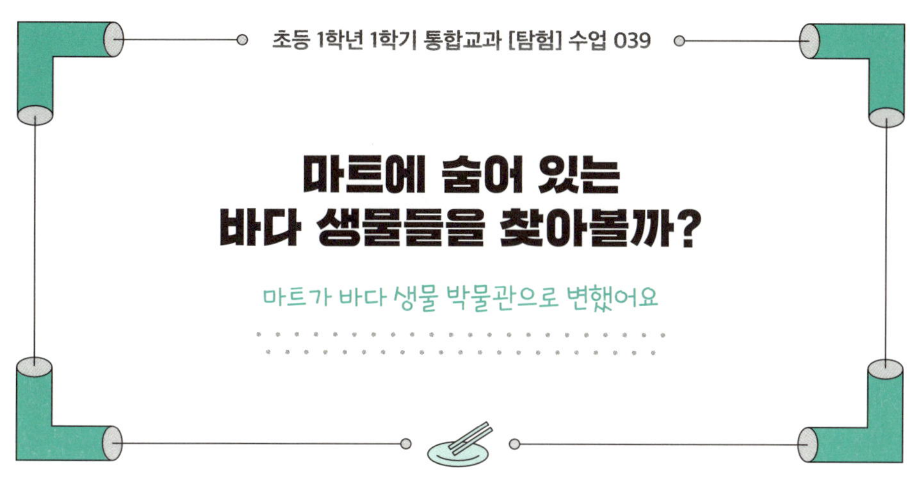

오늘 탐험은 교실이 아닌 마트에서 시작합니다. 마트에서 바다 생물과 관련된 제품을 찾는 활동을 계획했습니다. 바다 생물을 생각나게 하는 낱말, 사진, 그림 등 어떤 형태든 상관없이 찾아보도록 했습니다.

학생들은 마트 구석구석을 돌아다니며 과자 코너, 라면 코너, 냉동 식품 코너 등을 차례로 살펴봅니다. 새우 사진이 선명하게 그려진 새우깡, 문어 그림이

귀엽게 표현된 자갈치, 오징어라는 글자가 크게 쓰여 있는 오징어 짬뽕 등을 찾았습니다. 냉동 식품 코너에서는 실제 바다 생물들도 발견할 수 있습니다. 냉동 새우, 오징어, 명태 등이 포장되어 있으니까요. 학생들은 마트에 이렇게 다양한 바다 생물 제품이 있다는 사실에 놀라워합니다.

교실로 돌아와 구입한 물건을 책상 위에 펼쳐 놓습니다. 마트에서 찾은 바다 생물들의 이름을 미리 준비해 둔 학습지에 기록하도록 했습니다. 새우, 문어, 오징어, 거북이 등 생각보다 많은 바다 생물을 찾을 수 있었습니다.

다음으로 마트에서 구입한 오징어 짬뽕 라면을 교실에서 끓여 친구들과 함께 나누어 먹었습니다. 전기 포트로 물을 끓이고 라면을 넣어 함께 조리하는 과정도 좋은 경험이 되었습니다. 라면을 먹으며 학생들은 자연스럽게 바다 생물에 대한 이야기를 나누었지요. 오징어 발이 몇 개인지, 어떤 특징이 있는지 서로 아는 것을 공유했습니다.

마트라는 일상적인 공간 역시 훌륭한 학습의 장이 될 수 있습니다. 마트가 단순히 상품을 구매하는 공간을 넘어 학습 자료가 숨어 있는 보물창고라는 것을 새롭게 발견하게 됐지요.

## 수업 준비물

마트 탐험 계획서, 바다 생물 기록 학습지, 전기 포트, 오징어 짬뽕 라면, 그릇, 젓가락

## 활동 순서

1. 마트에서 바다 생물 제품 찾기 미션을 설명한다.
2. 과자, 라면, 냉동 식품 등 각 코너를 체계적으로 탐험한다.
3. 바다 생물의 이름, 사진, 그림이 있는 제품을 찾아 기록한다.
4. 교실로 돌아와 찾은 제품을 책상에 정리한다.
5. 학습지에 발견한 바다 생물들의 이름을 기록한다.
6. 마트에서 구입한 오징어 짬뽕 라면을 함께 끓여 먹는다.
7. 라면을 먹으며 바다 생물의 특징에 대해 이야기를 나눈다.
8. 마트가 학습 공간이 될 수 있다는 사실을 정리하며 마무리한다.

## 상현달 선생님의 수업 사전

마트 탐험은 사전에 마트 관계자와 협의하고 안전 수칙을 충분히 안내해야 합니다. 학생들이 제품을 만지거나 훼손하지 않도록 지도하고, 질서 있게 이동할 수 있도록 도와야 합니다. 라면을 끓일 때는 화상에 주의하고, 교사가 직접 조리 과정을 담당하는 것이 안전합니다. 이 활동의 핵심은 일상 공간에서도 학습 자료를 발견할 수 있다는 인식 전환과 바다 생물에 대한 관심을 높이는 것입니다. 마트 외에도 도서관, 공원 등 다양한 일상 공간이 학습의 장이 될 수 있음을 강조해 주세요.

# 초등 1학년 2학기 통합교과 수업

## 하루

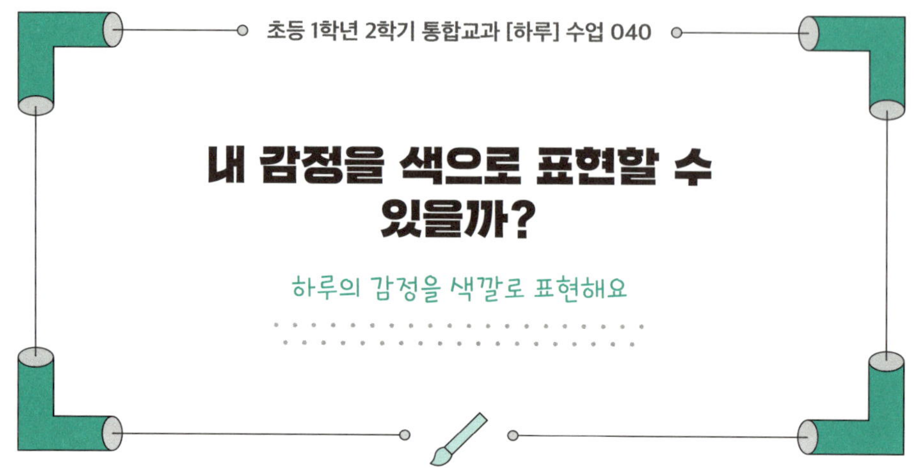

# 내 감정을 색으로 표현할 수 있을까?

하루의 감정을 색깔로 표현해요

오늘 수업에서는 색채가 가진 풍부한 상징성과 의미를 탐색했습니다. 빨간색, 파란색, 노란색 등이 주는 다양한 느낌과 의미를 함께 이야기하며, 색깔이 단순한 시각적 요소가 아니라 감정과 생각을 전달하는 강력한 언어임을 학생들이 깨닫도록 안내했지요.

색을 활용해 어제 하루 동안의 감정 변화를 표현하는 활동을 계획했습니다. 먼저 학생들에게 편안한 자세로 앉아 어제를 차근차근 되돌아보도록 했습니다. 단순히 사건을 나열하는 것이 아니라 그때그때의 구체적인 감정을 함께 떠올리도록 질문을 통해 돕고, 시간대별로 감정 상태를 어떤 색으로 표현할지 생각하는 시간을 가졌습니다. 흥미롭게도 학생마다 같은 감정을 완전히 다른 색으로 표현하는 개인적 색채 언어의 다양성을 확인할 수 있었지요.

본격적인 표현 활동에서는 색뿐만 아니라 색칠하는 공간까지 고려하도록 안내했습니다. 이를 통해 감정의 강도나 지속성까지 시각적으로 나타낼 수 있었어요. 처음에는 기본 색상만 사용하려던 학생들이 점차 더 많은 색상을 활용

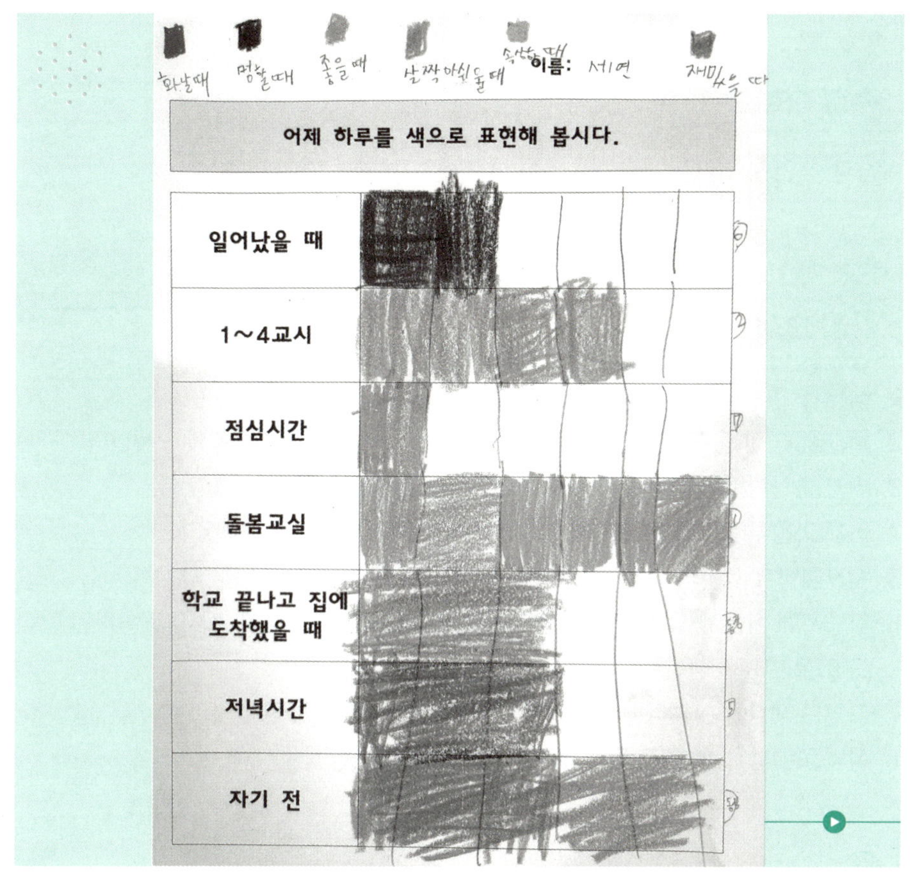



하며 감정의 복잡성을 풍부하게 표현했습니다. 색칠 과정에서 학생 간에 자연스러운 소통이 이루어졌고, 마지막에는 각자 완성한 작품을 발표하며 특별한 순간과 감정, 색깔 선택 이유를 설명했습니다. 모든 색깔과 감정을 동등하게 인정하는 분위기를 조성하면서 개인적 색채 해석을 존중하는 것이 중요한 지점이었지요.

## 수업 준비물

학습지, 색연필, 크레파스

## 활동 순서

1. 색채가 가진 다양한 의미와 상징성에 대해 이야기를 나눈다.
2. 빨간색, 파란색, 노란색 등 각각의 색깔이 주는 느낌과 연상을 함께 탐색한다.
3. 편안한 자세로 앉아 어제 하루를 차근차근 되돌아보는 시간을 갖는다.
4. 어제 아침부터 잠들기 전까지 주요 순간과 그때의 감정을 떠올린다.
5. 시간대별로 자신의 감정 상태를 어떤 색으로 표현할지 생각해 본다.
6. 학습지에 시간 순서대로 감정을 색깔로 표현하되, 감정의 강도에 따라 칠하는 면적도 조절한다.
7. 다양한 색상을 활용하여 감정의 복잡성과 다양성을 풍부하게 표현한다.
8. 작품을 완성한 후 친구들과 자연스럽게 감정 표현 방식에 대해 이야기를 나눈다.

## 상현달 선생님의 수업 사전

이 활동에서 가장 중요한 것은 모든 색깔과 모든 감정을 동등하게 인정하는 분위기를 만드는 것입니다. 어두운 색이나 부정적으로 보이는 감정도 자연스러운 인간 감정의 일부임을 인식시키고, 솔직한 감정 표현을 격려해야 합니다. 또한 색채에 대한 개인적인 해석을 존중하는 것이 중요합니다. 일반적인 색채 상징과 다르게 표현하더라도 그 학생만의 독특한 색채 언어로 인정하고 수용해야 해요. 학습지는 시간대별로 칸을 나누어 제작하되, 너무 세분화하지 않고 아침, 오전, 점심, 오후, 저녁, 밤 정도로 구분하는 것이 좋습니다.

# 오늘 하루
# 무엇을 먹었을까?

하루 3번의 식사를 기록하며 내 일상을 돌아봐요

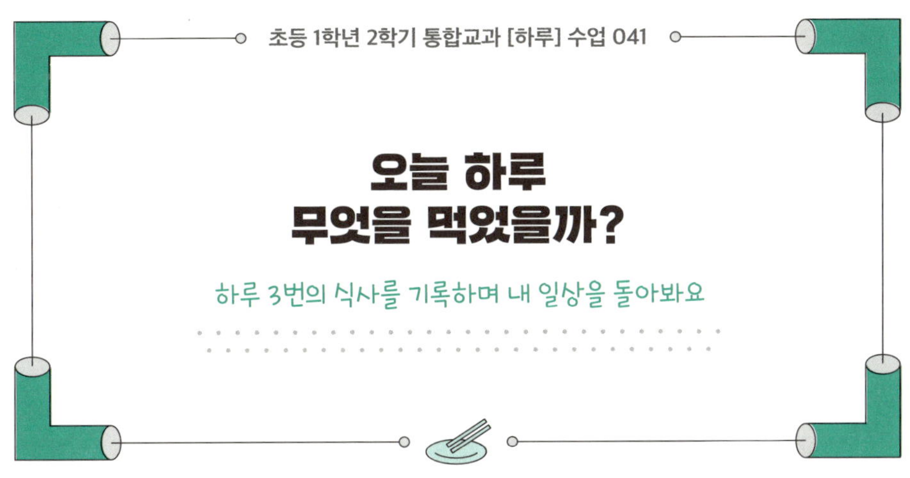

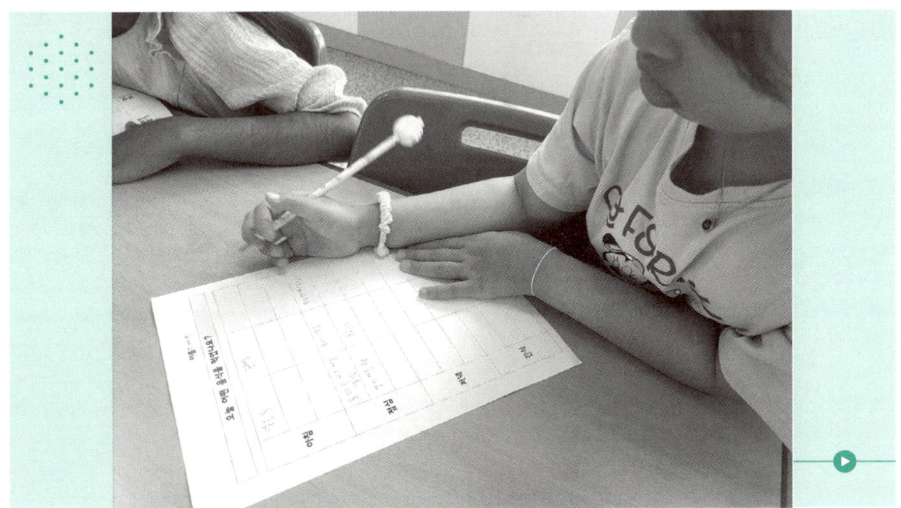

오늘은 학생들과 함께 음식을 통해 하루를 돌아보는 시간을 가졌습니다. 하루를 살펴보면 매일 반복되는 일 중 하나가 먹는 것으로, 우리는 하루에 적어도 두세 번 아침, 점심, 저녁을 먹으며 살아가지요. 언제 무엇을 먹는가를 보면 하루를 어떻게 보냈는지 대략 알 수 있으며, 이는 단순한 기록이 아니라 자신의 일상을 성찰하고 가족과의 시간을 되돌아보는 의미 깊은 활동입니다.

먼저 학습지에 아침에 무엇을 먹었는지 쓰는 시간을 가지고, 학생들은 각자 아침 식탁을 떠올리며 가정마다 다른 아침 풍경을 기록합니다. 무엇을 먹었는지 쓰면서 아침에 한 일, 가족과 어떤 이야기를 나누었는지도 함께 이야기하며, 음식이 가족과의 소통 매개체임을 발견하지요. 점심시간에는 급식실에 가서 급식표를 보며 오늘의 메뉴를 확인하고 꼼꼼히 기록했습니다.

학생들은 '먹는 행위'를 통해 하루를 되짚어 봅니다. 단순히 음식 이름을 적는 것을 넘어, 식사 시간에 느꼈던 맛, 냄새, 그리고 함께했던 사람들과의 대화를 떠올리며 일상의 소중함을 재발견합니다. 저녁 기록을 위해 학습지를 집에 가져가도록 안내해 가정과 학교를 연결하는 교육적 다리 역할을 하도록 했습니다.

다음 날 학생들이 완성한 학습지를 바탕으로 하루 동안의 식사 경험을 나누며, 각 가정의 독특한 문화와 소중한 시간을 공유합니다. 모든 가정의 식사 문화를 동등하게 인정하고 존중하는 분위기를 조성하며, 단순히 메뉴만 나열하는 것이 아니라 그 시간의 감정과 경험까지 함께 나눌 수 있도록 격려합니다.

## 수업 준비물

식사 기록 학습지, 연필, 급식표, 가정 연계 안내문

## 활동 순서

1. 하루 3번 식사가 갖는 의미와 소중함에 대해 이야기를 나눈다.
2. 학습지에 아침에 무엇을 먹었는지 구체적으로 기록한다.
3. 아침 식사를 하며 가족과 나눈 대화나 특별한 경험을 함께 적는다.
4. 점심 시간에 급식실로 이동하여 오늘의 급식 메뉴를 확인한다.
5. 급식표를 보며 점심에 먹은 음식을 학습지에 꼼꼼히 기록한다.
6. 급식 시간 친구들과의 경험이나 새롭게 먹어 본 음식에 대해 이야기한다.
7. 저녁 기록을 위해 학습지를 집으로 가져간다.
8. 가정에서 저녁 식사 후에 메뉴와 가족과의 시간을 기록한다.
9. 다음 날 완성한 학습지를 가지고 와서 하루 동안의 식사 경험을 발표한다.

## 상현달 선생님의 수업 사전

화려한 음식이든 소박한 음식이든, 온 가족이 함께하는 식사든 혼자 하는 식사든, 모든 경험이 소중하다는 메시지를 전달해야 합니다. 가정 형편이나 상황에 대해 민감하게 배려하며 섣불리 판단하지 않고 공감하는 분위기를 만드는 것이 중요합니다. 학습지는 아침, 점심, 저녁으로 나누어 제작하되, 단순히 메뉴만 적는 것이 아니라 그때의 기분이나 특별한 경험도 함께 기록할 수 있는 공간을 마련합니다. 급식표는 미리 복사해 두거나 급식실에서 직접 확인할 수 있도록 시간을 충분히 제공합니다.

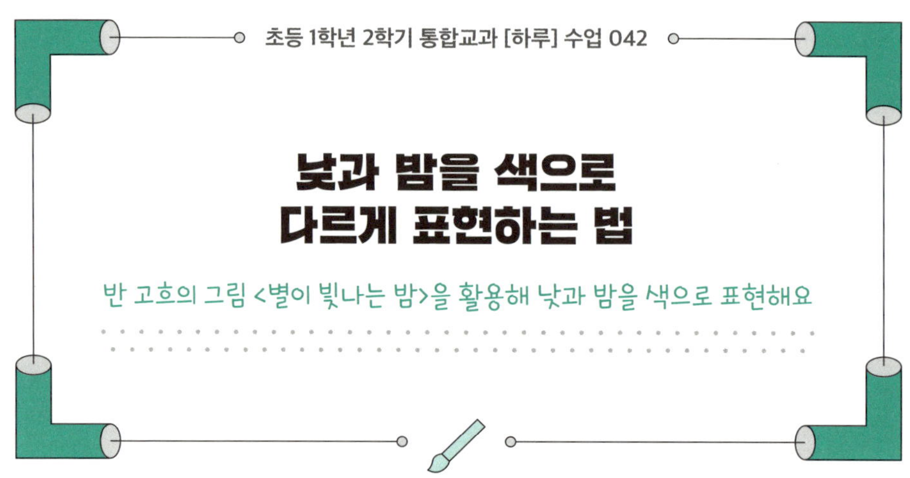


오늘은 학생들과 하루의 아름다운 변화를 예술로 표현하는 특별한 시간을 가졌습니다. 수업을 시작하며 낮과 밤에 무엇을 하는지 이야기하고, 학생들은 각자가 느끼는 낮과 밤의 특색을 활발하게 나누었습니다. 이런 대화를 통해 낮과 밤이 각각 고유한 특성과 매력을 가진 소중한 시간임을 깨달았지요.

다음으로 빈센트 반 고흐Vincent van Gogh의 명작 〈별이 빛나는 밤〉을 소개하며 예술가가 어떻게 밤의 신비로운 아름다움을 표현했는지 관찰했습니다. 이 유명한 작품을 교육 도구로 활용하기 위해 챗GPT를 사용해 색깔 없는 도안을 제작했습니다. 하나는 원작과 같은 밤 버전, 다른 하나는 별 대신 해를 그린 낮 버전으로 준비합니다.

학생들은 색연필을 사용해 2가지 도안에 각각 낮과 밤을 색으로 표현했습니다. 놀라운 발견은 같은 도안이지만 색깔에 따라 그림이 주는 느낌이 완전히 달라진다는 것입니다. 낮 버전에서는 밝고 따뜻한 색상이, 밤 버전에서는 차분하고 깊은 색상이 주를 이루며 각각 고유한 분위기를 연출했습니다.

146

  학생들이 자유롭게 상상력을 발휘할 수 있는 분위기를 조성하며, 각자의 경험과 느낌을 바탕으로 자유롭게 표현할 수 있도록 격려합니다. 작품 완성 후 전시하고 감상하는 과정을 통해, 같은 도안에서 시작했지만 완전히 다른 낮과 밤이 교실을 가득 채우는 시간이었습니다.

## 수업 준비물

반 고흐 〈별이 빛나는 밤〉 무채색(낮과 밤) 도안, 색연필

## 활동 순서

1. 낮과 밤에 무엇을 하는지, 어떤 느낌인지 이야기를 나눈다.
2. 반 고흐의 <별이 빛나는 밤> 작품을 감상하며 밤의 아름다움을 관찰한다.
3. 챗GPT로 제작한 색칠용 무채색 도안 2가지(낮 버전, 밤 버전)를 소개한다.
4. 낮을 표현하는 도안에 밝고 따뜻한 색상으로 색칠한다.
5. 태양, 하늘, 나무 등을 낮의 느낌이 나도록 표현한다.
6. 밤을 표현하는 도안에 차분하고 깊은 색상으로 색칠한다.
7. 별, 달, 밤하늘 등을 밤의 분위기가 나도록 표현한다.
8. 색칠 과정에서 친구들과 자연스럽게 색깔 선택에 대해 이야기를 나눈다.
9. 완성한 두 작품을 전시하고 낮과 밤의 다른 느낌을 비교한다.

## 상현달 선생님의 수업 사전

'낮은 반드시 이런 색이어야 한다.'라는 식의 고정 관념을 심어 주지 않고 각자의 경험과 느낌을 바탕으로 표현할 수 있도록 격려합니다. 챗GPT나 여타 AI 도구를 활용해 도안을 제작할 때는 학생 수준에 맞게 적절히 단순화하되, 원작의 느낌은 살릴 수 있도록 조정합니다. 도안은 A4 크기로 출력하되, 선이 너무 가늘거나 복잡하지 않도록 합니다. 색칠 도구는 색연필과 크레파스를 함께 제공하여 학생들이 원하는 질감과 농도로 표현할 수 있도록 합니다. 작품 전시 시에는 낮과 밤 작품을 나란히 붙여 대비 효과를 높이고, 학생들이 서로의 작품에서 좋은 점을 찾아 칭찬할 수 있도록 안내합니다.

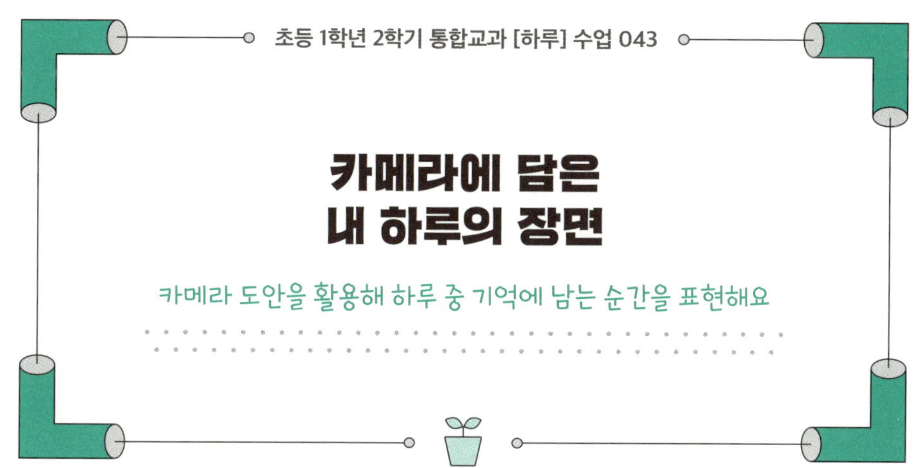

# 카메라에 담은
# 내 하루의 장면

카메라 도안을 활용해 하루 중 기억에 남는 순간을 표현해요

오늘은 학생들과 함께 하루의 기억을 사진으로 찍듯이 포착하는 활동을 진행했습니다. 먼저 "하루 중 가장 기억에 남는 순간은 언제였나요?"라는 질문으로 학생들의 경험을 이끌어 냅니다.

학생들은 미리 준비한 A3 크기의 카메라 도안에 색을 칠하며 자신만의 카메라를 만들었습니다. 이어서 하루 중 가장 인상 깊었던 3가지 순간을 작은 필름 도안에 정성껏 그려 넣었습니다.

그림 실력과 상관없이 자신의 경험과 감정을 솔직하게 표현하도록 격려하자, 서울 여행, 고양이와 보낸 시간 등 각자의 소중한 하루가 필름 위에 생생하게 재현되었습니다. 그림을 완성한 후에는 가위로 도안을 자르고, 미리 칼집을 내어 둔 카메라 렌즈에 필름을 끼웠습니다. 손으로 직접 만드는 이 과정은 아이들에게 큰 성취감을 줍니다.

마지막 발표 시간, 학생들은 필름을 한 칸씩 당기며 렌즈에 나타난 장면에 얽힌 자신의 경험과 감정을 이야기했습니다. 이 발표를 통해 학생들은 하루에

도 다양한 감정이 공존함을 깨닫고, 친구들의 하루를 들으며 서로를 이해하고 공감하는 소중한 시간을 가졌습니다. 즐거운 기억뿐만 아니라 속상했던 기억도 소중한 경험임을 알려 주며, 결과물보다는 자신의 하루를 돌아보는 과정 자체를 중요하게 여기도록 지도했습니다.

## 수업 준비물

A3 카메라 도안, 필름 도안, 색연필, 사인펜, 가위, 칼

## 활동 순서

1. 하루 중 가장 기억에 남는 순간에 대해 이야기를 나눈다.
2. A3 크기의 카메라 도안에 색을 칠하며 자신만의 카메라를 꾸민다.
3. 하루 중 기억나는 3가지 장면을 필름 도안에 그림으로 표현한다.
4. 완성한 카메라 도안과 필름 도안을 가위로 자른다.
5. 카메라 도안 렌즈 부분의 칼집 사이로 필름 도안을 끼워 넣는다.
6. 필름을 당겨 렌즈에 그림이 나타나면 해당 장면에 얽힌 경험과 감정을 발표한다.
7. 친구들의 발표를 들으며 서로의 하루를 이해하고 공감하는 시간을 갖는다.

## 상현달 선생님의 수업 사전

이 활동에서는 학생들이 자신의 모든 경험과 감정을 소중하게 여기도록 하는 것이 중요합니다. 즐거운 기억뿐만 아니라 속상했던 기억도 자신을 성장시키는 소중한 경험임을 알려 주는 것이 좋습니다. 안전을 위해 카메라 렌즈 부분에 칼집을 내는 작업은 반드시 교사가 미리 준비합니다. 결과물보다는 학생들이 자신의 하루를 돌아보고 그것을 표현하며, 친구들과 나누는 과정 자체를 격려하는 분위기를 조성하는 것이 필요합니다. 이 활동은 학생들이 일상의 평범한 순간도 특별한 의미를 가질 수 있음을 깨닫고, 자신의 감정을 솔직하게 표현하는 용기를 얻는 데 도움을 줍니다.

# 건강하고 활기차게 하루를 보내는 방법

보물찾기 놀이로 건강한 하루를 보내는 방법을 알아봐요

오늘은 학생들과 함께 하루를 건강하고 활기차게 보내는 방법에 대해 알아 보는 활동을 진행했습니다. 이를 위해 한국교육학술정보원(keris.or.kr) '잇다' (itda.edunet.net) 사이트의 '차곡차곡 TV'에 올라온 '하루를 건강하고 활기차게

보내는 방법 10가지'라는 좋은 자료를 활용했어요. 수업을 위해 먼저 해당 PDF 자료를 여러 조각으로 나누고, 이를 바탕으로 학생들이 직접 답을 채워 나갈 수 있는 학습지를 별도로 제작했습니다.

수업이 시작되자, 학생들은 먼저 학습지의 질문을 해결하며 자신의 경험과 지식을 동원했습니다. 아는 부분은 자신 있게 기록하고, 모르는 부분은 친구와 머리를 맞대고 이야기를 나누며 빈칸을 채워 나갔습니다. 이 과정에서 자연스럽게 협력 학습의 즐거움을 체험할 수 있었습니다.

학습지 활동 후에는 미리 잘라 놓은 PDF 자료 조각을 나누어 주었습니다. 학생들은 퍼즐을 맞추듯 종이 조각을 조합하며 건강한 하루를 보내는 구체적인 방법을 발견해 나갔습니다. 마지막 활동은 보물찾기 게임처럼 진행되었습니다. 답이 적힌 낱말 카드를 교실 곳곳에 미리 숨겨 두고, 학생들이 직접 찾아 학습지를 완성하도록 했습니다. 책상 밑, 책꽂이 사이 등 예상치 못한 장소에서 보물을 찾듯 낱말 카드를 찾는 학생들의 눈은 초롱초롱 빛났습니다.

이 활동은 학생들이 수동적으로 지식을 전달받는 것이 아니라, 능동적으로 탐색하고 발견하는 즐거움을 느끼게 합니다. 다양한 활동을 유기적으로 연결하여 학습의 흐름을 자연스럽게 만들고, 학생들이 실패를 두려워하지 않고 즐겁게 참여하도록 격려하는 것이 더욱 효과적입니다.

## 수업 준비물

잇다 사이트의 차곡차곡 TV PDF 자료(및 조각), 학습지, 낱말 카드

## 활동 순서

1. 하루를 건강하고 활기차게 보내는 방법에 관한 질문이 담긴 학습지를 해결한다.
2. 아는 내용은 직접 기록하고, 모르는 내용은 친구들과 이야기를 나누며 빈칸을 채운다.
3. 미리 잘라 놓은 PDF 자료 조각들을 퍼즐처럼 맞추며 학습지의 답을 찾는다.
4. 교실 곳곳에 숨겨진 정답 낱말 카드를 찾는 보물찾기 게임을 한다.
5. 찾은 낱말 카드를 학습지의 정답 칸에 붙여 완성한다.
6. 완성한 학습지를 보며 건강하고 활기차게 하루를 보내는 방법을 함께 이야기한다.

## 상현달 선생님의 수업 사전

이 수업의 핵심은 다양한 활동을 하나의 주제 아래 유기적으로 연결하여 학습의 흐름을 자연스럽게 만드는 것입니다. 학습지 해결, 퍼즐 맞추기, 보물찾기 등 각기 다른 활동이 통합되도록 구성하면 학생들의 몰입도를 높일 수 있습니다. 수업 자료는 한국교육학술정보원 잇다 사이트에서 쉽게 구할 수 있으며, 이를 1학년 학생들 수준에 맞게 재가공하여 활용하는 것이 좋습니다. 보물찾기 활동 시에는 학생들이 교실에 없을 때 책상 밑, 책꽂이 사이 등 예상치 못한 곳에 카드를 숨겨 두면 더욱 큰 흥미를 유발할 수 있습니다.

# 낮과 밤이 춤추는
# 모빌 만들기

OHP 필름을 활용해 하루의 순환을 담은 모빌을 만들어요

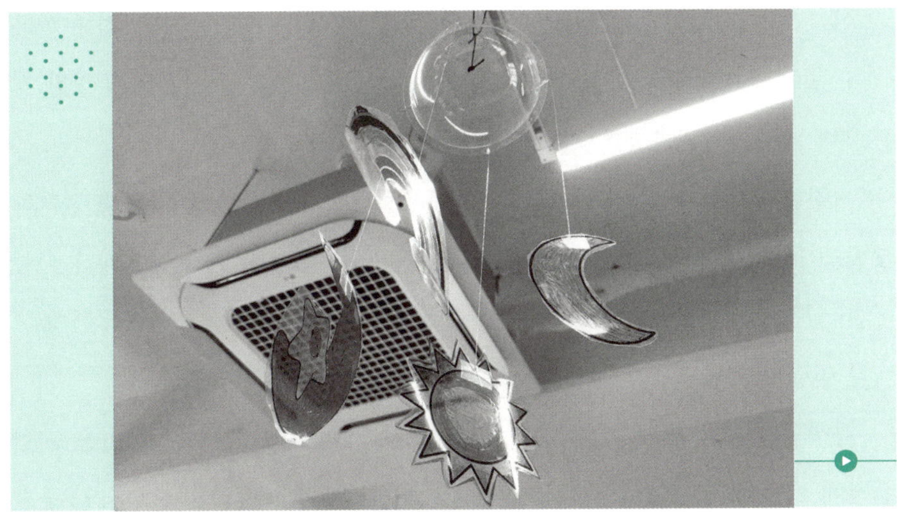

오늘은 학생들과 함께 하루의 순환을 담은 아름다운 모빌을 만드는 활동을 진행했습니다. 모빌은 작은 바람에도 살랑이며 움직이는 조각품으로, 하루의 자연스러운 흐름과 변화를 표현하기에 더없이 좋은 매체입니다.

이를 위해 해, 달, 구름, 나비, 무지개 등 낮과 밤에 볼 수 있는 다양한 도안을 OHP 필름에 미리 출력하여 준비했습니다. 학생들은 매직을 사용해 투명한 필름 위에 자신만의 색으로 낮과 밤의 풍경을 채워 나갔습니다.

색칠한 도안을 조심스럽게 자른 후, 학생들은 2가지 방식 중 하나를 선택해 모빌을 조립했습니다. 하나는 낚싯줄과 투명 반구를 이용해 작은 세계가 공중에 떠 있는 듯한 신비로운 느낌을 주는 방식이고, 다른 하나는 플라스틱 원형 고리를 연결해 더욱 역동적인 움직임을 만들어 내는 방식입니다.

학생들의 개성과 창의성이 돋보이는 순간이었습니다. 완성한 모빌을 교실 천장에 매달자, 밋밋했던 공간은 순식간에 낮과 밤이 공존하는 환상적인 공간으로 변했습니다. 바람에 따라 해와 달이 춤을 추고, 빛을 받은 조각들이 벽과 바닥에 아름다운 그림자를 드리웠습니다. 이 활동을 통해 학생들은 자신의 손으로 공간을 아름답게 변화시킬 수 있다는 자신감과 함께, 자신이 만들어 낸 작품이 주는 감동과 기쁨을 공유했습니다.

## 수업 준비물

해, 달, 구름 도안(OHP 필름 출력), 유성 매직, 가위, 낚싯줄, 플라스틱 투명 반구, 플라스틱 원형 고리, 펀치

## 활동 순서

1. 해, 달, 구름 등 낮과 밤에 볼 수 있는 다양한 도안을 선택한다.
2. OHP 필름에 출력한 도안 위에 유성 매직을 사용해 자유롭게 색을 칠한다.
3. 색칠한 도안을 가위로 조심스럽게 오려 낸다.
4. 낚싯줄과 투명 반구를 사용하거나, 펀치로 구멍을 뚫고 원형 고리를 사용하는 2가지 방식 중 하나를 선택한다.
5. 자신이 선택한 방식으로 오려 낸 조각들을 연결하여 모빌을 완성한다.
6. 완성한 모빌을 교실 천장에 매달아 전시한다.
7. 바람에 따라 움직이는 모빌과 빛이 만들어 내는 그림자를 감상한다.
8. 함께 만든 작품으로 아름답게 변한 교실의 모습을 보며 소감을 나눈다.

## 상현달 선생님의 수업 사전

OHP 필름을 활용하면 빛을 투과시켜 스테인드 글라스 같은 아름다운 효과를 낼 수 있어 모빌 제작에 효과적입니다. 모빌을 조립하는 방식을 2가지로 제시하면 학생들의 개성과 창의성을 존중하면서 다양한 결과물을 얻을 수 있습니다. 완성한 모빌을 교실에 전시하는 과정은 매우 중요합니다. 이는 학생들에게 창작의 즐거움뿐만 아니라 자신의 노력으로 주변 환경을 긍정적으로 변화시킬 수 있다는 성취감을 느끼게 해 줍니다. 또한 바람에 부드럽게 움직이는 모빌을 보며 하루의 순환과 시간의 흐름이라는 주제를 자연스럽게 되새길 수 있습니다.

# 마법 종이로 만든
# 낮과 밤

## 슈링클스를 활용해 낮과 밤 키링 만들기

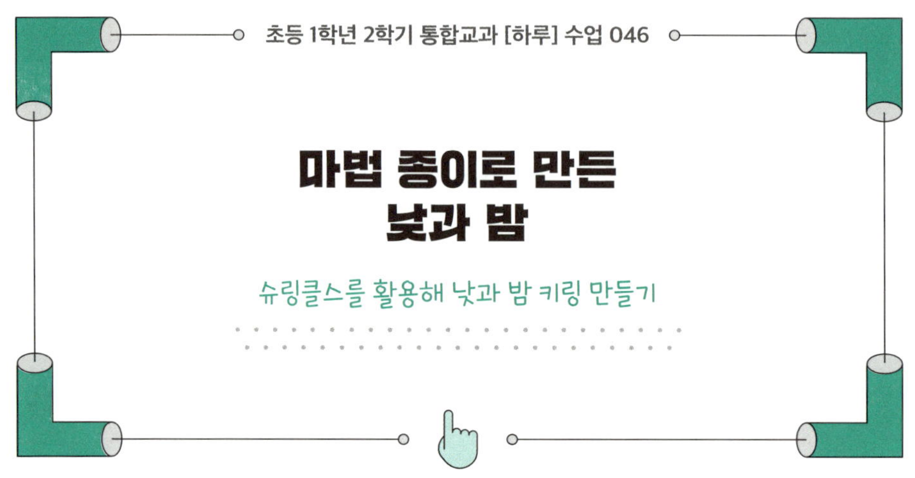

오늘은 학생들과 함께 과학과 예술이 결합된 신기한 재료 슈링클스 Shrinkles(열을 가하면 딱딱해지는 특수 종이 소재)를 활용해 하루의 아름다움을 담는 특별한 활동을 진행했습니다. 열을 가하면 크기가 약 1/7로 줄어들고 두께는 7배 두꺼워

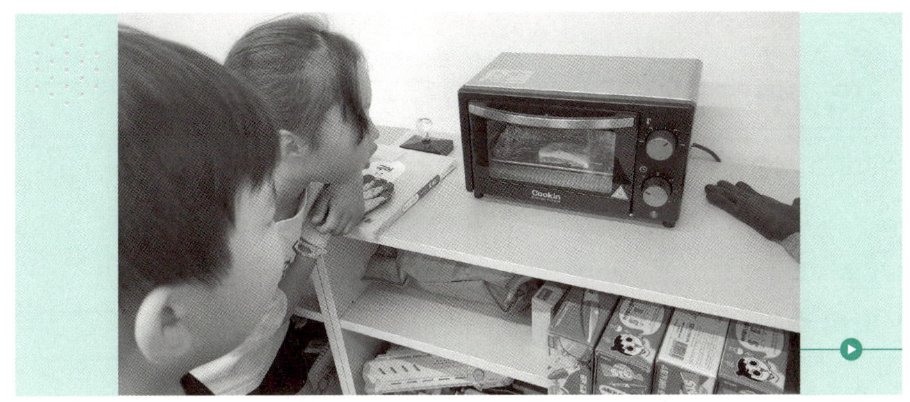

지면서 단단한 플라스틱으로 변하는 이 마법 같은 종이를 이용해, 낮과 밤을 표현하는 열쇠고리를 만드는 활동을 계획한 거지요.

먼저 학생들은 슈링클스 종이 2장에 해가 떠 있는 낮의 모습과 달과 별이 빛나는 밤의 모습을 자유롭게 표현했습니다. 안전을 위해 모서리를 둥글게 자르고 펀치로 구멍을 뚫는 과정도 잊지 않았습니다. 이 활동의 하이라이트는 단연 오븐 속에서의 변화를 관찰하는 순간입니다. 학생들은 미니 오븐 입구에 모여 종이가 오징어처럼 오그라들었다가 다시 펴지며 작아지는 모습에 탄성을 지르며 이 마법 같은 과정을 숨죽여 지켜보고 과학의 원리를 직접 눈으로 확인했습니다.

오븐에서 꺼낸 후에는 누름판이나 두꺼운 책으로 신속하게 눌러 평평하게 만들었습니다. 마지막으로, 반짝이는 플라스틱으로 변신한 작품에 열쇠고리를 연결하며 자신만의 작품을 완성했습니다. 학생들은 자신의 손으로 직접 실용적인 작품을 만들어 내는 데 큰 성취감을 느꼈습니다. 하루의 아름다움을 작은 열쇠고리에 담아 항상 간직하게 한 의미 있는 시간이었습니다.

## 수업 준비물

슈링클스, 색연필, 네임펜, 가위, 펀치, 미니 오븐, 누름판 또는 두꺼운 책, 열쇠고리

## 활동 순서

1. 슈링클스 종이 2장에 각각 낮과 밤을 주제로 그림을 그린다.
2. 안전을 위해 그림의 모서리를 가위로 둥글게 다듬는다.
3. 펀치를 사용해 열쇠고리를 걸 구멍을 뚫는다.
4. 예열된 미니 오븐에 슈링클스를 넣고 줄어드는 과정을 관찰한다.
5. 오그라들었던 슈링클스가 다시 펴지면 오븐에서 꺼낸다.
6. 오븐에서 꺼낸 직후 누름판이나 두꺼운 책으로 평평하게 눌러 준다.
7. 완성한 플라스틱 조각에 열쇠고리를 연결한다.
8. 자신이 만든 낮과 밤 열쇠고리를 친구들에게 소개하고 작품을 감상한다.

## 상현달 선생님의 수업 사전

이 활동에서 가장 중요한 것은 안전입니다. 뜨거운 오븐과 플라스틱을 다룰 때는 반드시 교사가 직접 시연하고, 학생들이 안전하게 활동할 수 있도록 세심하게 지도해야 합니다. 슈링클스는 열을 가하면 색이 더 진해지는 특성이 있으므로, 채색 시 이 점을 미리 학생들에게 설명해 주는 것이 좋습니다. 또한 오븐에서 꺼낸 후 평평하게 눌러 주는 과정은 신속하게 이루어져야 합니다. 그렇지 않으면 오그라든 형태로 굳어 버릴 수 있으므로, 미리 누름판이나 두꺼운 책을 준비해 두어야 합니다. 이 활동은 과학의 원리와 미술이 결합된 창의적인 경험을 제공하여 학생들의 흥미와 성취감을 크게 높일 수 있습니다.

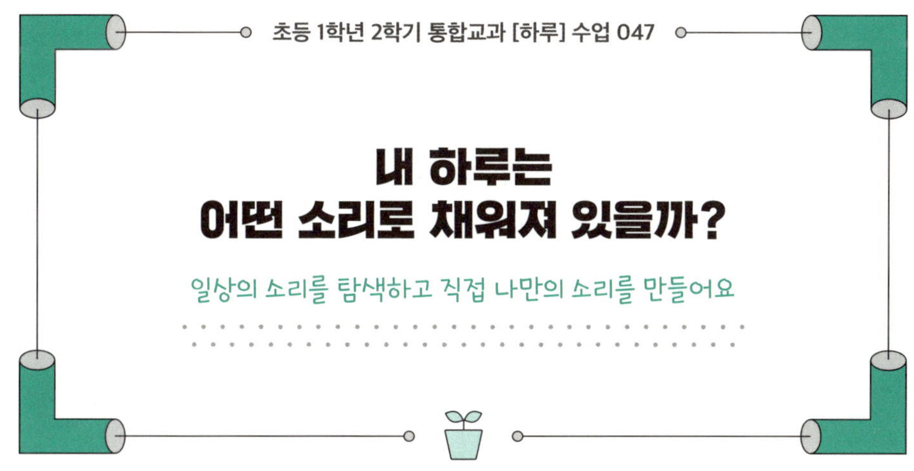

# 내 하루는
# 어떤 소리로 채워져 있을까?

일상의 소리를 탐색하고 직접 나만의 소리를 만들어요

오늘은 학생들과 함께 하루를 채우는 다채로운 소리를 탐색하는 활동을 진행했습니다. 우리의 하루를 구성하는 알람 소리, 자동차 소리, 친구들의 웃음소리 등 수많은 소리에 담긴 의미를 발견하고 청각적 감수성을 기르려는 시도입니다. 먼저 가위질 소리, 종소리 등 8가지 생활 속 소리를 들려주고 어떤 소리인지 추측해서 학습지에 기록했습니다. 같은 소리를 듣고도 각자 경험에 따라 완전히 다른 상황을 떠올리는 모습이 흥미롭습니다. 학생들은 정답 영상을 확인하며 평소 얼마나 많은 소리를 무심히 지나쳤는지 깨달았지요.

다음 활동으로 학생들은 직접 소리의 창조자가 되는 시간을 가졌습니다. 노크 소리, 의자 끄는 소리, 책 넘기는 소리 등 교실 속 다양한 소리를 직접 만들어 녹음하면서 창의력을 발휘했는데, 어떻게 하면 소리를 더 실감 나게 만들 수 있을지 고민하는 모습이 인상적이었지요. 어떤 학생은 책상을 두드리는 리듬을 바꾸어 가며 다양한 노크 패턴을 시도하고, 또 다른 학생은 종이를 천천히 구겨서 특별한 소리를 만들어 냈습니다. 이 과정에서 학생들은 일상적인 행동 하나

**생활 속 소리를 듣고 어떤 소리인지 맞춰 보세요.**

| | 내 생각 | 정답 |
|---|---|---|
| 1 | 지퍼 소리 | 지퍼 소리 |
| 2 | 라디에터소리 | 가위 질 소리 |
| 3 | 북 소리 | 꽹과리소리 |
| 4 | | 글씨 쓰는소리 |
| 5 | 불 소리 | 뿌 뿌 소리 |
| 6 | 물 소리 | 빗 자루소리 |
| 7 | 걱 박 소리 / 쪽쪽 | 아 이쓰소리 |
| 8 | 종 소리 | 종 소리 |

하나가 독특한 소리를 만들어 낼 수 있음을 발견했습니다.

녹음이 끝난 후에는 다른 친구들이 만든 소리를 듣고 맞추는 퀴즈 형식으로 활동을 진행해 학생들의 참여도와 집중력을 높였습니다. 자신이 만든 소리를 친구들이 정확히 맞출 때마다 뿌듯해하고, 반대로 친구들의 창의적인 소리에 감탄하는 모습을 볼 수 있었습니다.

## 수업 준비물

8가지 생활 소리 음원, 소리 맞추기 학습지, 스마트폰(녹음용), 교실 내 소리를 만들 수 있는 다양한 도구

## 활동 순서

1. 집과 학교에서 들을 수 있는 다양한 소리에 대해 이야기를 나눈다.
2. 준비한 8가지 생활 속 소리를 듣고 어떤 소리인지 추측하여 학습지에 기록한다.
3. 정답 영상을 보며 자신이 추측한 답과 비교하고 확인한다.
4. 소리에 집중했을 때의 느낌과 새롭게 발견한 점에 대해 이야기를 나눈다.
5. 교실 속 다양한 소리(노크, 의자 끌기, 책 넘기기 등)를 직접 만들어 녹음한다.
6. 녹음한 소리를 전체 학생들과 함께 들으며 어떤 소리인지 맞추는 퀴즈 활동을 한다.
7. 자신이 소리를 만들거나, 친구들의 소리를 맞추며 느낀 점을 발표한다.

## 상현달 선생님의 수업 사전

이 활동에서는 정답을 맞히는 것보다 학생들이 자유롭게 소리를 탐색하고 상상력을 발휘하는 과정 자체를 격려하는 것이 중요합니다. 학생들이 소리를 녹음할 때는 다른 모둠에 방해가 되지 않도록 규칙과 질서를 지키는 것도 함께 지도해야 합니다. 학생들이 직접 만든 소리를 활용한 퀴즈 활동은 학습의 재미와 몰입도를 크게 높여 줍니다. 이 수업의 궁극적인 목표는 학생들이 일상의 소중함을 깨닫고, 세상과 소통하는 청각적 감수성을 키우는 데 있어요.

# 조각난 글자를 모아
# 아름다운 노래 완성하기

동요 〈나의 하루〉 가사 퍼즐부터 온몸으로 표현하는 율동까지

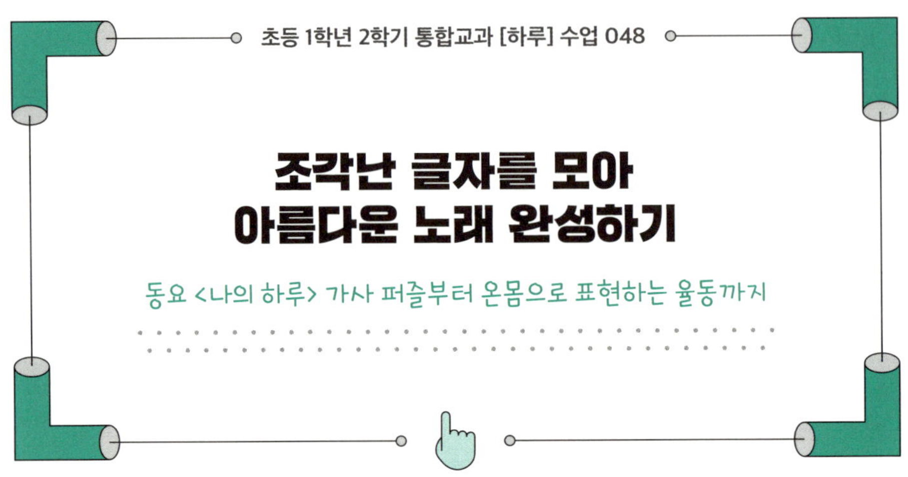

오늘은 학생들과 함께 동요 〈나의 하루〉를 통해 평범한 일상이 얼마나 아름다운 노래가 될 수 있는지 발견하는 특별한 시간을 가졌습니다. 음악과 언어, 그리고 놀이가 결합된 통합 활동을 통해 학생들이 자신의 하루를 더욱 의미 있게

바라볼 수 있도록 계획했습니다.

첫 번째 활동은 '글자 조각으로 문장 만들기'였습니다. 수업 준비 과정에서 〈나의 하루〉 가사에 포함된 '아침 햇빛', '이른 아침', '저녁 노을' 등의 단어들을 개별 글자 카드로 분해하여 교육 자료로 준비했지요. 학생들에게 낱개의 글자 카드를 나누어 주고 이를 조합해서 문장을 만들도록 안내했을 때, 처음에는 어리둥절해하던 학생들이 점차 글자 사이의 관계를 파악하기 시작했습니다.

두 번째 활동은 '동요 영상 시청과 깨달음의 순간'이었습니다. 〈나의 하루〉를 부르는 영상을 시청하면서, 학생들은 자신이 조각조각 맞춰 본 글자가 실제로는 노랫말이었다는 것을 알게 되었습니다. 자신의 활동과 실제 동요를 연결지어 이해하며, 부분에서 전체로, 분석에서 종합으로 이어지는 학습의 과정을 자연스럽게 체험하는 순간이었습니다.

마지막 활동은 '율동으로 완성하는 하루 이야기'였습니다. 동요의 전체적인 구조를 파악한 학생들은 이제 가사를 보면서 직접 글자 카드를 만드는 활동에도 도전했습니다. 곧 가장 즐거운 시간인 율동 따라 하기가 시작되었습니다. 앞서 글자 카드로 익힌 가사의 의미를 이제 온몸으로 표현하는 시간이었습니다. 학생들은 '아침 햇빛'에서는 두 팔을 높이 들어 태양을 표현하고, '저녁 노을'에서는 부드럽게 손을 흔들며 노을의 아름다움을 몸짓으로 나타냈습니다.

## 수업 준비물

동요 〈나의 하루〉 영상, 가사 글자 카드, 빈 카드지, 필기구

## 활동 순서

1. 〈나의 하루〉 가사로 만든 글자 카드를 나누어 주고 문장 만들기에 도전한다.
2. 학생들이 조합한 글자의 의미를 함께 추측하고 이야기를 나눈다.
3. 〈나의 하루〉 영상을 시청하며 글자 카드의 진짜 정체를 확인한다.
4. 동요의 전체 구조를 파악하고 가사의 의미를 이해한다.
5. 학생들이 직접 가사를 보며 추가 글자 카드를 만들어 본다.
6. 영상을 다시 보고 율동을 따라 하며 온몸으로 하루를 표현한다.

## 상현달 선생님의 수업 사전

글자 카드 만들기부터 문장 조합, 동요 부르기, 율동까지 모든 과정에서 학생들이 주도적으로 참여할 수 있도록 격려하는 것이 중요합니다. 특히 문장 만들기 활동에서는 문법적으로 완벽하지 않더라도 학생들의 시도 자체를 격려하는 것이 핵심입니다. 율동 활동에서는 정확한 동작보다는 자유롭고 즐거운 표현을 우선시하여, 학생들이 자신의 하루를 온몸으로 사랑하며 표현할 수 있도록 도와주세요.

| 6권 |

초등 1학년 2학기 통합교과 수업

# 약속

# 숫자 원마커 게임으로 약속 지키기

게임의 규칙과 친구와의 약속을 배워요

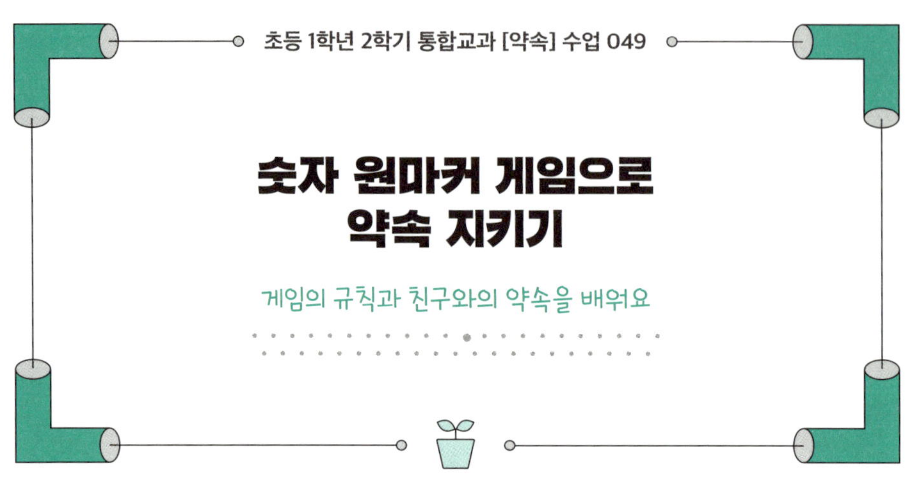

오늘은 숫자 원마커round marker(위치를 나타내는 원형판)를 활용한 신체 활동을 통해 학생들이 게임 규칙을 지키고 친구와의 약속을 실천하는 방법을 배우는 활동을 진행했습니다. 먼저 교실 바닥에 숫자가 적힌 다양한 색깔의 원마커를

배치하고, 활동을 시작하기 전 모든 학생이 지켜야 할 약속을 함께 정했습니다.

'순서를 지킨다', '친구를 응원한다', '안전하게 뛴다', '규칙을 정확히 따른다' 등의 약속을 카드로 만들어 교실에 붙였습니다. 1부터 9까지 숫자가 적힌 숟가락을 종이컵에 넣어 준비하고, 학생들이 차례대로 나와 2개씩 뽑은 후 친구들에게 숫자를 보여 주며 큰 소리로 읽도록 했습니다. 이때 '순서를 지킨다'라는 약속은 자연스럽게 실천된 셈입니다.

학생들은 자신이 뽑은 숫자와 같은 원마커를 찾아 두 발로 뛰어 밟는 활동을 하며 '안전하게 뛴다'라는 약속을 지켰습니다. 거리가 멀리 떨어져 있어도 서두르지 않고 안전하게 뛰었습니다. 기본 활동 후에는 난도를 높여 여러 숫자를 순서대로 뽑아 기억하며 밟는 규칙을 추가했고, '규칙을 정확히 따른다'라는 약속 역시 중요하게 다뤘습니다. 학생들은 집중력을 발휘해 순서를 기억하고 정확히 따르려고 노력했습니다. 특히 '친구를 응원한다'라는 약속이 가장 빛났던 순간은 팀 게임을 진행할 때였습니다. 모든 학생이 성공해야 교사를 이길 수 있다는 규칙 아래, 친구가 도전할 때마다 진심 어린 응원을 보내고, 성공하면 함께 기뻐하는 즐거운 경험을 누렸습니다.

## 수업 준비물

숫자 원마커(1~9), 숫자가 적힌 숟가락(1~9), 종이컵, 약속 카드

## 활동 순서

1.  게임을 시작하기 전 모든 학생이 지켜야 할 약속을 함께 정하고 약속 카드로 만든다.
2.  교실 바닥에 1부터 9까지 숫자가 적힌 원마커를 일정한 간격으로 배치한다.
3.  1부터 9까지 숫자가 적힌 숟가락을 종이컵에 넣어 준비한다.
4.  '순서를 지킨다'라는 약속에 따라 차례대로 나와 숟가락을 2개씩 뽑는다.
5.  뽑은 숫자를 큰 소리로 읽어 모든 학생이 들을 수 있도록 한다.
6.  '안전하게 뛴다'라는 약속을 지키며 해당 숫자 원마커를 두 발로 뛰어 밟는다.
7.  '규칙을 정확히 따른다'라는 약속에 따라 여러 숫자를 순서대로 밟는 활동을 한다.
8.  '친구를 응원한다'라는 약속을 실천하며 팀 게임으로 진행한다.
9.  약속을 잘 지킨 경험에 대해 이야기하고 앞으로도 약속을 지키겠다고 다짐한다.

## 상현달 선생님의 수업 사전

이 활동은 숫자 학습과 약속 지키기를 자연스럽게 연결한 통합 활동입니다. 활동 전 학생들과 함께 정한 약속을 시각적으로 보여 주는 약속 카드를 만들어 교실에 붙여 두면 지속적으로 상기할 수 있습니다. 약속을 어겼을 때 처벌보다는 다시 한번 약속의 의미를 되새기고 실천할 기회를 제공하는 것이 중요합니다. 특히 친구를 응원하고 협력하는 약속이 잘 지켜질 때 즉시 격려하고 칭찬하여 긍정적인 행동이 강화되도록 해야 합니다. 게임의 승부보다는 약속을 지키며 함께 참여하는 과정 자체에 의미를 두어 학생들이 약속의 가치를 체험할 수 있도록 지도합니다.

# 멸종 위기 동물을 위한
# 특별한 약속 만들기

그림책『눈보라』와 젠가 놀이로 환경 보호 약속의 의미를 체험해요

오늘은 학생들과 함께 약속의 의미와 무게를 체험하는 시간을 가졌습니다. 강경수 작가의 그림책『눈보라』를 통해 빙하가 녹아 사냥터를 잃은 북극곰이 굶주림에 시달리며 사람들이 사는 마을로 내려와 쓰레기통을 뒤지는 이야기를

함께 읽었지요. 왜 북극곰이 사람들이 사는 곳에까지 왔는지 생각해 보며 학생들은 인간이 지구에 했던 약속을 되돌아봤습니다. "우리는 환경을 보호하겠다고 약속했는데 제대로 지켰을까요?"라는 질문을 통해 약속의 부재와 그 결과에 대해 생각할 수 있습니다.

본격적인 체험 활동에서는 젠가 놀이를 통해 약속을 지키는 일의 어려움과 중요성을 체험했습니다. 젠가 위에 있는 북극곰이 바닥에 떨어지지 않도록 지켜야 한다는 약속을 모든 학생이 함께했지요. 블록 하나하나가 위태롭게 빠져나올 때마다 젠가는 휘청거리고, 북극곰의 운명은 아이들 손끝에 달립니다. 이 긴장감 속에서 학생들은 환경 파괴의 위험성을 피부로 느끼며, 우리의 작은 부주의가 지구 생명체에게 얼마나 큰 위협이 될 수 있는지 절실하게 깨닫게 됩니다. 학생들은 북극곰이 떨어지지 않도록 최선을 다해 젠가 블록을 조심스럽게 빼내며 약속을 지키려고 노력합니다.

하지만 결국 북극곰이 바닥에 떨어지고 말았습니다. 이는 우리가 맺은 약속을 지키지 못한 현실을 상징적으로 보여 주는 경험이었지요. 마지막으로 학생들은 북극곰을 지키기 위한 새로운 약속을 만들고 다짐하는 시간을 가졌습니다.

## 수업 준비물

그림책 『눈보라』, 젠가, 북극곰 인형, 환경 보호 방법이 적힌 스티커

## 활동 순서

1. 『눈보라』를 함께 읽으며 북극곰의 상황에 대해 이야기를 나눈다.
2. 왜 북극곰이 사람들이 사는 곳에까지 왔는지 원인을 생각해 본다.
3. 환경을 보호하기 위해 할 수 있는 일을 브레인스토밍한다.
4. 젠가 위에 북극곰 인형을 올리고 떨어뜨리지 않겠다는 약속을 한다.
5. 순서대로 젠가 블록을 빼며 그 위에 적힌 환경 보호 약속을 읽고 다짐한다.
6. 북극곰이 떨어지지 않도록 조심스럽게 블록을 빼내며 협력한다.
7. 북극곰이 떨어졌을 때 약속을 지키지 못한 것의 의미에 대해 이야기한다.
8. 북극곰을 지키기 위한 새로운 약속을 세우고 실천 계획을 세운다.

## 상현달 선생님의 수업 사전

이 활동에서는 약속의 진정성을 강조하는 것이 가장 중요합니다. 형식적이고 일회적인 약속이 아니라 정말로 마음에서 우러나와 지속적으로 실천할 수 있는 진짜 약속을 만들 수 있도록 도와야 합니다. 완벽한 약속보다는 실천 가능한 약속을 세우도록 안내하고, 약속을 지키지 못하더라도 포기하지 않고 다시 도전하는 것이 중요함을 강조합니다. 젠가가 무너지는 것을 실패로 보지 않고 새로운 약속을 세우는 계기로 활용하여 학생들이 약속의 진정한 의미를 깨달을 수 있도록 지도합니다. 환경 문제의 심각성을 과도하게 강조하기보다는 우리가 할 수 있는 작은 실천의 가치에 초점을 맞추는 것이 좋습니다.

# 멸종 위기 동물 안전하게 옮기기

멸종 위기 동물 체험 활동을 통해 생명 보호 약속의 의미를 깨달아요

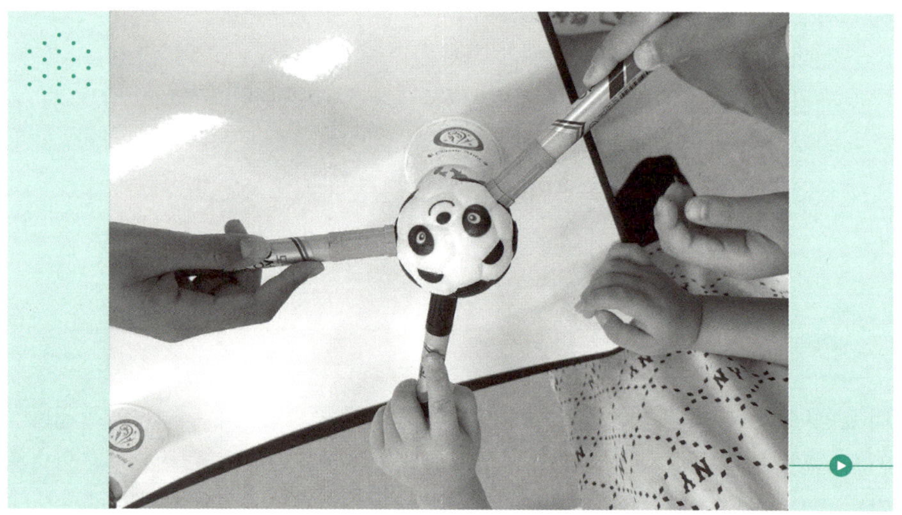

오늘은 학생들과 함께 멸종 위기 동물에 대해 알아보고 생명을 보호하겠다는 약속을 마음에 새기는 의미 있는 시간을 가졌습니다. 먼저 1학년 학생들의 눈높이에 맞춰 멸종 위기 동물 영상을 시청하면서 판다, 호랑이, 북극곰 등 친숙

174

하지만 실제로는 멸종 위기에 처한 동물들을 소개했습니다. 학생들은 동물원에서 쉽게 볼 수 있는 동물 친구들이 사실은 지구상에서 점점 사라져 가고 있다는 현실을 알게 되었지요. 영상과 함께 빈칸 채우기 형태의 학습지 활동을 진행하여 학생들이 집중해서 영상을 보며 멸종의 의미와 여러 멸종 위기 동물의 종류를 인식할 수 있도록 했습니다. 학습지 완성 후에는 동물들이 멸종되지 않도록 하기 위해 우리가 할 수 있는 일에 대해 이야기를 나누며 환경 보호 의식을 키워 갔습니다.

수업의 핵심은 동물 보호에 대한 진정한 약속을 정하는 시간입니다. 단순한 구호가 아닌, 마음에서 우러나온 진정한 다짐이 될 수 있도록 약속의 의미에 대해 깊이 생각해 보는 것이 핵심입니다.

이어서 '멸종 위기 동물 안전하게 옮기기' 체험 활동을 통해 그 약속을 행동으로 실천해 보는 시간을 가졌습니다. 학생들은 판다, 호랑이, 원숭이 등이 그려진 공을 위험한 곳에서 안전한 곳으로 옮기는 구조 대원 역할을 맡았습니다. 손을 사용하지 않고 오직 매직펜만을 이용해 다른 책상으로 옮긴다는 제약 조건을 두었습니다. 처음에는 개인의 욕심으로 실패하기도 했지만, 점차 친구들과 소통하며 협력하는 방법을 깨닫게 되었습니다.

매직펜이라는 불안한 도구로 둥근 공을 옮기기 위해서는 '나 혼자 잘하는 것'보다 '친구와 호흡을 맞추는 것'이 필수입니다. 아이들은 서로의 눈을 맞추고 속도를 조절하며, 생명을 지키는 일은 혼자가 아닌 모두의 협력으로만 가능하다는 소중한 진리를 몸으로 체득합니다.

멸종 위기 동물 영상, 학습지, 멸종 위기 동물이 그려진 공(판다, 호랑이, 원숭이 등), 종이컵, 매직펜

1. 멸종 위기 동물 영상을 시청하며 멸종의 의미와 위기에 처한 동물들을 알아본다.
2. 영상 내용과 연계된 학습지의 빈칸을 채우며 중요한 내용을 정리한다.
3. 동물들이 멸종되지 않도록 우리가 할 수 있는 일에 대해 브레인스토밍한다.
4. 멸종 위기 동물이 그려진 공을 종이컵 위에 올려 준비한다.
5. 손을 사용하지 않고 매직펜만을 이용해 공을 안전한 곳으로 옮기는 활동을 시작한다.
6. 개인이 혼자 하기보다는 친구들과 협력하여 조심스럽게 공을 이동시킨다.
7. 활동 과정에서 느낀 어려움과 협력의 중요성에 대해 이야기를 나눈다.

이 활동에서도 약속의 진정성을 강조하는 것이 가장 중요합니다. 형식적인 약속이 아니라 마음에서 우러나와 지속적으로 실천할 수 있는 진짜 약속을 만들 수 있도록 도와야 합니다. 체험 활동의 제약 조건은 모두 교육적인 의도가 담겨 있습니다. 손을 사용하지 못하는 제약은 현실의 한계를, 매직펜만 사용하는 것은 제한된 수단을, 협력해야만 성공할 수 있는 구조는 약속 실천에 필요한 공동체 의식을 상징합니다. 처음 실패했을 때를 교육적 순간으로 활용하여 개인의 욕심보다 협력이 더 중요하다는 점을 자연스럽게 깨닫게 합니다. 다시 강조하지만 멸종 위기 동물의 심각성을 과도하게 강조하기보다는 우리가 할 수 있는 작은 실천의 가치에 초점을 맞추는 것이 좋습니다.

# 우리 주변의 약속은
# 어떻게 연결되어 있을까?

육각 보드판을 활용해 장소와 관계에 따른 약속을 탐색하고 연결해요

이 수업을 시작하며 "약속은 어디에 있을까요?"라는 질문을 던지자, 학생들은 처음에는 개인적인 관계에서의 약속만 떠올렸습니다. 하지만 점차 생각을 확장하여 교실, 복도, 학교, 집, 식당과 같이 장소에도 약속이 존재한다는 것을

발견했지요. 학생들의 다양한 아이디어를 모아 '교실에서는 조용히 한다', '복도에서는 뛰지 않는다' 등 장소에 따른 약속과 '친구를 괴롭히지 않는다', '약속을 잘 지킨다' 등 관계에 따른 약속을 정리했습니다. 이 약속을 체계적으로 탐색하기 위해 육각 보드판을 활용했습니다. 육각형 모양 보드판은 각각의 약속을 독립적으로 표현하면서도 여러 약속을 서로 연결하여 관계를 시각적으로 보여 주기에 매우 효과적인 도구였습니다.

학생들은 자신이 생각하는 중요한 약속을 육각 보드판에 적어 해당 카테고리에 붙이는 활동을 진행했습니다. 칠판에는 '교실', '학교', '집', '친구', '가족' 등의 카테고리를 미리 만들었습니다. 육각 보드판을 붙이다 보니 비슷한 약속이 서로 이어지는 현상이 발생했습니다. 예를 들어 '교실에서는 조용히 한다'와 '복도에서 뛰지 않는다'는 '다른 사람에게 피해를 주지 않는다'라는 더 큰 원칙 아래에서 연결되고, '쓰레기를 함부로 버리지 않는다'와 '식물을 소중히 대한다'는 '환경을 보호한다'라는 공통 목표를 향하고 있습니다.

이 과정을 통해 학생들은 처음에는 서로 다른 것처럼 보였던 약속이 사실은 더 큰 가치와 원칙 아래 긴밀하게 연결되어 있다는 것을 시각적으로 확인할 수 있었지요. 마치 벌집처럼 촘촘하게 연결된 육각형 보드판은 우리 사회를 지탱하는 약속의 그물망을 상징합니다. 아이들은 나 자신의 사소한 약속을 지키는 것이 친구, 학교, 나아가 우리 마을과 사회 전체의 평화와 연결되어 있음을 시각적으로 확인하며 공동체 일원으로서 책임감의 의미를 배우게 됩니다.

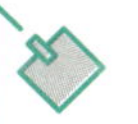

## 수업 준비물

육각 보드판, 보드 마커

## 활동 순서

1. "약속은 어디에 있을까요?"라는 질문으로 브레인스토밍을 시작한다.
2. 개인적인 관계에서 시작해 장소별, 상황별 약속으로 생각을 확장한다.
3. 학생들이 제시한 약속을 칠판에 정리하며 카테고리를 만든다.
4. 칠판에 '교실', '학교', '집', '친구', '가족' 등 카테고리 영역을 설정한다.
5. 각각의 학생이 중요하다고 생각하는 약속을 육각 보드판에 적는다.
6. 자신이 적은 약속이 어떤 카테고리에 속하는지 고민하며 해당 영역에 붙인다.
7. 비슷한 약속끼리 육각 보드판을 연결하며 관계를 탐색한다.
8. 서로 다른 카테고리의 약속이 공통의 가치로 연결되는 것을 발견한다.

## 상현달 선생님의 수업 사전

이 활동에서는 학생들이 자유롭게 약속을 탐색하고 연결할 수 있도록 하는 것이 중요합니다. 정답을 제시하기보다는 학생들이 스스로 약속 사이의 관계를 발견하고 의미를 부여할 수 있도록 격려합니다. 육각 보드판의 물리적 특성을 활용하여 학생들이 직접 보드를 움직이고 재배치하며 자신만의 약속 지도를 만들어 보는 즐거움을 느낄 수 있도록 합니다. 약속이 연결되는 과정에서 학생들이 새로운 발견을 할 수 있도록 충분한 시간과 기회를 제공하는 것이 좋습니다.

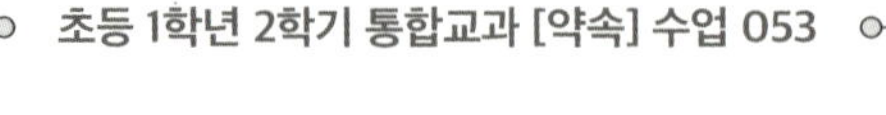

# 정리정돈이 되지 않은 곳
# 수색 대작전

교실 정리 후 어지럽혀진 곳 찾기 놀이로 약속 실천의 즐거움을 배워요

교실에는 '사용한 물건을 제자리에 둔다'라는 기본적이고도 중요한 약속이 있습니다. 이는 공동체 생활의 기본인 질서와 배려를 배우는 중요한 과정입니다. 활동을 시작하며 교실을 둘러보니 책꽂이에 거꾸로 꽂힌 책, 바닥에 떨어진

색연필, 제자리 아닌 곳에 놓인 가위 등 학생들이 무심코 지나친 어지러운 교실 모습이 눈에 들어왔습니다.

먼저 학생들과 함께 "이 책은 어디에 있어야 할까요?", "이 가위의 집은 어디일까요?" 같은 질문을 통해 물건의 제자리를 찾아 다시 정리하도록 했습니다. 깨끗하게 정리된 교실을 보며 뿌듯함을 느낀 후, 학생들과 본격적인 놀이를 시작했지요.

이제 학생들은 3분 동안 정리된 교실을 꼼꼼하게 살펴보며 책꽂이의 책과 사물함 위의 물건이 어떻게 정리되어 있는지 머릿속에 기억합니다. 3분 후 학생들이 모두 복도로 나간 사이 1분 동안 교실 내 물건 5개를 어지럽혀 놓습니다. 책을 바닥에 꺼내 놓거나 의자를 눕혀 놓는 식으로 말입니다.

다시 학생들이 교실로 돌아와 마치 틀린 그림 찾기 게임처럼 매의 눈으로 어지럽혀진 5곳을 찾기 시작했습니다. 이 놀이를 통해 학생들은 정리된 상태에 대한 명확한 기준을 갖게 되었고, '모든 물건이 제자리에 있는 상태'라는 구체적인 목표를 인식했습니다. 다음 단계에서는 학생 중 1명이 어지럽히는 역할을 하고 나머지 학생들이 해당하는 위치를 찾는 활동으로 역할을 바꿔 진행했으며, 난도를 높여 10곳을 찾는 활동까지 확장했습니다.

학생들은 자연스럽게 역할을 분담하며 협력하는 모습을 보였습니다. 그리고 약속을 지키는 것이 즐겁고 보람 있는 일이라는 점을 깨달았지요.

## 수업 준비물

교실 내 각종 물건(책, 색연필, 가위, 의자, 종이 등), 타이머

## 활동 순서

1. 교실을 둘러보며 제자리에 있지 않은 물건을 확인한다.
2. 학생들과 함께 물건의 제자리를 찾으며 교실을 정리정돈한다.
3. 학생들에게 3분 동안 정리된 교실의 상태를 꼼꼼히 관찰하도록 한다.
4. 학생들이 복도로 나간 사이 교사가 1분 동안 5개 물건을 어지럽힌다.
5. 학생들이 교실로 돌아와 어지럽혀진 5곳을 찾는 놀이를 진행한다.
6. 찾은 곳을 다시 정리하며 정돈된 상태로 되돌린다.
7. 이번에는 학생 중 1명이 어지럽히는 역할을 하고 다른 학생들이 찾는다.
8. 난도를 높여 10곳을 어지럽힌 후 찾는 활동으로 확장한다.

## 상현달 선생님의 수업 사전

이 활동은 단순한 정리정돈을 넘어 약속 실천의 즐거움을 느끼게 하는 것이 목적입니다. 학생들이 관찰할 때는 충분한 시간을 주어 정리된 상태를 정확히 기억할 수 있도록 해야 합니다. 물건을 어지럽힐 때는 너무 어렵지 않으면서도 주의 깊게 살펴야 찾을 수 있는 정도로 수준을 조절하는 것이 좋습니다. 학생들이 역할을 바꿔 진행할 때는 공정성을 유지하고 모든 학생이 참여할 수 있도록 배려합니다. 놀이의 형태로 진행하되, 정리정돈이라는 약속의 본질적 가치를 잃지 않도록 지도하며, 활동 후에는 반드시 교실을 원래 상태로 정리하여 약속 실천의 완성도를 높이는 것이 중요합니다.

# 풍선 튕기기로
# 협력의 약속 지키기

줄을 이용한 협력 풍선 튕기기 놀이로 약속의 중요성을 체험해요

모든 놀이에는 약속이 중요하며, 특히 함께하는 놀이에서는 더욱 약속을 잘
지켜야 합니다. 규칙과 약속이 없다면 놀이는 금방 재미를 잃고 갈등만 남게 되
니까요. 활동을 시작하기 전 가장 먼저 한 일은 어떻게 하면 풍선을 잘 튕길 수

있을지 약속을 정하는 것입니다. 학생들은 자신의 경험을 바탕으로 다양한 약속을 제시했고, 모두의 의견을 모아 '하나, 둘, 셋 구호 외치기', '줄 높이를 비슷하게 맞추기', '서로의 움직임 잘 보기'라는 3가지 핵심 약속을 정했습니다.

1단계 목표는 10개였고, 10개를 튕기면 학생들이 이기는 방식으로 진행했습니다. 처음에는 호흡이 맞지 않아 풍선이 금방 바닥에 떨어졌지만, 실패를 거듭할수록 학생들은 점차 약속의 중요성을 깨닫고 서로에게 집중하기 시작했습니다. 1단계를 통과한 후에는 10개씩 올리며 20개, 30개, 40개로 단계를 높였습니다. 목표가 높아질수록 학생들의 집중력과 협동심도 함께 커졌습니다. 놀이 중간중간 학생들은 "줄이 꼬이지 않도록 서로 자리를 바꿔 주는 것도 중요해요."라며 더 나은 결과를 위해 스스로 약속을 발전시켜 나갔습니다. 이 과정에서 약속이 고정불변의 것이 아니라 상황에 따라 함께 만들어 가고 발전시켜 나가는 유연한 것임을 스스로 깨달았지요.

풍선이 바닥에 닿는 순간은 끝이 아니라 새로운 시작입니다. 아이들은 서로를 탓하는 대신 "괜찮아, 다시 해 보자."라며 서로를 일으켜 세웁니다. 이 놀이를 통해 아이들은 약속이란 나를 옥죄는 규칙이 아니라, 우리를 하나로 묶어 주는 든든한 끈임을, 그리고 실패는 성공으로 가는 과정에 놓인 징검다리임을 가슴 깊이 배우게 됩니다.

## 수업 준비물

긴 줄, 풍선, 타이머

## 활동 순서

1.  줄을 이용한 풍선 튕기기 놀이에 대해 설명하고 시범을 보인다.
2.  풍선을 잘 튕기기 위해 필요한 약속에 대해 브레인스토밍한다.
3.  학생들의 의견을 모아 핵심 약속 3가지를 정한다.
4.  1단계 목표인 풍선 10개 튕기기에 도전한다.
5.  실패할 때마다 약속을 점검하고 서로 격려하며 다시 시도한다.
6.  1단계 성공 후 10개씩 늘려 20개, 30개, 40개로 목표를 높인다.
7.  놀이 중간중간 더 나은 결과를 위해 약속을 수정하고 발전시킨다.

## 상현달 선생님의 수업 사전

이 활동에서는 실패를 격려하는 분위기를 만드는 것이 가장 중요합니다. 풍선이 떨어지는 것은 실패가 아니라 더 나은 약속을 만들기 위한 소중한 과정임을 계속 강조합니다. 학생들이 스스로 약속을 만들고 수정할 수 있도록 충분한 자율성을 부여하되, 안전에 유의하여 줄을 너무 세게 당기지 않도록 지도합니다. 목표 설정 시 학생들의 수준에 맞게 조절하되, 너무 쉽거나 어렵지 않은 적절한 수준을 유지하는 것이 좋습니다. 약속이 고정불변의 것이 아니라 상황에 따라 발전시켜 나갈 수 있는 유연한 것임을 학생들이 자연스럽게 깨달을 수 있도록 돕습니다. 성공했을 때의 기쁨을 충분히 나누며 협력의 가치를 체험할 수 있도록 격려하는 것이 중요합니다.

# 공 주고받기로
# 숫자 약속 지키기

공 주고받기 놀이를 통해 협력과 인내의 가치를 배워요

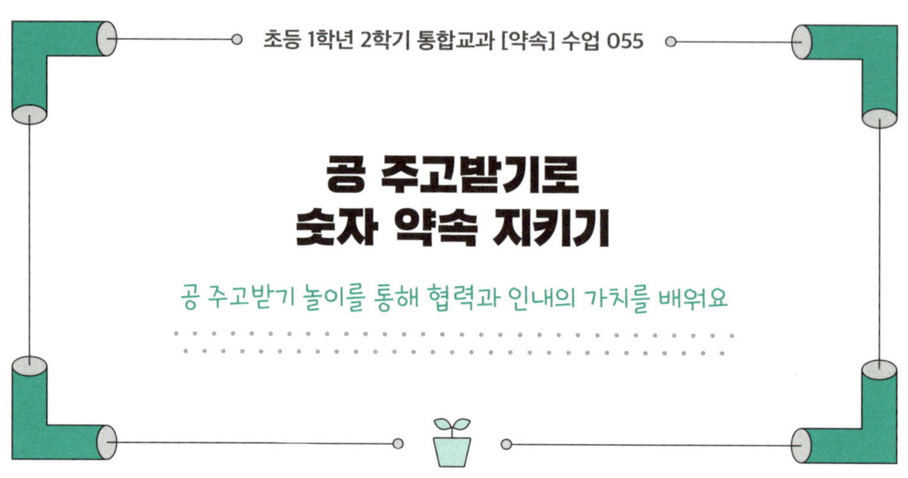

오늘은 학생들과 함께 숫자와 약속에 대해 알아보는 놀이 시간을 만들었습니다. 활동을 시작하며 학생들은 일정 간격으로 떨어뜨려 놓은 의자에 앉았습니다. 너무 가깝지도 멀지도 않은 적당한 거리에 배치된 의자는 마치 작은 섬처럼 교실 곳곳에 자리 잡았습니다. 게임의 규칙은 숫자 순서에 따라 공을 바닥에 떨어뜨리지 않고 친구에게 던져야 하며, 공이 떨어지거나 엉덩이가 의자에서 떨어지면 다시 시작해야 한다는 것입니다. 목표는 공이 30번 동안 바닥에 떨어지지 않으면 학생들이 승리하는 것이었습니다. 처음에는 서너 번도 채 못 넘기고 실패했지만 학생들은 포기하지 않았고, 점차 호흡을 맞춰 가며 10개, 15개, 20개 숫자를 쌓아 갔습니다. 드디어 "28, 29, 30!" 목표를 달성한 순간 교실에서는 환호성이 터져 나왔습니다.

이제 난도를 높인 두 번째 게임에서는 펀스틱을 든 학생이 가운데 서서 공이 다른 친구에게 도착하지 못하도록 방해하는 역할을 했습니다. 단, 펀스틱이 친구의 몸에 닿으면 앉아 있는 학생의 숫자가 하나 추가된다는 약속을 합니다. 공을 10번 주고받으면 앉아 있는 학생들이 승리하고, 중간에 떨어뜨리면 펀스틱을 든 학생이 승리하는 규칙입니다. 앉아 있는 학생들은 "높이 던지자.", "방해 받을 것 같으면 다른 친구에게 주자.", "눈짓으로 신호를 주자."라고 토론하고, 승리를 위한 작전을 세우면서 팀워크의 중요성을 깨달았습니다. 모든 학생이 골고루 참여할 수 있도록 역할을 순환하며 다양한 입장을 경험하게 하고, 승부의 결과보다는 과정에서 보여 준 협력과 배려를 더욱 격려합니다.

## 수업 준비물

공, 의자, 펀스틱

## 활동 순서

1. 교실에 적당한 간격으로 의자를 배치하고 학생들이 앉는다.
2. 공 주고받기 게임의 규칙을 설명한다. (바닥에 떨어뜨리지 않기, 의자에서 일어나지 않기)
3. 30번 연속으로 성공하면 학생들의 승리라는 목표를 제시한다.
4. 첫 번째 게임을 시작하여 공을 순서대로 주고받으며 숫자를 센다.
5. 실패하면 다시 처음부터 시작하며 포기하지 않고 도전한다.
6. 30번 달성 후 두 번째 게임 규칙을 설명한다. (펀스틱으로 방해하기)
7. 1명은 펀스틱을 들고 가운데 서서 방해 역할을 한다.
8. 앉아 있는 학생들은 작전을 세우며 10번 연속 성공을 목표로 한다.

## 상현달 선생님의 수업 사전

이 활동에서는 승부의 결과보다는 과정에서 보여 주는 협력과 배려를 더욱 격려하는 것이 중요합니다. 모든 학생이 골고루 참여할 수 있도록 역할을 순환해 다양한 입장을 경험하게 합니다. 의자 배치 시 안전을 고려하여 적당한 간격을 유지하고, 공이 떨어져도 다치지 않도록 주의합니다. 펀스틱 사용 시에는 안전 규칙을 강조하여 친구의 몸에 닿지 않도록 지도하고, 공정한 방해가 이루어지도록 합니다. 실패했을 때 좌절하지 않고 다시 도전할 수 있는 격려의 분위기를 조성하며, 작은 성취라도 함께 축하하여 성취감을 느낄 수 있도록 합니다.

# 탁구공으로
# 환경 보호 약속 문장 찾기

달걀판과 탁구공을 활용한 놀이로 환경 보호와 약속 실천의 가치를 배워요

오늘은 학생들과 함께 '환경'과 '약속'이라는 2가지 중요한 가치를 놀이로
배우는 활동을 진행했습니다. 먼저 달걀판에 '환경을 보호해요.'와 '약속을 꼭
지켜요.'라는 2개의 중요한 문장을 각 칸에 1글자씩 적어, 전체를 보지 않으면

문장을 파악하기 어렵게 만들었습니다. 학생들은 달걀판에 쓰인 글자들을 보면서 어떤 문장이 숨겨져 있는지 찾는 활동부터 시작했습니다. 한 문장을 찾았다면 탁구공으로 그 글자들을 가리면 다른 문장을 더 쉽게 찾을 수 있다는 팁을 주자, 학생들은 불필요한 정보를 제거하고 핵심에 집중하는 문제 해결 능력을 발휘하여 두 번째 문장을 금방 찾아냈습니다.

본격적인 놀이는 글자들의 위치를 파악한 후, 탁구공을 튕겨 해당 글자 칸에 들어가면 그 글자를 얻게 되는 게임입니다. 이는 단순히 운에 맡기는 게임이 아니라, 정확한 목표를 설정하고 그것을 달성하기 위해 노력하는 목표 지향적 사고와 집중력을 요구하는 활동입니다.

학생들은 순서에 맞춰 1명씩 자신이 필요한 글자를 외치며 신중하게 공을 튕겼습니다. 두 문장 중 하나의 문장을 먼저 탁구공으로 완성하면 승리하는 규칙 속에서 학생들은 "어떤 문장을 먼저 완성할까? '약속' 문장에 집중하자!" 하며 전략을 세우는 등 문제 해결 능력을 보여 주었습니다. 이 수업을 통해 학생들은 환경 보호와 약속 실천이 어려운 구호가 아니라, 즐거운 놀이처럼 우리 삶 가까이에 있다는 것을 깨달았습니다. 명확한 목표를 세우고 끈기 있게 도전할 때 성취의 기쁨을 맛볼 수 있다는 것 또한 체험했습니다.

## 수업 준비물

달걀판, 탁구공, 네임펜

## 활동 순서

1. 달걀판의 각 칸에 '환경을 보호해요.'와 '약속을 꼭 지켜요.'라는 문장의 글자를 하나씩 적는다.
2. 학생들에게 달걀판을 보여 주고 어떤 문장이 숨겨져 있는지 찾도록 한다.
3. 한 문장을 찾으면 탁구공으로 가리고 다른 문장을 찾는 팁을 제공한다.
4. 문장의 위치를 파악한 후, 탁구공을 튕겨 해당 글자 칸에 넣는 게임 규칙을 설명한다.
5. 학생들이 순서대로 자신이 목표로 하는 문장의 글자 칸을 향해 탁구공을 튕긴다.
6. 어떤 문장을 먼저 완성할지 모둠원들과 전략을 세운다.
7. 두 문장 중 하나를 먼저 탁구공으로 모두 채우면 승리한다.

## 상현달 선생님의 수업 사전

이 활동의 핵심은 결과의 승패보다는 과정의 즐거움과 배움의 가치를 강조하는 것입니다. 모든 학생이 즐겁게 참여할 수 있도록 탁구공을 잘 넣지 못하는 학생도 소외되지 않게 격려하고, 모둠원들이 함께 응원하는 분위기를 조성하는 것이 중요합니다. 간단한 도구이지만 어떻게 활용하느냐에 따라 훌륭한 교육적 도구가 될 수 있음을 보여주는 좋은 예입니다. 이 수업을 통해 환경 보호와 약속 실천이 우리 삶 가까이에 있다는 것을 깨닫고, 끈기 있게 도전하는 자세와 협력의 소중함을 배울 수 있도록 지도합니다.

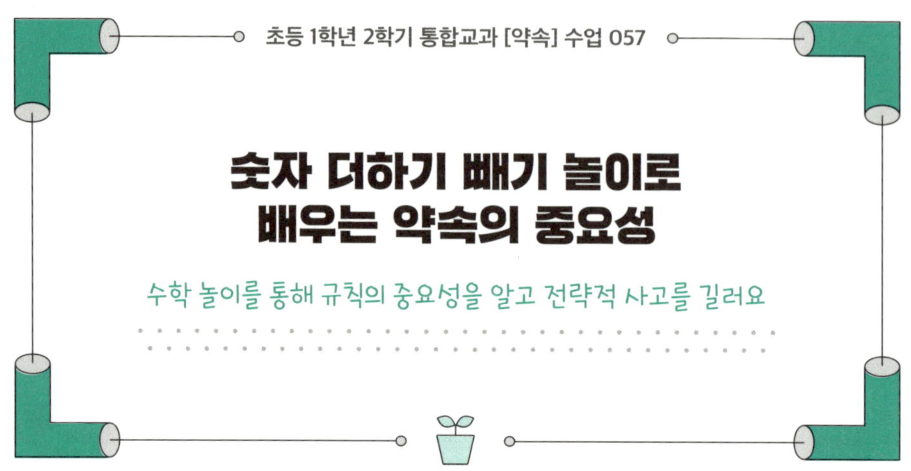


# 숫자 더하기 빼기 놀이로 배우는 약속의 중요성

## 수학 놀이를 통해 규칙의 중요성을 알고 전략적 사고를 길러요

숫자와 연산 기호가 사용된 활동에서는 특히 정해진 약속에 따라 계산해야 한다는 규칙이 중요합니다. 첫 번째 게임은 숫자 카드 3장과 연산 카드 2장을 조합하여 높은 숫자 '20'과 가장 가까운 수를 만드는 사람이 승리하는 것으로 약속했습니다. 학생들은 자신이 가진 카드를 이리저리 조합하며 '5+7-4' 등 다양한 수식을 만들며 목표 숫자인 20에 가까운 수를 만드는 데 집중했지요. 승패보다 더 중요했던 것은 학생들이 약속한 규칙 안에서 최선의 결과를 만들어 내기 위해 노력하는 과정이었습니다.

다음으로 '1에 가장 가까운 사람이 승리'하는 규칙으로 약속을 수정하자, 게임의 양상은 완전히 달라졌습니다. 학생들은 어떻게 하면 더 작은 수를 만들 수 있을지 새로운 전략을 고민하기 시작했고, 이는 약속의 변화가 결과에 어떤 영향을 미치는지 체험하는 중요한 순간이었습니다. 놀이를 몇 번 반복한 후에는 학생 중 1명이 교사 역할을 하도록 해, 책임감을 느끼면서 놀이에 더욱 적극적으로 참여하도록 했습니다. 난도를 올려 숫자 카드 4장과 연산 카드 3장을 나누

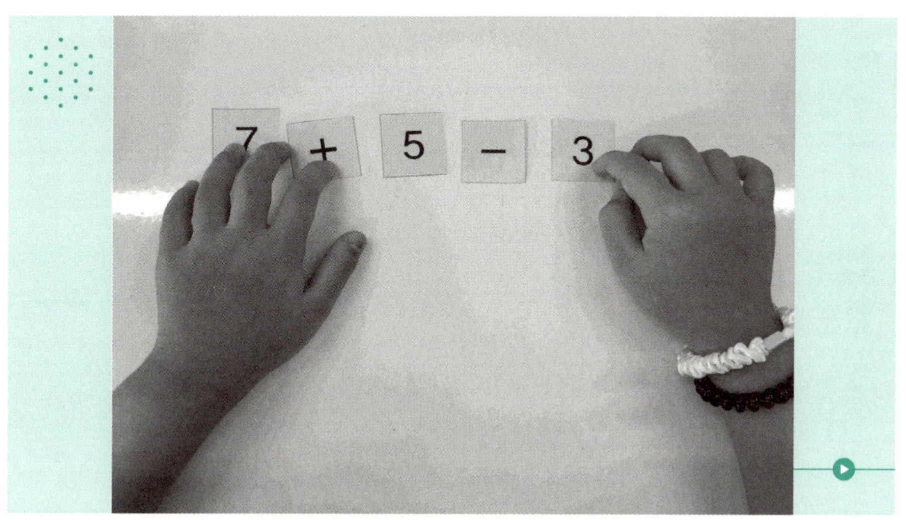


어 주고, 계산 결과가 마이너스로 나오면 탈락한다는 규칙을 추가했습니다. 이는 학생들이 배운 내용의 범위 안에서 문제를 해결하도록 유도하기 위한 약속이었습니다.

이 수업을 통해 학생들은 수학이 딱딱하고 어려운 과목이 아니라 즐거운 놀이가 될 수 있다는 것을 깨달았고, 약속이란 우리 모두가 즐겁고 공정하게 활동하기 위해 꼭 필요한 것임을 체험했습니다.

## 수업 준비물

숫자 카드, 연산 기호 카드(+, -)

## 활동 순서

1. 숫자 카드와 연산 기호를 활용한 놀이의 규칙(약속)을 설명한다.
2. 첫 번째 목표로 '20에 가장 가까운 수 만들기'를 제시한다.
3. 학생들에게 숫자 카드 3장과 연산 카드 2장을 나누어 준다.
4. 학생들은 카드를 조합하여 20에 가장 가까운 수를 만든다.
5. 결과를 발표하고 규칙에 따라 승자를 정한다.
6. 다음 목표로 '1에 가장 가까운 수 만들기'로 약속을 변경하고 게임을 반복한다.
7. 학생 중 1명이 교사 역할을 맡아 게임을 진행한다.
8. 난도를 높여 숫자 카드 4장, 연산 카드 3장을 사용하고, 마이너스 결과는 탈락이라는 규칙을 추가한다.
9. '5, 24' 등 목표 숫자를 계속 변경하며 놀이를 이어 간다.

## 상현달 선생님의 수업 사전

이 활동에서는 모든 학생이 즐겁게 참여할 수 있도록 하는 것이 중요합니다. 수학을 어려워하는 학생도 소외되지 않도록 친구와 함께 의논하며 문제를 해결하도록 격려하고, 결과의 승패보다는 약속을 지키며 최선을 다하는 과정을 칭찬해야 합니다. 목표 숫자를 계속 변경하여 학생들이 지루해하지 않고 새로운 도전을 즐길 수 있도록 하고, 학생이 직접 교사 역할을 해 보게 함으로써 책임감과 주도성을 기를 수 있도록 합니다. 마이너스 개념이 나오지 않도록 규칙을 정하는 것은 초등학교 교육과정에 맞는 교육적 배려입니다.

| 7권 |

초등 1학년 2학기 통합교과 수업

# 상상

# 나는 무엇을
# 생각하고 있을까?

뇌 구조도 그리기로 내 마음속 생각을 시각화해요

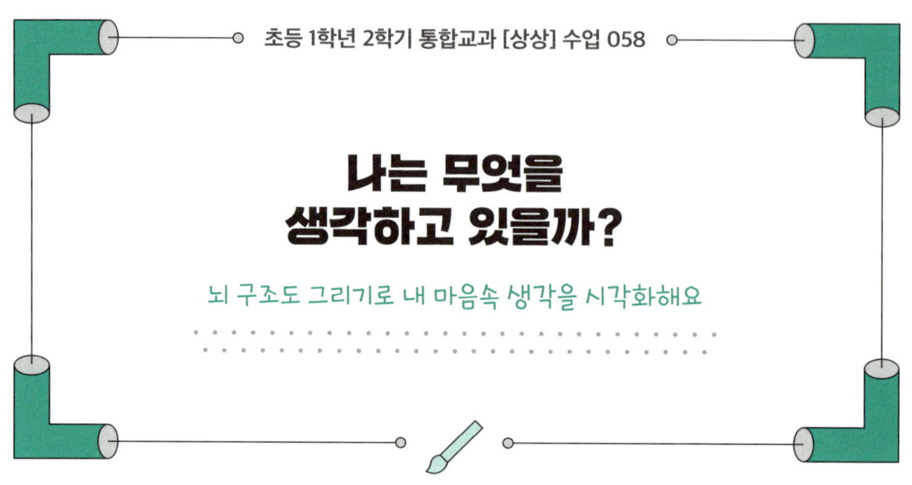

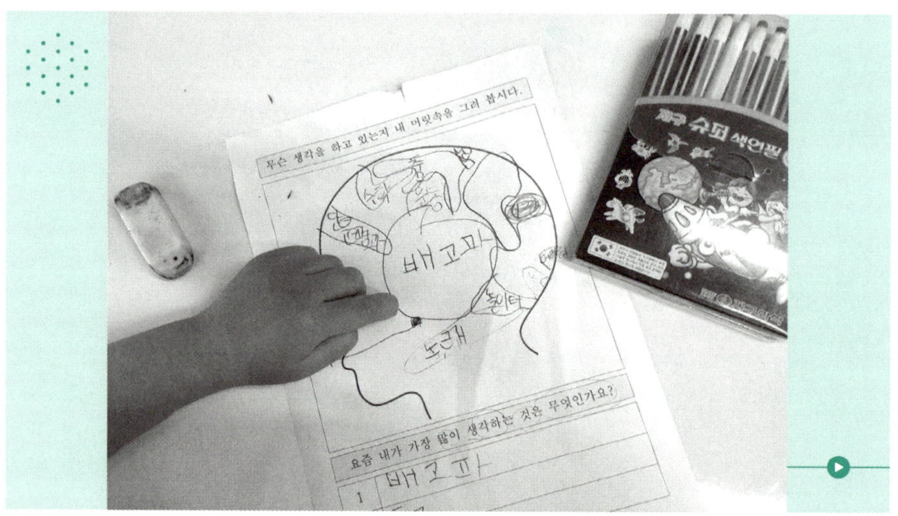


오늘은 학생들과 함께 자신의 생각과 상상을 탐구하는 활동을 진행했습니다. 수업은 3단계로 나누어 차근차근 진행했는데, 단계마다 학생들의 새로운 모습을 발견할 수 있었습니다. 먼저 학생들에게 눈을 감고 요즘 가장 많이 생각하는 것은 무엇인지 상상해 보라고 안내했습니다. 교실이 조용해지자 학생들은 진지한 표정으로 자신의 내면을 들여다보기 시작했습니다. 약 3분 정도 충분한 시간을 주는 것이 중요한데, 성급하게 다음 단계로 넘어가면 학생들이 생각을 제대로 정리할 수 없기 때문입니다. 눈을 뜬 후에는 그중 가장 많은 부분을 차지하는 3가지를 떠올린 후 학습지에 기록하는 시간을 가졌습니다. 가족, 친구, 숙제 같은 일상적인 것이 학생들의 생각 대부분을 차지했습니다.

그다음은 가장 많이 생각하는 것이 뇌 구조도에서 가장 큰 부분을 차지하도록 그리라고 안내했습니다. 학생들은 먼저 뇌 모양을 그린 후, 뇌 구조도 그림 안에 선으로 구분하면서 각각의 생각이 차지하는 비율을 시각적으로 표현했습니다. 어떤 학생은 정확한 비율로 나누었고, 다른 학생은 색깔을 달리해서 구분했으며, 또 어떤 학생은 각 영역에 작은 그림까지 그려 넣어 더욱 구체적으로 표현했지요. 마지막 단계는 친구들과 이야기를 나누는 시간으로, 각자 완성한 뇌 구조도를 들고 짝과 서로의 작품을 소개했습니다.

보이지 않는 생각을 눈에 보이는 지도로 그리는 순간, 아이들은 자기 마음의 주인이 됩니다. "내 머릿속엔 우리 가족 생각이 제일 크구나!" 스스로 객관적으로 바라보는 메타인지의 싹이 트고, 친구의 생각 지도를 여행하며 서로의 다름을 존중하는 마음의 넓이를 키워 갑니다.

## 수업 준비물

학습지, 색연필, 크레파스, 연필

## 활동 순서

1. 요즘 가장 많이 생각하는 것을 약 3분간 떠올려 본다.
2. 눈을 뜬 후 가장 많은 부분을 차지하는 생각 3가지를 정한다.
3. 선정한 3가지 생각을 학습지에 차례대로 기록한다.
4. 학습지에 뇌 모양을 크게 그린다.
5. 뇌 구조도를 선으로 나누어 각각의 생각이 차지하는 비율을 표현한다.
6. 색연필이나 크레파스로 각 영역을 다른 색으로 칠한다.
7. 각 영역에 해당하는 생각을 글이나 그림으로 표시한다.
8. 완성한 뇌 구조도를 짝이나 친구와 서로 소개하고 비교한다.

## 상현달 선생님의 수업 사전

이 활동에서는 학생들이 자신의 내면을 편안하게 탐색할 수 있는 분위기 조성이 가장 중요합니다. 눈을 감고 생각하는 시간에는 충분한 여유를 주되, 조용한 환경을 유지해야 합니다. 학생들이 기록하는 내용에 대해 옳고 그름을 판단하지 말고, 모든 생각을 존중하고 받아들이는 태도를 보여야 합니다. 뇌 구조도를 그릴 때는 정확한 비율보다는 자유로운 표현을 격려하며, 각자만의 독특한 방식을 인정해 줍니다. 친구들과 나누는 시간에는 서로의 다름을 존중하고 이해하는 태도를 기를 수 있도록 지도하며, 개인적이고 민감한 내용은 무리해서 공유하지 않아도 된다는 점을 안내합니다.

# 교실에서 수영하며
# 투발루 체험하기

그림책을 통해 환경 문제를 몸으로 체험해요

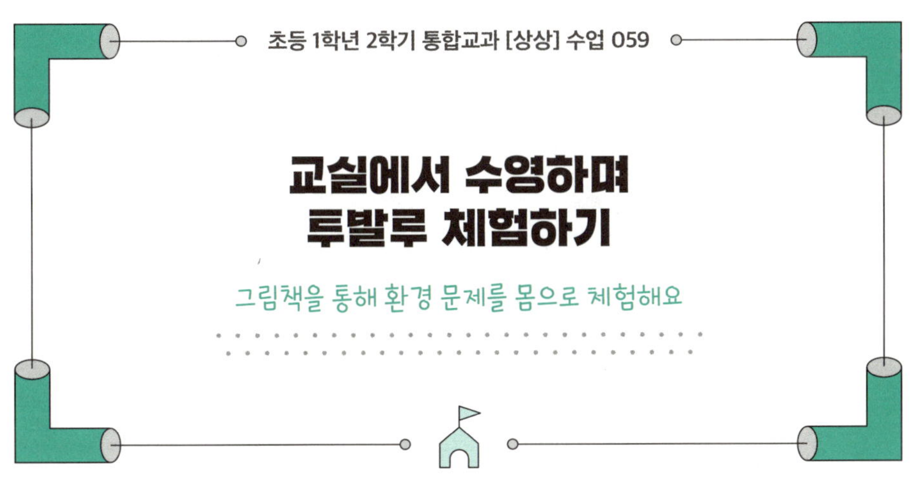

그림책 『투발루에게 수영을 가르칠 걸 그랬어』를 통해 지구 온난화와 해수면 상승이라는 심각한 환경 문제를 학생들 눈높이에서 이해할 수 있도록 계획했습니다. 먼저 그림책을 함께 읽었는데, 책 속에서 투발루라는 작은 섬나라가 바다에 잠겨 가는 이야기를 접한 학생들은 처음에는 그저 흥미로운 이야기 정

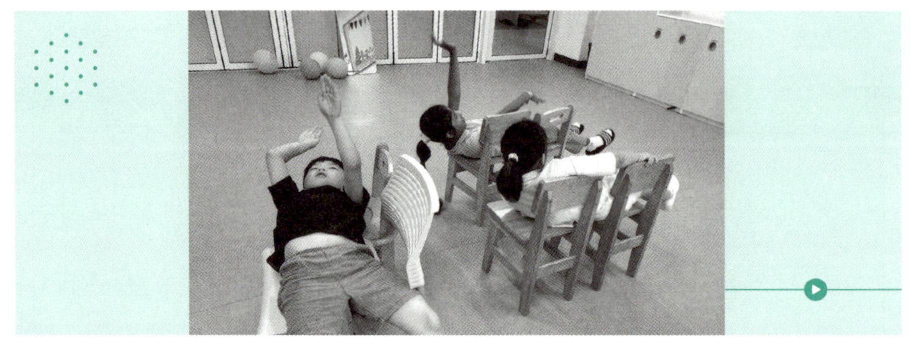

도로 받아들였지요. 하지만 그림책을 읽은 후 이것이 실제 투발루라는 나라에서 일어나는 일이라고 말해 주었을 때, 학생들의 표정이 사뭇 달라졌습니다. 이어서 바다에 잠기고 있는 투발루의 실제 영상을 시청하며 학생들은 환경 문제가 먼 나라의 이야기가 아님을 깨달았습니다.

본격적인 체험 활동을 위해 교실이 바다라고 상상했습니다. 의자는 학생들이 머무를 수 있는 작은 땅이 되었고, 학생들은 각자의 의자 위에서 안전하다는 느낌을 받았습니다. "이곳에 물이 차오른다고 상상하며 수영해 보세요."라고 안내하자, 학생들은 의자에서 의자로 이동하며 수영 동작을 시작했습니다. 다음 단계로 교실 한구석에 매트를 펼쳐 아직 바다에 잠기지 않은 마지막 안전한 땅으로 설정했습니다. 중요한 규칙을 추가하여 교실 바닥에 몸 일부가 닿게 되면 상어로 변한 교사가 학생들을 공격할 수 있다고 했습니다. 이제 학생들은 상어를 피해 매트와 의자를 옮겨 다니며 생존 게임을 시작했습니다.

단순한 놀이처럼 보이지만, 학생들은 점점 제한된 공간에서 살아남아야 한다는 절박함을 느끼기 시작했고, 의자에서 매트로, 매트에서 의자로 이동하며 서로 도와주고 배려하는 모습 또한 나타나기 시작했습니다.

## 수업 준비물

그림책 『투발루에게 수영을 가르칠 걸 그랬어』, 투발루 영상, 매트, 의자

## 활동 순서

1. 『투발루에게 수영을 가르칠 걸 그랬어』를 함께 읽는다.
2. 책 속 이야기가 실제로 투발루에서 일어나는 일임을 설명한다.
3. 투발루의 해수면 상승 문제를 다룬 영상을 시청한다.
4. 교실이 바다라고 상상하며 의자를 작은 땅으로 설정한다.
5. 학생들이 의자에서 의자로 이동하며 수영 동작을 해 본다.
6. 교실 한구석에 매트를 펼쳐 마지막 안전한 땅으로 설정한다.
7. 교실 바닥에 닿으면 상어(교사)에게 공격당한다는 규칙을 안내한다.
8. 학생들이 상어를 피해 의자와 매트 사이를 이동하는 생존 게임을 진행한다.
9. 활동 후 투발루 사람들의 심정과 환경 보호의 중요성에 대해 이야기를 나눈다.

## 상현달 선생님의 수업 사전

이 활동에서는 환경 문제에 대한 심각성을 전달하되, 학생들이 과도한 두려움을 갖지 않도록 적절한 균형을 유지하는 것이 중요합니다. 상어 역할을 할 때는 실제로 위협적이지 않되, 긴장감을 유지할 수 있는 수준으로 조절합니다. 활동의 목적이 재미있는 놀이가 아니라 환경 문제에 대한 공감과 이해임을 지속적으로 상기시켜야 합니다. 체험 후에는 반드시 토론 시간을 가지고 학생들이 느낀 점을 나누고, 우리가 할 수 있는 환경 보호 실천 방법에 대해 구체적으로 이야기하는 것이 중요합니다.

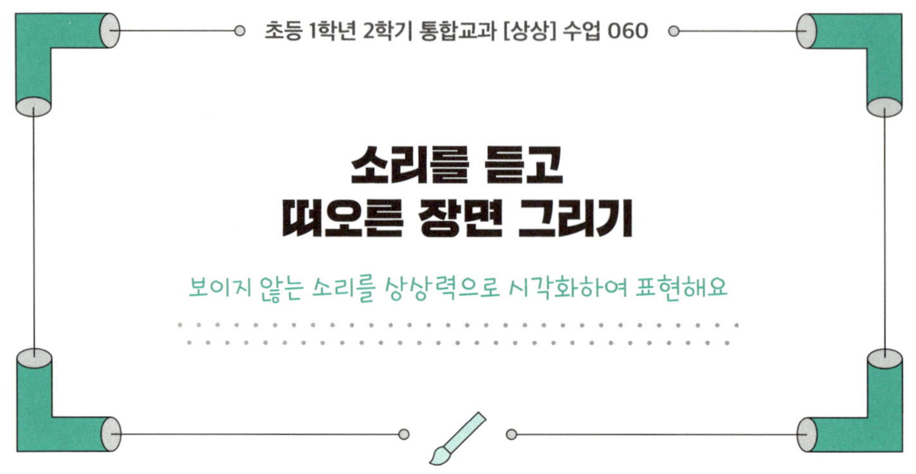

# 소리를 듣고
# 떠오른 장면 그리기

보이지 않는 소리를 상상력으로 시각화하여 표현해요

소리는 눈에 보이지 않지만, 우리의 상상력은 그 보이지 않는 소리를 생생한 그림으로 바꿀 수 있지요. 이런 신비로운 능력을 탐험해 보는, 눈에 보이지 않는 소리를 눈에 보이는 그림으로 표현하는 활동을 계획했습니다. 수업을 시작하며 학생들에게 잠시 눈을 감고 교실 안팎에서 들리는 소리에 집중해 보라고 했습니다. 에어컨 소리, 복도에서 들리는 발걸음 소리, 새소리 등 평소 무심히 지나쳤던 소리가 하나씩 들려오기 시작했습니다. 본격적인 활동을 위해 미리 준비한 인터넷 영상을 재생했는데, 중요한 것은 학생들에게 영상은 보여 주지 않고 소리만 들려준 것입니다. 학생들이 컴퓨터 화면을 보지 못하도록 하고, 오직 소리에만 집중할 수 있는 환경을 만들었습니다.

첫 번째 소리는 빗소리와 천둥소리가 섞인 소리였고, 학생들은 소리만 듣고 떠오르는 장면을 상상해서 그림으로 표현하기 시작했습니다. 두 번째는 새소리, 세 번째는 비행기가 날아갈 때 나는 소리였지만 학생들은 비행기 소리라고는 생각하지 못했습니다. 여러 소리를 들려준 후에는 충분히 그림 그리는 시간을

주었는데, 소리를 듣고 상상하고 그림으로 표현하는 과정은 각자의 속도가 다르기 때문에 성급하게 재촉하지 않고 넉넉하게 시간적인 여유를 주었습니다.

그림이 완성된 후에는 서로의 그림을 보면서 이야기를 나누는 시간을 가졌습니다. 같은 소리를 들었지만 그림은 다양했습니다. 소리에 대한 개인의 경험과 기억이 얼마나 다양한 해석을 만들어 내는지 발견할 수 있었지요. 마지막에는 실제 영상을 보여 주었는데, 학생들은 "우와!", "맞았다!", "완전 다르네!"라며 다양한 반응을 보였습니다.

다양한 소리가 담긴 영상 파일, 컴퓨터, 스피커, 학습지, 색연필, 크레파스

1. 눈을 감고 교실 안팎에서 들리는 소리에 집중하는 시간을 갖는다.
2. 첫 번째 소리(빗소리와 천둥소리)를 영상 없이 소리만 들려준다.
3. 들은 소리에서 떠오르는 장면을 상상하여 그림으로 표현한다.
4. 두 번째 소리(새소리)와 세 번째 소리(비행기 소리 등)를 들려주고 상상한 장면을 그린다.
5. 소리마다 충분한 시간을 주어 자신만의 속도로 그림을 완성한다.
6. 완성한 그림을 친구들과 서로 비교하며 이야기를 나눈다.
7. 마지막에 실제 영상을 보며 자신의 상상과 비교해 본다.

이 활동의 핵심은 정답이 없다는 것을 강조하는 것입니다. 실제 영상과 다르게 그렸다고 해서 틀린 것이 아니라, 그것이야말로 자신만의 독창적인 해석이라는 점을 인정해야 합니다. 다양한 종류의 소리를 준비하되, 소리의 길이도 적절히 조절해야 합니다. 너무 짧으면 상상할 시간이 부족하고, 너무 길면 집중력이 떨어질 수 있습니다. 학생들이 그림을 그릴 때는 각자의 속도를 존중하며 충분한 시간을 주되, 소리를 듣고 상상하는 과정에서 개인의 경험과 기억이 어떻게 다양한 해석을 만들어 내는지 관찰하고 격려해야 합니다.

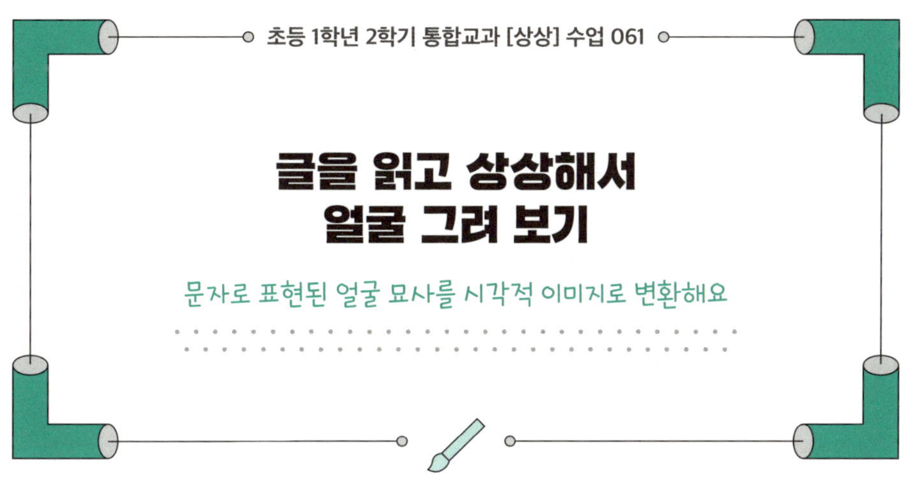

# 글을 읽고 상상해서
# 얼굴 그려 보기

## 문자로 표현된 얼굴 묘사를 시각적 이미지로 변환해요

문자로 표현된 정보를 시각적 이미지로 변환하는 과정은 상상력과 창의력을 기르는 훌륭한 방법입니다. 본격적인 활동에 앞서 먼저 친구들의 얼굴을 그리는 준비 활동을 진행합니다. 이는 학생들이 얼굴의 특징을 관찰하고 표현하는 능력을 기르기 위한 것으로, 완벽한 그림보다는 상대방의 눈 모양, 코 형태, 입술 크기, 머리 스타일 등 특징적인 부분을 관찰하고 나름대로 표현해 보는 것이 핵심입니다.

본격적인 활동을 위해 교사의 얼굴을 챗GPT에 넣어 글로 묘사하도록 요청했습니다. 인공지능이 시각적 정보를 언어로 변환하는 능력을 교육에 활용한 것으로, 챗GPT는 눈의 크기와 모양, 코의 형태, 얼굴형, 머리 스타일 등을 구체적이고 객관적인 언어로 표현해 주었습니다. 드디어 핵심 활동 시간, 학생들에게 얼굴을 묘사한 글을 나누어 주되, 누구인지는 전혀 알려 주지 않았습니다. 오직 글에 담긴 정보만으로 그 사람의 얼굴을 상상해서 그려 보는 것이 과제였지요.

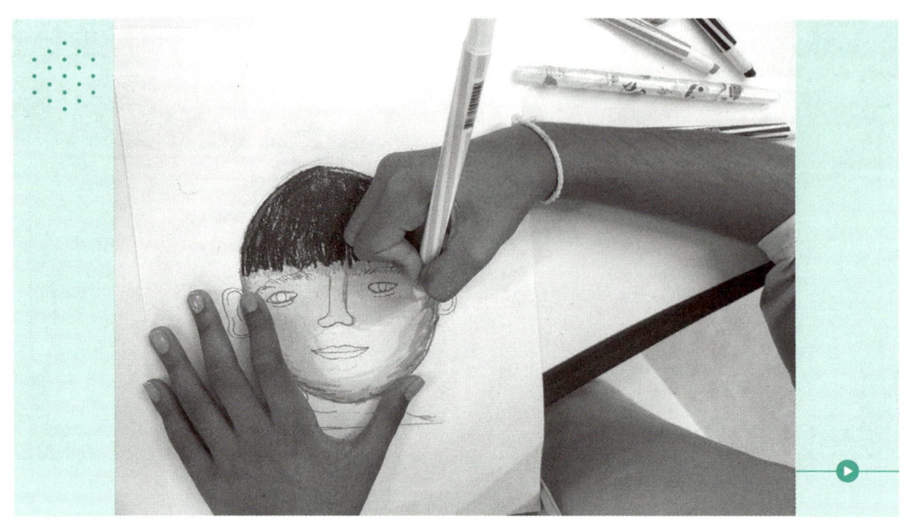

　학생들이 글을 읽으며 그림을 그리는 모습을 관찰하는 것은 정말 흥미로운 경험입니다. 어떤 학생은 글을 여러 번 반복해서 읽으며 신중하게 그렸고, 또 다른 학생은 글을 읽자마자 바로 그리기 시작했습니다. 같은 묘사 글을 읽었지만 각자 다른 방식으로 해석하고 표현하는 모습에서 개인의 상상력과 표현 능력의 다양성을 확인할 수 있습니다.

　활동이 끝난 후 학생들의 그림을 보니 같은 묘사를 읽어도 정말 다양한 얼굴이 나왔고, 마지막에 '교사의 얼굴'이라며 정답을 공개했을 때 학생들은 자신이 그린 그림과 실제 모습을 비교하며 웃고 놀라워하는 반응을 보였습니다.

## 수업 준비물

얼굴 묘사 글, 학습지, 색연필, 크레파스, 챗GPT(선택 사항)

## 활동 순서

1. 준비 활동으로 친구의 얼굴을 관찰하며 특징을 찾아 그려 본다.
2. 교사가 미리 준비한 얼굴 묘사 글을 학생들에게 나누어 준다.
3. 누구의 얼굴인지는 알려주지 않고, 오직 글의 정보만으로 상상하도록 안내한다.
4. 학생들이 글을 읽으며 묘사한 얼굴의 특징을 파악한다.
5. 글에서 묘사한 내용을 바탕으로 상상해서 얼굴을 그린다.
6. 완성한 그림들을 서로 비교하며 다양한 해석 결과를 감상한다.
7. 마지막에 실제 정답을 공개하며 상상과 현실을 비교하는 재미를 느낀다.

## 상현달 선생님의 수업 사전

이 활동의 핵심은 정답 맞히기가 아니라 언어를 시각적 이미지로 변환하는 상상력을 기르는 것입니다. 따라서 실제 모습과 다르게 그려도 틀린 것이 아니라 그것이야말로 개인의 독창적인 해석임을 강조해야 합니다. 챗GPT 등 AI 도구를 활용할 때는 교육적 목적임을 명확히 하고, 기술을 보조 수단으로만 활용합니다. 친구 얼굴 그리기 준비 활동에서는 완벽함보다는 관찰력과 표현 시도 자체를 격려하며, 마지막 정답 공개 시에는 결과의 다양성을 긍정적으로 받아들이는 분위기를 조성하는 것이 중요합니다.

# ＜아기돼지 삼형제＞ 반전 그리기로 고정 관념 깨뜨리는 법

## 기존 캐릭터의 고정 관념에서 벗어나 창의적으로 상상해요

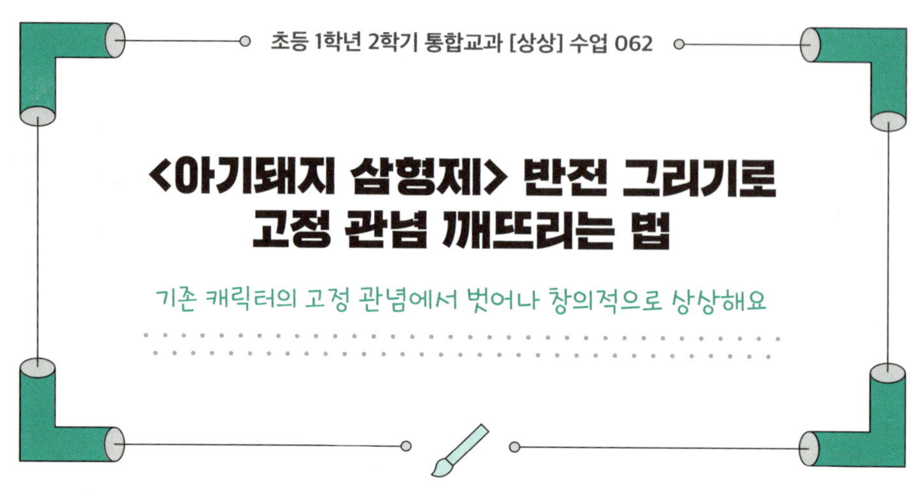

어린이는 어려서부터 수많은 동화와 애니메이션을 통해 선악 구분, 캐릭터의 전형적 특성을 자연스럽게 학습합니다. 하지만 때로는 이런 고정된 틀에서 벗어나 새로운 시각으로 세상을 바라보는 경험이 필요하지요. 수업의 시작은 모든 학생이 익히 알고 있는 〈아기돼지 삼형제〉였습니다. 먼저 학생들이 알고 있는 애니메이션을 함께 시청했는데, 예상대로 아기돼지는 분홍색의 사랑스러운 모습으로, 늑대는 검은색에 날카로운 이빨을 가진 무서운 모습으로 묘사되었습니다.

애니메이션 시청 후에는 학습지에 애니메이션에서 본 것처럼 돼지와 늑대에 대해 적절한 낱말을 골라서 기록하는 활동을 했습니다. 학생들은 낱말 4개 중에서 돼지를 표현하는 낱말로 '착한', '귀여운'을 선택했고, 늑대에게는 '무서운', '나쁜' 등의 형용사를 붙였습니다.

이후 학생들에게 완전히 새로운 도전을 제시했습니다. 바로 '무섭고 나쁜 돼지'의 모습을 상상해서 그리는 것이었습니다. 처음에는 망설이던 학생들이 점차 상상력을 발휘해 늑대의 돈을 뺏는 무서운 돼지, 근육질의 강인한 돼지 등 기존의 귀여운 돼지와는 완전히 다른 모습을 종이 위에 그려 내기 시작했습니다. 활동을 마무리하며 완성한 작품을 감상하는 시간을 가졌는데, 각자의 '무섭고 나쁜 돼지'는 정말 개성 넘치고 독특했으며, 같은 주제였지만 모든 학생의 결과물이 달랐습니다. 다양성이야말로 이 활동의 진정한 성과였습니다.

## 수업 준비물

애니메이션 〈아기돼지 삼형제〉 영상, 학습지, 색연필

## 활동 순서

1. 모든 학생이 알고 있는 〈아기돼지 삼형제〉 이야기에 대해 말한다.
2. 〈아기돼지 삼형제〉 애니메이션을 함께 시청한다.
3. 애니메이션에서 본 돼지와 늑대의 특성을 확인한다.
4. 학습지에 돼지와 늑대를 표현하는 적절한 낱말을 골라 기록한다.
5. [기존 인식 확인] 돼지(착한, 귀여운), 늑대(무서운, 나쁜)
6. [반전 활동 제시] '무섭고 나쁜 돼지'를 상상해서 그린다.
   기존 틀에서 벗어나 자유롭게 상상하도록 격려한다.
   다양하고 독창적인 '무섭고 나쁜 돼지' 캐릭터를 그린다.

## 상현달 선생님의 수업 사전

학생들이 처음에 당황하거나 어려워하는 반응을 보이는 것이 자연스럽다는 점을 인식하게 하고, 이런 어려움이야말로 창의적 사고의 출발점임을 강조합니다. 기존의 상식과 다른 아이디어일수록 더욱 적극적으로 격려하고 칭찬하여 학생들이 자신의 상상력에 자신감을 갖도록 돕습니다. 완성한 결과물의 그림 실력보다는 고정 관념을 깨고 새로운 시각으로 사고한 창의성 자체를 중요하게 평가합니다. 모든 학생의 작품이 다르고 독특할 수 있다는 다양성의 가치를 강조하며, 다르게 생각하는 것이 틀린 것이 아니라 창의적인 것임을 지속적으로 강조하는 것이 중요합니다.

# 그림책을 읽고
# '별을 삼킨 괴물' 상상해서 그리기

## 부분적인 정보로 전체를 상상하고, 겉모습 너머의 진심을 보는 공감 능력을 길러요

오늘은 학생들과 함께 부분적인 정보를 통해 전체를 상상하고, 그것을 창의적으로 표현하는 특별한 활동을 진행합니다. 이를 위해 외로운 괴물이 친구를 사귀고 싶은 마음에 밤하늘의 별을 모두 삼켜 버리자, 3명의 용감한 아이가 별

을 되찾기 위해 괴물을 찾아 나서는 이야기인 그림책 『별을 삼킨 괴물』을 활용했습니다.

그림책을 읽다가 3명의 아이가 동물들을 만나며 괴물의 모습에 대한 힌트를 얻는 페이지에서 일부러 멈췄습니다. 토끼의 "나처럼 쫑긋한 귀", 사자의 "나처럼 복슬복슬한 갈기", 악어의 "나처럼 뾰족한 이빨" 등 괴물들의 부분적인 모습만을 듣고 나서 학생들은 각 부분을 합치면 어떤 모습일지 상상해서 그림으로 표현했습니다.

같은 정보를 가지고도 무섭고 거대한 괴물부터 귀엽고 우스꽝스러운 괴물까지 다양한 결과물이 나왔습니다. 그림을 완성한 후, 그림책 속 괴물의 모습과 자신의 그림을 비교하며 학생들은 즐거워했습니다. 그림책을 마지막까지 읽은 후, 사실 괴물이 친구가 없어 외로워서 별을 삼켰다는 사실을 알게 되었고, 괴물의 외로운 마음을 이해하고 함께 어울리는 즐거움을 체험하도록 '괴물 피하기' 놀이를 진행했습니다.

이 수업을 통해 학생들은 부분적인 정보만으로도 무한한 상상이 가능하다는 것과 겉모습만 보고 상대를 판단해서는 안 된다는 교훈을 얻을 수 있었지요. 무엇보다 함께 어울려 노는 것이 얼마나 즐겁고 소중한 일인지를 몸으로 직접 체험한 의미 있는 시간이었습니다.

## 수업 준비물

그림책 『별을 삼킨 괴물』, 학습지, 색연필

## 활동 순서

1. 『별을 삼킨 괴물』을 읽다가 괴물에 대한 힌트가 나오는 부분에서 멈춘다.
2. 토끼의 귀, 사자의 갈기, 악어의 이빨 등 부분적인 묘사를 듣고 괴물의 전체 모습을 상상한다.
3. 학습지에 자신만의 독특한 괴물을 그림으로 표현한다.
4. 완성한 그림을 친구들과 비교하며 다양한 상상 결과를 확인한다.
5. 그림책 속 괴물의 실제 모습과 자신의 그림을 비교해 본다.
6. 그림책을 마지막까지 읽으며 괴물이 별을 삼킨 이유(외로움)를 파악한다.
7. 괴물 피하기 놀이를 통해 괴물의 마음에 공감한다.
8. 한 명은 괴물, 나머지는 사람이 되어 놀이를 진행하며 역할을 바꿔 본다.
9. 놀이를 통해 겉모습만으로 상대를 판단하는 문제에 대해 생각해 본다.
10. 활동을 마치고 상상력의 즐거움과 공감의 중요성에 대해 이야기를 나눈다.

## 상현달 선생님의 수업 사전

이 활동의 핵심은 정답을 찾는 것이 아니라, 제한된 정보 속에서 창의적인 해결책을 상상해 내는 능력을 기르는 것입니다. 따라서 학생들의 어떤 그림이든 그 독창성을 인정하고 격려하는 분위기를 조성하는 것이 중요합니다. 괴물 피하기 놀이를 할 때는 단순히 잡고 도망가는 놀이를 넘어, 책의 내용과 연결하여 괴물의 외로운 마음에 공감하고 함께 어울리는 즐거움을 느끼도록 지도해야 합니다. 활동 후에는 겉모습만 보고 판단하는 것의 위험성과 그 너머의 진심을 보려는 따뜻한 마음의 중요성에 대해 충분히 이야기를 나누는 시간을 갖는 것이 좋습니다. 작은 그림책 한 권이 학생들의 마음에 상상력의 즐거움과 공감의 소중함을 심어 줄 수 있는 귀한 시간이 될 것입니다.

# 방울 소리만 듣고
# 친구를 찾을 수 있을까?

### 청각에만 의존하는 상상력 놀이

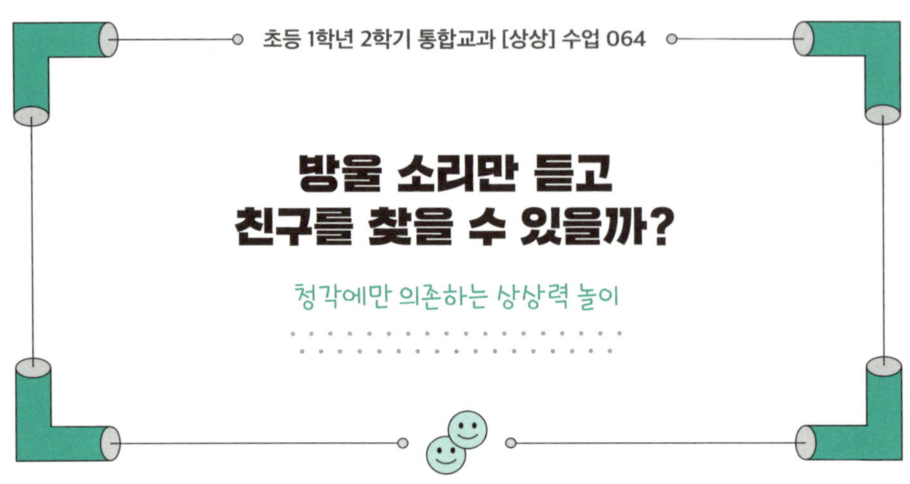

평소 우리가 무심히 지나치는 소리의 세계에는 놀라운 힘이 숨어 있습니다.

오늘은 학생들과 함께 시각을 완전히 차단하고 오직 청각에만 의존하여 상상력

을 발휘하는 특별한 활동을 진행합니다. 안대와 방울이라는 간단한 도구를 활

용하여, 학생들이 평소 얼마나 시각에 의존하고 있는지, 그리고 하나의 감각이 차단되었을 때 다른 감각들이 얼마나 발달할 수 있는지를 체험하는 의미 있는 시간입니다.

활동 준비는 학생 1명당 방울 4개를 고무줄로 연결하여 양손과 양발에 매다는 것으로 시작합니다. 학생들이 조금만 움직여도 "딸랑딸랑" 방울 소리가 울려 퍼지며, 이 소리가 바로 오늘 활동의 핵심 단서입니다. 술래는 안대를 착용한 후 펀스틱을 손에 들고 시각을 완전히 차단한 상태에서 오직 청각에만 의존하는 도전을 시작합니다. 친구들이 움직이면서 내는 방울 소리를 듣고 어디에 있는지 상상하는 것이 이 활동의 핵심이지요.

술래는 방울 소리를 듣고 친구들이 있을 만한 곳으로 이동해 펀스틱을 휘두르고, 펀스틱에 친구들의 몸이 닿으면 1점을 획득하는 방식으로 진행했습니다. 3분 동안 얻은 점수의 합계를 구한 후에는 역할을 바꾸어 모든 학생이 술래와 도망자를 경험합니다. 이 과정에서 학생들은 평소 무심히 지나쳤던 소리의 중요성을 새롭게 인식하고, 상상력을 통해 보이지 않는 세계를 그려 내는 즐거움을 맛볼 수 있습니다.

놀이가 진행될수록 학생들의 청각 집중력은 놀라울 정도로 향상되었습니다. 처음에는 "어디에 있는지 모르겠어요!"라며 당황하던 학생들이 점차 "저쪽에서 방울 소리가 나요!", "발걸음 소리가 가까워지고 있어요!" 하며 세밀한 소리 차이까지 구별해 내기 시작했습니다. 더욱 흥미로웠던 점은 술래가 되지 않은 학생들도 자연스럽게 움직임을 조절하며 전략을 세우기 시작했다는 것입니다.

## 수업 준비물

안대, 방울(학생 1명당 4개), 고무줄, 펀스틱

## 활동 순서

1. 학생들의 양손과 양발에 고무줄로 방울을 연결하여 착용한다.
2. 술래를 정하고 안대를 씌운 후 펀스틱을 들게 한다.
3. 다른 학생들은 조용히 움직이며 방울 소리를 내도록 한다.
4. 술래는 방울 소리를 듣고 친구들이 있는 곳을 상상하여 이동한다.
5. 펀스틱에 친구의 몸이 닿으면 1점을 획득하고 3분간 진행한다.
6. 역할을 바꾸어 모든 학생이 술래와 도망자를 경험한다.

## 상현달 선생님의 수업 사전

펀스틱 사용 시에는 친구를 다치게 하지 않을 정도의 가벼운 터치만 허용한다는 규칙을 명확히 해야 합니다. 이 수업의 핵심은 단순한 놀이를 넘어 평소 무심코 지나쳤던 소리의 세계를 발견하고, 상상력을 통해 보이지 않는 세계를 그려 내는 능력을 기르는 것입니다. "소리만으로도 이렇게 많은 것을 알 수 있구나!", "친구가 어디에 있는지 상상해 보니 정말 신기해!" 같은 반응을 이끌어 내고, 앞으로 일상에서도 소리에 더욱 민감하게 귀 기울이고 상상력을 발휘할 수 있도록 격려해 줍니다.



초등 통합교과 수업 대백과 152

# 비어 있는 말풍선은
# 어떤 이야기를 들려줄까?

캐릭터와 함께하는 상상력 대화 만들기

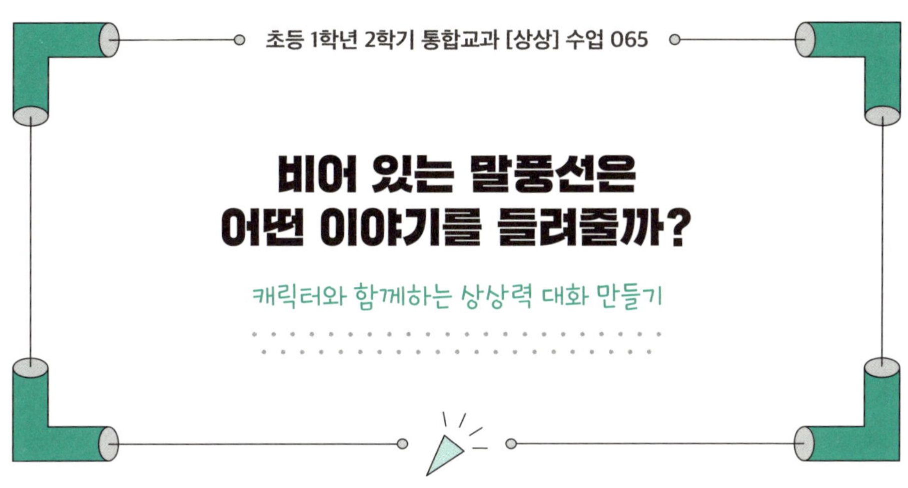

아이들에게 가장 친숙한 캐릭터인 뽀로로, 엄마 까투리, 아이쿠, 타요가 등장하는 장면이 학습지 위에서 학생들을 기다리고 있습니다. 오늘은 이 사랑스러운 친구들을 통해 상상력과 창의적인 표현력을 기르는 특별한 활동을 진행했습

니다.

포토스케이프 X 프로그램의 삽입 – 도형 기능을 활용하여 각각의 캐릭터 옆에 흰색 말풍선을 추가해, 학생들이 직접 대화를 채워 넣을 수 있도록 학습지를 제작했습니다. 이 활동의 목표는 비언어적 단서를 읽고 해석하는 능력을 기르고, 자신만의 창의적인 이야기를 만들어 표현하는 즐거움을 체험하는 것입니다.

첫 번째 활동은 '캐릭터 마음 읽기'였습니다. 학생들은 각 인물의 표정과 몸짓을 자세히 관찰하며 말풍선에 어울리는 대화를 상상해서 적어 넣습니다. 뽀로로의 활짝 웃는 얼굴을 보고 "오늘 정말 기분 좋아!"라고 쓴 학생이 있는가 하면, 같은 표정을 보고도 "친구들아, 같이 놀자!"라고 쓴 학생도 있지요. 이 과정에서 학생들은 비언어적 단서를 읽고 해석하는 능력을 자연스럽게 기를 수 있습니다.

두 번째 활동은 '친구들과 이야기 나누기'였습니다. 학생들은 서로 돌아다니며 친구들이 어떤 말을 말풍선에 넣었는지 확인하고 이야기를 나누었습니다. 같은 장면을 보고도 학생마다 완전히 다른 해석과 대사를 만들어 내는 모습에서 창의성의 다양성과 개별성을 확인할 수 있습니다.

마지막 활동은 '캐릭터 되어 발표하기'였습니다. 1명씩 앞으로 나와 자신이 쓴 내용을 발표할 때는 등장인물을 흉내 내며 생동감 있게 말하도록 격려했습니다. 학생들은 뽀로로의 귀여운 목소리, 타요의 씩씩한 말투 등을 흉내 내며 자신만의 이야기를 생생하게 들려주었습니다. 교실은 웃음소리와 박수 소리로 가득했고, 모든 학생이 무대 위의 주인공이 되어 자신의 상상력을 마음껏 펼쳤습니다.

## 수업 준비물

뽀로로·엄마 까투리·아이쿠·타요 캐릭터 이미지, 말풍선이 추가된 학습지

## 활동 순서

1.  친숙한 캐릭터들이 등장하는 말풍선 학습지를 나누어 준다.
2. 각 캐릭터의 표정과 몸짓을 자세히 관찰한다.
3. 캐릭터의 모습에 어울리는 대화를 상상하여 말풍선에 적는다.
4. 교실을 돌아다니며 친구들과 서로가 쓴 대사를 확인하고 이야기를 나눈다.
5. 1명씩 앞으로 나와 캐릭터의 목소리를 흉내 내며 자신이 쓴 대사를 발표한다.

## 상현달 선생님의 수업 사전

이 수업의 핵심은 정답이 없다는 것을 학생들이 충분히 인식하도록 하는 것입니다. 같은 장면을 보고도 아예 다른 해석이 나올 수 있음을 강조하며, 모든 학생의 상상력을 존중하고 격려합니다. 학습지 제작 시에는 캐릭터의 표정과 몸짓이 명확하게 드러나는 장면을 선택하는 것이 좋습니다.

발표 활동에서는 목소리 연기에 부담을 느끼는 학생들을 위해 "원래 목소리로 해도 괜찮아요." 하고 안내하되, 도전하고 싶은 학생들은 자유롭게 캐릭터를 흉내 낼 수 있도록 분위기를 조성합니다.

# 내가 만든 로켓에
# 우주 비행사가 된 내 모습을 태우면?

에어 로켓 제작부터 발사까지, 우주를 꿈꾸는 특별한 나를 만들어요

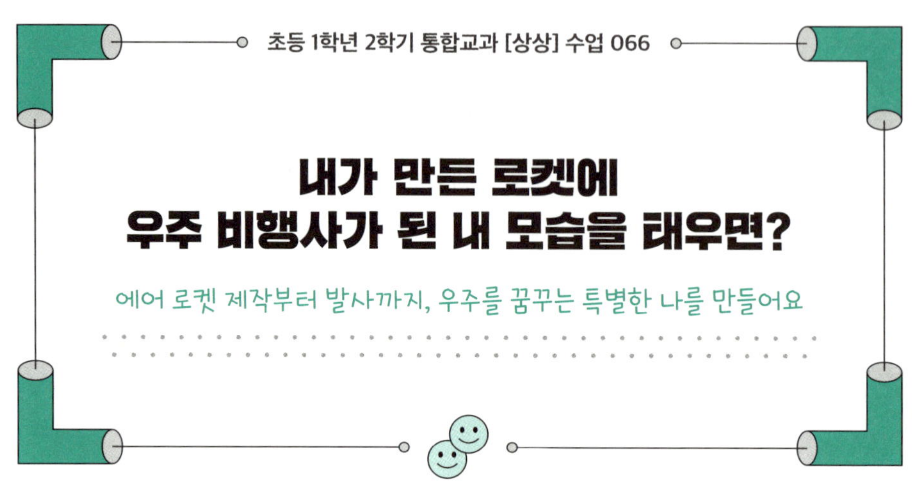

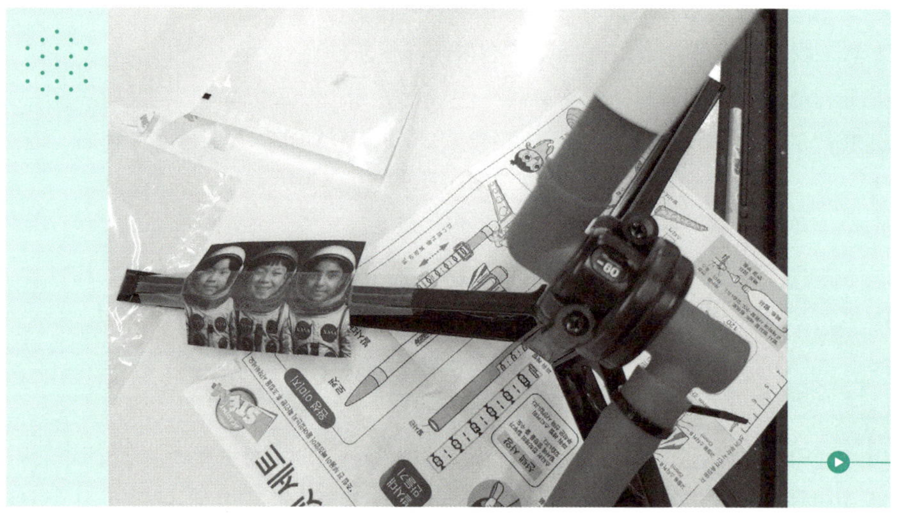

오늘은 학생들과 함께 광활한 우주로 떠나는 여행을 준비합니다. 단순히 상상 속에만 머무는 것이 아니라, 직접 에어 로켓을 만들고 발사하며 우주 비행사가 되어 보는 활동이지요.

수업의 시작은 에어 로켓 만들기입니다. 학생들은 에어 로켓 제작 키트와 설명서를 받아 한 단계씩 신중하게 작업을 진행했습니다. 1학년이 완벽하게 에어 로켓을 만드는 것은 어렵기 때문에 중간중간 교사의 도움이 필요합니다.

에어 로켓 제작을 마친 후 운동장으로 나가기 전에 특별한 작업이 기다리고 있습니다. AI 프로그램으로 학생들 얼굴 사진을 우주복을 입은 우주 비행사로 변환한 것입니다. 학생들은 신기해하며 자신의 사진을 로켓에 붙였고, 이 순간 로켓은 단순한 과학 교구가 아니라 자신을 우주로 데려갈 나만의 우주선이 되었습니다.

드디어 운동장 발사 시간이 왔습니다. 넓은 운동장은 우리의 우주 발사장이 되었습니다. 학생들은 발사대를 적절한 각도로 세우고 로켓을 장착했습니다. 발사 각도는 로켓이 날아가는 거리에 큰 영향을 미치기 때문에, 학생들은 여러 번 시행착오를 거치며 최적의 각도를 찾아갔습니다. "3, 2, 1, 발사!" 구호와 함께 페트병을 밟자 로켓이 하늘을 가르며 날아갔고, 환호성이 운동장을 가득 채웠습니다. 어떤 로켓은 20미터 이상 날아갔고, 어떤 로켓은 방향이 틀어지기도 했지만, 실패와 성공을 반복하며 학생들은 로켓의 무게 중심, 날개 위치, 발사 각도, 공기 압력 등 여러 변수가 비행에 미치는 영향을 몸소 체험했습니다.

발사 활동을 마치고 교실로 돌아와서는 우주 영상을 함께 시청했습니다. 학생들은 영상을 보며 자신이 오늘 발사한 로켓이 정말로 저 우주를 여행했다고 상상했습니다.

## 수업 준비물

에어 로켓 제작 키트, 발사대, 페트병, AI로 변환한 우주 비행사 얼굴 사진, 풀, 우주 영상

## 활동 순서

1. 에어 로켓 제작 키트와 설명서를 나누어 주고 로켓을 만든다.
2. AI 프로그램으로 학생 얼굴을 우주 비행사로 변환한 사진을 준비한다.
3. 우주 비행사 사진을 에어 로켓에 붙인다.
4. 운동장으로 나가 발사대를 적절한 각도로 세우고 로켓을 장착한다.
5. "3, 2, 1, 발사!" 구호와 함께 로켓을 발사한다.
6. 여러 번 발사하며 각도와 힘 조절을 실험한다.
7. 교실로 돌아와 우주 영상을 시청하며 상상의 우주 여행을 마무리한다.

## 상현달 선생님의 수업 사전

에어 로켓 제작은 1학년 학생들에게 다소 어려울 수 있으므로, 미리 제작 과정을 익혀 두고 적절히 도와주는 것이 중요합니다. 특히 로켓 날개 부착과 무게 중심 조절 부분에 도움이 필요합니다. 발사 활동 시에는 안전이 최우선입니다. 학생들이 발사 방향을 잘 확인하도록 지도하고, 로켓이 날아가는 방향에 사람이 없는지 반드시 확인합니다. 발사 각도는 45도 정도가 가장 멀리 날아가지만, 학생들이 직접 실험하며 찾아가도록 격려해 주세요. 실패한 로켓이어도 "왜 실패했을까요?"라고 질문을 던져 함께 생각하며 과학적 사고력을 키울 수 있습니다. AI로 변환한 우주 비행사 사진은 학생들에게 특별한 동기 부여가 되므로, 사전에 충분히 준비해 두기 바랍니다.

|8권|

# 초등 1학년 2학기 통합교과 수업

# 이야기

# 그림책 『슈퍼 거북』을 읽고 만든 나만의 슈퍼 동물

## 그림책을 통해 '나다움'의 의미를 찾고 창의적으로 표현해요

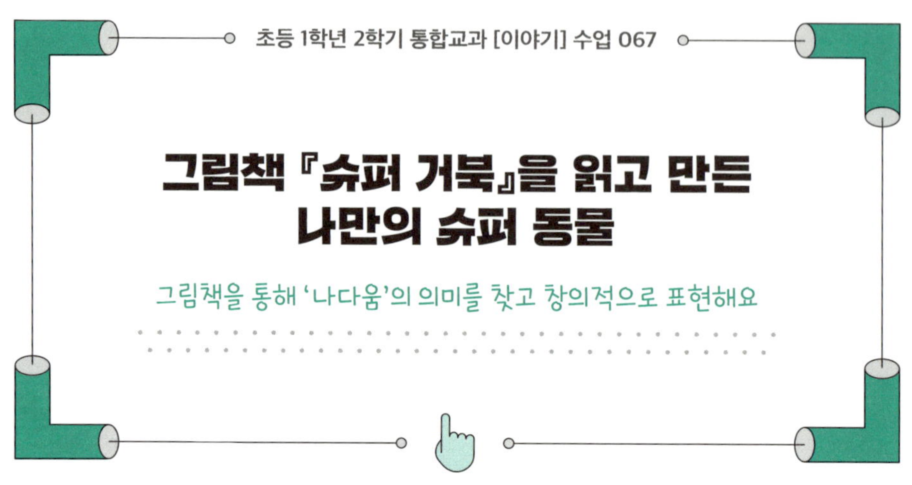

『슈퍼 거북』은 우리에게 익숙한 토끼와 거북이 설화의 뒷이야기를 상상한 그림책입니다. 경주에서 이긴 거북이 '꾸물이'가 스타가 된 후 점점 자신을 잃어 가는 모습을 통해 '나답게' 사는 것의 의미를 생각하게 하는 작품이지요.

오늘 수업은 『슈퍼 거북』을 읽고, 학생들이 그림 조각을 맞추며 자신만의 '슈퍼 동물'을 창조하는 활동으로 이뤄집니다. 학생들은 책을 읽으며 "거북이는 왜 행복하지 않았을까요?" 등의 질문을 통해 이야기를 자신의 경험과 연결하지요. 책을 읽은 후 학생들은 4종류의 동물(양, 돼지, 강아지, 사자) 중 하나를 선택하고, '슈퍼'와 '거북이'의 어색한 조합처럼 자신이 선택한 동물에 '슈퍼'라는 요소를 더해 새로운 캐릭터를 만듭니다.

동물 도안과 조각을 받아 퍼즐처럼 맞추며 집중력과 도형 감각을 기르고, 완성한 동물에 '슈퍼 양', '슈퍼 돼지'와 같이 특별한 능력을 부여하며 자신만의 이야기를 창조하지요. 마지막으로 동물의 이름을 개성 있게 색칠하고 도안과 함께 붙여 하나의 작품으로 완성합니다.

이 활동을 통해 학생들은 기존 이야기를 바탕으로 새로운 캐릭터를 창조하고, 외부의 기준이 아닌 자기 자신을 찾아가는 '나다움'의 소중함을 생각해 보는 의미 있는 시간을 가졌습니다. 이 과정에서 학생들은 자신이 만들어 낸 캐릭터에 독특한 능력과 특징을 부여하며 창의적인 사고를 확장하지요. 또한 퍼즐 맞추기 활동을 통해 집중력과 문제 해결 능력도 자연스럽게 높아집니다. 이러한 통합적인 학습 경험은 학생들의 자기 표현력을 높이고, 협동심과 소통 능력도 함께 키울 수 있습니다.

특히 학생들이 스스로 만든 '슈퍼 동물'의 능력은 아이들이 평소에 갖고 싶었던 힘이나 해결하고 싶었던 고민을 투영하는 경우가 많습니다. 교사는 이러한 상징적 표현을 읽어 내어 학생들의 내면을 이해하고 격려하는 기회로 삼을 수 있습니다.

그림책 『슈퍼 거북』, 동물 도안(양, 돼지, 강아지, 사자), 동물 조각, 색연필, 풀

## 활동 순서

1. 『슈퍼 거북』을 함께 읽고, 주인공 꾸물이가 왜 행복하지 않았는지 이야기를 나눈다.
2. '나답게' 사는 것의 의미에 대해 생각해 본다.
3. 4종류의 동물(양, 돼지, 강아지, 사자) 중 하나를 선택한다.
4. 선택한 동물의 도안과 조각 퍼즐을 받아 맞추기 활동을 한다.
5. 완성한 동물에 '슈퍼'의 의미를 더해 특별한 능력과 이야기를 상상한다.
6. 자신이 만든 '슈퍼 동물'의 이름을 개성 있게 색칠하여 꾸민다.
7. 완성한 동물 도안과 이름을 함께 붙여 작품을 완성한다.
8. 자신이 창조한 '슈퍼 동물'을 친구들에게 소개한다.

## 상현달 선생님의 수업 사전

이 활동의 핵심은 학생들이 그림책의 주제인 '나다움'의 가치를 내면화하도록 돕는 것입니다. 그림 조각 맞추기 활동은 학생들의 흥미를 유발하고 집중력을 높이는 좋은 도입부가 될 수 있습니다. '슈퍼 동물'을 상상하는 과정에서는 정답이 없음을 강조하며, 학생들이 자유롭게 창의력을 발휘할 수 있도록 격려합니다. 다른 사람의 기준에 맞춰 살던 꾸물이와 달리, 학생들 스스로가 생각하는 '슈퍼'의 의미를 부여하고 새로운 이야기를 만들도록 이끌어 주는 것이 중요합니다. 완성한 작품을 공유할 때는 결과물보다 캐릭터를 창조하는 과정과 그 속에 담긴 의미를 칭찬합니다.

# '도담도담' 카드로 탄생한 릴레이 이야기

무작위로 제시된 카드를 연결하며 창의력과 협업 능력을 길러요

오늘은 학생들과 함께 다양한 그림이 담긴 도담도담 카드를 활용해 창의적인 이야기 만들기 활동을 진행했습니다. 각 카드에는 아이들의 상상력을 자극하는 흥미로운 상황, 인물, 배경, 사물 등이 담겨 있어, 예측 불가능한 조합을 통

해 독창적인 이야기를 만들 수 있는 훌륭한 도구입니다. 먼저 카드를 섞어 무작위로 4장을 선택하고, 그 순서에 따라 이야기를 연결하고 마무리하도록 하는 개별 활동을 진행했습니다. 처음에는 카드 사이의 연관성을 찾기 어려워하던 학생들도 점차 자유로운 상상력을 발휘하며 자신만의 이야기를 완성하지요.

다음 단계로 짝과 함께 카드를 1장씩 넘기며 릴레이 이야기 만들기를 진행했습니다. A 학생이 '공주' 카드를 보고 "옛날 옛적에 아름다운 공주가 살았습니다."라고 시작하자, B 학생이 '우주선' 카드를 보고 "그런데 이 공주는 사실 우주에서 온 외계 공주였습니다."라고 이어가는 등 예상치 못한 전개가 이야기를 더욱 흥미롭게 만들었습니다. 이 과정에서 학생들은 협력과 타협의 중요성을 자연스럽게 체험합니다. 마지막으로 3명이 한 모둠이 되어 릴레이 이야기를 만들며 더욱 복잡하고 역동적인 상황 속에서 창의력을 발휘합니다.

이 수업을 통해 학생들은 정해진 답이 없는 활동의 즐거움을 맛보고, 협력을 통해 더 큰 창작물을 완성할 수 있다는 자신감과 다른 사람의 아이디어를 존중하는 마음을 기를 수 있습니다. 예측할 수 없는 카드의 등장은 이야기의 흐름을 비틀어 학생들의 유연한 사고를 자극하며, 친구의 엉뚱한 아이디어를 수용하고 발전시키는 과정에서 집단지성의 즐거움을 몸소 배우게 됩니다.

## 수업 준비물

도담도담 카드(또는 다양한 그림 카드), 짝/모둠 활동용 책상 배치

## 활동 순서

1. 도담도담 카드를 소개하고, 무작위로 뽑은 카드로 이야기를 만드는 활동임을 안내한다.
2. [개별 활동] 무작위로 4장의 카드를 뽑아 순서대로 배열한다.
3. 카드의 순서에 맞게 이야기를 시작하고, 연결하고, 마무리하면서 자신만의 이야기를 만든다.
4. [짝 활동] 2명이 짝을 이루어 앉고, 카드를 1장씩 넘기며 번갈아 가며 이야기를 이어 간다.
5. 앞사람의 이야기에 이어 새로운 카드의 내용을 자연스럽게 연결하며 순발력을 기른다.
6. [모둠 활동] 3명이 한 모둠이 되어 같은 방식으로 릴레이 이야기 만들기를 진행한다.
7. 완성한 이야기 중 가장 재미있었던 이야기를 반 전체에 발표한다.
8. 활동 후 협력해서 이야기를 만들 때의 좋은 점과 어려운 점에 대해 이야기를 나눈다.

## 상현달 선생님의 수업 사전

이 활동의 핵심은 완벽한 이야기를 만드는 것이 아니라, 자유롭게 상상하고 표현하는 과정 자체를 즐기는 것입니다. 이야기의 완성도보다는 학생들의 창의적인 아이디어와 협력하는 태도를 중요하게 평가하고 격려해야 합니다. 학생들이 너무 오래 고민하지 않도록 활동별로 적절한 시간 제한을 두는 것이 좋습니다. 교사는 학생들이 카드 간 연관성을 찾기 어려워할 때 성급하게 개입하기보다는 스스로 해결책을 찾도록 충분히 기다려 주는 인내가 필요합니다. 이 활동을 통해 학생들은 창의적 사고력과 언어 표현력뿐만 아니라, 예상치 못한 상황에 대처하는 순발력과 적응력, 그리고 다른 사람과 함께 결과물을 만들어 가는 협업 능력을 종합적으로 기를 수 있습니다.

# 보드 게임 '라온'으로 만든 새로운 이야기

자음과 모음 타일로 낱말을 만들고, 서로 협력하여 창의적인 이야기로 완성해요

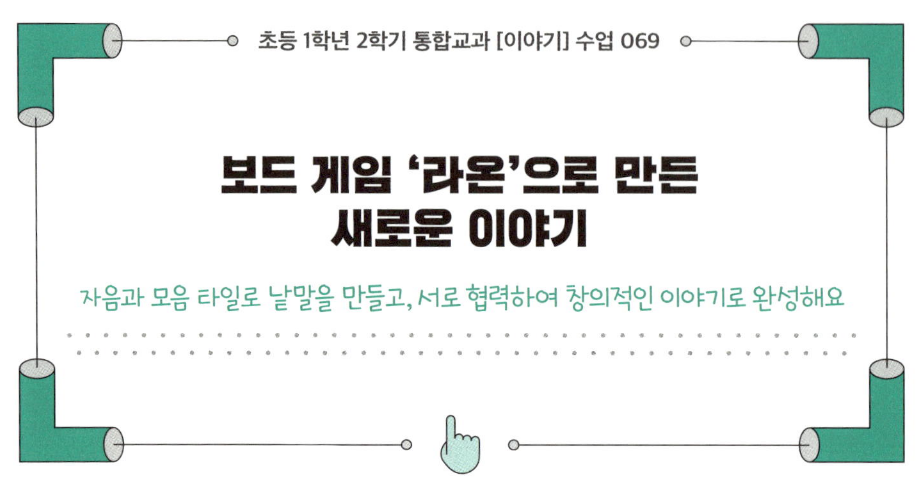

오늘은 학생들과 함께 한글 교육용 보드 게임 라온을 활용해 창의적인 이야기 만들기 시간을 가졌습니다. 라온은 자음과 모음 타일을 직접 조합하여 글자를 만드는 게임으로, 단순히 글자를 쓰는 것을 넘어 한글의 조합 원리를 체험하

고 창의적인 사고와 협력 학습까지 가능하게 한 훌륭한 교육 도구입니다.

먼저 학생들은 타일을 이용해 자신의 이름과 여러 낱말을 만들며 게임 방식과 타일 사용법을 자연스럽게 익힙니다. 이 과정에서 학생들은 타일을 직접 만지고 조작하며 한글의 구조를 더욱 구체적으로 이해할 수 있습니다.

본격적인 활동으로, 학생들은 자음과 모음 타일을 이용해 낱말 6개를 만들고, 이 낱말들을 소재로 릴레이 이야기 만들기를 시작했습니다. 첫 번째 학생이 첫 번째 낱말로 이야기를 시작하면, 다음 학생은 앞 친구의 이야기에 이어 두 번째 낱말을 사용해 이야기를 전개하는 방식입니다. 단순한 자음과 모음 타일이 모여 낱말이 되고, 그 낱말들이 다시 하나의 이야기로 완성되는 과정을 통해 학생들은 언어의 조합적 특성과 창작의 즐거움을 깊이 이해하는 경험을 합니다.

수업 중 학생들은 서로의 낱말 선택과 이야기 전개 방식을 존중하며 협력하는 모습을 보였습니다. 이 과정을 통해 학생들은 자연스럽게 소통 능력과 팀워크를 키워 나갈 수 있어요. 단순한 문자 학습을 넘어, 낱말이 문장이 되고 문장이 이야기가 되는 확장의 경험은 학생들에게 언어가 가진 창조적인 힘을 실감하게 합니다.

## 수업 준비물

한글 교육용 보드 게임 라온(자음, 모음 타일)

## 활동 순서

1. 보드 게임 라온의 자음과 모음 타일을 탐색하며 익숙해지는 시간을 갖는다.
2. 타일을 활용해 자신의 이름과 친구들의 이름을 만들어 본다.
3. 자음과 모음 타일을 조합하여 낱말 6개를 만든다.
4. 만들어진 낱말들을 순서대로 사용하여 릴레이 이야기 만들기를 시작한다.
5. 첫 번째 학생이 첫 번째 낱말로 이야기의 시작을 연다.
6. 다음 학생은 앞 친구의 이야기에 이어 두 번째 낱말로 이야기를 계속한다.
7. 마지막 학생까지 릴레이로 이야기를 이어 가며 하나의 완성된 이야기로 마무리한다.
8. 활동이 끝나면 타일을 다시 섞고 새로운 낱말들로 두 번째 이야기를 만든다.

## 상현달 선생님의 수업 사전

이 활동에서는 학생들의 수준 차이를 인정하고 배려하는 것이 중요합니다. 낱말 만들기를 어려워하는 학생이나 이야기 연결을 힘들어하는 학생이 있다면, 친구와 함께 의논하며 해결할 수 있도록 동료 학습 분위기를 조성해야 합니다. 이야기의 논리적 완벽성보다는 모든 학생의 참여와 창의적인 시도 자체를 중요하게 평가하고 격려하는 것이 핵심입니다. 교사는 실수를 두려워하지 않고 자유롭게 표현할 수 있는 안전한 학습 환경을 만들어, 학생들이 한글의 아름다움과 이야기의 힘을 동시에 체험하고 협력을 통해 더 풍성한 결과물을 만들 수 있다는 것을 깨닫도록 돕습니다.

# 동물 모자 역할 놀이로 만든 흥미로운 이야기

## 자유롭게 상상하고 표현하는 능력을 길러요

오늘은 학생들과 함께 다양한 동물 모자를 활용하여 창의적인 이야기 만들기 활동을 진행합니다. 사자, 호랑이, 토끼, 곰 등 여러 동물의 특징을 살린 모자는 학생들이 역할 놀이에 몰입하게 만드는 훌륭한 교육 도구입니다.

동물 모자를 본 학생들은 눈을 반짝이며 큰 호기심과 기대감을 보였고, 교실 분위기는 활기차게 바뀌었지요. 학생들은 마음에 드는 동물 모자를 직접 머리에 써 보는 것만으로도 역할 놀이에 몰입하기 시작했습니다. 사자 모자를 쓴 학생은 당당한 자세를 취했고, 토끼 모자를 쓴 학생은 깡충깡충 뛰는 동작을 하며 자연스럽게 그 동물로 변신했습니다.

본격적인 활동으로, 학생들은 자신이 쓴 동물 모자에 어울리는 이야기를 만들고 직접 몸으로 표현했습니다. 고양이 모자를 쓴 학생은 몸을 낮추고 살금살금 움직이며 이야기를 생동감 있게 펼쳐 냈습니다. 이 과정은 언어적인 표현과 신체적인 표현을 동시에 활용하는 통합 학습 경험을 제공합니다. 흥미롭게도 평소 소극적이던 학생이 사자 모자를 쓰고 나서는 당당하게 이야기를 발표하는 등 모자가 학생들의 심리에 긍정적인 영향을 미치는 모습도 관찰할 수 있었습니다. 마지막에는 각자의 이야기를 모두 연결하여 하나의 큰 이야기를 만들어 보면서 협력의 즐거움을 나누었습니다.

이 수업을 통해 학생들은 상상력과 표현력의 즐거움을 만끽하고, 자신 안에 숨어 있던 다양한 면을 발견하는 소중한 시간을 가졌습니다. '가면Persona'이 주는 심리적 안정감 덕분에 학생들은 평소의 모습에서 벗어나 과감하게 자신을 표현할 수 있으며, 타인의 입장이 되어 보는 공감 능력 또한 자연스럽게 성장합니다.

## 수업 준비물

다양한 동물 모자(사자, 호랑이, 토끼, 곰 등)

## 활동 순서

1. 사자, 호랑이, 토끼, 곰 등 여러 종류의 동물 모자를 준비한다.
2. 학생들이 마음에 드는 동물 모자를 선택하여 직접 머리에 쓴다.
3. 자신이 선택한 동물의 특징을 생각하며 자세나 행동을 따라 해 본다.
4. 모자를 쓴 동물이 되어 자신만의 이야기를 상상하여 만든다.
5. 단순히 말로만 하는 것이 아니라, 동물의 움직임을 몸으로 표현하며 이야기를 전달한다.
6. 고정 관념에 얽매이지 않고 자신만의 독창적인 캐릭터를 만들어 표현하도록 격려한다.
7. 각자의 이야기가 끝나면, 모든 이야기를 연결하여 하나의 큰 릴레이 이야기를 만든다.
8. 활동 후 모자를 썼을 때의 느낌과 역할 놀이의 즐거움에 대해 이야기를 나눈다.

## 상현달 선생님의 수업 사전

이 활동의 핵심은 학생들이 자유롭게 상상하고 표현할 수 있는 허용적인 분위기를 조성하는 것입니다. 모든 학생이 참여할 수 있도록 충분한 종류의 모자를 준비하고, 학생들이 선택한 동물에 대해 고정 관념(예: 사자는 용맹, 토끼는 겁쟁이)을 강요하지 말고 각자의 독창적인 해석을 존중합니다. 몸으로 표현하는 활동에서는 안전을 최우선으로 고려하여 충분한 공간을 확보하고, 격렬한 동작은 자제하도록 안내합니다. 모자가 주는 심리적 변화를 긍정적으로 활용하여, 평소 소극적인 학생도 자신감을 갖고 표현할 수 있도록 격려하는 것이 중요합니다. 이 활동은 단순한 놀이를 넘어 학생들의 상상력, 표현력, 자신감을 동시에 길러 주는 효과적인 통합 예술 교육이 될 수 있습니다.

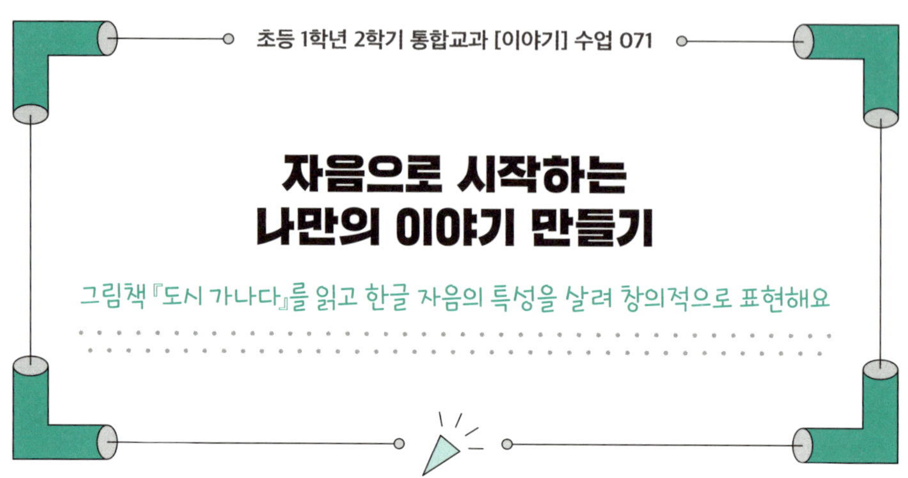

# 자음으로 시작하는 나만의 이야기 만들기

그림책 『도시 가나다』를 읽고 한글 자음의 특성을 살려 창의적으로 표현해요

오늘은 학생들과 함께 그림책 『도시 가나다』를 읽고 한글 자음으로 시작하는 이야기를 만드는 활동을 진행합니다. 이 그림책은 ㄱ부터 ㅎ까지 자음으로 시작하는 단어를 활용해 도시의 모습을 생생하게 그려 낸 작품으로, 한글의 체계적인 아름다움과 표현력의 풍부함을 보여 주는 교육 자료입니다. 그림책을 함께 읽으며 작가가 각 자음의 특성을 어떻게 살려 도시의 다양한 모습을 표현했는지 관찰했습니다.

수업의 본 활동으로, 학생들은 학습지에 제시된 ㄱ부터 ㅎ까지의 자음 중 5개를 선택하여 그 자음으로 시작하는 이야기를 만듭니다. 이야기가 꼭 이어지지 않고 별개의 문장으로 작성해도 괜찮다는 규칙을 제시하여 학생들의 부담을 덜어 줍니다. 처음에는 단어 찾기를 어려워하던 학생들도 점차 친구들과 "ㅈ으로 시작하는 단어, 뭐가 있지?", "점심, 저녁, 잠자리……." 하며 서로 돕는 협력 학습을 통해 자신만의 창작 리듬을 찾아가지요. 같은 자음을 선택했어도 학생마다 완전히 다른 이야기가 나오는 것을 보며 각자의 개성과 창의성을 확인할 수

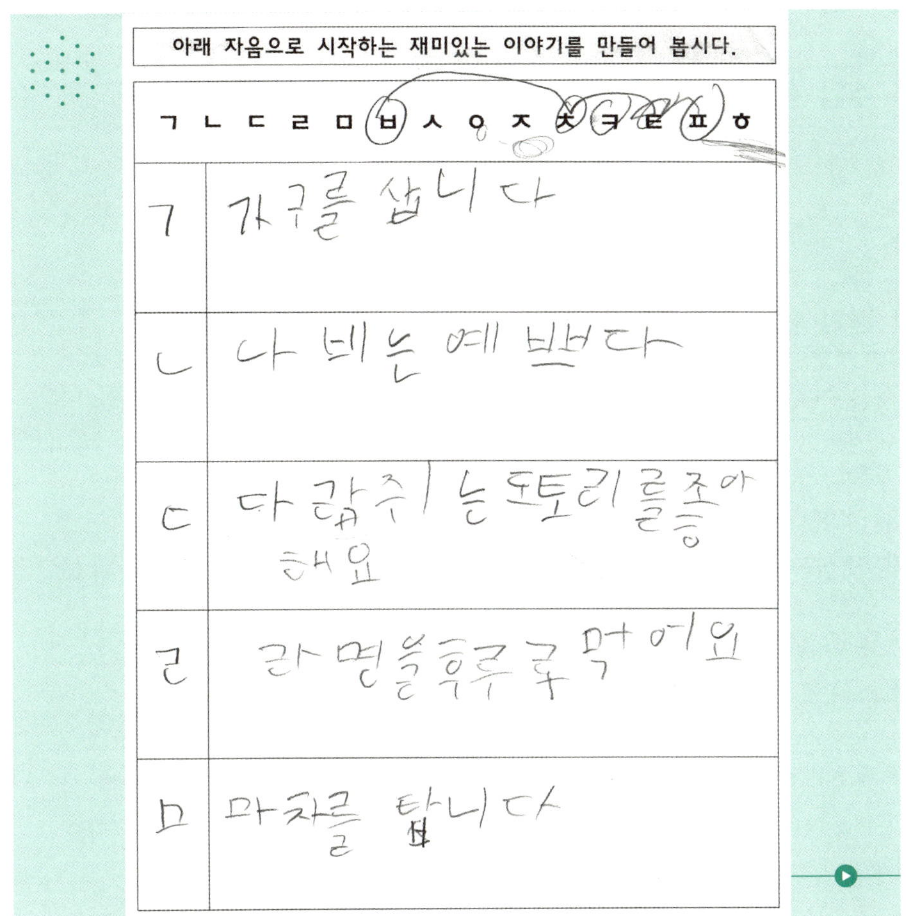


있습니다.

　이 수업을 통해 학생들은 한글의 체계적인 아름다움과 언어 창작의 즐거움을 동시에 체험하고, 제약이 오히려 창의성을 자극할 수 있다는 것을 깨달았습니다. 활동 중에는 학생들이 자신만의 독창적인 이야기를 만들기 위해 적극적으로 질문하고 의견을 나누는 모습을 관찰할 수 있었습니다.

## 수업 준비물

그림책 『도시 가나다』, 학습지(ㄱ~ㅎ 자음 제시), 필기구

## 활동 순서

1. 『도시 가나다』를 함께 읽으며 각 자음이 어떻게 이야기로 표현되는지 살펴본다.
2. 학습지에 제시된 ㄱ부터 ㅎ까지의 자음 중 이야기를 만들고 싶은 자음 5개를 선택한다.
3. 선택한 자음으로 시작하는 단어를 떠올리며 이야기의 소재를 구상한다.
4. 각 자음으로 시작하는 문장을 만들어 하나의 이야기로 연결하거나, 각각의 문장으로 작성한다.
5. 단어 찾기가 어려울 때는 친구들과 서로 아이디어를 나누며 협력한다.
6. 완성한 이야기를 친구들 앞에서 발표한다.
7. 같은 자음을 선택했지만 다르게 표현한 친구들의 이야기를 감상한다.
8. 일상에서 언어의 다양한 가능성을 탐험해 볼 것을 격려하며 마무리한다.

## 상현달 선생님의 수업 사전

이 활동의 핵심은 정답이 없는 창의적인 글쓰기의 즐거움을 느끼게 하는 것입니다. 학생들의 수준 차이를 인정하여, 복잡하고 긴 이야기를 만드는 학생과 짧은 문장 몇 개를 쓰는 학생 모두를 칭찬해야 합니다. 중요한 것은 완성도가 아니라 시도와 과정 자체임을 항상 강조합니다. 문법적으로 완벽하지 않거나 논리적으로 이어지지 않더라도 창의적인 시도 자체를 인정하고 격려하는 분위기를 조성하는 것이 중요합니다. 교사는 학생들이 실수를 두려워하지 않고 자유롭게 표현할 수 있는 안전한 학습 환경을 제공하여, 언어 창작에 대한 자신감을 기를 수 있도록 돕습니다.



초등 통합교과 수업 대백과 152

초등 1학년 2학기 통합교과 [이야기] 수업 072

# 그림책 『다니엘의 멋진 날』을 읽고 나의 멋진 날 그림책 만들기

그림책을 통해 일상의 소중함을 발견하고 자신만의 이야기로 표현해요

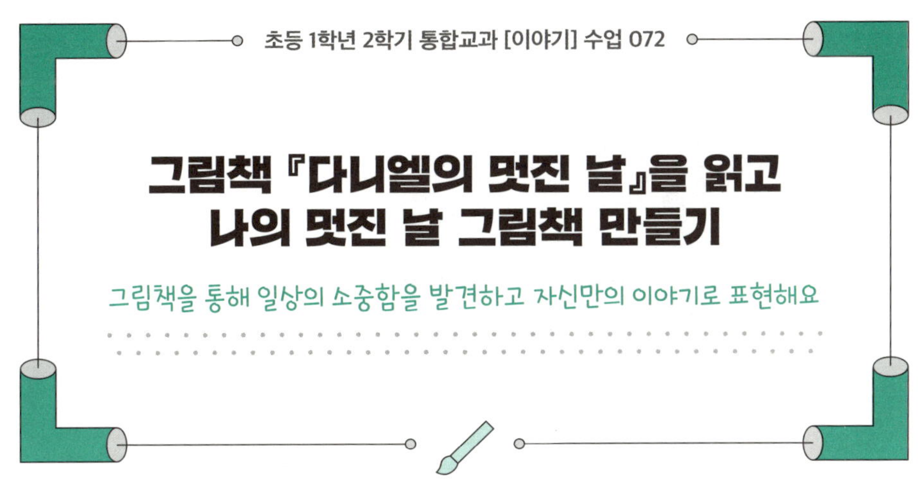

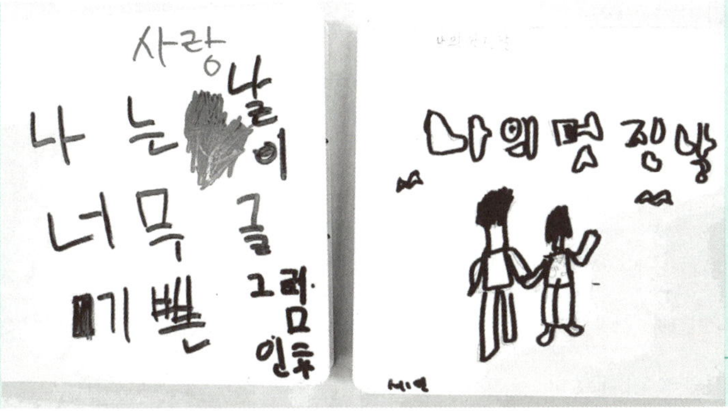

오늘은 학생들과 함께 미카 아처Micha Archer의 그림책 『다니엘의 멋진 날』을 읽고, 일상의 소중함을 발견하여 자신만의 이야기로 만드는 시간을 가집니다. 이 그림책은 주인공 다니엘이 이웃들에게서 "멋진 날 보내렴!"이라는 인사를 받으며, 각자에게 '멋진 날'이 의미하는 바가 모두 다르다는 것을 깨닫고 결국 자신만의 '멋진 날'의 의미를 찾아가는 과정을 따뜻하게 그려 낸 작품이에요.

그림책을 함께 읽은 후, 학생들은 "내 삶에서 멋진 날은 언제였을까요?"라는 질문에 "엄마가 맛있는 간식을 만들어 주셨을 때요.", "어려운 수학 문제를 풀었을 때요." 등 저마다의 소중한 순간을 떠올리며, 행복이 거창한 것이 아니라 우리 주변의 작은 순간에 숨어 있음을 깨달았습니다.

이제 자신만의 '멋진 날'을 한 권의 그림책으로 만들어 보는 본격적인 활동에 들어갔습니다. 학생들은 먼저 스토리보드를 활용해 어떤 그림과 글을 넣을지 이야기의 뼈대를 만들고, 이를 바탕으로 스크랩북에 글, 그림, 색을 넣어 자신의 이야기를 다채롭게 채워 나갔습니다. 완성한 그림책은 친구들 앞에서 발표하며 서로의 '멋진 날'을 나누고 축하하는 시간을 가졌습니다.

이 수업을 통해 학생들은 일상의 소중함을 발견하는 눈을 기르고, 자신의 삶이 한 권의 멋진 그림책이 될 수 있다는 자신감을 얻었으며, 따뜻한 공동체 의식을 키우는 의미 있는 시간을 보냈습니다. 학생들은 스토리보드 작성 시 각각의 장면에서 표현할 주요 감정과 사건을 구체적으로 계획했고, 스크랩북 제작 단계에서는 다양한 미술 재료를 활용하여 표현의 다채로움을 더했습니다.

## 수업 준비물

그림책 『다니엘의 멋진 날』, 스토리보드, 스크랩북, 색연필, 사인펜

## 활동 순서

1. 『다니엘의 멋진 날』을 함께 읽으며 '멋진 날'의 의미에 대해 생각해 본다.
2. 자신에게 '멋진 날'이나 '좋은 날'은 언제였는지 경험을 떠올린다.
3. 친구들과 각자가 생각하는 '멋진 날'의 다양한 모습에 대해 이야기를 나눈다.
4. 자신만의 '멋진 날'을 그림책으로 만들기 위해 스토리보드를 작성한다.
5. 어떤 장면을 넣고, 각 페이지에 어떤 내용을 담을지 구체적으로 구상한다.
6. 스크랩북에 색연필, 사인펜 등 다양한 재료로 그림을 그리고 글을 쓴다.
7. 자신의 이야기가 담긴 한 권의 그림책을 완성한다.
8. 완성한 그림책을 친구들 앞에서 발표하며 자신의 '멋진 날'을 소개한다.

## 상현달 선생님의 수업 사전

이 활동의 핵심은 학생들이 자신의 모든 경험을 소중하게 여기도록 하는 것입니다. 특별한 사건이 아니더라도, 자신이 의미 있다고 생각하는 모든 순간이 '멋진 날'이 될 수 있음을 강조해야 합니다. 그림 실력이나 글쓰기 능력에 상관없이, 모든 학생이 보이는 솔직하고 진정성 있는 표현을 격려하는 따뜻한 분위기를 조성하는 것이 중요합니다. 이 수업을 통해 학생들은 자신의 삶을 긍정적으로 바라보는 태도를 기르고, 서로의 이야기를 나누고 축하해 주며 따뜻한 공동체 의식을 키울 수 있습니다.

# 받침 있는 낱말 20개를 찾아 만든 창의적인 이야기

## 어려운 받침 공부, 놀이와 창작으로 재미있게 정복해요

오늘은 학생들과 함께 한글의 받침을 재미있게 탐험하고 창의적인 이야기로 연결하는 활동을 진행합니다. 받아쓰기에서 학생들이 자주 틀리는 쌍받침과 겹받침의 어려움을 해결하기 위해 받침 학습을 놀이와 창작 활동으로 연결한

통합 수업을 계획한 것입니다.

먼저 받침은 한글의 독특한 특징으로, 7개의 대표 소리로 발음되지만 27개의 다양한 글자로 표기되는 복잡성 때문에 학생들이 어려워한다는 점에 대해 이야기를 나누었습니다. 학생들은 학습지에 제시된 ㄱ, ㄴ, ㄷ 등 다양한 받침에 해당하는 낱말 20개를 찾아 기록하고, 해당 받침에 동그라미를 표시하며 받침의 종류를 시각적으로 분류하는 능력을 길렀습니다.

20개 칸을 모두 채우기 어려운 학생들은 친구와 협력하거나 국어 교과서를 참고하며 협력 학습과 자료 활용 능력을 자연스럽게 익혔습니다. 다음으로, 자신이 찾은 낱말 중 몇 개를 선택해 창의적인 이야기를 만드는 활동을 통해 단순 암기를 넘어 창의적인 사고와 언어 표현력을 길렀습니다. 완성한 이야기를 친구들 앞에서 발표하며, 학생들은 자신이 찾은 낱말들이 아름다운 이야기로 변화하는 과정을 통해 언어의 마법 같은 힘과 창조적 힘을 체험할 수 있었습니다.

이 수업을 통해 학생들은 받침 있는 글자에 대한 두려움을 없애고 한글 학습에 대한 자신감을 키웠으며, 제한된 조건 속에서도 자신만의 독창적인 이야기를 만들어 내는 성취감을 맛보았습니다. 또한 어려운 문법 요소인 '받침'을 이야기 창작의 재료로 활용함으로써, 학습의 부담을 놀이의 즐거움으로 전환했습니다. 스스로 찾아낸 낱말이 이야기가 되는 과정은 학생들에게 배움의 주도권을 선물합니다.

## 수업 준비물

받침 학습지, 국어 교과서, 필기구

## 활동 순서

1. 받침이 들어간 낱말 20개를 찾는 활동으로 수업을 시작한다.
2. 학습지에 제시된 ㄱ, ㄴ, ㄷ, ㄹ, ㅁ, ㅂ, ㅇ 등 다양한 받침의 종류를 확인한다.
3. 각 받침에 해당하는 낱말을 찾아 네모 칸에 기록한다.
4. 기록한 낱말의 받침을 찾아 해당 받침에 동그라미 표시를 한다.
5. 어려움을 느낄 경우, 친구와 의논하거나 국어 교과서를 참고하도록 안내한다.
6. 20개의 낱말을 모두 찾은 후, 그중 몇 개를 선택하여 이야기의 소재로 삼는다.
7. 선택한 낱말들이 모두 포함되는 창의적인 이야기를 만든다.
8. 완성한 이야기를 친구들 앞에서 발표하며 공유한다.

## 상현달 선생님의 수업 사전

이 활동의 핵심은 과정을 격려하는 분위기를 만드는 것입니다. 받침을 틀리거나 이야기가 완벽하지 않더라도 시도 자체를 칭찬하며, 학생들이 부담 없이 참여할 수 있도록 해야 합니다. 협력 학습을 적극 권장하여 혼자 어려워하는 학생이 없도록 배려하고, 20개 낱말을 모두 찾는 것보다 학생 개인의 수준에 맞게 조절하되, 다양한 받침을 골고루 찾도록 도와주는 것이 좋습니다. 이야기 창작 시에는 완성도보다는 창의성과 상상력을 중시하며, 발표 후에는 언어의 창조적인 힘과 받침 학습의 즐거움을 함께 나누는 시간을 갖는 것이 중요합니다.

# 동물로 이야기를 만들고, 흉내 내고, 디자인해 볼까?

하나의 주제가 얼마나 다양하게 표현될 수 있는지 그 즐거움을 깨달아요

오늘은 학생들과 함께 동물이라는 주제를 중심으로 언어, 신체, 미술 활동을 통합한 특별 수업을 진행합니다. 동물 카드를 활용해 이야기를 만들고, 몸으로 표현하며, 마지막으로 예술 작품으로 승화시키는 과정을 통해 학생들의 창의력과 표현력을 종합적으로 기르기 위해서예요.

첫 번째 활동은 동물 카드를 활용한 이야기 만들기였어요. 학생들은 무작위로 동물 카드 1장을 선택한 후, '아침에 눈을 뜨니 ○○○가 되었어요.'라는 문장을 완성하며 상상의 나래를 펼쳤고, 해당 동물이 되어 하루를 어떻게 보냈는지 이야기를 만들어 발표했습니다. 다음은 몸으로 동물을 표현하는 시간이었습니다. 학생들은 어슬렁거리는 곰, 깡충깡충 뛰는 토끼 등 다양한 동물의 움직임을 표현하며 자연스럽게 먹이사슬과 생태계의 원리를 직관적으로 이해했습니다. 마지막 활동은 미술과 결합하여 몬드리안<sup>Mondrian</sup> 기법(화가 몬드리안의 추상 미술 스타일을 바탕으로 표현한 기법)을 활용한 동물 디자인이었습니다. 학생들은 자신이 선택한 동물의 형태를 수직선, 수평선으로 단순화하고, 각 면을 빨강, 노랑, 파랑 등 원색으로 채워 넣으며 자신만의 추상화를 완성했습니다.

이 3가지 활동은 '동물'이라는 하나의 주제 아래 긴밀하게 연결되어, 학생들이 하나의 주제를 얼마나 다양하고 풍부하게 표현할 수 있는지 깨닫고 통합 예술의 개념을 체험하는 의미 있는 시간이었습니다. 언어(이야기), 신체(흉내 내기), 미술(디자인)을 아우르는 이 수업은 학생들의 다중 지능을 자극합니다. 특히 정형화된 동물의 이미지를 몬드리안 기법으로 재해석하는 과정은 대상을 단순화하여 본질을 꿰뚫어 보는 추상적 사고력을 길러 주며, 세상을 입체적으로 바라보는 눈을 뜨게 합니다.

동물 카드, 학습지, 색연필

1. 학생들은 동물 카드 중에서 무작위로 1장을 선택한다.
2. 선택한 동물을 넣어 '아침에 눈을 뜨니 ○○○가 되었어요.'라는 문장을 완성한다.
3. 자신이 그 동물이 되어 하루를 어떻게 보내는지 상상해서 이야기를 만든다.
4. 만든 이야기를 친구들 앞에서 발표한다.
5. 무작위로 뽑은 동물을 몸으로 흉내 내는 놀이를 한다.
6. 다양한 동물의 움직임을 표현하며 먹이사슬의 개념을 체험한다.
7. 앞선 활동 경험을 바탕으로 몬드리안 기법을 활용해 동물 디자인을 한다.
8. 동물의 형태를 수직선, 수평선으로 단순화하여 그린다.
9. 각 면을 원색(빨강, 노랑, 파랑 등)으로 채워 자신만의 작품을 완성한다.

이 수업의 핵심 역시 학생들이 자유롭게 상상하고 표현할 수 있는 허용적인 분위기를 만드는 것입니다. 정답이 없는 활동인 만큼, 학생들의 모든 아이디어와 표현을 존중하고 격려합니다. 또한 각 활동이 독립적이지 않고 '동물'이라는 주제 아래 유기적으로 연결되도록 학습의 흐름을 구성하는 데 중점을 두어야 합니다. 이야기 만들기, 신체 표현, 미술 활동이 자연스럽게 이어지면서 학생들은 하나의 주제가 얼마나 다양하게 표현될 수 있는지, 그리고 통합 예술의 즐거움은 무엇인지 스스로 깨닫게 될 것입니다. 이를 통해 학생들은 세상을 입체적으로 바라보는 눈을 기르고, 자신의 생각과 감정을 다채로운 방법으로 자신 있게 표현하는 사람으로 성장할 수 있습니다.

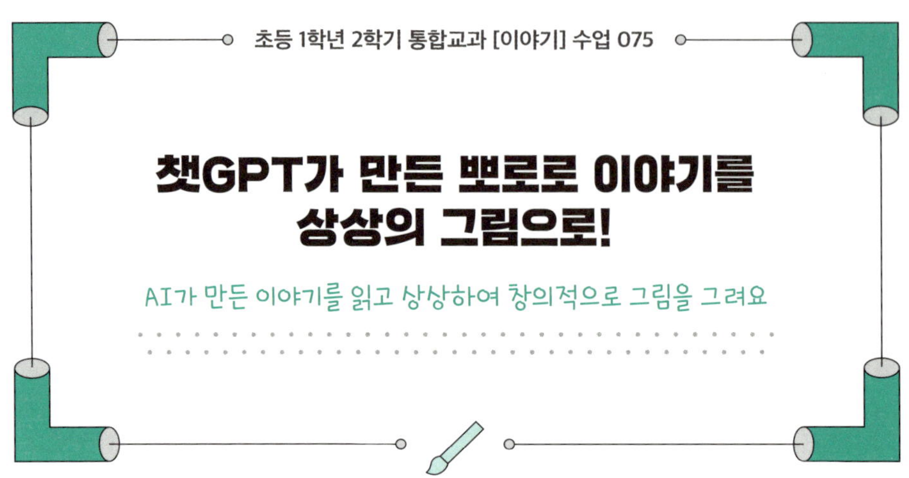



# 챗GPT가 만든 뽀로로 이야기를 상상의 그림으로!

## AI가 만든 이야기를 읽고 상상하여 창의적으로 그림을 그려요

오늘은 학생들과 함께 기술(챗GPT)과 상상력, 그리고 예술 표현을 결합하는 수업을 진행합니다. 학생들에게 친숙한 캐릭터 뽀로로가 눈밭에 서 있는 사진을 챗GPT에 넣어, 이야기를 만들어 달라고 요청해 수업 자료를 준비했습니다.

익숙한 캐릭터가 등장하는 이야기를 들려주자 학생들은 귀를 쫑긋 세우고 이야기에 집중하며, 머릿속으로 이야기 속 풍경을 상상하기 시작했습니다. 이야기 읽기가 끝난 후, 학생들이 그림을 그리는 동안 내용을 참고할 수 있도록 칠판에 이야기 전문을 부착했습니다.

학생들은 글을 그림으로 변환하는 과정에서 뽀로로의 모습, 나무와 집의 위치 등 주요 내용을 포함하면서도, 각자의 상상력을 더해 새로운 요소를 추가하며 개성 넘치는 작품을 만들어 냈습니다.

이 활동은 단순히 이야기를 읽고 그리는 것을 넘어, 학생들이 자신만의 방식으로 이야기를 해석하고 표현하는 즐거움을 느끼게 합니다. 그림 실력과 상

관없이 모든 작품이 소중하고 의미 있음을 강조하며 서로의 작품을 긍정적으로 평가하는 분위기를 조성하는 것이 중요합니다.

인공지능이 만든 작은 이야기가 학생들의 마음에 상상력과 창작의 즐거움을 심어 준 귀한 시간이었습니다. 학생들은 활동 속에서 자신의 상상력이 어떻게 구체적인 이미지로 변환되는지 경험하며 표현의 즐거움을 배웠습니다.

AI는 이야기를 들려주고 학생들은 그 이야기를 시각화하는 협업 과정에서, 기술은 인간의 상상력을 대체하는 것이 아니라 확장해 주는 도구임을 자연스럽게 체득하게 됩니다.

챗GPT로 생성한 이야기, 학습지(도화지), 색연필, 사인펜

## 활동 순서

1. 챗GPT 같은 AI 도구를 활용하여 친숙한 캐릭터(예: 뽀로로)가 포함된 짧은 이야기를 준비한다.
2. 학생들에게 AI가 만든 이야기를 들려주며 흥미를 유발한다.
3. 이야기 내용을 칠판에 부착하여 학생들이 그림을 그리는 동안 참고할 수 있도록 한다.
4. 학생들에게 이야기의 내용을 그림으로 자유롭게 표현하도록 안내한다.
5. 이야기 속 주요 내용(뽀로로의 모습, 배경 등)이 그림에 포함되도록 지도한다.
6. 자신만의 상상력을 더해 새로운 요소를 추가하도록 격려한다.
7. 다양한 미술 도구를 활용하여 개성 있게 그림을 완성한다.
8. 완성한 작품을 친구들 앞에서 발표하거나 교실에 전시하여 공유한다.

## 상현달 선생님의 수업 사전

이 활동의 핵심은 학생들이 자신의 작품에 자신감을 갖게 하는 것입니다. 그림 실력과 상관없이, 이야기를 자신만의 방식으로 해석하고 표현한 모든 작품이 소중하고 의미 있음을 계속 강조해야 합니다. 학생들이 그림을 그리는 동안 서로의 작품을 긍정적으로 평가하고 격려하는 분위기를 조성하는 것이 중요합니다. 챗GPT 같은 새로운 기술을 교육에 활용할 때는 기술 자체가 목적이 아니라, 학생들의 상상력과 창의력을 자극하는 보조 도구로서의 역할을 하도록 지도합니다. 이 활동을 통해 학생들은 책이나 글을 읽을 때마다 머릿속으로 생생하게 장면을 상상하고, 그것을 자신만의 방식으로 표현하는 즐거움을 깨닫습니다.

| 9권 |

# 초등 2학년 1학기 통합교과 수업

# 나

# 고요 속의 추격전, '눈감술' 챔피언은 누구?

오감을 깨우는 스릴 만점 청각 놀이

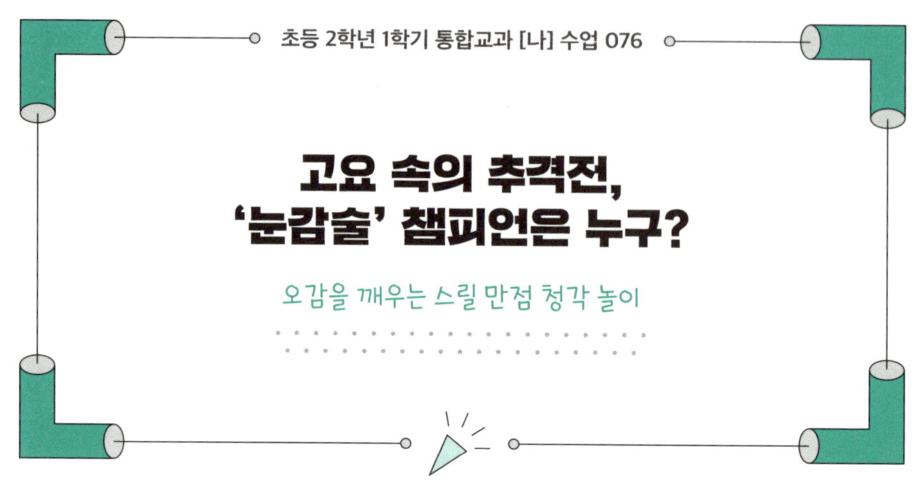

아이들이 좋아하는 놀이 중에 하나가 눈감술입니다. '눈을 감고 하는 술래잡기'란 뜻으로, 안대를 쓴 상태에서 친구들을 잡는 놀이입니다. 오늘은 통합교과 『나』 교과서에서 배우는 다양한 감각 중 '청각'에 초점을 맞춰 이 놀이를 새롭게 재구성했습니다. 소리만 듣고 반응하는 것이 눈감술과 공통점이 있어 학생들은 놀이를 통해 청각의 중요성을 몸으로 직접 체험하게 됩니다.

술래는 안대를 쓴 상태에서 친구들을 찾습니다. 이때 다른 학생들은 종이컵을 거꾸로 들고 그 위에 탁구공을 올려놓습니다. 술래는 소리만 듣고 친구들이 있는 곳으로 다가가 펀스틱으로 공격합니다. 하지만 이 놀이의 핵심 규칙은 펀스틱에 맞더라도 바로 탈락하는 것이 아니라는 점입니다. 손에 들고 있는 탁구공이 바닥에 떨어져야만 탈락하므로, 학생들은 펀스틱에 맞더라도 소리를 내지 않고 균형을 유지해야 합니다. 이 규칙 덕분에 교실에는 숨 막히는 긴장감이 감돕니다.

술래는 귀를 쫑긋 세우고 친구들의 작은 발소리, 숨소리 하나라도 놓치지 않으려 애씁니다. 그리고 펀스틱을 휘두르며 친구들이 있는 곳으로 조금씩 움직입니다. 다른 학생들은 술래의 움직임에 따라 조용히 자리를 피하면서도 탁구공이 떨어지지 않도록 온몸의 감각을 집중합니다. 모든 학생이 한 번씩 술래를 한 후에는 마지막으로 교사가 술래를 합니다.

학생들은 오직 청각에만 의존하는 경험을 통해, 평소 무심코 지나쳤던 소리의 세계를 새롭게 발견하게 됩니다. 시각이 차단된 상태에서 극대화되는 청각적 경험은 아이들에게 '보이지 않는 것'에 집중하는 힘을 길러 주지요. 친구의 작은 숨소리까지 귀 기울이는 과정은 타인에 대한 섬세한 배려와 경청의 태도를 배우는 훌륭한 인성 교육이 됩니다.

## 수업 준비물

안대, 학생 수만큼의 종이컵과 탁구공, 펀스틱, 넓은 활동 공간

## 활동 순서

1. 통합교과 『나』 교과서의 감각 학습과 연계하여 놀이 규칙을 설명한다.
2. 술래를 정하고, 나머지 학생들은 종이컵 위에 탁구공을 올리고 흩어진다.
3. 술래는 안대를 쓰고 펀스틱을 든 채 청각에 의지하여 친구들을 찾는다.
4. 술래의 공격을 받더라도 탁구공을 떨어뜨리지 않으면 계속 생존한다.
5. 탁구공을 떨어뜨린 학생은 탈락하여 지정된 장소로 이동한다.
6. 정해진 시간 또는 인원이 탈락하면 술래를 교체하여 놀이를 반복한다.
7. 마지막으로 교사가 술래가 되어 학생들과 함께 즐거운 시간을 갖는다.

## 상현달 선생님의 수업 사전

활동 전 책상, 의자 등 장애물을 모두 치워 학생들이 자유롭게 움직일 수 있는 안전한 공간을 확보하세요. 펀스틱은 스펀지처럼 부드러운 소재를 사용하고, 얼굴이나 머리를 향해 너무 세게 휘두르지 않도록 규칙을 정하는 것이 중요합니다. 학생들이 너무 움직이지 않아 술래가 찾기 어려울 경우, '30초마다 한 걸음씩 소리 내며 움직이기' 같은 추가 규칙을 두면 게임이 더욱 활발해집니다. 술래에게 2~3분의 시간 제한을 두어 게임이 늘어지지 않게 조절하는 것도 좋은 방법입니다. 본 게임 시작 전, 다 함께 눈을 감고 1분간 교실의 작은 소리(시계 소리, 숨소리)에 집중하는 시간을 가지면 학생들이 청각에 더 집중하는 데 도움이 됩니다.

# 소리만 듣고 뽀로로를
# 그릴 수 있을까?

청각과 소통 능력으로 완성하는 캐릭터 드로잉 챌린지

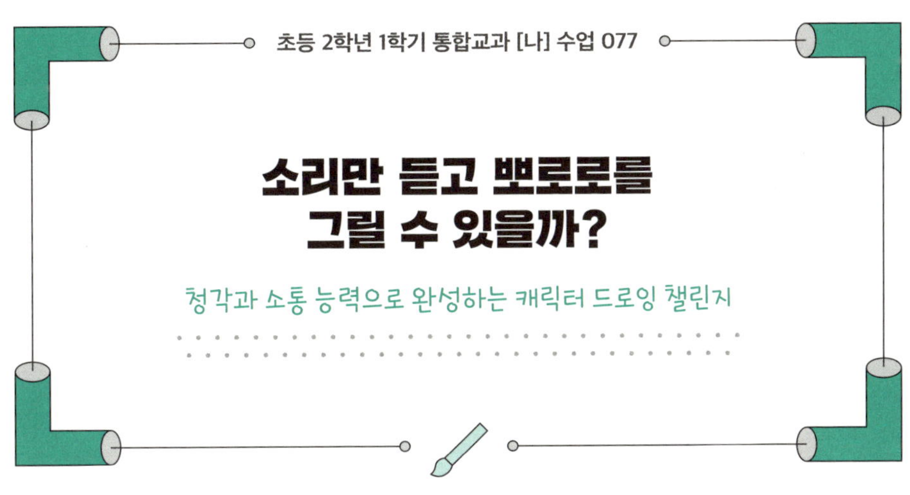

먼저 인터넷에서 학생들에게 친숙하면서도 특징이 뚜렷한 뽀로로 캐릭터를 선택합니다. 한 학생이 발표자로 나와 캐릭터 이미지를 보며, 다른 친구들에게 그 모습을 말로 설명합니다. 다른 학생들은 캐릭터를 볼 수 없으며, 오직 친구의 설명에만 의지해 학습지에 그림을 그려 나갑니다.

설명하는 학생은 캐릭터의 이름을 말하지 않고, "노란색 헬멧을 쓰고 있고, 동그란 주황색 안경을 꼈어요."와 같이 형태, 색깔, 표정이나 복장 등 특징을 구체적으로 이야기해야 하지요. 설명을 듣는 학생들은 처음에는 무엇을 그려야 할지 막막해하지만, "헬멧에는 글자가 쓰여 있나요?", "안경은 눈보다 큰가요?"와 같이 적극적으로 질문하며 정보의 조각들을 맞추어 갑니다. 이 끊임없는 질문과 답변 속에서 점차 캐릭터의 윤곽이 드러나고, 마침내 아이들은 "아! 뽀로로구나!" 하고 외치며 정답을 알아챕니다.

그 후 학생들은 자신이 그린 그림과 원래의 뽀로로 그림을 비교해 봅니다. 안경이 너무 크거나 헬멧 모양이 엉뚱하게 그려진 그림을 보며 교실은 웃음바다가 됩니다. 하지만 그 과정에서 학생들은 "설명만으로는 알기가 어려워요."라고 말하며, 경청의 중요성과 정확한 의사소통의 필요성을 스스로 깨닫습니다.

'말 한마디'가 상대방에게 어떻게 전달되는지 눈으로 확인하는 과정은 소통의 왜곡을 줄이는 방법을 스스로 깨닫게 합니다. 또한 내 머릿속의 생각과 상대방의 생각이 다를 수 있음을 인정하는 것이 진정한 소통의 시작임을 가르쳐 줍니다. 또한 설명하는 학생에게는 관찰력과 표현력을, 설명을 듣는 학생에게는 경청하는 태도와 질문하는 능력을 길러 줍니다. 단순히 듣고 그리는 것을 넘어, 정확한 정보 전달과 적극적인 소통이 얼마나 중요한지 몸소 깨닫는 시간입니다.

## 수업 준비물

특징이 뚜렷한 캐릭터 이미지(뽀로로 등), 그림 그리는 학습지, 필기구, 색연필

## 활동 순서

1. 오감 중 '청각'의 중요성을 이야기하며 오늘의 활동을 소개한다.
2. 1명의 발표자를 선정하고, 다른 학생들에게는 보이지 않게 캐릭터 이미지를 보여 준다.
3. 발표자는 캐릭터의 이름을 말하지 않고, 생김새와 특징을 자세히 설명한다.
4. 다른 학생들은 설명을 들으며 그림을 그리고, 궁금한 점을 계속 질문한다.
5. 정해진 시간이 지나면 모두 그림을 공개하고 원본 이미지와 비교해 본다.
6. 어떤 설명이 그림을 그리는 데 도움이 되었는지, 어떤 질문이 좋았는지 이야기를 나눈다.
7. 역할을 바꾸어 새로운 캐릭터로 활동을 반복한다.

## 상현달 선생님의 수업 사전

활동에 사용할 캐릭터는 학생들에게 친숙하면서도 색깔, 모양, 액세서리 등 묘사할 특징이 풍부한 것으로 선정하세요. (예: 피카츄, 스폰지밥, 손흥민) 본 활동 전, 교사가 먼저 시범을 보여 주세요. 너무 추상적인 설명("착하게 생겼어요.")보다는 "눈썹은 위로 올라가 있고, 입은 크게 웃고 있어요."와 같이 구체적으로 설명하는 방법을 안내하는 것이 중요합니다. 질문할 때도 "오른쪽 손에 무엇을 들고 있나요?"처럼 구체적인 질문을 하도록 유도하세요. 그림 실력보다는 소통 과정을 칭찬하여 모든 학생이 즐겁게 참여하도록 격려하는 분위기를 만들어 주세요. 활동이 끝난 후에는 학생들의 작품을 모아 '소리로 그린 그림' 전시회를 열면 멋진 마무리가 될 수 있습니다.

# 우리 반 DDR 킹은 누구일까?

신나는 음악과 손발 도안으로 즐기는 반응 속도 대결!

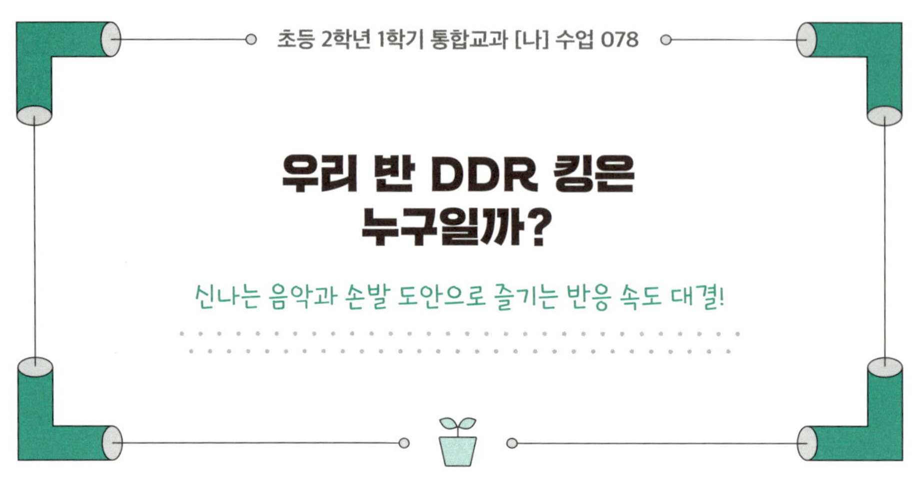

핀터레스트에서 오른손, 왼손, 오른발, 왼발, 두 손, 두 발 6가지의 특징적인 손과 발 도안을 찾아 출력했습니다. 학생들은 도안을 자신들의 손과 발이라고 생각하고 개성 있게 색칠하며 신체 활동에 대한 기대감으로 들떴습니다.

첫 번째 활동은 6가지 도안을 바닥에 펼쳐 놓고 교사가 말하는 위치에 해당하는 신체 부위를 빠르게 올리는 것입니다. "오른손!" 하고 외치면 학생들은 오른손 도안에 자신의 오른손을 올리고, "왼손, 두 발!" 하고 외치면 동시에 왼손과 두 발을 각각의 도안 위에 올립니다. 처음에는 헷갈려하던 학생들도 점차 익숙해지면서 반응 속도가 점점 빨라지는 모습을 보입니다. 이 활동을 통해 학생들은 신체 부위와 방향을 인지하고, 지시에 따라 재빠르게 반응하는 능력을 기릅니다.

다음으로 유튜브에서 〈손바닥 발바닥 DDR〉 영상을 찾아 활동합니다. 이 영상은 쉬운 버전부터 어려운 버전까지 단계별로 구성되어 있어 학생들 수준에 맞춰 도전할 수 있지요. 신나는 음악에 맞춰 화면에 나타나는 손발 모양에 따라 학생들은 정신없이 몸을 움직입니다.

마지막으로 모둠별 릴레이 경주를 진행했습니다. 두 모둠으로 나누어 도안을 똑같이 배치하고, 출발 신호와 함께 첫 번째 주자가 손발 도안을 순서대로 짚으며 전진합니다. 끝까지 도착하면 다음 주자가 출발하는 방식으로, 모든 모둠원이 먼저 통과하는 팀이 승리하는 게임입니다.

## 수업 준비물

손발 도안(오른손·왼손·오른발·왼발·두 손·두 발), 색연필, 넓은 활동 공간
유튜브 〈손바닥 발바닥 DDR〉 영상

## 활동 순서

1. 6가지 손발 도안을 학생들 각자의 스타일로 예쁘게 색칠한다.
2. 교사가 말하는 신체 부위를 해당하는 도안 위에 빠르게 올려놓는 게임을 한다.
3. 〈손바닥 발바닥 DDR〉 영상을 보며 단계별로 동작을 따라 한다.
4. 두 모둠으로 나누어 손발 도안을 짚으며 전진하는 릴레이 경주를 한다.
5. 모든 모둠원이 통과할 때까지 응원하며 협동심을 기른다.
6. 활동이 끝난 후, 가장 어려웠던 동작과 재미있던 순간에 대해 이야기를 나눈다.
7. 땀 흘리며 열심히 참여한 서로를 칭찬하며 마무리한다.

## 상현달 선생님의 수업 사전

활동 전 바닥의 장애물을 모두 치우고, 학생들이 미끄러지지 않도록 바닥 상태를 확인하세요. 손발 도안은 코팅하여 사용하면 여러 번 사용할 수 있어 경제적입니다. DDR 영상은 학생들 수준에 맞춰 쉬운 단계부터 시작하여 점차 난도를 높여야 학생들이 포기하지 않고 성취감을 느낄 수 있습니다. 릴레이 경주 시에는 학생 간의 간격을 충분히 유지하여 충돌 사고를 예방하고, 상대 팀을 존중하며 응원하는 페어플레이 정신을 강조하세요. 활동량이 많으므로 중간중간 물을 마시는 시간을 꼭 가지고, 수업 후에는 스트레칭으로 몸을 풀어 주는 것이 좋습니다.

# 내 마음을 읽어 봐!
# 감정의 마법사로 변신하기

감정 카드와 태블릿으로 나타내는 표정 연기, 웃음 폭탄 얼굴 합성 챌린지!

오늘은 아이들과 감정 카드를 활용해 4가지 다채로운 활동을 진행합니다. 감정 카드에는 우리가 생활 속에서 느끼는 기쁨, 슬픔, 분노 같은 감정이 낱말과 그림으로 표현되어 있어요. 평소에 자주 표현하는 감정도 있지만 말로는 표현하기 애매한 미묘한 감정도 섞여 있어, 학생들은 자신의 감정 세계를 더 넓고 깊게 탐색하게 됩니다.

첫 번째 활동은 '감정 표현하기'입니다. 감정 카드를 보여 주자 아이들은 저마다 편안한 표정과 몸짓으로 감정을 나타냅니다. 두 번째는 '감정 맞추기' 퀴즈입니다. 한 학생이 앞으로 나와 카드 1장을 뽑고, 카드에 해당하는 감정을 말없이 행동과 표정으로만 표현합니다. 나머지 친구들은 그 모습을 보고 어떤 감정인지 맞추며, 비언어적 소통 능력과 공감 능력을 기릅니다.

세 번째 활동은 모둠별로 감정 카드를 활용한 '이야기 만들기'입니다. 아이들은 마음에 드는 카드를 1장씩 선택하고, 돌아가며 자신의 감정 카드 낱말이 들어간 문장을 만들어 앞사람의 이야기에 연결합니다. 엉뚱하고 기발한 이야기가 꼬리에 꼬리를 물면서 교실은 창의적인 상상력으로 가득 찹니다. 네 번째 활동은 태블릿을 활용한 '얼굴 합성' 놀이입니다. 2인 1조가 되어 친구 얼굴의 절반을 사진으로 찍고, 자신의 얼굴과 합성하여 새로운 얼굴을 만듭니다. 처음에는 얼굴 크기가 맞지 않아 여러 번 실패하지만, 시행착오 끝에 절묘하게 합쳐진 기상천외한 얼굴을 만들어 냅니다.

이제 학생들은 감정 카드를 뽑아 친구와 함께 카드에 해당하는 감정을 합성 사진으로 표현합니다. 놀람, 억울함, 여유로움, 슬픔 등 다양한 감정의 특징을 표정으로 포착하여 하나의 작품으로 완성합니다.

## 수업 준비물

감정 카드, 태블릿, 얼굴 합성용 카메라 앱

## 활동 순서

1. 교사가 제시하는 감정 카드를 보고 표정과 몸짓으로 표현해 본다.
2. 1명이 감정 카드 1장을 뽑아 말없이 표현하고, 나머지는 어떤 감정인지 맞춘다.
3. 모둠별로 감정 카드를 활용하여 앞사람의 이야기에 이어지는 릴레이 이야기를 만든다.
4. 2인 1조로 태블릿을 이용해 서로의 얼굴 절반을 찍어 하나의 얼굴로 합성한다.
5. 새로운 감정 카드를 뽑아 합성한 얼굴로 해당 감정을 표현하는 사진을 찍는다.
6. 완성한 감정 표현 사진들을 함께 보며 어떤 감정인지 맞춰 보고 즐거움을 나눈다.

## 상현달 선생님의 수업 사전

이야기 만들기 활동 시, 이야기가 막히는 모둠에는 교사가 "그때 갑자기……." 같은 말로 힌트를 주어 상상력을 자극할 수 있습니다. 얼굴 합성 놀이는 학생들이 완벽한 결과물에 집착하지 않고, 친구와 협력하여 창의적인 표정을 만드는 과정 자체를 즐기도록 격려하는 것이 중요합니다. 다양한 표정을 찍은 사진들을 모아서 '우리 반 감정 사전' 포스터를 만들거나, 학급 회의 시 자신의 기분을 표현하는 도구로 활용하면 학습 효과를 확장할 수 있습니다.

# 감정을 기록한 카플라, '사랑해요'를 향해 발사!

힘과 방향을 조절해 목표를 명중하는 짜릿한 감정 놀이

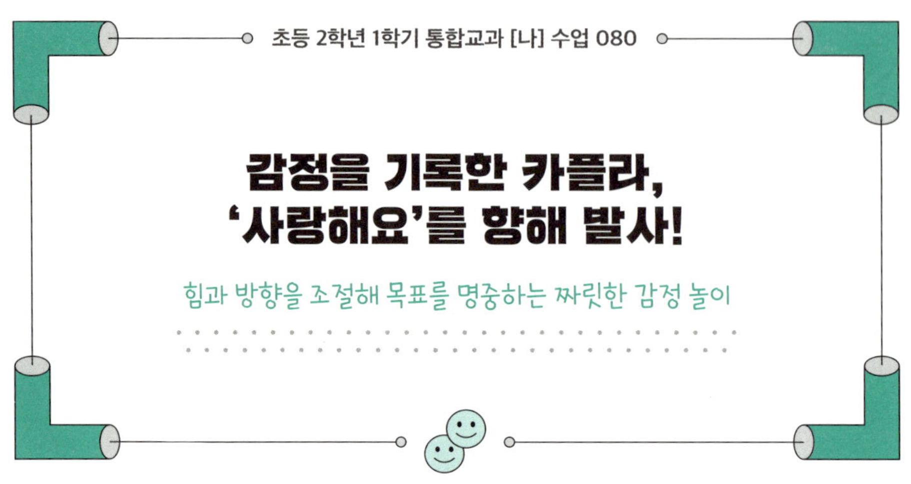

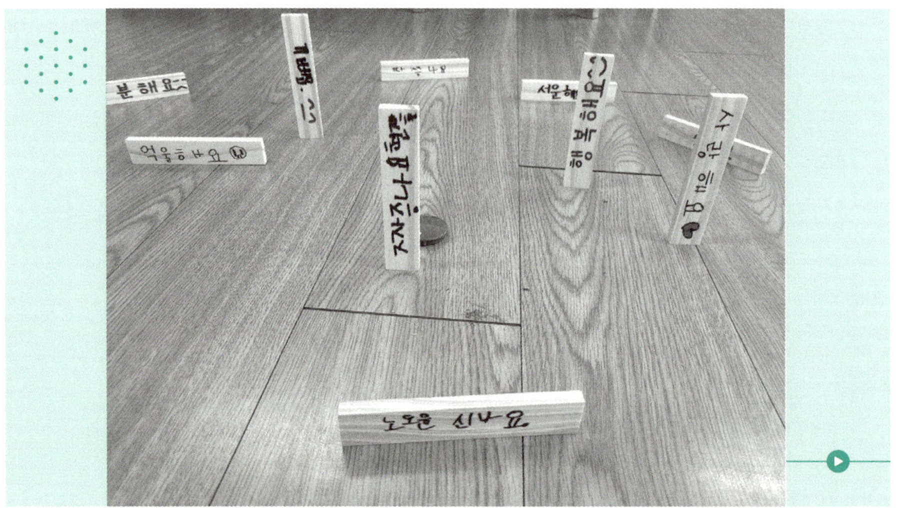

그동안 아이들은 감정을 글로 쓰고, 그림으로 표현하고, 몸으로 나타내며 다양한 방식으로 자신의 마음을 탐색해 왔습니다. 오늘은 이 감정들을 나무 블록 카플라에 기록하고, 물리적인 힘과 전략이 결합된 특별한 놀이를 합니다. 먼저 아이들은 개인별로 카플라 4개를 받고, 이 중 2개에는 '행복해요', '신나요' 같은 긍정적인 감정을, 다른 2개에는 '속상해요', '화나요' 같은 부정적인 감정을 적습니다.

학생들이 감정을 기록한 카플라를 모두 한곳에 모은 후, 가로와 세로 방향을 섞어 가며 바닥에 촘촘히 세워 거대한 감정의 숲을 만듭니다. 여기에 재미와 도전 요소를 더하기 위해, 세워진 카플라 사이에 자석이나 작은 상자 같은 장애물을 놓아 둡니다. 이제 모든 준비가 끝났습니다. 아이들은 출발선에 서서, 아무것도 쓰여 있지 않은 카플라 하나를 손에 쥐고 숨을 고릅니다. 차례가 되면 카플라를 바닥에 대고 감정의 숲을 향해 힘껏 밀어냅니다.

바닥에서 미끄러져 나간 카플라는 예상치 못하게 장애물에 걸려 멈추기도 하고, 전혀 다른 방향으로 튕겨 나가기도 하지요. 하지만 실패가 반복될수록 아이들은 목표를 맞추기 위해 힘과 방향을 미세하게 조절하기 시작합니다. 어떻게 하면 장애물을 피할 수 있을까? 어떤 각도로 밀어야 도미노처럼 여러 개를 쓰러뜨릴 수 있을까? 고민하는 눈빛이 사뭇 진지합니다. 마침내 한 학생의 카플라가 정확히 날아가 '사랑해요'가 쓰인 목표 카플라를 쓰러뜨리자, 교실에는 환호성이 터져 나옵니다.

이 놀이의 핵심은 단순히 많은 카플라를 넘어뜨리는 것이 아니라, 수많은 감정 속에서 '사랑해요'라는 긍정적인 목표를 정확히 명중시키는 것입니다.

## 수업 준비물

카플라 블록, 펜, 장애물로 사용할 작은 자석이나 상자, 보상용 간식(멘토스 등)

## 활동 순서

1. 학생들에게 카플라 4개를 나누어 주고, 2개는 긍정 감정, 2개는 부정 감정을 적게 한다.
2. 모든 감정 카플라를 모아 바닥에 세우고, 중간중간 장애물을 배치한다.
3. '사랑해요' 등 특정한 긍정 감정 카플라를 목표로 지정한다.
4. 학생들은 정해진 위치에서 빈 카플라를 밀어 목표 카플라를 쓰러뜨린다.
5. 목표 카플라를 쓰러뜨린 학생에게 작은 보상을 제공한다.
6. 놀이가 끝난 후, 보상을 받은 학생들이 자발적으로 친구들과 간식을 나누어 먹도록 유도한다.

## 상현달 선생님의 수업 사전

카플라를 세울 때는 간격을 너무 좁거나 넓지 않게 조절하여 한 번에 모두 쓰러지는 것을 방지하고, 도미노 효과가 적절히 일어나도록 조정하세요. 장애물의 위치와 개수는 학생들이 익숙해짐에 따라 난도를 높여 가며 변경할 수 있습니다. 힘 조절이 어려운 저학년의 경우, 출발선을 더 가깝게 해 주거나 장애물을 줄여 성공 경험을 먼저 맛보게 하는 것이 중요합니다. 목표 카플라를 '사랑해요' 외에 '고마워요', '괜찮아요' 등 긍정적 상호작용을 유도하는 다른 낱말로 여러 개 설정해도 좋습니다.

# 나쁜 감정들아,
# 다 날아가라!

종이컵 볼링과 신문지 눈보라로 스트레스를 시원하게 날려 버려요

오늘은 종이컵에 학생들이 평소 느꼈던 '짜증', '속상함', '미움' 같은 좋지 않은 감정이나 고치고 싶은 나쁜 습관을 직접 매직펜으로 기록하게 합니다. 이렇게 각자의 부정적인 감정이 담긴 종이컵들을 책상 위에 모아 나쁜 감정의 탑을 만듭니다. 중요한 것은 나쁜 감정이 드는 것을 억지로 막는 것이 아니라, 건강한 방법으로 해소하고 긍정적인 감정으로 전환하는 법을 배우는 것입니다.

이제 아이들은 신문지를 단단히 뭉쳐서, 책상 위에 세워진 나쁜 감정 종이컵들을 향해 힘차게 던집니다. '쾅!' 하는 소리와 함께 '짜증' 컵이 날아가고 '미움' 컵이 쓰러질 때마다 아이들은 자신의 손으로 부정적인 감정을 무너뜨리는 것 같은 짜릿한 해방감을 느낍니다.

다음 활동은 '신문지를 활용한 스트레스 해소' 시간입니다. 학생들은 각자 신문지를 들고 자신을 화나게 하고 짜증 나게 했던 일을 외치며 마음껏 찢습니다. 2학년 아이들이지만 마음속에 쌓인 감정이 생각보다 많군요.

신문지를 잘게 찢으며 1차로 감정을 해소한 아이들은, 이제 양손 가득 찢어진 신문지를 들고 하늘 높이 던지며 2차로 스트레스를 날려 보냅니다. 교실에 하얀 신문지 눈이 내리는 듯한 장관이 연출되고, 아이들은 함께 소리를 지르며 쌓였던 감정을 시원하게 풀어 냅니다.

마지막으로 가장 중요한 과정이 하나 남아 있습니다. 바로 '뒷정리'입니다. 스트레스는 다양한 방법으로 풀 수 있지만, 중요한 것은 주위에 피해를 주지 않는 바른 방법이어야 합니다. 아이들이 가슴 뻥 뚫리게 스트레스를 날렸다면, 이제는 흩어진 신문지를 함께 치우며 자신의 마음도 차분하게 정리하는 시간을 갖습니다.

## 수업 준비물

종이컵, 매직펜, 폐신문지, 대형 쓰레기봉투

## 활동 순서

1. 종이컵에 자신이 없애고 싶은 나쁜 감정이나 습관을 적는다.
2. 감정이 적힌 종이컵들을 책상 위에 모아 성처럼 쌓는다.
3. 신문지를 뭉쳐 공을 만든 후, 종이컵 성을 향해 던져 쓰러뜨린다.
4. 각자 신문지를 들고 스트레스를 받은 일을 외치며 마음껏 찢는다.
5. 찢은 신문지를 하늘 높이 던지고 소리를 지르며 감정을 발산한다.
6. 신나는 음악에 맞춰 모든 학생이 협력하여 흩어진 신문지를 깨끗하게 정리한다.

## 상현달 선생님의 수업 사전

활동 시작 전, 학생들이 부정적인 감정을 표현하는 것을 두려워하지 않도록 "어떤 감정이든 괜찮아요. 솔직하게 써 봅시다."라고 격려하며 안전하고 허용적인 분위기를 만들어 주세요. 신문지를 찢고 던지는 활동은 생각보다 많은 먼지를 유발하므로, 수업 전후로 교실 창문을 열어 충분히 환기하는 것이 좋습니다. 뒷정리 시간에는 경쟁적으로 빨리 치우게 하기보다, 차분한 음악을 틀어 주고 다 함께 협력하여 원래의 상태로 되돌리는 과정 자체의 의미를 강조합니다.

# 친구의 온몸에 칭찬을 가득!
# 칭찬 포스트잇 배틀

나를 칭찬하는 포스트잇으로 친구의 몸을 감싸는 놀이

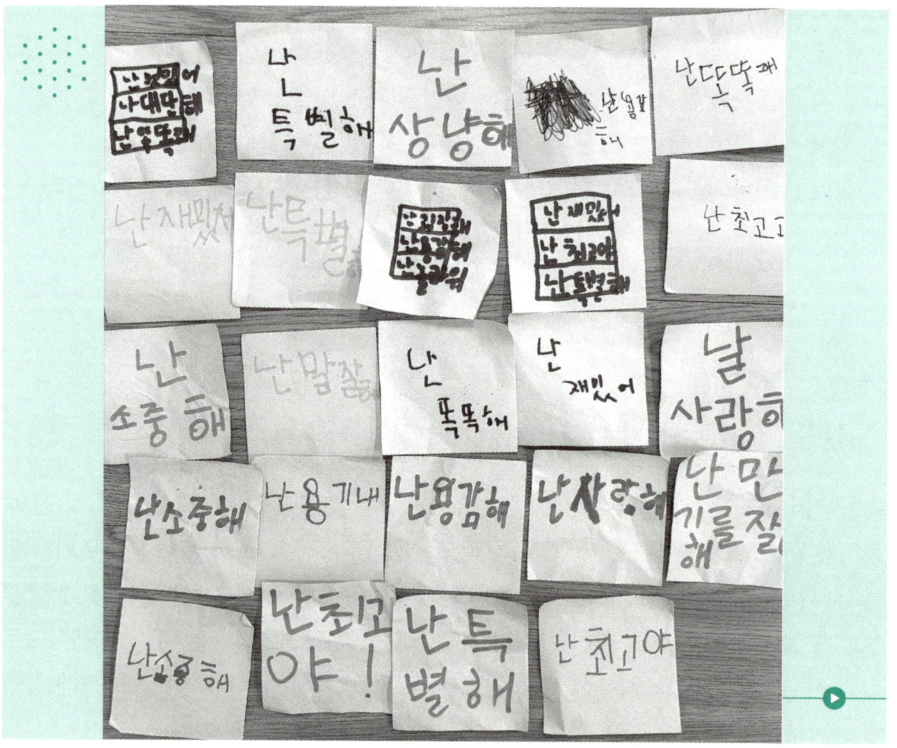



초등 통합교과 수업 대백과 152

오늘 활동은 바로 '자기 사랑'에서 출발하여 친구에 대한 존중으로 확장하는 특별한 칭찬 놀이입니다. 먼저 학생들은 포스트잇에 스스로를 칭찬하는 문장을 하나씩 정성껏 씁니다. "나는 웃는 모습이 예뻐.", "나는 친구에게 친절해.", "나는 달리기를 잘해."와 같이 각자의 장점을 찾아냅니다.

칭찬할 내용이 많은 학생들은 여러 장의 포스트잇에 자신의 멋진 점을 가득 채웁니다. 반면 선뜻 무엇을 써야 할지 망설이는 학생들에게는 친구들이 "너는 그림을 잘 그리잖아!", "발표를 잘해!"라며 칭찬거리를 찾아 줍니다. 이렇게 학생들이 자신의 장점을 발견하며 쓴 칭찬 포스트잇을 가지고 이제 진짜 놀이를 시작합니다. 학생들은 칭찬 문장이 적힌 포스트잇을 하나씩 들고, 바닥의 마커 위에 서서 친구와 마주 봅니다.

"시작!"이라는 외침과 함께, 학생들은 칭찬 포스트잇을 친구의 팔이나 다리, 등에 붙이기 위해 빠르게 움직입니다. 포스트잇이 친구의 몸에 2초 이상 단단히 붙어 있어야만 성공입니다. 이 놀이는 상대방에게 더 많은 '칭찬'을 붙이는 사람이 이기는, 세상에서 가장 따뜻한 대결입니다. 놀이가 끝난 후, 학생들은 자신의 몸에 붙은 칭찬 포스트잇을 하나씩 떼어 읽어 봅니다.

'네가 소중하고 사랑스러운 만큼, 우리 반 친구들도 모두 사랑스럽고 소중한 존재란다.'라는 생각을 갖게 하는 게 목적입니다. 이 놀이를 통해 학생들은 머리가 아닌 몸으로, 경쟁이 아닌 놀이로 서로를 존중하고 사랑하는 법을 배웁니다. 오늘, 우리 교실에는 세상에서 가장 아름다운 칭찬의 꽃들이 활짝 피었습니다.

포스트잇, 펜, 마커(출발선 표시용)

1. 포스트잇에 "나는 ~해서 멋지다."와 같이 자신을 칭찬하는 문장을 여러 개 쓴다.
2. 2인 1조로 짝을 이루어 바닥의 마커 위에 마주 보고 선다.
3. 시작 신호와 함께, 자신이 쓴 칭찬 포스트잇을 상대방의 몸(팔, 다리, 등)에 붙인다.
4. 포스트잇이 2초 이상 떨어지지 않고 붙어 있어야 성공으로 인정한다.
5. 정해진 시간 동안 더 많은 칭찬 포스트잇을 친구에게 붙인 사람이 승리한다.
6. 놀이가 끝난 후, 각자 몸에 붙은 칭찬 포스트잇을 읽으며 친구에게 고마움을 표현한다.

스스로를 칭찬하는 것을 어려워하는 학생들을 위해, '내가 잘하는 것', '나의 좋은 성격', '내가 가진 멋진 생각' 등 칭찬의 범주를 칠판에 미리 적어 주면 아이디어를 얻는 데 도움이 됩니다. 포스트잇의 접착력이 약해 옷에 잘 붙지 않을 수 있으니, 놀이 시작 전 학생들이 입은 옷의 재질을 확인하거나 '반팔, 반바지 등 옷에만 붙이기' 같은 규칙을 정하는 것이 좋습니다. 활동 공간을 충분히 확보하고, 아이들이 너무 격렬하게 움직여 부딪히지 않도록 '마커 벗어나지 않기', '친구 밀지 않기' 등 안전 규칙을 반드시 안내하세요. 활동 후, 각자 받은 칭찬 포스트잇을 자신의 책상이나 사물함에 붙여 두게 하면, 볼 때마다 긍정적인 자기 인식을 강화하는 효과를 지속할 수 있습니다.

# 넘어져도 괜찮아,
# 다시 일어서면 돼!

균형, 협력, 순발력의 한계에 도전하는 3종 신체 탐험 챌린지

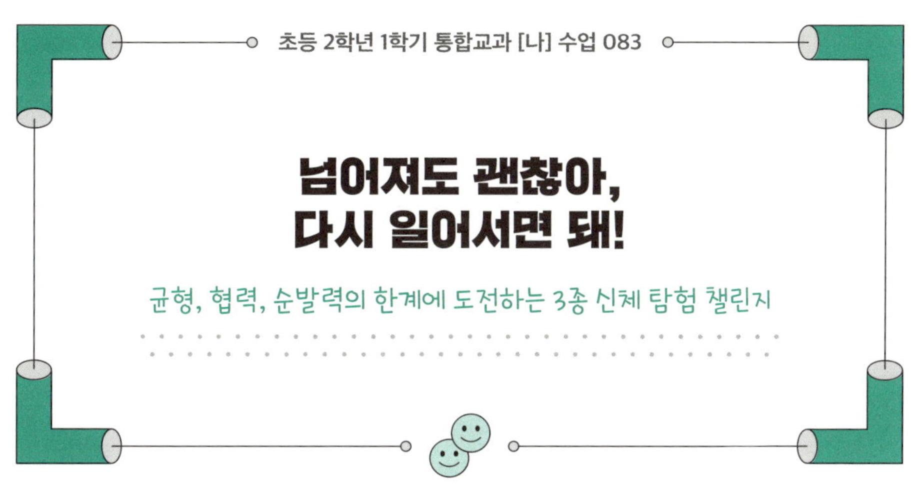

첫 번째 놀이는 바로 '협력 일어서기'입니다. 먼저 2명이 바닥에 마주 앉아 발을 서로 붙이고 손을 잡은 채, "하나, 둘, 셋!" 구령에 맞춰 서로를 끌어당기며 동시에 일어섭니다. 이 활동은 힘과 타이밍이 맞지 않으면 번번이 실패하기 때

문에, 성공하기 위해서는 서로 호흡을 맞추는 것이 무엇보다 중요합니다. 성공과 실패를 반복하며 아이들은 자연스럽게 "조금만 더 세게 당겨 줘!", "동시에 일어나야 해!" 하고 외치며 전략을 수정해 나가지요. 다음으로 4명이 모여 발을 모으고 손을 잡아당기며 일어서는 고난도 미션에 도전합니다. 손을 원으로 잡을지, 지그재그로 엇갈려 잡을지 다양한 방법을 시도하며 최적의 해결책을 찾아갑니다.

두 번째 놀이는 '이마 위 종이컵 균형 잡기'입니다. 교실 바닥에 누운 상태에서 이마에 종이컵을 올리고, 오직 몸의 균형과 근력만으로 종이컵을 떨어뜨리지 않고 일어서는 미션이에요. 몇 번의 실패 끝에 한 학생이 마침내 성공하자, 교실에서는 박수와 환호가 터져 나옵니다. 성공한 학생들에게는 일어선 후 다시 눕는 추가 미션을 부여하여 도전 의식을 자극했습니다.

세 번째 놀이는 '빙글빙글 꼬리 잡기'입니다. 방어하는 학생들은 중앙에 놓인 콘을 중심으로 빙글빙글 돌면서 자신의 꼬리(손수건 등)를 지켜야 합니다. 술래는 빠른 방향 전환과 속임 동작으로 방어하는 친구들을 현혹하며 꼬리를 떼기 위해 민첩하게 움직여야 합니다. 이 놀이는 순발력, 민첩성, 균형 감각은 물론 예측 능력까지 요구하는 고차원적인 신체 활동입니다.

학생들은 3가지 흥미진진한 놀이를 통해 자신의 신체 능력 중 뛰어난 점과 부족한 점을 스스로 발견하며, 자신에 대한 이해를 한 뼘 더 키우는 소중한 시간을 가졌습니다.

종이컵, 꼬리로 사용할 손수건이나 천, 중앙 표시용 콘, 넓은 활동 공간

1. 2인 1조로 마주 앉아 손을 잡고 동시에 일어서는 협력 일어서기를 시도한다.
2. 4인 1조로 난도를 높여 다양한 방법으로 함께 일어서는 방법을 탐색한다.
3. 바닥에 누워 이마에 종이컵을 올리고 떨어뜨리지 않고 일어서는 종이컵 균형 잡기에 도전한다.
4. 성공한 학생은 다시 눕는 미션까지 수행한다.
5. 중앙에 콘을 두고, 방어하는 학생은 돌면서 술래로부터 자신의 꼬리를 지킨다.
6. 술래는 민첩하게 움직여 방어하는 학생의 꼬리를 떼는 꼬리 잡기 놀이를 한다.

협력 일어서기 활동 시, 학생들이 서로 너무 세게 잡아당겨 손목에 무리가 가지 않도록 주의를 주세요. 종이컵 균형 잡기에서는 푹신한 매트를 깔아 두면 학생들이 실패에 대한 두려움 없이 더 과감하게 도전할 수 있습니다. 꼬리 잡기 놀이에서는 꼬리를 옷 안쪽에 살짝만 끼워 넣어 쉽게 뗄 수 있도록 하고, 술래가 방어하는 친구를 밀거나 잡지 않도록 규칙을 명확히 안내합니다.

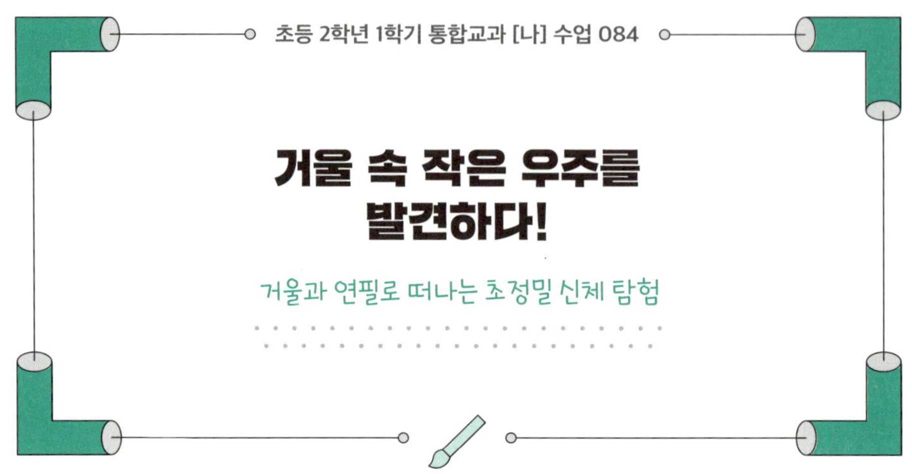

# 거울 속 작은 우주를 발견하다!

## 거울과 연필로 떠나는 초정밀 신체 탐험

　매일 매 순간 우리는 우리 몸과 함께 지내고 있습니다. 얼굴, 손, 발 등 어느 하나 보지 않고 지나는 날이 없지요. 하지만 매일 보는 우리의 신체 부위를 자세히, 꼼꼼하게 들여다본 적은 많지 않아요. 그래서 오늘은 학생들과 자신의 신체 부위 중 한 곳을 골라 현미경으로 관찰하듯 자세하게 그려 보는 시간을 가집니다. 이 활동은 그림 실력을 키우기 위함이 아니라, 익숙함에 속아 무심히 지나쳤던 '나' 자신을 새롭게 발견하는 관찰의 여정입니다.

　먼저 학생들은 어떤 신체 부위를 그릴지 선택합니다. 손은 직접 바라보면서 그릴 수 있지만, 눈이나 코, 입 등 얼굴 부위는 직접 볼 수 없기에 거울이라는 마법의 도구를 준비합니다. 거울 앞에 앉은 학생들은 진지한 표정으로 자신의 얼굴을 들여다보기 시작합니다. 평소와는 다르게 더 꼼꼼하게, 더 깊이 있게 관찰하며 그립니다. 손을 그리는 아이는 손등의 희미한 핏줄과 마디의 주름까지, 발을 그리는 아이는 발톱 모양과 발바닥 선까지 놓치지 않으려 애씁니다. 평소에는 동그라미 하나로 뭉뚱그려 그리던 눈은, 오늘만큼은 동공 속 작은 빛까지 담

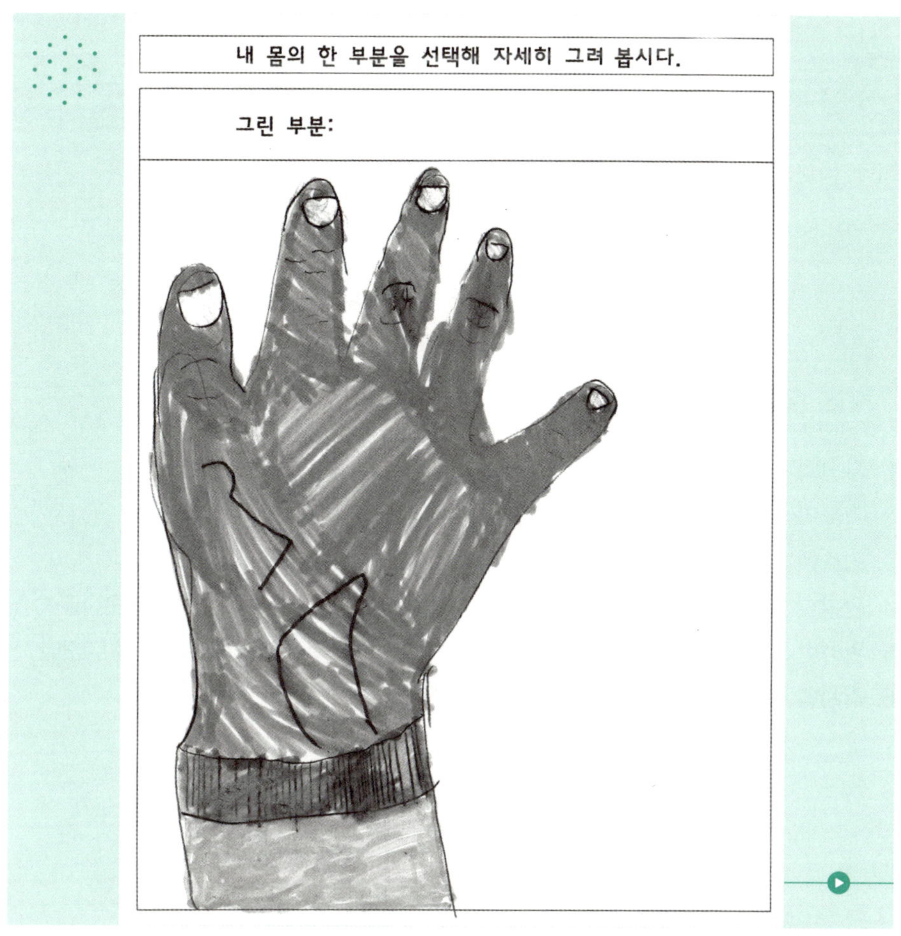

아내려는 듯 세밀한 관찰의 대상이 됩니다. 눈썹의 작은 털 한 올 한 올의 방향을 따라 그리고, 위아래로 난 속눈썹의 개수와 길이까지 표현하려 합니다. 이 과정을 통해 학생들은 자신의 몸이 얼마나 정교하고 아름다운 디테일로 가득 차 있는지 깨닫습니다.

거울, 돋보기(선택), 도화지, 연필, 세밀한 표현을 위한 펜

1. 자신의 신체 부위(손, 발, 눈, 코, 입 등) 중 관찰하고 싶은 한 곳을 정한다.
2. 거울이나 돋보기를 사용하여 선택한 부위를 아주 자세히 관찰한다.
3. 평소에는 보지 못했던 주름, 털, 점, 핏줄, 무늬 등 세밀한 부분을 찾아본다.
4. 관찰한 내용을 바탕으로, 발견한 모든 디테일을 포함하여 도화지에 그린다.
5. 완성한 그림을 친구들과 함께 보며, 어떤 새로운 점을 발견했는지 이야기를 나눈다.
6. 각자의 작품을 모아 '내 몸의 작은 우주' 전시회를 연다.

활동 시작 전, 먼저 교사가 자신의 손을 보여 주며 "여기 보면 손금 모양이 다 다르고, 마디마다 주름도 달라요."와 같이 구체적인 관찰 시범을 보여 주세요. 정답이나 잘 그린 그림은 없으며, 얼마나 새롭게 발견하는가가 중요하다고 강조하여 학생들의 부담을 덜어 주는 것이 좋습니다. 그림 그리기를 어려워하는 학생에게는 도화지를 4칸으로 나누어 각 칸에 다른 부위의 작은 부분(손톱, 눈썹 등)만 그리게 하는 방법도 효과적입니다. 활동 후에는 '내 몸에게 쓰는 감사 편지'나 '내가 발견한 내 몸의 비밀'이라는 주제로 짧은 글짓기를 연계하면, 관찰 활동을 자기 존중의 태도로 심화시킬 수 있습니다.

# 20년 후,
# 나는 무엇이 되어 있을까?

타임머신을 타고 떠나는 미래 여행

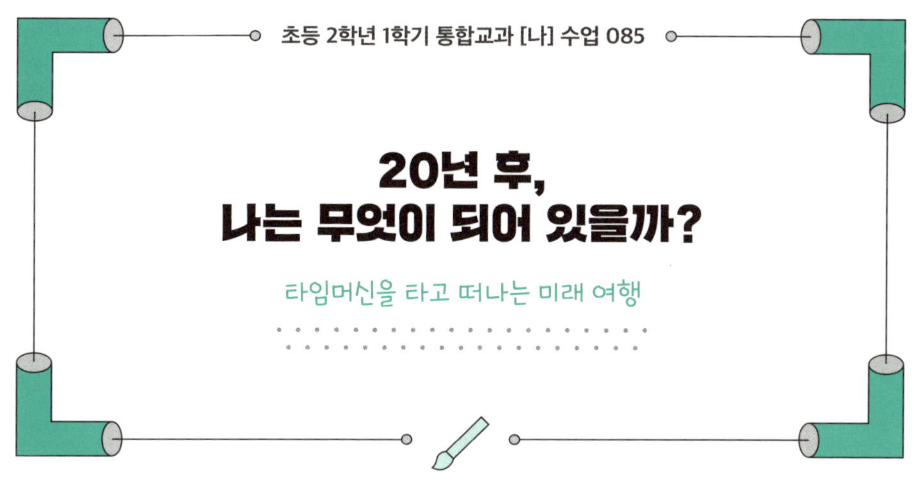

오늘 활동은 학생들의 현재 얼굴 사진을 타임머신 삼아, 20년 후 어른이 된 자신의 모습을 구체적으로 상상하고 그려 보는 시간입니다. 이를 위해 학생들의 얼굴 사진을 미리 편집하여 학습지에 넣고, 각자에게 나누어 주었습니다.

학습지를 받은 학생들의 눈이 반짝입니다. 자신의 얼굴 아래로 어른이 된 몸과 옷을 그려 넣으며, 학생들은 의사, 화가, 요리사 등 마음속에 품고 있는 다양한 꿈을 펼쳐 냅니다. 자신의 얼굴에 어울리는 크기로 몸을 그리고, 미래의 직업에 맞는 옷을 디자인하며 그림을 완성해 나갑니다. 그림과 함께 '나는 어떤 직업을 가진 어른이 되고 싶은가?', 그리고 '그때 무엇을 하며 살고 싶은가?'에 대해서도 학습지에 기록합니다.

학생들의 그림을 살펴보니, 대부분 '어떤 직업을 가질 것인가?'에 초점이 맞추어져 있어요. 하지만 어른의 삶은 직업만으로 채워지지 않습니다. 그래서 학생들에게 질문을 던졌습니다. "의사가 된 후에는 무엇을 하고 싶나요? 요리사가 되어서 누구에게 맛있는 음식을 해 주고 싶나요?" 이 질문을 통해 학생들은 직업을 넘어, '어떻게 살아갈 것인가?'를 고민하기 시작했습니다.

학생들은 자신의 꿈을 소개하고 이야기를 교환하며 서로의 꿈을 응원해 줍니다. 이 활동은 막연했던 미래를 구체적으로 그려 보게 함으로써, 학생들에게 꿈을 향한 긍정적인 기대감과 목표 의식을 심어 줍니다. 막연한 미래를 구체적인 현재의 언어로 표현할 때, 꿈은 현실이 됩니다. 20년 후의 내가 되어 보는 상상 놀이는 학생들에게 삶의 방향성을 제시하고, 오늘 하루를 살아가는 소중한 동기를 부여합니다.

## 수업 준비물

학생 얼굴 사진이 인쇄된 학습지, 연필, 색연필, 사인펜, 발표 자료

## 활동 순서

1. 어른이 된 자신의 모습을 상상하며 어떤 삶을 살고 싶은지 이야기를 나눈다.
2. 얼굴 사진이 있는 학습지를 받고, 어른이 된 자신의 몸과 옷, 배경을 그린다.
3. 미래의 직업과 그 직업을 통해 하고 싶은 일을 구체적으로 글과 그림으로 표현한다.
4. 완성한 그림을 친구들 앞에서 발표하며 자신의 꿈을 소개한다.
5. 친구들의 꿈을 응원하고, 다양한 미래의 모습에 대해 이야기를 나눈다.
6. 완성한 작품을 모아 '우리 반의 빛나는 미래' 전시를 연다.

## 상현달 선생님의 수업 사전

학생들의 얼굴 사진은 증명 사진처럼 정면을 바라보는 사진을 사용하고, A4 용지 상단에 적당한 크기로 인쇄하여 그림 그릴 공간을 충분히 확보하세요. 활동 시작 전, 직업 말고 어떤 어른이 되고 싶은지 상상해 보자고 안내해 학생들이 '행복한 사람', '남을 돕는 사람' 등 가치 중심의 미래를 상상하도록 유도하는 것이 중요합니다. 학생들이 발표할 때는 그림 실력보다 꿈의 내용과 이유에 집중하여 칭찬하고, "왜 그 꿈을 갖게 되었나요?" 같은 질문으로 생각을 확장해 주세요. 활동 후, 학생들의 그림을 모아 '미래 명함'을 만들거나, 1년 뒤에 다시 열어 볼 '꿈 타임캡슐'로 만드는 것도 의미 있는 확장 활동이 될 수 있습니다.

| 10권 |

# 초등 2학년 1학기 통합교과 수업
# 자연

# 동물 이름 쓰면서
# 그림 그리기

## 한 글자 한 글자가 기적이 되는 OHP 필름 속 비밀 메시지

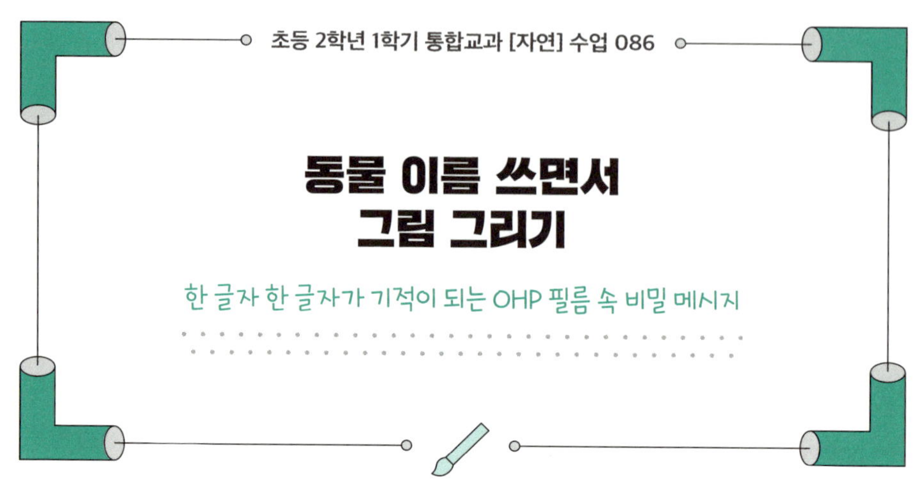

오늘은 학생들과 함께 멸종 위기 동물에 대해 알아보고, 특별한 방법으로 이들에게 사랑과 위로의 메시지를 전하는 활동을 진행합니다. 먼저 멸종 위기 동물 도안을 준비하고, 시베리아호랑이, 북극곰, 바다거북, 판다 등 어떤 동물들에

게 우리의 도움이 필요한지 함께 이야기를 나눕니다. 학생들은 사진을 보며 "왜 이 동물들이 위험해졌을까요?"라는 질문에 적절한 답을 생각합니다.

각자 가장 마음이 가는 멸종 위기 동물 도안을 선택한 후, 그 위에 투명한 OHP 필름을 올려놓고 테이프로 살짝 고정합니다. 이제 매직펜을 들고 특별한 그림 그리기를 시작합니다. 일반적인 색칠과는 다르게, 동물의 이름을 반복해서 쓰며 동물의 윤곽과 모양을 만들어 가는 방법입니다. "북극곰, 북극곰, 북극곰……." 하며 곰의 몸통을 채워 나가고, "바다거북, 바다거북……." 하며 거북이의 등껍질 무늬를 표현합니다.

동물 그리기가 완성되면, OHP 필름의 빈 공간에 동물에게 하고 싶은 진심 어린 말을 적어 넣습니다. "미안해, 북극곰아. 지구가 너무 뜨거워져서 얼음이 녹고 있어.", "바다거북아, 플라스틱 쓰레기 때문에 아프지? 우리가 도와줄게." 같은 따뜻한 메시지가 필름 위에 새겨집니다. 마지막으로 도안을 제거하면, 투명한 필름 위에 동물의 이름으로 만들어진 아름다운 실루엣과 사랑의 메시지가 완성됩니다. 이 작품들을 창문에 붙이면 햇빛이 통과하며 더욱 신비롭고 아름다운 모습을 연출하지요.

이 활동을 통해 학생들은 단순히 멸종 위기 동물에 대해 '아는' 것을 넘어, 진정으로 '걱정하고 사랑하는' 마음을 갖게 됩니다. 동물의 이름을 반복해서 쓰는 행위는 단순한 반복이 아닙니다. 이름을 한 번씩 부를 때마다 그 생명의 소중함을 마음에 새기는 과정입니다. 투명한 필름 위에 남겨진 학생들의 진심 어린 메시지는 멸종 위기 동물들을 잊지 않고 지켜주겠다는 아름다운 약속입니다.

멸종 위기 동물 도안, OHP 필름, 매직펜(다양한 색상), 테이프, 가위

## 활동 순서

1. 멸종 위기 동물과 그 원인에 대해 함께 이야기를 나눈다.
2. 각자 그리고 싶은 멸종 위기 동물 도안을 선택한다.
3. 도안 위에 OHP 필름을 올리고 테이프로 고정한다.
4. 매직펜으로 동물의 이름을 반복해서 써 가며 동물의 모양을 만든다.
5. 동물에게 하고 싶은 위로와 사랑의 메시지를 필름에 적는다.
6. 도안을 제거하고 완성한 투명 작품을 감상한다.
7. 작품을 창문이나 게시판에 전시하여 환경 보호 의식을 공유한다.

## 상현달 선생님의 수업 사전

멸종 위기 동물 도안은 너무 복잡하지 않고 윤곽이 뚜렷한 것으로 준비하세요. 북극곰, 판다, 코알라, 바다거북 등이 적합합니다. OHP 필름은 매직펜이 잘 써지는 것으로 선택하고, 다양한 색상의 매직펜을 준비하여 학생들이 창의적으로 표현할 수 있도록 합니다. 동물 이름을 쓸 때는 또박또박 쓰기보다 동물의 형태를 따라 구불구불, 동그랗게 쓰는 등 다양한 방식을 시도하도록 격려하세요. 활동 전 멸종 위기 동물에 대한 간단한 영상을 보여 주면 학생들의 관심과 이해도를 높일 수 있습니다. 완성한 작품은 햇빛이 잘 드는 창가에 전시하여 스테인드글라스 효과를 만들어 보세요.

# 수박 속엔
# 뭐가 있을까?

종이 접기 마법으로 만나는 보이지 않는 자연의 비밀

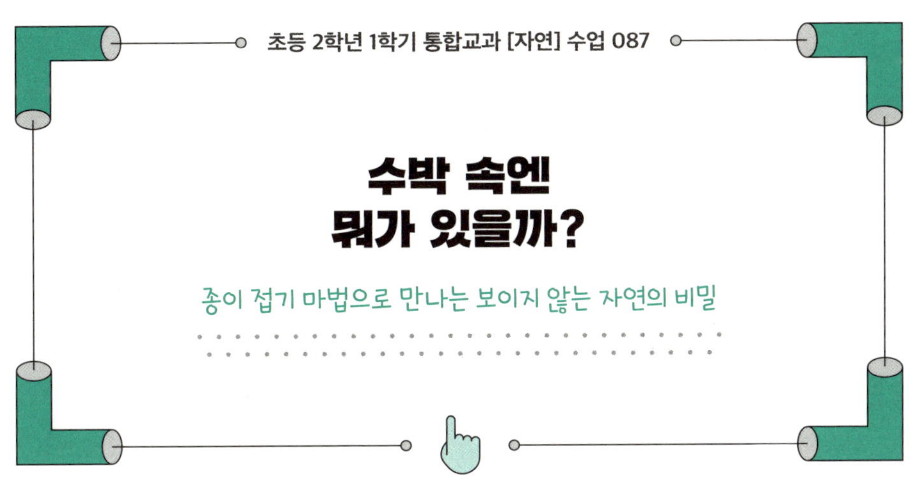

먼저 모둠원들과 땅속에 무엇이 있을지 이야기를 나눕니다. 학생들의 입에서는 두더지, 지하수 등 생각지도 못한 다양한 내용이 쏟아져 나오네요. 이렇게 브레인스토밍을 통해 나온 내용을 그림으로 표현합니다.

A4 용지를 절반으로 접은 후 접힌 밑부분을 다시 바깥으로 절반 접어 마치 2등분한 것처럼 만듭니다. 종이 윗면에는 땅 위에 보이는 것을 그림으로 표현하고, 종이 밑부분에는 땅속에 숨어 있는 것을 글로 표현합니다. 교사가 땅속이라고 안내했지만, 학생들은 "땅속", "나무 밑", "하늘 밑" 등 저마다 다른 표현을 사용합니다. 그때 한 학생이 "선생님, '수박 안에 무엇이 있을까'로 해도 되나요?" 하고 묻습니다. 갑자기 수박 안을 그리고 싶다고 하네요.

수박 역시 자연의 일부분이기 때문에 자유롭게 표현할 수 있도록 허용합니다. 또 다른 학생은 "선생님, 저는 '하늘 밑에는 무엇이 있을까'로 해 보고 싶어요."라고 말합니다. 같은 내용으로 안내해도 학생들은 이해하는 정도가 다르고, 표현하는 방식도 제각각입니다. 오늘은 땅속을 살펴보는 것이 배움의 과정이지만, 더 중요한 것은 자연의 숨겨진 모습에 대해 생각해 보는 것입니다. 그래서 이것도 자유롭게 표현하도록 허용했습니다. 하늘 밑에는 꽃과 나무, 그곳에서 놀고 있는 동물이 있을 거라고 생각했는데, 실제로는 소풍 나온 가족이 모여 앉아 음식을 먹으면서 즐겁게 웃고 있는 모습이 그려져 있었습니다.

땅속에 무엇이 있는지만 그리라고 했으면 수박 안에 무엇이 있는지 알 수 없었을 것입니다. 그리고 하늘 밑에서 웃고 있는 행복한 가족도 보지 못했을 것입니다. 학생들의 의견을 허용해 주고 조금 더 받아 준다면 생각지도 못한 다양한 창의적인 표현을 보게 됩니다.

## 수업 준비물

A4 용지, 연필, 색연필 또는 크레파스, 지우개

## 활동 순서

1. 모둠별로 땅속에 무엇이 있을지 자유롭게 브레인스토밍한다.
2. A4 용지를 절반으로 접고, 접힌 밑부분을 다시 바깥으로 절반 접는다.
3. 종이의 윗면에는 땅 위(또는 겉면)에 보이는 것을 그림으로 그린다.
4. 종이의 밑부분에는 땅속(또는 안쪽)에 숨어 있는 것을 그림과 글로 표현한다.
5. 학생들이 '수박 안', '하늘 밑' 등 다양한 주제를 제안하면 자유롭게 허용한다.
6. 완성한 작품을 친구들과 공유하며 각자의 상상력을 감상한다.

## 상현달 선생님의 수업 사전

'땅속'이라는 주제에서 벗어나더라도 '보이지 않는 곳 상상해 보기'라는 큰 틀 안에서 자유롭게 표현하도록 격려하는 것이 중요합니다. 종이 접기가 어려운 학생들에게는 교사가 미리 접어 주거나 친구들이 도와주도록 안내하세요. 그림을 그리기 전 정답은 없다고 강조하여 학생들이 부담 없이 상상력을 발휘할 수 있게 해 주세요. 활동 중 예상치 못한 아이디어가 나올 때는 "왜 그렇게 생각했나요?"라고 물어보며 학생들의 사고 과정을 존중하고 확장해 주는 것이 좋습니다.

# 카플라 5개로
# 지구의 기분을 그릴 수 있을까?

지구가 웃고 울고 화내는 표정, 나무 블록에 새긴 환경 사랑

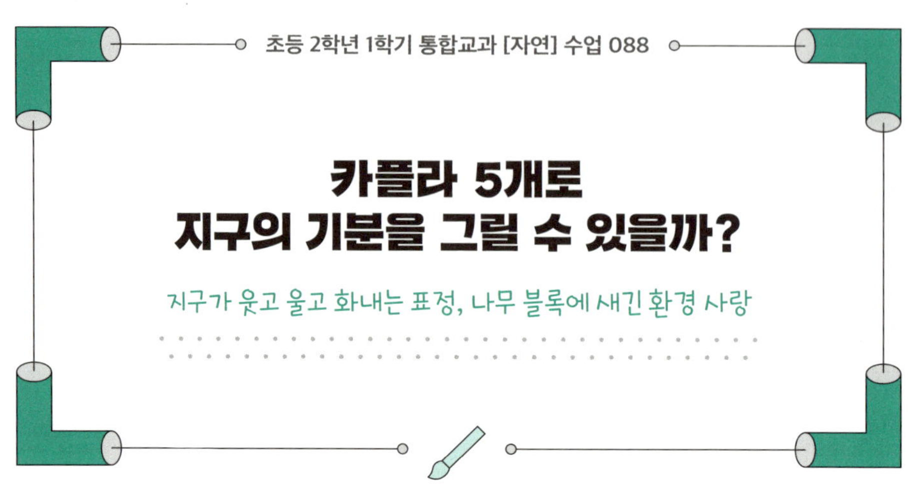

오늘은 학생들이 멋지고 아름다운 지구와 파괴되는 지구의 모습을 보면서
느낀 다양한 감정을 카플라를 활용해 표현해 보는 시간입니다. 먼저 학생들은
카플라 5조각을 일렬로 연결합니다. 이 작은 나무 블록들이 곧 지구의 감정을

담는 캔버스가 될 것입니다.

　다음으로 지구, 하면 떠오르는 감정을 연필을 사용해 카플라 조각에 하나씩 그립니다. 깨끗한 바다를 보며 느꼈던 기쁨, 쓰레기로 더럽혀진 해변을 보며 느꼈던 슬픔 등 학생들만의 솔직한 감정이 카플라 위에서 살아납니다. 연필로 밑그림을 그린 후에는 네임펜이나 매직펜을 사용해 선을 진하게 그으며 군데군데 색을 칠합니다.

　표정을 그린 그림이 완성된 후에는 카플라 조각을 뒤섞은 후 원래의 그림으로 맞춰 보는 퍼즐 게임을 합니다. 5개 조각으로 이루어진 자신만의 지구 표정을 다시 완성하는 과정에서 학생들은 자신이 그림으로 표현한 감정을 되새기게 됩니다. 다음으로 짝꿍과 카플라 조각을 교환한 후에 서로의 지구 표정을 맞춰 봅니다. 친구가 그린 지구의 감정을 이해하고 완성하는 과정에서 환경에 대한 다양한 시각을 공유하게 됩니다.

　마지막 단계는 모둠원 4명의 카플라를 모두 섞은 후에 표정을 모두 맞추는 미션입니다. 총 20개 카플라 조각이 뒤섞이기에 모든 표정을 맞추는 데 협력이 필요합니다. 학생들은 서로의 작품을 기억하며 "이건 지구가 화난 표정이야!" 와 같은 이야기를 나눕니다. 완성한 카플라 표정 그림은 뒷면에 테이프를 길게 붙여 교실 벽에 전시하여, 지구 환경을 생각하게 합니다.

카플라 블록(학생 1명당 5개), 연필, 네임펜 또는 매직펜(다양한 색상), 테이프

1. 지구의 아름다운 모습과 파괴된 모습에 대해 이야기를 나누며 감정을 떠올린다.
2. 카플라 5조각을 일렬로 연결하여 그림을 그릴 캔버스를 만든다.
3. 연필로 지구에 대한 감정을 표현하는 표정을 각각의 조각에 그리고 색칠한다.
4. 완성한 카플라 조각을 뒤섞고 원래 그림으로 맞춰 보는 퍼즐 게임을 한다.
5. 짝꿍과 카플라를 교환하여 서로의 지구 표정을 맞춰 본다.
6. 모둠원 4명의 카플라(총 20조각)를 모두 섞어 4가지 표정을 완성한다.
7. 완성한 작품을 교실에 전시하며 지구 환경 보호 의지를 다진다.

연필 밑그림이 너무 진하면 네임펜으로 덧그을 때 지저분해 보일 수 있으니 가볍게 그리도록 지도하세요. 퍼즐 맞추기 활동에서는 정답을 재빨리 찾는 것보다 친구들과 협력하며 소통하는 과정을 더 중요하게 여기도록 격려해 주세요. 모둠 활동 시 20개 조각이 섞이면 상당히 어려워지므로, 힌트를 주거나 시간을 충분히 제공합니다. 활동 후 "지구가 가장 기뻐할 때는 언제일까요?", "지구가 슬퍼하지 않게 하려면 우리가 뭘 해야 할까요?" 등의 질문을 통해 환경 보호 실천 의지로 연결하는 것이 중요합니다.



초등 통합교과 수업 대백과 152

# 딸기를 1,000배로 확대하면 무엇이 보일까?

## 현미경으로 발견한 딸기의 비밀

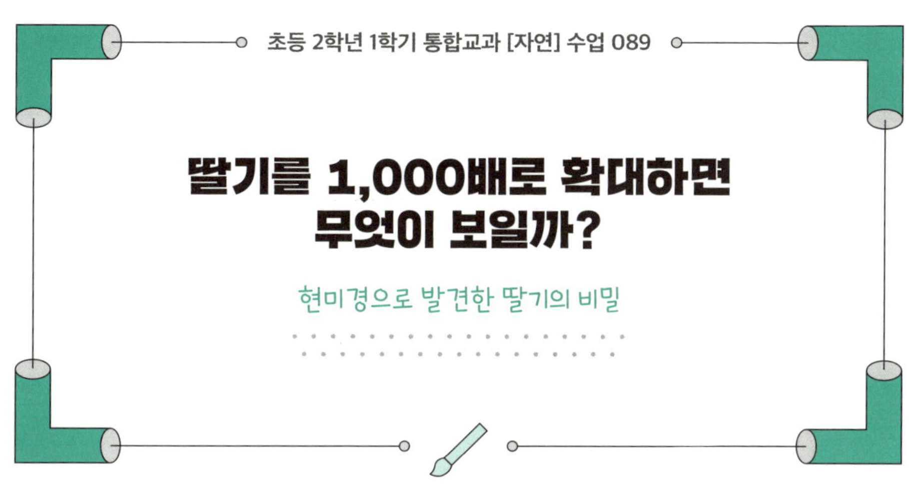

학교에서 전교생이 딸기 따기 체험 학습을 다녀왔습니다. 딸기 농장에서 한 상자 가득 채운 붉은 딸기를 교실로 가져와 몇 개 맛있게 먹은 후, 수업 시간에 직접 딴 딸기를 관찰하고 자세히 그려 보는 특별한 시간을 가졌습니다. 먼저

LED 라이트 현미경을 활용해 딸기를 관찰합니다. 이 현미경은 가볍고 이동이 간편하며 최대 1,000배까지 확대가 가능해 딸기의 미세한 부분까지 선명하게 관찰하기에 좋아요. 또한 컴퓨터 USB에 연결하여 큰 전자칠판 화면으로 모든 학생이 함께 볼 수 있어 더욱 효과적입니다.

현미경으로 딸기를 관찰하니 평소 눈으로는 보이지 않았던 작은 털과 굴곡진 모습이 선명하게 드러납니다. 딸기 표면에 촘촘히 박혀 있는 노란 씨앗과 그 주변의 미세한 털이 마치 다른 세계처럼 신비롭게 보이네요. 학생들은 실제 딸기와 현미경으로 확대한 딸기를 번갈아 보면서 "와! 이렇게 생겼구나!" 하며 감탄합니다. 눈으로만 보고 그리는 것과는 완전히 다르게, 학생들은 딸기 겉에 박혀 있는 노란 씨를 더욱 선명하고 정확하게 표현합니다. 맨눈으로는 전혀 보이지 않았던 딸기 겉면의 미세한 털까지 세밀하게 그려 넣습니다.

현미경을 통해 본 딸기의 진짜 모습을 놓치지 않으려고 애쓰는 모습에서, 학생들이 과학 관찰의 즐거움을 느끼고 있음을 알 수 있습니다. 자세히 보아야 예쁜 것도 있지만 자세히 보지 않아야 예쁜 것도 있습니다. 어떤 경우에는 더 묻지 않고 넘어가야 할 때도 있고, 알고도 그냥 가야 하는 경우도 있지요.

## 수업 준비물

딸기, LED 라이트 현미경(USB 연결 가능), 도화지, 연필, 색연필, 관찰 기록지

## 활동 순서

1. 딸기 따기 체험에서 가져온 딸기를 깨끗이 씻어 관찰용으로 준비한다.
2. LED 라이트 현미경을 컴퓨터에 연결해 전자칠판에서 함께 관찰하는 환경을 만든다.
3. 맨눈으로 딸기를 관찰하며 기본적인 특징을 파악한다.
4. 현미경으로 딸기를 최대 1,000배까지 확대하여 세밀한 부분을 관찰한다.
5. 현미경으로 본 딸기의 털, 씨앗, 표면 질감 등을 자세히 기록한다.
6. 관찰한 내용을 바탕으로 딸기를 정확하고 세밀하게 그린다.
7. 완성한 그림을 친구들과 비교하며 각자 발견한 특징을 공유한다.

## 상현달 선생님의 수업 사전

LED 라이트 현미경 사용 전 미리 조작법을 익히고, 학생들에게 안전한 사용법을 충분히 설명해 주세요. 딸기는 너무 무르지 않고 신선한 것으로 준비하여 현미경 관찰 시 선명한 상을 얻을 수 있도록 하세요. 현미경으로 관찰할 때는 학생들이 차례를 지켜 관찰하도록 하고, 전자칠판을 통해 모든 학생이 동시에 볼 수 있게 하는 것이 효과적입니다. 그림을 그릴 때는 '정확하게 그릴 것'이라는 부담보다는 '관찰한 것을 표현하는 즐거움'에 중점을 두도록 격려합니다. 활동 후에는 다른 과일이나 식물도 현미경으로 관찰해 보고 싶다는 호기심을 이어갈 수 있도록 후속 활동을 제안하는 것도 좋습니다.

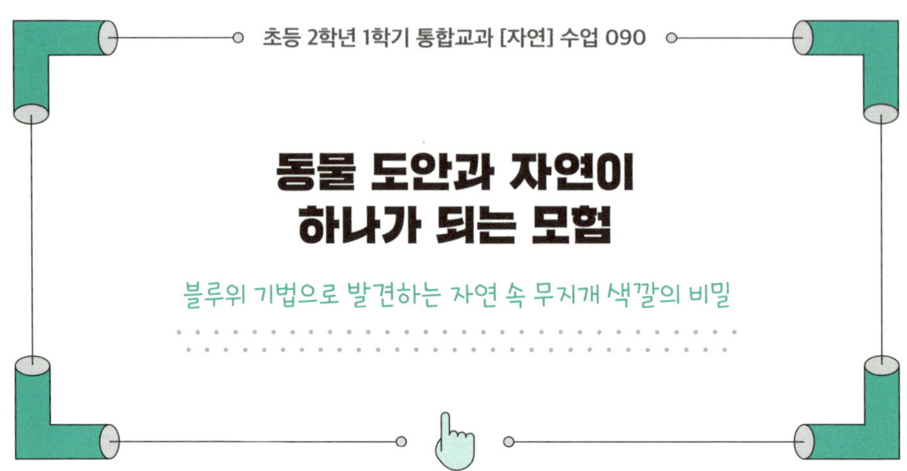

# 동물 도안과 자연이
# 하나가 되는 모험

블루위 기법으로 발견하는 자연 속 무지개 색깔의 비밀

다양한 동물 도안을 준비해서 학생들에게 하나씩 나누어 줍니다. 거북이, 토끼, 양 등 학생들이 좋아하는 친숙한 동물이 종이 위에서 우리를 기다리고 있어요. 학생들은 도안에서 잘라 낼 부분을 신중하게 정한 후, 가위를 사용해 그 부분을 조심스럽게 오려 냅니다.

오려 내지 않은 나머지 부분에는 색연필로 알록달록하게 색을 칠합니다. 동물의 몸은 칠하고 배 부분은 비워 두거나, 반대로 몸은 비워 두고 다른 부분만 칠하는 등 각자 창의적인 아이디어가 빛납니다. 도안의 한 부분을 자르고 나머지 부분에 색칠하는 과정이 끝나면, 진짜 모험이 시작됩니다. 교실 밖으로 나가 학교 곳곳을 걸으면서 자연물에 도안을 가져다 댄 후 사진을 찍습니다. (예술가 샤메크 블루위Shamekh Bluwi의 기법으로, 그림의 색감이나 패턴을 물감이나 펜이 아닌 실제 자연 풍경에서 찾습니다.)

같은 거북이지만 어떤 자연물 위에 있느냐에 따라 초록, 갈색, 흰색 등 완전히 다른 색을 나타냅니다. 노란 꽃 위에 놓인 토끼는 노란 토끼가 되고, 빨간 꽃

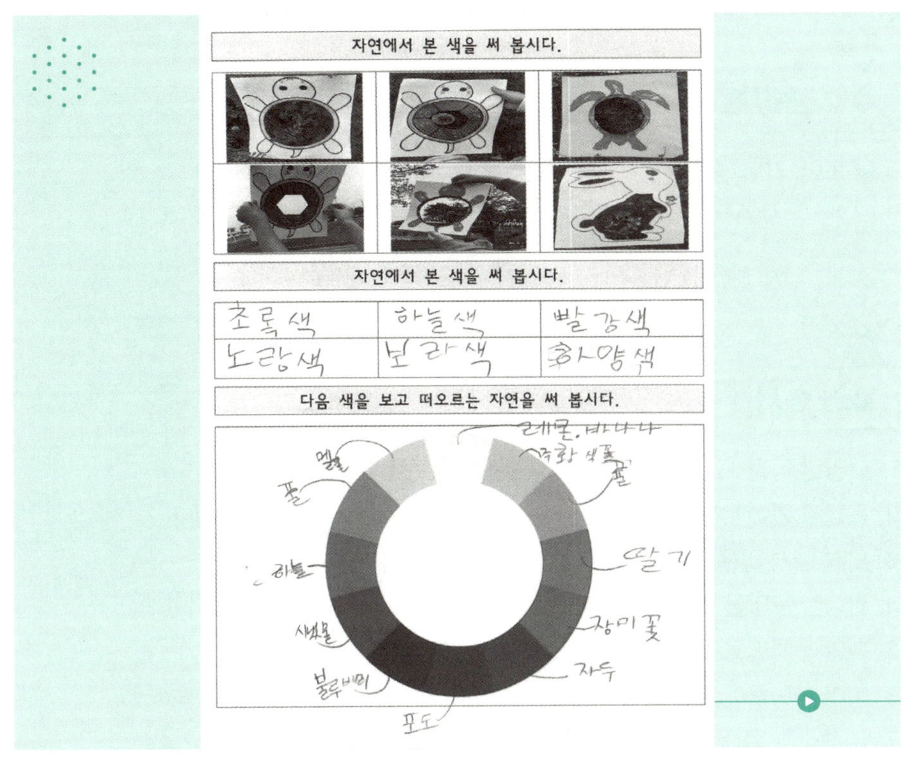



위에 놓인 토끼는 빨간 토끼로 변신합니다. 돌 위에 놓인 양과 거북이는 회색빛 동물이 되고, 푸른 잎사귀 위에서는 초록빛의 생명력 넘치는 모습을 보여 줍니다. 이 과정에서 자연이 얼마나 다채로운 색의 보물창고인지 깨닫게 됩니다.

학교 구석구석을 다니며 여러 자연물과 색을 관찰한 학생들의 경험을 바탕으로, 10색상환 표를 활용한 학습지를 제작했습니다. 학생들은 이 학습지에 자연에서 본 색과 10색상환을 보며 어떤 자연물이 떠오르는지 기록합니다. 빨간색을 보면 장미꽃이, 노란색을 보면 민들레가, 파란색을 보면 하늘이 떠오릅니다. 각자의 경험과 기억이 색깔과 연결되어 의미 있는 학습이 이루어집니다.

## 수업 준비물

동물 도안, 가위, 색연필, 카메라(스마트폰), 10색상환 학습지, 필기구

## 활동 순서

1. 다양한 동물 도안 중에서 마음에 드는 것을 선택한다.
2. 동물 도안에서 자연의 색으로 채울 부분을 정하여 가위로 오려 낸다.
3. 오려 내지 않은 나머지 부분에 색연필로 예쁘게 색칠한다.
4. 완성한 도안을 들고 학교 곳곳의 자연물(꽃, 나무, 돌 등) 위에 올려 본다.
5. 도안과 자연물이 어우러진 모습을 카메라로 촬영한다.
6. 여러 자연물에서 발견한 다양한 색을 관찰하고 기록한다.
7. 10색상환 학습지에 자연에서 본 색과 연상되는 자연물을 적는다.

## 상현달 선생님의 수업 사전

동물 도안은 너무 복잡하지 않고 학생들이 쉽게 오릴 수 있는 단순한 형태로 준비하세요. 야외 활동 시 학생들의 안전을 위해 활동 범위를 명확히 정하고, 2인 1조로 활동하게 하여 서로 도움을 주고받을 수 있게 합니다. 사진 촬영 시에는 다양한 각도와 거리에서 찍도록 격려하되, 식물을 꺾거나 손상하지 않도록 주의를 주세요. 10색상환 활동에서는 '정답'보다는 각자의 경험과 느낌을 존중하며, "빨간색을 보면 뭐가 생각나요?"와 같은 열린 질문으로 학생들의 상상력을 자극합니다.

# 운동장 모래는
# 거대한 자연의 캔버스

모종삽으로 그리는 대형 자연 그림과 전래 놀이 땅따먹기의 만남

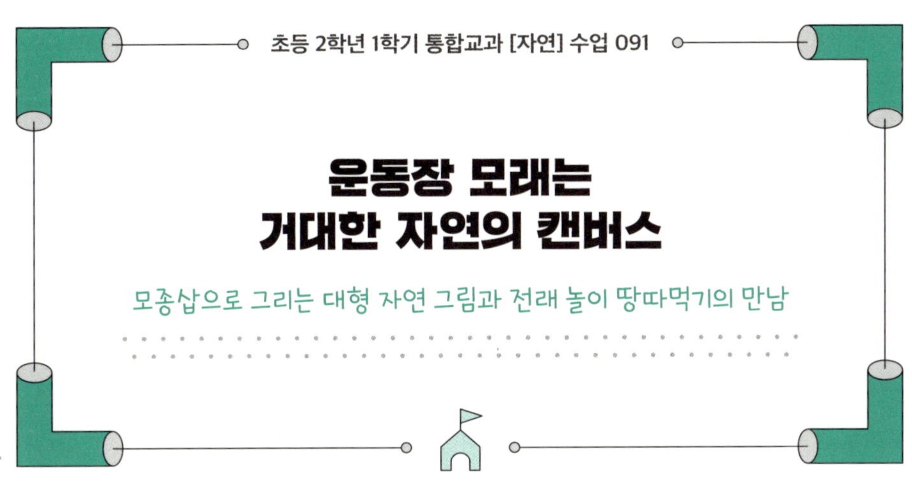

오늘은 놀이기구가 있는 운동장에서 놀면서 모래를 활용해 그림도 그리려고 합니다. 학생들은 모둠별로 그림 그릴 수 있는 넓은 공간을 정하고, 자연과 관련해 어떤 그림을 그릴지 모둠원들과 이야기를 나누지요. "우리는 큰 나무를

그리자!", "딸기 그림은 어때?" 시끌시끌 활발한 이야기가 오고 갑니다.

학생들은 모종삽을 손에 들고 거대한 캔버스가 된 모래 바닥에 대형 그림을 그리기 시작합니다. 가까이에서 보면 그림의 전체 모양이 정확히 보이지 않아서, 미끄럼틀 위로 올라가 위에서 그림을 관찰합니다.

"우와! 진짜 수박 같아요!", "나무가 정말 커 보여요!"

학생들은 자신이 만든 작품에 감탄합니다. 커다란 그림이 하나씩 모래 위에 나타나기 시작하자, 다른 학생들도 모여들어 구경합니다. 평소 종이 위에 그리던 작은 그림과는 차원이 다른 스케일의 작품이 완성되어 갑니다.

학생들은 수박, 참외, 딸기, 나무, 꽃 등 자연 속에서 만날 수 있는 여러 존재를 정성스럽게 그립니다. 모종삽으로 선을 그으면서 "더 둥글게 그려야 해.", "잎사귀도 그려 주자." 서로 의견을 나누고 협력하는 모습이 아름답습니다. 그림을 다 그리고 난 후에는 모래 바닥에서 추억의 놀이인 땅따먹기를 합니다. 모래 위에서 작은 돌멩이를 손가락으로 튕기면서 학생들은 자연과 조금 더 가까워집니다. 디지털 게임에 익숙한 학생들이 모래와 돌멩이만으로도 충분히 즐거워하는 모습에서, 자연이 주는 순수한 즐거움의 힘을 다시 확인할 수 있습니다.

한계가 없는 넓은 공간은 학생들의 생각 그릇을 키워 줍니다. 또한 언제든 지우고 다시 시작할 수 있는 모래 그림을 통해, 실수를 두려워하지 않는 용기와 결과보다 과정 자체를 즐기는 예술의 본질을 배웁니다. 무엇보다 모래 한 줌, 돌멩이 하나가 훌륭한 장난감이 될 수 있다는 사실은 학생들에게 자연과 교감하는 가장 원초적인 기쁨을 선물합니다.

## 수업 준비물

모종삽(모둠당 2~3개), 작은 돌멩이(땅따먹기용), 카메라, 물티슈

## 활동 순서

1. 운동장의 모래 놀이터에서 모둠별로 그림을 그릴 넓은 공간을 정한다.
2. 자연과 관련된 주제(과일, 나무, 꽃 등)를 모둠별로 선정한다.
3. 모종삽을 사용하여 모래 바닥에 큰 그림을 협력하여 그린다.
4. 미끄럼틀이나 높은 곳을 찾아 완성한 그림을 위에서 관찰한다.
5. 각 모둠의 작품을 서로 구경하며 감상하는 시간을 갖는다.
6. 모래 바닥에서 전래 놀이인 땅따먹기를 함께 즐긴다.
7. 활동 후 자연 재료로 미술 활동을 한 소감을 나눈다.

## 상현달 선생님의 수업 사전

활동 전 운동장의 모래 상태를 미리 확인하여 너무 젖어 있거나 이물질이 없는 안전한 곳을 선정하세요. 모종삽 사용 시 다른 친구들이 다치지 않도록 안전거리를 유지하며 사용하는 방법을 반드시 지도합니다. 큰 그림을 그릴 때는 모둠원들이 역할을 분담하여 협력할 수 있도록 도와주고, 위에서 관찰할 때는 안전사고가 없도록 주의 깊게 지도합니다. 땅따먹기 놀이 시에는 전통놀이의 의미와 규칙을 간단히 설명하면 더욱 의미 있는 활동이 됩니다. 활동 후에는 손을 깨끗이 씻고, 도구를 정리하는 것까지 교육의 일환으로 진행하세요. 완성한 작품들은 사진으로 남겨 추후 교실에서 감상하고 이야기를 나눌 수 있도록 기록해 두는 것이 좋습니다.

# 공생하는 동물과 식물을 원형판에
# 그리면 마법이 일어난다!

## 고무줄의 탄성으로 돌리는 신비한 생명 관계 체험 놀이

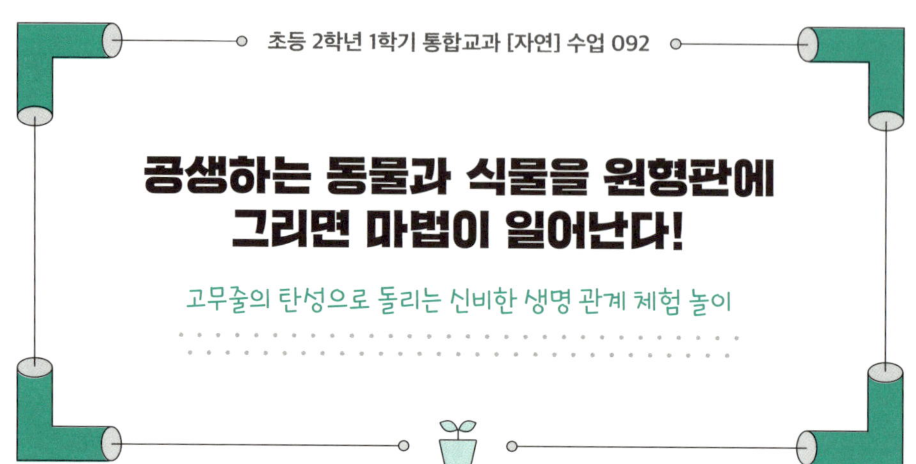

꿀벌과 해바라기, 말미잘과 흰동가리, 버섯과 나무 등 다양한 동물과 식물은 공생하며 서로 도움을 주고받으며 살아갑니다. 오늘은 원형판을 사용해 서로 관계를 맺고 사는 동물과 식물을 그리고, 재미있는 놀이까지 함께합니다. 먼저 교과서에 나오는 서로 관계를 맺고 사는 동물과 식물 중에서 한 쌍을 선택합니다. 그런 다음 원형판의 앞뒤에 각각의 그림을 그립니다.

학생들은 꿀벌과 꽃, 말미잘과 흰동가리, 개미와 진딧물 등 자신이 가장 관심 있는 공생 관계를 선택하여 그림을 그려 넣습니다. 다음으로 원형판 끝에 2개의 구멍을 뚫은 후 노란 고무줄을 연결합니다. 노란 고무줄을 양손에 걸고 원형판을 빙글빙글 돌린 후, 고무줄을 건 두 손을 빠르게 벌렸다 좁혔다 하면서 움직이면 원형판이 신나게 돌아갑니다. 고무줄의 탄성력을 이용한 이 놀이 도구는 마치 마술처럼 원형판을 계속해서 회전시킵니다. 빠르게 돌아가는 원형판을 보면 앞뒤에 그린 꿀벌과 꽃이 마치 하나로 합쳐진 것처럼 보이는 착시 효과가 나타나지요. 이는 공생 관계에 있는 두 생물이 서로 떨어질 수 없는 관계임을 시각적으로 보여 주는 멋진 교육 효과를 낳습니다. 학생들은 각자 자신의 원형판을 손에 걸고 돌린 후, 누가 더 오래 돌아가는지 시합합니다.

이 놀이를 통해 학생들은 단순히 공생 관계를 머리로 이해하는 것을 넘어, 몸으로 체험하며 생명 간의 긴밀한 관계를 깊이 실감할 수 있습니다.

원형판(단단한 판이나 두꺼운 종이), 고무줄, 송곳, 색연필, 공생 관계 자료

## 활동 순서

1. 교과서에서 공생 관계에 있는 동물과 식물 쌍을 선택한다.
2. 원형판의 한쪽 면에 선택한 공생 관계의 동물을, 다른 쪽 면에 식물을 그린다.
3. 원형판의 양끝에 구멍 뚫기 도구로 구멍을 2개 뚫는다.
4. 고무줄을 구멍에 통과시켜 원형판과 연결한다.
5. 양손에 고무줄을 걸고 원형판을 빙글빙글 돌려 고무줄을 꼰다.
6. 두 손을 빠르게 벌렸다 좁혔다 하면서 원형판을 돌린다.
7. 친구들과 함께 누가 더 오래 돌릴 수 있는지 시합한다.

## 상현달 선생님의 수업 사전

원형판은 너무 크지 않게 적당한 크기(지름 8~10cm)로 준비하여 학생들이 쉽게 다룰 수 있도록 하세요. 구멍을 뚫을 때는 교사가 미리 뚫어 주거나 안전한 도구를 사용하여 다치지 않도록 주의합니다. 고무줄은 너무 두껍지 않고 탄성이 좋은 것으로 선택하되, 끊어지지 않을 만큼 튼튼한 것을 사용하세요. 그림을 그릴 때는 너무 세밀하게 그리기보다 단순하고 명확하게 그려야 돌릴 때 잘 보입니다. 놀이 시합을 할 때는 안전 거리를 유지하도록 지도하고, 고무줄이 끊어졌을 때를 대비해 여분을 준비합니다.

# 내 머리카락이
# 꽃밭이 될 수 있을까?

마법 같은 상상력으로 자연과 하나 되는 동화 속 초상화

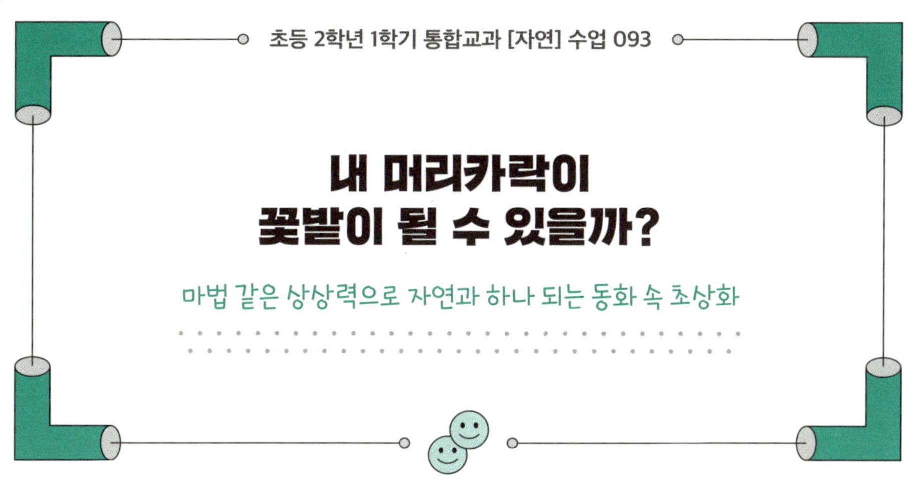

에바 알머슨Eva Armisen은 스페인 출신 화가로 평범한 일상을 동화 속 장면처럼 표현하는 것으로 유명하지요. 그녀의 작품 목록 중 특히 예쁜 꽃들로 머리카락을 표현한 작품이 있는데, 머리카락에서 알록달록한 꽃이 피어나고 나비가 포르르 날아가는 사랑스러운 '머리카락 숲'을 그려 낸 그림으로 잘 알려져 있지요. 오늘은 이 작품처럼 학생들이 꽃과 나무 같은 자연물을 사용해 머리카락을 만들어 보는 활동입니다. 먼저 학생들의 얼굴 부분을 잘라 낸 후 학습지에 넣었습니다.

학생들은 자신의 얼굴 위쪽에 색연필로 꽃과 나무를 정성스럽게 그리기 시작합니다. "제 머리는 장미꽃으로 할 거예요!", "저는 해바라기와 나비도 그릴 거예요!" 하며 각자 상상력을 마음껏 발휘하지요. 알머슨의 작품에서 머리는 생각하고 상상하고 행동을 바꿀 수 있도록 하는 중요한 기관이며, 머리카락은 그 머리에서 흘러나온 생각과 감정을 상징합니다. 학생들의 머리카락에서도 자연을 사랑하는 따뜻한 마음과 아름다운 상상이 꽃으로 피어나고 있었습니다.

중간중간 친구의 작품을 보면서 자신의 작품을 더 멋지게 꾸며 봅니다. 점차 완성해 가는 작품들을 보자 학생들의 머리카락이 예쁘고 좋은 향기가 나는 꽃과 나무로 뒤덮였습니다. 꽃과 함께 있는 학생들의 얼굴을 보니 평소보다 더 아름답게 보입니다. 마치 동화 속 주인공이 된 듯한 신비로운 모습이지요.

이 활동을 통해 학생들은 자연과 자신이 하나가 되는 경험을 했습니다. 머리카락이라는 자신의 일부가 꽃과 나무가 되면서, 자연과 인간이 분리된 존재가 아니라 서로 연결된 하나의 생명체임을 느낄 수 있습니다.

학생 얼굴 사진이 편집된 학습지, 색연필, 사인펜, 알머슨 작품 참고 자료

1. 알머슨의 작품을 함께 감상하며 이야기를 나눈다.
2. 자신의 얼굴이 인쇄된 학습지를 받고 어떤 자연물로 머리카락을 꾸밀지 계획한다.
3. 머리카락 부분에 꽃, 나무, 잎사귀, 나비 등 다양한 자연물을 그린다.
4. 색연필로 알록달록하게 색칠하여 작품을 완성한다.
5. 중간중간 친구들의 작품을 구경하며 서로 아이디어를 나눈다.
6. 완성한 작품을 전시하고 각자의 '자연 머리카락'에 담긴 의미를 발표한다.

학생 얼굴 사진을 편집할 때는 머리카락 부분을 충분히 비워 두어 그림 그릴 공간을 확보하세요. 알머슨의 원작을 보여 줄 때는 단순히 예쁘다는 감상을 넘어 작가가 전하고자 하는 '자연과 인간의 조화'라는 메시지를 함께 전달합니다. 그림을 그릴 때는 항상 정답은 없으며 각자의 상상력과 창의성이 가장 중요하다고 격려합니다. 꽃만이 아니라 나무, 풀, 곤충 등 다양한 자연물을 그려도 좋다고 안내하여 학생들의 표현 영역을 넓혀 줍니다. 완성한 작품은 교실에 전시하여 계속 감상할 수 있게 하고, 이후 가정으로 가져가 가족들과 함께 이야기를 나눌 수 있도록 합니다.

# 칠면조 소리를
# 들어본 적 있어?

신기한 동물 울음소리와 함께하는 소리 표기법 탐험

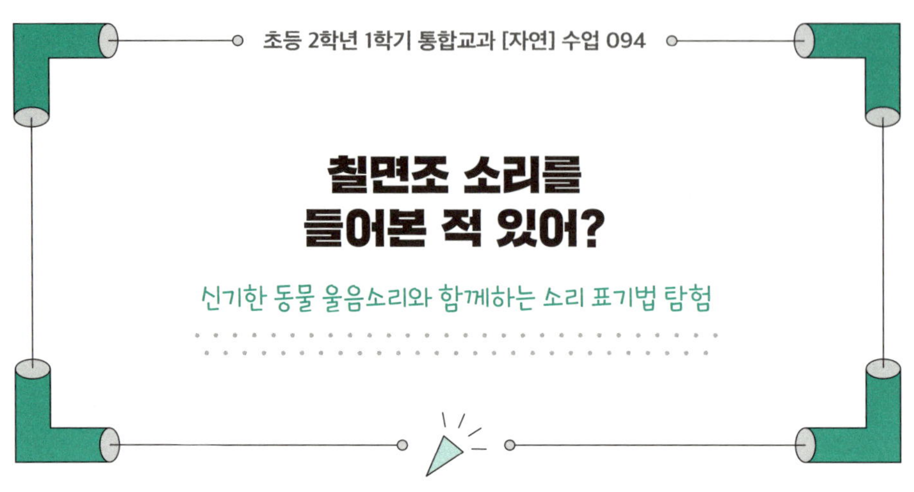

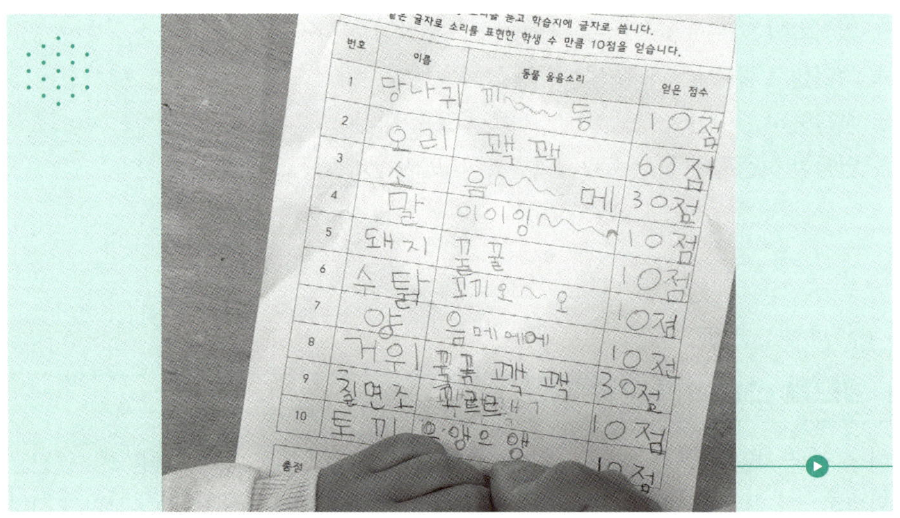

동물 중에는 개의 '멍멍', 고양이의 '야옹'처럼 우리에게 울음소리가 익숙한 동물이 있는가 하면, 반대로 토끼, 거위, 칠면조처럼 울음소리가 낯선 동물도 많습니다. 유튜브 영상을 활용해 여러 동물의 울음소리를 학생들에게 들려주었습

니다. 학생들은 해당 동물의 울음소리를 듣고 어떻게 들리는지 학습지에 직접 기록합니다. 재미있는 것은 같은 당나귀 울음소리를 들어도 누구는 '흐응양양양'이라고 듣고, 또 다른 누구는 '히~응'이라고 듣는다는 점입니다. 사람마다 소리를 다르게 인식하고 표현한다는 현상을 발견할 수 있습니다.

학생들은 동물 10마리의 소리를 모두 학습지에 기록한 후, 자리를 돌아다니면서 다른 친구들이 기록한 내용과 비교합니다. 이때 자신이 기록한 동물 울음소리와 같게 기록한 친구 수만큼 점수를 얻는 규칙입니다. 2명이 내가 쓴 동물 울음소리와 같다면 20점을 얻는 식이지요. 이 활동을 통해 학생들은 의성어와 의태어의 개념을 자연스럽게 익히게 됩니다.

다음으로는 다양한 동물의 사진과 울음소리가 담긴 영상을 준비했습니다. 학생들은 영상 속 소리를 듣고 어떤 동물의 울음소리인지 학습지에 동물 이름을 기록합니다. 이 놀이는 개인전이 아닌 단체전으로 진행되어, 모둠별로 상의해서 동물 울음소리를 유추할 수 있습니다. 학생들은 서로 이야기를 주고받으면서 동물의 이름을 찾아갑니다.

동물이 헷갈릴 때는 모둠별로 다르게 쓰기도 합니다. 점수는 동물 이름이 맞으면 10점, 틀리면 0점입니다. 그리고 모둠원의 모든 점수를 더하기 때문에 놀이에서 승리하기 위해서는 적절한 전략이 필요하지요.

동물 울음소리 유튜브 영상, 동물 울음소리 기록 학습지, 동물 사진 자료



1. 다양한 동물 울음소리를 유튜브 영상으로 들려준다.
2. 각자가 자신이 들은 동물 울음소리를 학습지에 의성어로 기록한다.
3. 친구들과 돌아다니며 같은 표현을 쓴 친구 수만큼 점수를 획득한다.
4. 1라운드 점수를 합산하고 결과를 확인한다.
5. 동물 사진과 울음소리가 나오는 영상을 준비하여 2라운드를 진행한다.
6. 모둠별로 상의하여 어떤 동물의 울음소리인지 유추하고 기록한다.
7. 정답을 확인하고 모둠별 점수를 합산하여 최종 순위를 정한다.



동물 울음소리 영상을 선택할 때는 너무 어렵거나 생소한 동물보다는 학생들이 알 만한 동물 위주로 선정하세요. 1라운드에서는 '정답'이 없다는 점을 강조하여 학생들이 자유롭게 자신만의 표현을 쓸 수 있도록 격려합니다. 모둠 활동 시에는 1명이 독단적으로 결정하지 않고 모든 구성원이 의견을 낼 수 있도록 지도하는 것이 중요합니다. 점수에 너무 연연하지 말고 새로운 동물 소리를 알아가는 과정 자체를 즐길 수 있도록 분위기를 조성해 주세요.

| 11권 |
초등 2학년 1학기 통합교과 수업
마을

# 우리 마을엔
# 과연 몇 명이 살고 있을까?

### 지구에서 우리 집까지, 숫자로 여행하는 특별한 마을 탐험

마을에 대해 알아보는 첫걸음으로, 학생들과 '내가 살고 있는 곳'이 어디인지 찾는 활동을 합니다. 그런데 오늘은 조금 특별한 방식으로 접근합니다. 거대한 우주 속 지구에서 시작해 대한민국, 전라남도, 함평군, 해보면, 그리고 우리 집 주소 순으로 점차 범위를 좁히는 것입니다.

먼저 학생들에게 아무런 설명 없이 숫자만 덩그러니 쓰여 있는 학습지를 나누어 줍니다. "이 숫자들이 뭘 의미하는 걸까요?" 학생들은 고개를 갸웃거리며 저마다 상상력을 발휘해 추측합니다. 잠시 후 정답이 담긴 영상을 함께 시청합니다. 숫자의 정체는 바로 '연도에 따른 지구 인구 변화'였습니다. 학생들은 현재 지구 인구가 대략 80억 명이며, 2080년에는 100억 명을 넘어설 것이라는 사실에 깜짝 놀랍니다.

이제 본격적으로 내가 사는 마을의 인구를 알아보는 활동으로 이어집니다. 앞선 활동처럼 지구에서부터 시작해 대한민국, 전라남도, 함평군, 그리고 우리 동네 해보면까지의 인구를 예상해 보는 것입니다. 학생들은 학습지의 예상 칸

| 내가 사는 마을의 인구에 대해 알아봅시다. | |
| --- | --- |
| **내가 사는 '지구'의 인구는 얼마일까요?** | |
| 예상 | 확인 |
| 80억 명 | 81억1863만5999명 |
| **내가 사는 '대한민국'의 인구는 얼마일까요?** | |
| 예상 | 확인 |
| 30004000 명 | 51,692,272 명 |
| **내가 사는 '전라도'의 인구는 얼마일까요?** | |
| 예상 | 확인 |
| 403000 명 | 3,422,108 명 |
| **내가 사는 '전라남도'의 인구는 얼마일까요?** | |
| 예상 | 확인 |
| 201000 명 | 1,771,431 명 |
| **내가 사는 '함평군'의 인구는 얼마일까요?** | |
| 예상 | 확인 |
| 34000 명 | 29,048 명 |
| **내가 사는 '해보면'의 인구는 얼마일까요?** | |
| 예상 | 확인 |
| 2300 명 | 2,783 명 |

에 저마다의 추측을 적고, 친구들과 의견을 나누며 숫자를 수정하기도 합니다. 모든 학생이 예상을 마친 후, 통계지리정보시스템[SGIS]과 국가통계포털[KOSIS]을 활용해 찾아본 정확한 숫자를 칠판에 씁니다.

비슷하게 맞힌 아이도 있지만, 대부분은 어마어마한 차이에 놀랍니다. 2학년 학생들에게 큰 숫자를 어림하는 것은 분명 어려운 일입니다. 하지만 이런 활동을 통해 내가 사는 곳에 얼마나 많은 사람이 함께 살아가고 있는지 구체적인 숫자로 생각해 보는 것만으로도 의미 있는 경험입니다.

숫자 추측 학습지, 지구 인구 변화 관련 영상, 통계지리정보시스템 사이트

## 활동 순서

1. 지구-나라-도-군-면-마을-집 순서로 범위를 좁혀 가며 자신이 사는 곳의 위치를 확인한다.
2. 숫자만 적힌 학습지를 받고, 숫자의 의미를 자유롭게 추측하여 기록한다.
3. 영상을 통해 숫자의 의미가 '지구 인구 변화'임을 확인한다.
4. 지구-대한민국-전라남도-함평군-해보면 순으로 인구수를 예상하여 학습지에 기록한다.
5. 통계지리정보시스템 등을 활용하여 실제 인구수를 확인하고 기록한다.
6. 자신이 예상한 숫자와 실제 숫자를 비교하며 느낀 점을 나눈다.

## 상현달 선생님의 수업 사전

내가 사는 곳의 위치를 찾는 활동 시, 구글 어스를 활용하여 시각적으로 보여 주면 학생들이 훨씬 흥미롭게 참여할 수 있습니다. 2학년 학생들에게는 '80억' 같은 큰 단위가 추상적으로 느껴질 수 있으니, "우리 학교 전교생이 몇 명 모여야 할까요?"와 같이 학생 눈높이에 맞는 비유를 들어 설명하면 이해를 도울 수 있습니다. 통계지리정보시스템이나 국가통계포털 사이트는 다소 복잡할 수 있으므로, 수업 전 미리 필요한 데이터를 검색하여 스크린 샷으로 준비해 두는 것이 좋습니다.

# 내가 그린 우리 마을 수호신이 살아 움직인다!

## 애니메이티드 드로잉으로 우리 마을 상징물을 만들어요

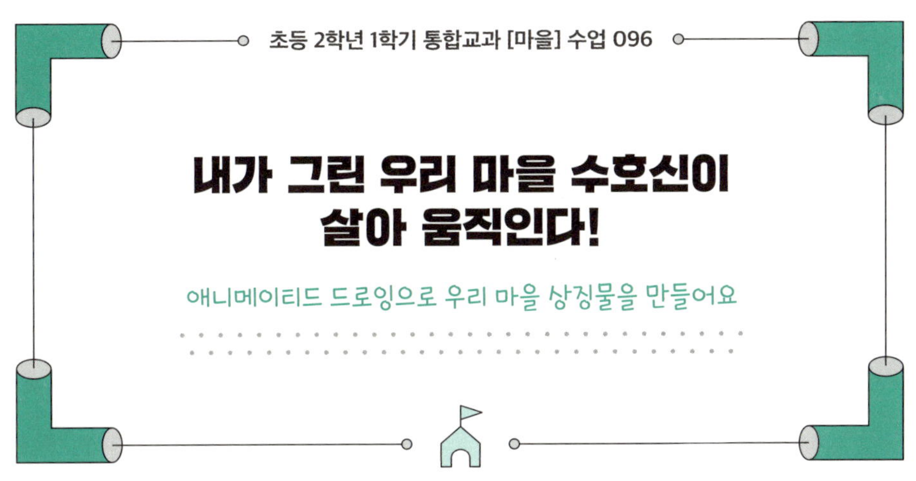

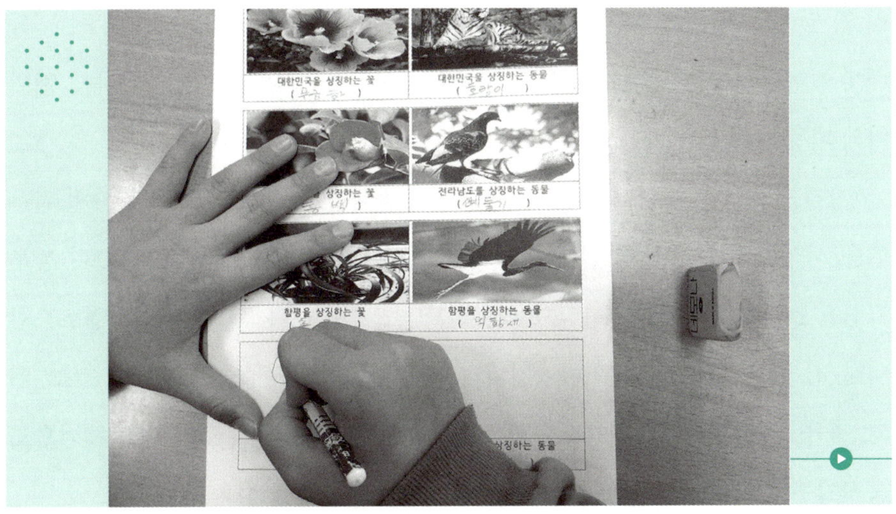



대한민국을 상징하는 동물은 호랑이, 꽃은 무궁화입니다. 이처럼 모든 나라와 지역에는 그곳을 대표하는 상징물이 있지요. 오늘은 학생들과 함께 우리가 사는 전라남도와 함평군, 그리고 우리 마을을 상징하는 동물과 꽃을 직접 만들어 보는 특별한 활동을 합니다.

먼저 대한민국, 전라남도, 함평군을 상징하는 동물과 꽃이 무엇인지 알아봅니다. 무궁화와 호랑이는 학생들도 쉽게 알지만, 전라남도의 상징인 산비둘기와 은행나무, 함평군의 상징인 나비와 단풍나무는 교사인 저에게도 생소했습니다. 학생들은 사진 자료를 보며 자유롭게 상상하고 이야기를 나눈 뒤, 정답을 확인하며 우리 고장에 대해 한 걸음 더 다가갑니다.

보통 지방자치단체는 시, 군 단위까지만 상징물이 있기에, 학생들은 자신이 살고 있는 '마을'을 상징하는 꽃과 동물을 새롭게 만들어 보기로 했습니다. 학생들이 정한 마을의 상징 동물은 참새, 거북이, 고양이 등 매우 다양했습니다. "우리 집 앞에 참새 둥지가 있어요!", "우리 마을 모양이 거북이를 닮았어요.", "동네에 돌아다니는 고양이가 많아요." 마을을 상징하는 동물을 정한 이유도 저마다의 따뜻한 관찰과 애정이 담겨 있습니다.

이제 학생들은 자신이 만든 마을의 상징 동물을 그림으로 그리고, 마법 같은 일을 시작합니다. 바로 그림에 생명을 불어넣는 것입니다. 학생들이 그린 동물 그림을 스캔한 후, 애니메이티드 드로잉Animated Drawings(Meta) 사이트에 업로드합니다. 잠시 후, 놀라운 일이 벌어집니다. 얌전히 종이 위에 있던 그림이 걷고, 뛰고, 춤을 추기 시작합니다! 학생들은 평면에서 보던 자신의 그림이 입체적으로 움직이는 모습에 "우와, 내 그림이 살아 있어!" 하며 환호성을 지르지요.

## 수업 준비물

도화지, 그림 도구(색연필, 사인펜 등), 애니메이티드 드로잉 웹사이트

## 활동 순서

1. 대한민국, 전라남도, 함평군의 상징 동물과 꽃에 대해 알아본다.
2. 내가 사는 마을을 상징하는 동물과 꽃을 정하고, 그 이유를 이야기한다.
3. 자신이 정한 상징 동물을 도화지에 선명하게 그린다.
4. 완성한 그림을 스캐너나 스마트폰으로 촬영하여 컴퓨터에 저장한다.
5. 애니메이티드 드로잉 사이트에 접속하여 그림 파일을 업로드한다.
6. 그림이 살아 움직이는 과정을 다 함께 관찰하고 즐긴다.

## 상현달 선생님의 수업 사전

전라남도청, 함평군청 등 지방자치단체 홈페이지에서 상징물을 미리 찾아 사진 자료로 준비해 두면 학생들의 이해를 돕기 좋습니다. 애니메이티드 드로잉 사이트는 무료로 이용 가능하며, 그림을 업로드할 때 팔다리가 명확하게 구분되어 있고 배경이 없는 흰 종이에 그린 그림일수록 인식률이 높습니다. 이 점을 학생들에게 미리 안내하여 성공적인 애니메이션 제작을 도와주세요. 여러 학생의 작품을 동시에 보여 주며 '우리 마을 동물들의 댄스 파티' 같은 상황을 연출하면 더욱 즐거운 활동이 될 수 있습니다.

# 스마트폰을 잠시 끄면, 우리 마을의 보물이 보인다!

오일 파스텔로 액자 속에 담아내는 나만의 마을 풍경화

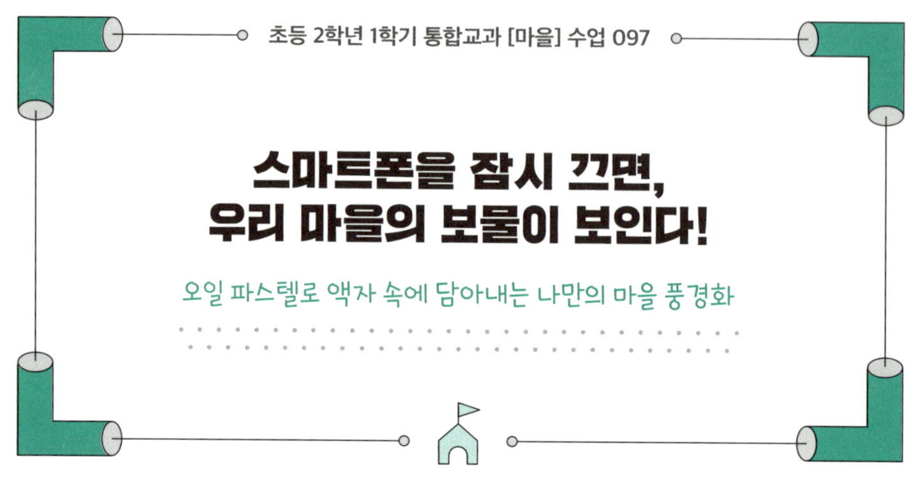

학생들이 살고 있는 마을에는 매일 마주치는 멋진 자연 풍경이 있습니다. 하지만 너무나 익숙하기에 우리는 종종 그 아름다움을 무심히 지나치곤 합니다. 스마트폰 화면에 갇혀 버린 우리의 시선을 잠시 돌려, 우리 마을의 숨겨진 보물을 찾아보는 특별한 활동을 시작합니다. 먼저 학생들은 30초 동안 조용히 눈을 감고 집 주위에 있는 자연의 모습을 떠올립니다. 기억의 조각들이 하나둘 모여 마음속에 풍경화를 그립니다. 그 풍경을 작은 학습지에 간단히 스케치해 봅니다.

그 사이 교사는 학생들에게 나누어 줄 도화지에 특별한 마법을 준비합니다. 바로 종이테이프를 가장자리에 붙여 액자처럼 만드는 것입니다. 이때 종이테이프를 바로 붙이면 나중에 뗄 때 도화지까지 찢어질 수 있어, 책상에 한두 번 붙였다 떼어 접착력을 살짝 줄여 주는 것이 저만의 꿀팁입니다.

이제 연습을 마친 학생들은 오일 파스텔을 손에 들고 본격적으로 도화지 위에 그림을 그리기 시작합니다. 마을 어귀에 있는 커다란 나무, 저녁마다 산 너머로 지는 붉은 태양 등 자신이 경험하고 느낀 다양한 자연의 모습을 풍부한 색감으로 표현합니다.

오일 파스텔을 사용해 풍경을 모두 그린 후, 가장 설레는 순간이 찾아옵니다. 가장자리의 종이테이프를 조심스럽게 떼 내는 것입니다. 테이프가 떨어져 나가자, 마치 근사한 액자에 담긴 것처럼 깔끔한 테두리를 가진 멋진 풍경화가 모습을 드러냅니다. 나무 위에서 쉬고 있는 참새, 멀리 보이는 산과 무덤, 빽빽이 채워진 푸른 풀밭, 구름 사이로 사라지는 태양 등 학생들은 저마다의 시선으로 자신이 바라본 마을의 다채로운 풍경을 아름답게 그려 냈습니다.

늘 보던 풍경도 프레임(틀) 안에 담으면 특별한 예술 작품이 됩니다. 스마트폰 화면이 아닌 마음의 눈으로 마을을 바라보는 경험은, 무심코 지나쳤던 일상의 소중한 가치를 재발견하고 우리가 사는 곳을 더욱 사랑하게 만드는 계기가 됩니다.

## 수업 준비물

오일 파스텔, 도화지, 종이테이프, 연습용 학습지, 연필, 지우개

## 활동 순서

1. 30초간 눈을 감고 학생들은 자신이 사는 마을의 자연 풍경을 마음속으로 떠올린다.
2. 떠올린 풍경을 학습지에 연필로 간단하게 스케치한다.
3. 도화지 가장자리에 종이테이프를 붙여 그림의 틀을 만든다.
4. 오일 파스텔을 사용하여 스케치한 내용을 바탕으로 도화지에 풍경화를 그린다.
5. 그림이 완성되면, 가장자리의 종이테이프를 조심스럽게 떼 낸다.
6. 완성한 작품을 친구들과 함께 감상하며 각자의 마을 풍경에 대해 이야기 나눈다.

## 상현달 선생님의 수업 사전

종이테이프를 도화지에 붙이기 전, 책상이나 옷에 1~2회 붙였다 떼어 접착력을 약하게 만들어야 나중에 도화지가 손상되는 것을 막을 수 있습니다. 오일 파스텔은 색을 겹쳐 칠하거나 손가락으로 문질러 부드러운 느낌을 표현할 수 있다는 점 등 그 다양한 기법을 미리 알려 주면 학생들의 표현력이 더욱 풍부해집니다. 학생들이 눈을 감고 상상할 때, 잔잔한 자연의 소리(새소리, 바람 소리 등)를 배경 음악으로 틀어 주면 더욱 깊게 몰입할 수 있습니다.

# 내 손에 든 4장의 카드로
# 푸는 우리 마을의 비밀

## 스릴 넘치는 교환으로 완성하는 '딩고' 카드 게임

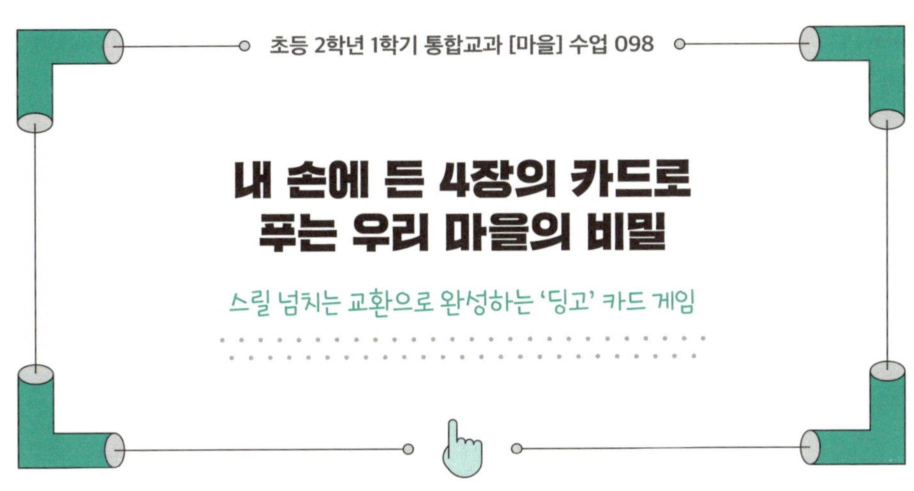

오늘은 학생들과 딩고 게임을 응용한 특별한 활동을 통해, 그동안 배웠던 우리 마을에 대한 지식을 총정리하는 시간입니다. 먼저 마을과 관련된 내용을 4가지 정보가 한 묶음이 되도록 카드로 만듭니다. 예를 들어 '김○○(학생 이름), 금

곡마을(마을 이름), 해보타운(사는 곳), 마을 모습이 거문고와 비슷함(마을 유래)'
과 같이, 학생 1명에 대한 4가지 관련 정보가 하나의 세트가 됩니다. 학생 수만
큼의 세트를 만든 후 모든 카드를 잘라 섞습니다.

이제 본격적인 게임이 시작됩니다. 학생들에게 무작위로 4장씩 카드를 나누
어 줍니다. 학생들은 4장의 카드를 보고 서로 관련 있는 2장의 카드가 있다면
교사에게 가져와 제출합니다. 최종 목표는 손에 든 4장의 카드를 모두 짝을 맞
춰 제출하는 것입니다. 하지만 처음부터 완벽한 세트를 가진 학생은 없습니다.
일치하는 카드가 없다면, 교실을 돌아다니면서 친구를 만나 가위바위보를 합니
다. 이긴 학생은 진 친구의 카드 중에서 자신이 필요한 카드 1장을 가져오고, 자
신에게 필요 없는 카드 1장을 주는 방식으로 카드를 교환합니다.

교사 책상 위에는 누구의 것도 아닌 조커 카드<sup>joker card</sup>(원하는 어떤 카드로도 대
체할 수 있는 카드 4장) 1세트를 놓아 둡니다. 학생들은 교사와 가위바위보를 해
서 이기면, 교사 책상 위의 카드와 자신의 카드를 바꿀 특별한 기회를 얻습니다.
학생들의 이해를 돕기 위해 전자칠판에 매칭되는 카드 목록을 띄워 주며 힌트
를 줍니다.

시간이 지나자 학생들은 점차 요령이 생기고, 교실은 활기찬 교환의 장으로
변합니다. 먼저 카드를 모두 맞춘 학생들은 아직 끝내지 못한 친구들을 도와주
며 진정한 협력의 의미를 배웁니다.

## 수업 준비물

마을 정보 카드(학생 수+1세트 분량), 가위, 전자칠판 또는 힌트 제시용 보드, 필기구

## 활동 순서

1. 학생 이름, 마을 이름, 사는 곳, 마을 유래 등 4가지 정보를 한 세트로 묶어 카드를 만든다.
2. 모든 카드를 잘라 섞은 후, 학생들에게 4장씩 무작위로 나누어 준다.
3. 교사는 여분의 조커 카드 1세트를 책상 위에 펼쳐 놓는다.
4. 학생들은 손에 든 카드 중 짝이 맞는 2장이 있으면 교사에게 제출한다.
5. 짝이 없으면 친구와 가위바위보를 하여 카드를 교환한다.
6. 교사와 가위바위보를 하여 책상 위 조커 카드와 교환할 수도 있다.
7. 가장 먼저 손에 든 카드 4장을 모두 제출하면 승리한다. (또는 모든 학생이 성공할 때까지 진행한다.)

## 상현달 선생님의 수업 사전

카드는 여러 번 사용할 수 있도록 코팅하거나 두꺼운 종이로 만드는 것이 좋습니다. 처음 규칙을 설명할 때, 교사가 직접 시범을 보여 주면 학생들이 더 쉽게 이해할 수 있습니다. 활동 중간에 힌트를 제공하는 것은 모든 학생이 포기하지 않고 참여하게 하는 중요한 장치입니다. 가위바위보에서 계속 지는 학생이 소외되지 않도록, '3번 지면 원하는 카드 1장 그냥 바꾸기' 같은 보너스 규칙을 추가하는 것도 좋은 방법입니다.

# 우리 마을 이름이
# 알록달록 예술 작품이 될 수 있을까?

## 무작위로 그은 선과 색의 마법으로 탄생하는 마을 레터링 아트

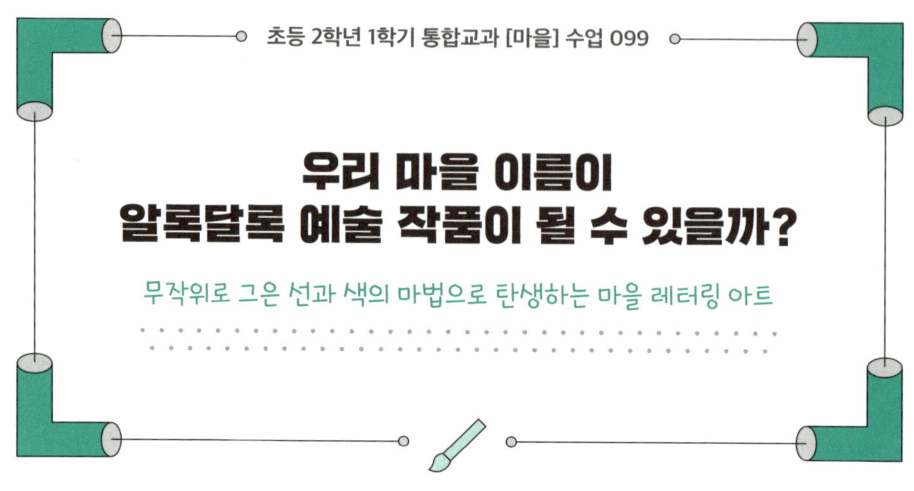

레터링lettering이란 광고 등에서 문자를 시각적 효과를 고려하여 아름답게 도안하는 일을 말합니다. 오늘은 학생들과 함께 이 레터링 아트를 활용하여 평범한 우리 마을의 이름을 세상에 단 하나뿐인 예술 작품으로 만들어 보는 활동을

합니다. 먼저 학생들은 종이에 직선과 곡선을 자유롭게 그립니다. 이때 중요한 규칙은 선들이 서로 겹치도록 그어, 종이 위에 새로운 공간을 만들어 내는 것입니다.

선들이 어지럽게 교차하며 만들어진 추상적인 배경 위에, 이번에는 매직펜으로 자신이 살고 있는 마을의 이름을 크게 씁니다. '금곡마을', '해보타운'……마을 이름을 종이에 쓰자, 기존에 그렸던 선들과 겹치면서 또 다른 새로운 면들이 마법처럼 생겨납니다. 이제 이렇게 생긴 수많은 공간을 각자의 감각으로 채워 나갈 시간입니다. 학생들은 인접한 공간의 색을 고려하며 어떤 색을 칠해야 더 아름다울지 고민하고, 신중하게 색을 골라 칠해 나갑니다.

마치 스테인드글라스처럼 각양각색의 색으로 채워진 면들이 모여 아름다운 조화를 이룹니다. 학생들은 여기에 그치지 않고 하트나 동그라미 등 다양한 형태의 모양을 추가하며 자신만의 디자인 감각을 마음껏 뽐냅니다.

오늘은 주로 검정 연필로 쓰이거나 학습지에 검은색으로 인쇄되었던 평범한 마을 이름이 학생들의 손끝에서 다채로운 색과 생명을 얻어 입체적인 예술 작품으로 다시 태어났습니다. 학생들이 표현한 레터링 아트처럼 우리가 살고 있는 마을이 아름답고 소중한 모습으로 학생들 마음속에 영원히 남기를 바랍니다.

## 수업 준비물

도화지, 연필, 자, 매직펜(검은색), 색칠 도구(색연필, 사인펜, 마커 등)

## 활동 순서

1. 레터링 아트의 개념과 다양한 예시 작품을 감상하며 활동에 대한 흥미를 유발한다.
2. 도화지에 연필과 자 등을 이용하여 직선과 곡선을 자유롭게 서로 겹치도록 그린다.
3. 그려진 선들 위에 검은색 매직펜으로 자신이 사는 마을 이름을 크게 쓴다.
4. 선과 글자가 만나 새롭게 만들어진 여러 공간을 다양한 색으로 칠한다.
5. 이웃한 공간에는 다른 색을 칠하는 규칙을 적용하여 색의 조화를 경험한다.
6. 하트, 별, 동그라미 등 원하는 모양을 추가하여 작품을 자유롭게 꾸민다.
7. 완성한 작품을 친구들과 함께 감상하고, 작품에 담긴 의미와 느낌을 공유한다.

## 상현달 선생님의 수업 사전

선을 그릴 때, 자를 이용한 직선과 다양한 크기의 동그란 물체를 이용한 곡선을 함께 사용하면 더욱 재미있는 패턴을 만들 수 있습니다. 색칠하기 전, '서로 붙어 있는 공간에는 같은 색 칠하지 않기'라는 규칙을 알려 주면 학생들이 색 배치를 고민하며 자연스럽게 색채 감각을 기를 수 있습니다. 마을 이름을 쓸 때는 너무 얇지 않게 두께감이 있는 글씨로 써야 나중에 색을 칠했을 때 글자가 선명하게 드러납니다. 이 활동은 정답이 없는 창의적인 표현 활동이므로, 학생들이 자유롭게 색을 선택하고 자신만의 스타일로 작품을 완성하도록 격려해 주세요.

# 우리 마을 영토를 지키는
# 스릴 만점 추격전

가위바위보 놀이로 소중한 마을 영토를 방어해요

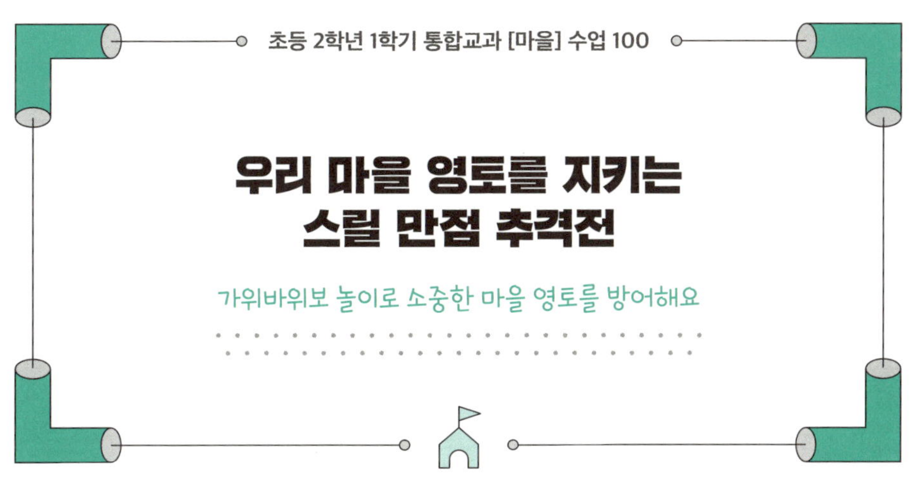

오늘은 학생들과 함께 운동장이나 강당에서 신나게 뛰어놀며 순발력과 전략적 사고를 기를 수 있는 '마을 지키기, 가위바위보 잡기 놀이'를 합니다. 먼저 학생들을 두 팀으로 나누고, 콘을 사용해 각 팀이 이동할 수 있는 범위를 정합니

다. 이 콘으로 둘러싸인 공간이 바로 우리 팀이 지켜야 할 소중한 '마을 영토'입니다. 학생들은 이 영토 안에서 자유롭게 뛰어다니며 상대 팀의 공격을 막고, 동시에 상대 팀의 영토를 공격해야 하지요.

"시작!" 신호와 함께 학생들은 용감하게 상대 팀의 땅으로 뛰어들어 갑니다. 상대 팀원과 마주치면, 두 사람은 한 발짝 간격을 유지한 채 긴장감 속에 가위바위보를 합니다. 이 '한 발짝 거리'는 이 놀이의 핵심 전략 포인트입니다. 가위바위보에서 지더라도 재빨리 도망갈 수 있는 최소한의 안전거리이기 때문입니다. 가위바위보를 한 결과 이긴 사람은 진 사람을 잡으러 쫓아가고, 진 사람은 자신의 영토에 있는 안전지대 원마커를 향해 달려가야 합니다.

원마커에 도착하지 못하고 잡히면 상대방의 포로가 되어 게임에서 제외됩니다. 하지만 추격자를 따돌리고 무사히 자신의 영토 안에 있는 원마커를 밟게 되면, 언제 잡혔냐는 듯이 다시 경기에 참여할 수 있습니다.

정해진 시간 안에 더 많은 팀원이 살아남는 팀이 승리하는 이 게임은, 단순히 달리기를 잘하는 아이가 항상 이기는 게임이 아닙니다. 언제 공격하고, 언제 수비할지, 누구를 적으로 만날지 선택하는 순간적인 판단력이 승패를 가르는 중요한 열쇠가 됩니다. 학생들은 몇 번의 경기를 반복하며 자연스럽게 자신에게 유리한 위치와 방법을 스스로 찾아가며 전략가로 성장합니다.

콘, 원마커(또는 훌라후프), 팀 조끼(선택), 넓은 활동 공간(운동장 또는 강당), 초시계

 활동 순서

1.  학생들을 두 팀으로 나눈 후, 각 팀의 색깔을 정한다.
2.  콘을 이용해 두 팀의 마을 영토와 중앙선을 명확히 구분한다.
3.  각 팀의 영토 안에 안전지대가 될 원마커를 1~2개씩 놓는다.
4.  상대 팀 영토에서 적을 만나면 한 발짝 떨어져 가위바위보를 한다고 설명한다.
5.  이긴 사람은 추격하고, 진 사람은 자기 팀 원마커로 도망쳐야 하는 규칙을 안내한다.
6.  제한 시간(예: 5분)을 정하고 게임을 시작한다.
7.  시간이 종료되면, 각 팀에서 살아남은 인원과 포로 수를 세어 승패를 결정한다.

 상현달 선생님의 수업 사전

한 발짝 거리 규칙을 게임 시작 전 여러 번 연습하여 학생들이 몸에 익히도록 하는 것이 중요합니다. 이는 공정한 게임 진행과 충돌 방지를 위해 필요합니다. 달리기가 느린 학생도 팀에 기여할 수 있도록, "우리 팀 영토를 지키는 수비수 역할을 해 보는 건 어떨까요?" 하고 제안하여 모두가 즐겁게 참여하도록 격려합니다. 게임을 반복할수록 학생들은 '강한 친구는 피하고, 약한 친구를 노리는' 전략을 스스로 터득하게 되는데, 이러한 과정 자체를 칭찬해 주며 전략적 사고를 길러 줍니다.

# 63개 글자 속에서
# 마을 낱말 21개 모두 찾기

낱말 찾기 대모험부터 비밀 메시지 완성까지

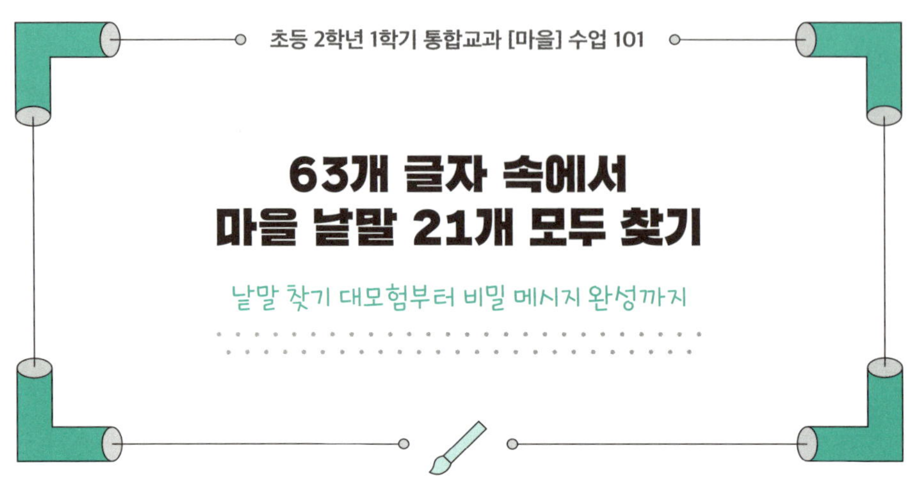

그동안 마을과 관련된 많은 내용을 배워 온 학생들과 함께, 오늘은 그 지식을 실제로 적용하는 특별한 활동을 진행했습니다. 단순한 복습을 넘어 놀이와 협력을 통해 우리 마을에 대한 애정을 키우고, 숨겨진 메시지를 발견하는 탐정 같은 활동을 계획했습니다.

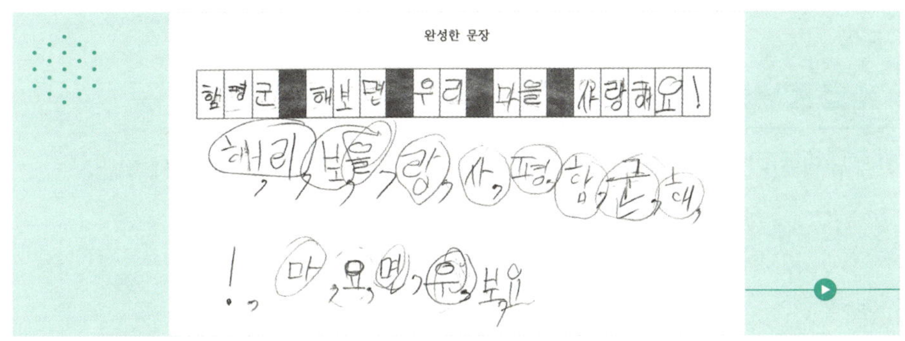

첫 번째 활동은 '마을 낱말 찾기 대작전'입니다. 2인 1조로 2장의 학습지를 받은 학생들은 첫 번째 학습지에 적힌 63개 글자를 자세히 살펴보기 시작했습니다. 마을과 관련된 21개 낱말이 가로, 세로, 대각선, 거꾸로 여러 방향으로 숨어 있고, 학생들은 그동안 배웠던 지식을 총동원해 낱말을 찾습니다. 2명씩 협력한 후에는 모둠원 전체 4명이 머리를 맞대어 서로 찾지 못한 낱말들을 함께 채워 나가며 협동의 힘을 발휘합니다.

두 번째 활동은 '숨겨진 메시지 완성하기'입니다. 21개의 모든 낱말을 찾고 나면 학습지에 남아 있는 글자들이 보입니다. 이 글자들을 이면지에 하나씩 옮긴 후, 학생들은 세 번째 학습지를 받았습니다. 비어 있는 네모 칸과 색이 칠해진 네모 칸이 있는 이 학습지에서, 색칠된 공간은 띄어쓰기를 나타냅니다. 문장을 쉽게 찾기는 어려웠지만, 글자들을 요리조리 움직이며 함께 머리를 맞댄 결과 얼마 지나지 않아 답을 찾아냅니다.

마지막으로 학생들과 함께 큰 목소리로 완성한 문장을 읽습니다. "함평군 해보면 우리 마을 사랑해요!" 이 순간 학생들의 얼굴에는 뿌듯함과 함께 마을에 대한 따뜻한 애정이 가득 담겨 있습니다.

## 수업 준비물

마을 낱말 찾기 학습지(63개 글자), 낱말 기록 학습지, 문장 만들기 학습지, 이면지

## 활동 순서

1.  2인 1조로 63개 글자가 적힌 학습지를 받고 마을 낱말 21개를 찾는다.
2.  가로, 세로, 대각선, 거꾸로 다양한 방향으로 숨어 있는 낱말들을 협력하여 찾는다.
3.  2인 활동 후 모둠 전체(4명)가 함께 찾지 못한 낱말들을 완성한다.
4.  21개 낱말을 모두 찾은 후 남은 글자들을 이면지에 옮겨 적는다.
5.  세 번째 학습지의 빈 네모 칸에 글자를 배치하여 문장을 완성한다.
6.  완성한 문장을 모둠별로 확인하고 전체적으로 발표한다.
7.  "함평군 해보면 우리 마을 사랑해요!"를 함께 큰 소리로 읽는다.

## 상현달 선생님의 수업 사전

낱말 찾기가 너무 어려워 학생들이 좌절하지 않도록 적절한 힌트를 제공하고, 협력할 수 있는 충분한 시간을 제공해 주세요. 21개 낱말은 『마을』 교과서에서 배운 핵심 어휘로 구성하여 자연스럽게 복습이 이루어지도록 하는 것이 중요합니다. 문장 만들기 활동에서는 학생들이 스스로 답을 찾을 수 있도록 기다려 주되, 너무 어려워할 때는 "색칠된 부분이 띄어쓰기예요.", "처음 글자부터 차례대로 놓아 보세요." 등 힌트를 줄 수 있습니다. 최종 메시지인 "함평군 해보면 우리 마을 사랑해요!"는 각 지역의 실정에 맞게 수정하여 사용합니다.

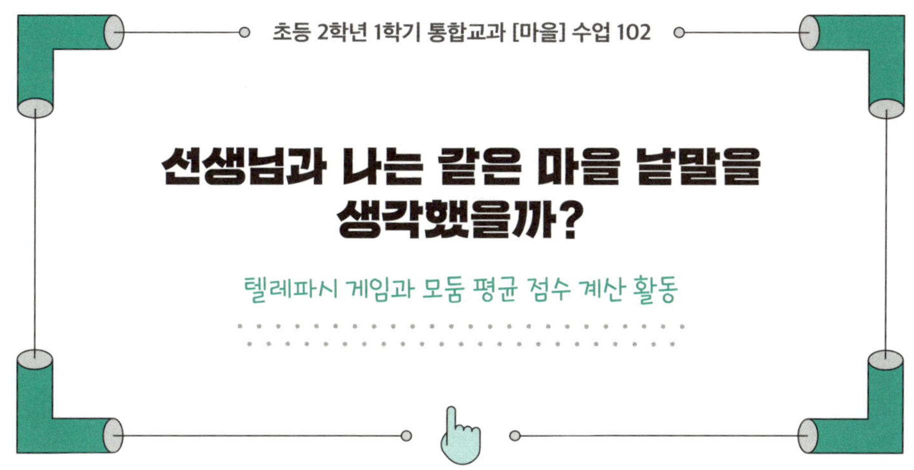

# 선생님과 나는 같은 마을 낱말을 생각했을까?

텔레파시 게임과 모둠 평균 점수 계산 활동

수업 101에 이어 학생들은 21개 낱말 중에서 교사가 적었으리라 짐작한 10개의 낱말을 신중하게 선택하여 학습지에 기록합니다. 이때 교사 역시 학생들의 텔레파시를 받아 10가지 낱말을 기록하는데, 조금 더 재미있게 하기 위해 학생들에게 텔레파시를 보내는 특별한 동작과 소리도 함께 해 달라고 요청합니다.

"선생님! 텔레파시 받으세요!" 하며 학생들이 온몸으로 텔레파시를 보내는 모습이 정말 귀엽고 사랑스럽습니다. 모든 학생이 학습지에 10가지 낱말을 기록한 후, 이제 교사가 기록한 낱말들을 순서대로 하나씩 발표합니다. 이때 학생들은 순서와 상관없이 교사가 말한 낱말이 자신의 학습지에 있다면 해당 칸에 동그라미 표시를 하고, 그 칸에 기록된 점수를 얻게 됩니다. 더욱 놀라운 것은 교사가 부른 낱말 순서와 같은 위치에 해당 낱말을 쓴 경우인데, 이럴 때는 추가 점수까지 얻을 수 있어 학생들의 환호성이 터져 나옵니다.

10가지 낱말을 모두 발표한 다음은 점수 계산 시간입니다. 학생들은 동그라미 친 칸의 점수를 모두 더하며 자신의 총점을 계산합니다. 이렇게 얻은 개인 점

학습지에 기록한 10가지 낱말을 선택해 보세요.
(선생님이 선택한 낱말이 나오면 '확인'칸에 동그라미를 해 주세요.)

| 번호 | 낱말 | 점수 | 확인 |
|---|---|---|---|
| 1 | 거북이 | 10 | ◯ |
| 2 | 고인돌 | 20 | |
| 3 | 버드나무 | 30 | ◯ |
| 4 | 금곡 | 40 | ◯ |
| 5 | 고인돌 | 50 | ◯ |
| 6 | 하귀 | 10 | |
| 7 | 시장 | 20 | ◯ |
| 8 | 보평시 | 30 | ◯ |
| 9 | 상귀 | 40 | |
| 10 | 용천사 | 50 | ◯ |
| 총점: | 점 | | |

수를 모두 모으면 모둠 점수가 되는데, 여기서 중요한 문제가 하나 발생합니다. 1모둠은 3명, 2모둠은 5명으로 인원수가 달라서 단순히 총점으로는 공정한 결과를 낼 수가 없습니다. 그래서 2학년 학생들에게는 아직 조금 어렵기는 하지만, 이 기회에 '평균'이라는 개념을 도입하여 총점을 인원수로 나눈 평균 점수를 계산해 봅니다. 1모둠 193점, 2모둠 142점으로 평균을 계산한 결과, 1모둠이 승리하게 되었습니다.

## 수업 준비물

마을 낱말 21개 목록, 텔레파시 게임 학습지

## 활동 순서

1. 마을 문장 찾기 놀이(수업 101)에서 찾은 21개 낱말을 정리하여 제시한다.
2. 학생들은 21개 중 교사가 선택했을 것 같은 10개 낱말을 학습지에 기록한다.
3. 교사도 학생들의 텔레파시를 받아 같은 학습지에 10개 낱말을 기록한다.
4. 학생들이 텔레파시를 보내는 특별한 동작과 소리를 함께한다.
5. 교사가 자신이 선택한 10개 낱말을 순서대로 발표한다.
6. 학생들은 일치하는 낱말에 동그라미 표시를 하고 해당 점수를 획득한다.
7. 같은 순서, 같은 위치에 적힌 낱말은 추가 점수를 부여한다.
8. 개인별 점수를 계산한 후 모둠별로 합산하여 평균을 구하고 비교한다.

## 상현달 선생님의 수업 사전

텔레파시 놀이의 핵심은 '재미'와 '몰입'입니다. 학생들이 텔레파시를 보내는 동작을 할 때는 진지하면서도 재미있게 참여할 수 있도록 분위기를 조성해 주세요. 점수 체계는 미리 명확하게 안내하여 학생들이 이해하기 쉽도록 하고, 평균 개념을 설명할 때는 '공정한 승부를 위해 인원수로 나누어 계산한다.'라는 의미를 강조해 주세요. 2학년들에게 평균은 어려운 개념이므로 무리하게 깊이 들어가지 말고, 체험을 통해 자연스럽게 접하게 하는 것이 좋습니다.

# 내가 사는 곳은
# 대한민국 어디쯤 있을까?

한반도 행정 구역 지도와 OHP 필름을 활용한 우리 지역 위치 찾기 활동

마을에 대한 수업을 하면서 문득 든 생각은 '과연 학생들은 지도에서 자기가 살고 있는 마을의 위치를 알고 있을까?'라는 궁금증이었습니다. 마을은 그렇다 치더라도 함평군(해당하는 지역으로 적용해 주세요)의 위치는 알고 있을까 하는 생

336

각이 들어, 오늘은 학생들이 살고 있는 함평군의 위치를 직접 찾아보는 활동을 진행합니다. 활동을 위해 행정 구역으로 구분된 한반도 지도를 하나 준비했습니다.

학생들은 이 지도에서 함평군의 위치를 찾아봅니다. 하지만 함평군을 찾기 위해서는 먼저 전라남도의 위치를 지도에서 찾을 수 있어야 합니다. 2학년 학생들에게 지역의 위치는 상당히 어려운 개념입니다. 17개 시도도 아닌, 더 작은 지역인 함평군을 찾는 것은 더욱 어렵지요. 그래서 일단 학생들은 모둠별로 함평군의 위치가 어디쯤 되는지 자유롭게 이야기를 나눕니다.

학생들은 친구들의 의견과 자신의 생각을 종합해 지도에 함평군의 위치를 표시합니다. 결과를 살펴보니 대부분 학생은 그래도 전라남도 안에 표시했습니다. 강진, 화순, 장흥에 표시한 학생들도 있고, 일부는 전라남도를 벗어나 전라북도 정읍에 표시하기도 했어요. 그런데 간혹 충청북도 청주나 심지어 강원도 인제까지 가는 아이도 있습니다.

이렇게 학생들이 지도의 다양한 지역에 함평군의 위치를 표시한 후, 똑같은 한반도 지도를 OHP 필름에 출력하여 함평군의 정확한 위치를 네임펜으로 표시합니다. 그런 다음 OHP 필름을 학생들의 지도에 겹치면 누가 더 함평군의 위치에 가까운지 직관적으로 파악할 수 있지요. 이 과정을 통해 학생들은 함평군이 전라남도에 있으며, 광주를 기준으로 왼쪽에 위치한다는 것을 명확히 알게 됩니다. 다음 활동으로 함평군에 어떤 '면'이 있는지도 알아보면 좋습니다.

## 수업 준비물

행정 구역 지도, OHP 필름, 네임펜, 함평군 지도 자료, 함평군 백지도 학습지

## 활동 순서

1.  한반도 행정 구역 지도를 제시하고 우리나라 시도에 대해 간단히 설명한다.
2. 모둠별로 함평군이 어디쯤 위치할지 토의하고 지도에 표시한다.
3. 각 모둠이 표시한 위치를 발표하고 그 이유를 설명한다.
4. OHP 필름에 출력한 지도에 함평군의 정확한 위치를 표시한다.
5. OHP 필름을 각 모둠의 지도에 겹쳐 정답과 비교해 본다.
6. 함평군의 1개 읍과 8개 면에 대해 알아보고 백지도에 위치를 추측해 기록한다.

## 상현달 선생님의 수업 사전

2학년 학생들에게 행정 구역은 매우 어려운 개념이므로, 정확성보다는 탐구 과정 자체에 의미를 두어야 합니다. OHP 필름을 사용할 때는 미리 출력 상태를 확인하여 선명하게 보이도록 준비합니다. 학생들이 틀린 답을 해도 "틀렸어요."라고 하지 말고, "다른 곳에 표시했네요."라며 긍정적으로 반응하는 것이 중요합니다. 함평군의 읍면 위치를 찾을 때는 너무 어려워하지 않도록 '광주와 가까운 곳', '바다와 가까운 곳' 등 힌트를 단계적으로 제공해 주세요.

# 레터링 아트 작품이
# 탁구공 보물을 기다리고 있어!

이면지와 바구니로 활용하는 탁구공 협력 운반 게임

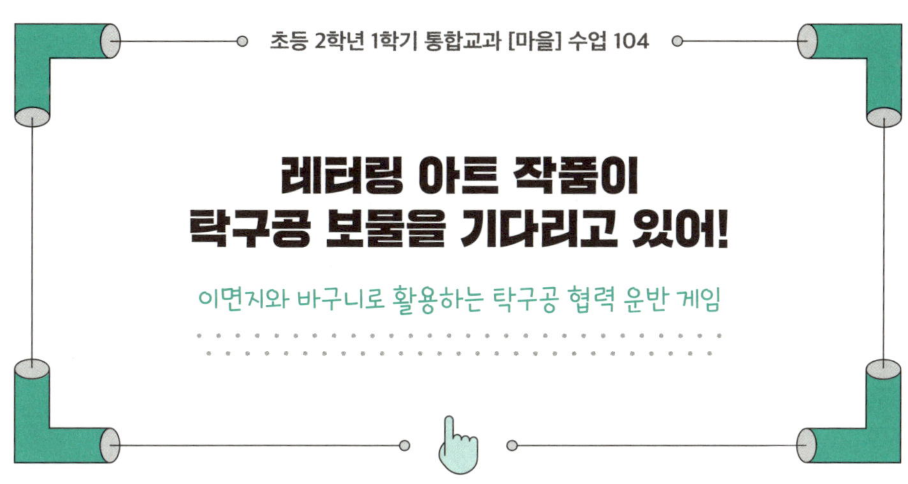

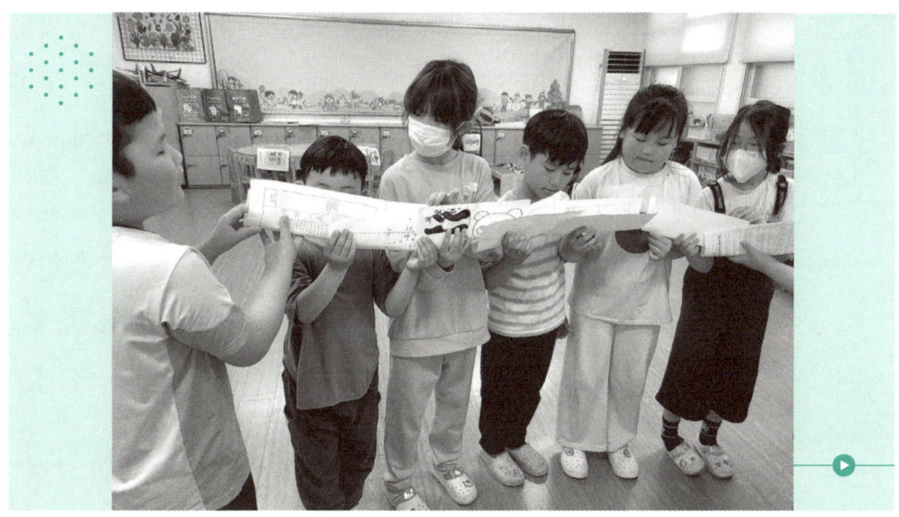

교실 모서리 곳곳에 책상을 배치한 후 그 위에 바구니를 놓고, 바구니마다 학생들이 수업 시간에 직접 만든 마을 이름 레터링 아트 작품을 붙입니다. 이렇게 레터링 아트 작품이 붙어 있는 바구니가 바로 우리 마을이 됩니다. 학생들의 임무는 이 마을들에 귀중한 보물인 탁구공을 안전하게 배달하는 것입니다.

학생들은 각자 이면지를 하나씩 들고 세로로 펼친 후 양옆을 손으로 눌러 탁구공이 굴러갈 수 있는 길을 만듭니다. 첫 번째 사람이 탁구공을 자신의 종이 길에 놓고 바닥에 떨어지지 않도록 옆 사람이 만든 종이 길로 조심스럽게 보냅니다. 탁구공을 성공적으로 전달한 사람은 재빨리 줄의 끝으로 이동해 탁구공을 받을 준비를 합니다. 중간에 탁구공이 바닥으로 떨어지게 되면 아쉽게도 다시 처음 지점으로 돌아가야 합니다.

어떤 마을로 탁구공 보물을 먼저 보낼지는 학생들이 직접 결정합니다. 학생들은 가까운 마을을 먼저 선택하고, 가는 길에 굴곡이 없어 탁구공이 굴러가기 쉬운 마을을 전략적으로 고릅니다. 몇 번의 실패 끝에 마침내 '상귀마을'에 탁구공이 첫 번째로 도착했습니다! 탁구공은 상귀마을에 도착하기까지 여러 번 바닥으로 떨어졌지만, 학생들은 실패를 거듭할수록 노하우가 쌓였고 성공하는 비법을 터득해 나갔습니다.

아쉽게도 모든 마을에 탁구공이 다 도착하지는 못했습니다. 학생들은 자신이 살고 있는 마을에 탁구공이 도착하지 못해 아쉬워했지만, 처음에는 하나의 마을에도 탁구공을 옮기지 못해서 실망한 학생들에게 몇 번의 성공은 큰 기쁨을 주었습니다.

## 수업 준비물

이전에 제작한 레터링 아트 작품, 탁구공, 이면지(학생 수만큼), 바구니(마을 수만큼)

## 활동 순서

1. 교실 모서리에 책상을 배치하고 바구니를 올린 후 레터링 아트 작품을 붙여 마을을 만든다.
2. 각자 이면지를 세로로 펼치고 양옆을 눌러 탁구공이 굴러갈 길을 만든다.
3. 탁구공 운반 규칙을 설명한다. (떨어지면 처음부터, 성공하면 줄 끝으로 이동)
4. 학생들이 어느 마을부터 도전할지 상의하여 정한다.
5. 첫 번째 사람이 탁구공을 제 종이 길에 놓고 다음 사람의 이면지 길로 조심스럽게 전달한다.
6. 탁구공이 떨어지지 않도록 협력하며 목표 마을까지 운반한다.

## 상현달 선생님의 수업 사전

이면지 길을 만들 때는 너무 깊게 구부리지 않도록 안내하여 탁구공이 자연스럽게 굴러갈 수 있도록 해 주세요. 탁구공이 떨어졌을 때 학생들이 실망하지 않도록 "실패는 성공의 어머니입니다. 어떻게 하면 더 잘할 수 있을까요?" 하고 격려해 주는 것이 중요합니다. 마을 배치는 난이도를 고려하여 가까운 곳부터 먼 곳까지 다양하게 설정하고, 모든 학생이 자신의 마을에 성공할 수 있는 기회를 충분히 제공합니다.

|12권|

초등 2학년 1학기 통합교과 수업

세계

# 교실에서 피라미드와 사진 찍기

크로마키 천으로 만드는 세계 유명 건축물 가상 여행

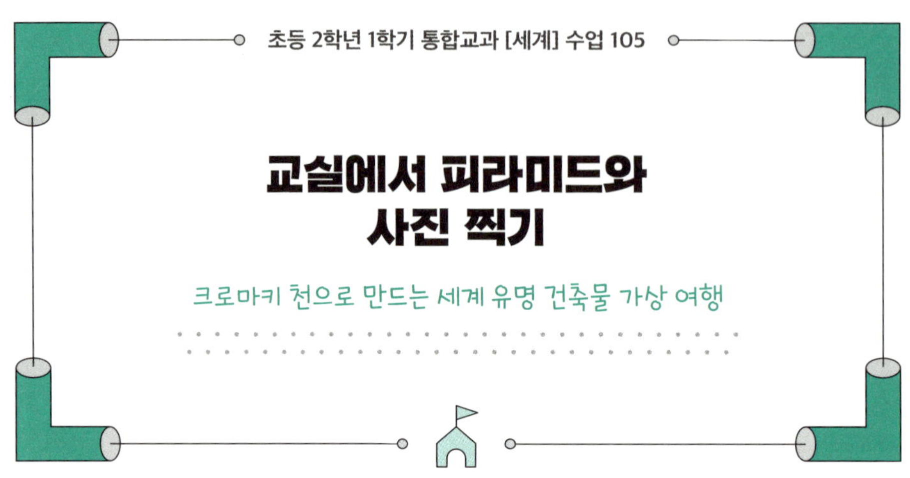

교과서에는 세계 여러 나라의 유명한 자연물과 건축물이 아름다운 사진과 함께 소개되어 있지요. 학생들은 교과서를 펼쳐 놓고 나라 이름과 그 나라를 대표하는 유명한 자연물, 건축물 등을 찾아 학습지에 차근차근 기록합니다. 이집

트의 피라미드, 프랑스의 에펠탑, 인도의 타지마할, 중국의 만리장성 등 세계적으로 유명한 건축물이 학생들의 학습지를 가득 채웁니다.

이렇게 기록한 건축물 중에서 자신이 가장 가 보고 싶은 곳을 하나 골라, 그곳에 실제로 가 있다고 생각하면서 크로마키<sup>chroma key</sup>(화면 합성 등 특수 효과를 위한 배경으로 흔히 초록색과 파란색을 사용해요) 천 앞에서 멋진 포즈를 취해 봅니다. 학생들은 건축물과 어울리는 포즈를 다양하게 만든 후 가장 마음에 드는 포즈를 하나 선택하지요. "피라미드 앞에서는 이런 포즈가 어울릴 것 같아요!", "에펠탑과 함께 찍으려면 이렇게 해야겠어요!" 저마다 창의적인 아이디어를 뽐냅니다. 촬영이 끝나면 리무브<sup>remove.bg</sup> 사이트를 활용해 크로마키 천 배경을 깨끗하게 제거합니다. 이 무료 사이트는 단 5초 만에 인공지능이 자동으로 배경을 제거해 주는 놀라운 기능을 제공해요.

다음으로 학생들이 학습지에 기록한 유명한 건축물 사진을 인터넷에서 찾습니다. 고해상도의 아름다운 건축물 사진을 선별하여 다운로드하고, 포토스케이프 X 프로그램을 활용해 본격적인 합성 작업을 시작합니다. 배경이 되는 건축물 사진을 먼저 불러온 후, 배경을 제거한 학생들의 사진을 그 위에 자연스럽게 덧입힙니다. 이때 배경 건축물과 학생 사진의 크기와 위치를 적절하게 조절하면, 마치 학생이 정말로 그곳에 여행을 다녀온 것처럼 사실적인 사진이 완성됩니다.

크로마키 천, 스마트폰, 리무브(remove.bg) 사이트, 포토스케이프 X 프로그램

1.  교과서를 보며 여러 나라의 유명한 건축물을 찾아 학습지에 기록한다.
2.  기록한 건축물 중 가장 가 보고 싶은 곳을 하나 선택한다.
3.  크로마키 천 앞에서 학생은 선택한 건축물과 어울리는 다양한 포즈를 취해 본다.
4.  가장 마음에 드는 포즈로 사진을 촬영한다.
5.  리무브 사이트에서 촬영한 사진의 배경을 제거한다.
6.  인터넷에서 선택한 건축물의 고해상도 사진을 찾아 다운로드한다.
7.  포토스케이프 X 프로그램을 이용해 건축물 사진과 학생 사진을 합성한다.

크로마키 촬영 시에는 조명이 고르게 들어오게 하고 그림자가 생기지 않도록 주의해 주세요. 학생들의 옷 색깔이 크로마키 천과 비슷하면 함께 제거될 수 있으니 사전에 안내하는 것이 중요합니다. 리무브 사이트는 무료 버전에서는 해상도 제한이 있으니, 교육용으로는 충분하지만 고해상도가 필요한 경우라면 유료 버전을 고려하세요. 포토스케이프 X 사용 시 학생들이 어려워할 수 있으니 미리 간단한 조작법을 시연해 주고, 서로 도움을 주고받을 수 있는 협력적 분위기를 조성합니다. 완성한 작품들은 교실에 전시하거나 학급 커뮤니티에 올려 성취감을 높여 주는 것도 좋은 방법입니다.

# 세계 유명 건축물 전문가가 되려면
# 어떤 카드를 모아야 할까?

3장 1세트로 매칭하는 카드 놀이와 전략적 카드 내려놓기 게임

교과서에 제시된 유명 건축물을 포함해 대한민국의 경복궁까지 추가해 특별한 건축물 카드를 제작했습니다. 카드는 건축물이 위치한 나라 이름 8장, 건축물 이름 8장, 건축물 사진 8장으로 총 24장을 준비했어요.

24장의 카드를 골고루 섞은 후 각 모둠에 나누어 줍니다. 학생들은 섞여 있는 카드를 펼치고 나라 이름, 건축물 이름, 건축물 사진이 정확히 일치하도록 3장을 1세트로 만들어야 합니다. 먼저 교과서를 참고하지 않고 친구들과 이야기를 나누며 문제를 해결해 봅니다. 어느 정도 시간이 지난 후에는 교과서를 참고해 카드를 매칭할 수 있도록 허용합니다. 혼자는 힘들지만 모둠원들과 함께하니 모든 카드를 성공적으로 매칭해 낼 수 있습니다.

이제 24장의 카드를 다시 섞은 후 모둠원들에게 4장의 카드를 무작위로 나누어 줍니다. 본격적인 카드 게임이 시작됩니다! 학생들은 자신이 가진 4장의 카드 중 3장이 매칭되는 완전한 세트가 있다면 바닥에 모아 놓고, 불필요한 카드는 동시에 카드 더미 옆에 내려놓습니다. 그리고 친구들이 내려놓은 카드와 카드 더미의 카드 중에서 자신에게 필요한 카드 하나를 가져갈 수 있지요.

이렇게 학생들이 불필요한 카드는 버리고 필요한 카드는 가져가면서 손에 든 모든 카드를 3장씩 매칭해 바닥에 내려놓으면 놀이에서 승리하게 됩니다. 카드 수를 늘리거나, 2장 매칭이 아니라 3장 매칭이 되어야만 바닥에 내려놓을 수 있는 것처럼, 규칙을 다양하게 수정하며 여러 가지 방법으로 건축물 카드 놀이를 즐길 수 있어요.

단순한 암기식 학습이 아닌 게임 형식을 통해 학생들은 건축물과 나라 정보를 자연스럽게 습득합니다. 나에게 필요한 카드를 얻기 위해 전략을 세우고 친구들과 교류하는 과정은 학습에 몰입감과 즐거움을 더해 줍니다.

## 수업 준비물

세계 유명 건축물 카드 24장(나라 이름 8장, 건축물 이름 8장, 건축물 사진 8장)

## 활동 순서

1. 세계 유명 건축물을 간단히 소개하고 카드의 구성을 설명한다.
2. 24장의 카드를 섞어 각 모둠에 나누어 준다.
3. 나라 이름, 건축물 이름, 건축물 사진을 3장 1세트로 매칭하는 활동을 한다.
4. 처음에는 교과서 없이, 나중에는 교과서를 참고하여 정답을 확인한다.
5. 카드를 다시 섞어 각자 4장씩 나누어 받는다.
6. 매칭한 3장 세트는 바닥에 내려놓고, 불필요한 카드는 버린다.
7. 친구들이 버린 카드나 카드 더미에서 필요한 카드를 가져간다.
8. 손에 든 모든 카드를 매칭하여 가장 먼저 내려놓는 사람이 승리한다.

## 상현달 선생님의 수업 사전

게임 규칙을 설명할 때는 실제 카드를 사용하여 시범을 보여 주면 이해가 빠릅니다. 매칭 활동에서 학생들이 어려워할 경우 힌트를 단계적으로 제공하되, 스스로 발견하는 기쁨을 놓치지 않도록 주의하세요. 카드 게임 진행 시에는 모든 학생이 공정하게 참여할 수 있도록 순서를 정하고, 게임에서 뒤처지는 학생들도 포기하지 않도록 격려해 주세요. 완성한 세트에 대해서는 "왜 이 3장이 1세트인지 설명하세요."라고 물어보며 학습 내용을 확인하는 것도 효과적입니다.

# 과자 포장지만 봐도
# 어느 나라 과자인지 알 수 있다!

세계 각국 과자로 진행하는 글로벌 미각 체험

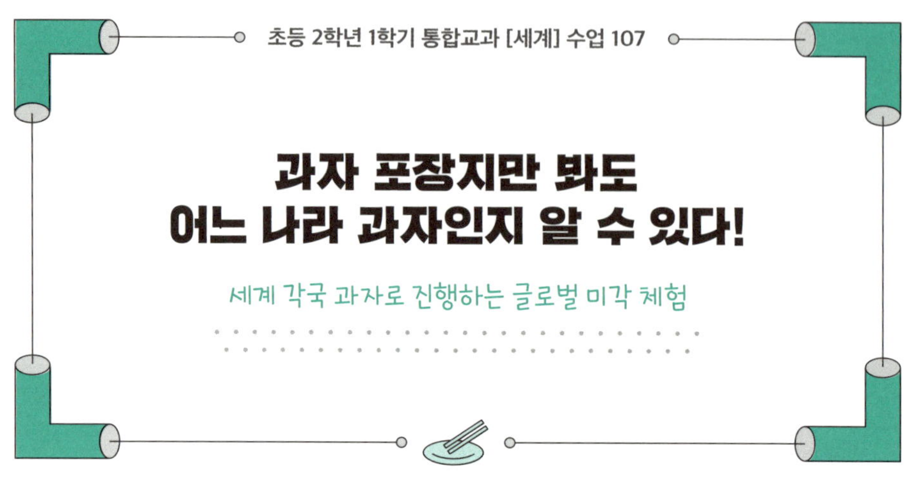

오늘은 학생들과 세계 여러 나라의 과자를 직접 살펴보면서 맛이 어떤지 체험하는 시간을 마련합니다. 먼저 인터넷을 통해 세계 각국의 다양한 과자를 구입하여 각 모둠에 나누어 주었습니다. 학생들은 과자 포장지에 적힌 내용을 자세히 관찰하면서 어떤 나라에서 만들어진 과자인지 추리해 봅니다.

영어나 다른 언어로 된 내용은 2학년 학생들이 어려워하기에, 교사와 함께 포장지 단서를 하나씩 찾아가며 어느 나라에서 만들어진 과자인지 함께 탐정 놀이를 하지요. "이 글자는 일본어 같아요!", "여기에 'MADE IN'이라고 쓰여 있어요!" 학생들은 호기심 가득한 눈으로 과자 포장지를 탐색합니다. 그런 다음 드디어 기다리고 기다리던 맛보기 시간이 찾아옵니다. 직접 과자를 먹으면서 어떤 맛이 나는지, 우리나라 과자와는 어떤 차이가 있는지 알아봅니다.

학생들은 학습지에 과자 이름과 어느 나라의 과자인지, 그리고 과자 맛은 어떤지 꼼꼼히 기록합니다. 어떤 과자는 우리나라 과자와 맛이 비슷해서 "이거 우리가 먹던 ○○ 과자랑 비슷해요!" 하며 반가워하는 학생들도 있습니다. 입맛에 맞아 계속 먹고 싶어 하는 과자가 있는 반면, 어떤 과자는 입에 넣는 순간 얼굴을 찡그리며 "이상한 맛이에요!"라고 외치는 과자도 있지요. 나라마다 선호하는 맛이 다르고, 문화적 차이가 음식에도 반영되어 있다는 것을 자연스럽게 감각과 활동으로 보여 주는 순간입니다.

학생들은 수업 시간에 과자를 먹는다는 것 하나만으로도 엄청나게 즐거워하며, 세계 각국의 다양한 문화를 미각으로 체험하는 소중한 경험을 쌓았습니다.

## 수업 준비물

세계 각국 과자(인터넷 주문), 맛보기 학습지, 필기구, 물티슈, 컵, 물

## 활동 순서

1. 세계 여러 나라의 과자 문화에 대해 간단히 소개하며 흥미를 유발한다.
2. 각 모둠에 다양한 나라의 과자를 나누어 준다.
3. 과자 포장지를 관찰하며 어느 나라 제품인지 추리하고 토의한다.
4. 교사와 함께 포장지 단서를 찾아 정확한 생산국을 확인한다.
5. 과자를 조금씩 맛보며 맛과 식감을 경험한다.
6. 학습지에 과자 이름, 생산국, 맛의 특징 등을 기록한다.
7. 우리나라 과자와의 차이점과 공통점에 대해 이야기를 나눈다.

## 상현달 선생님의 수업 사전

과자를 구입할 때는 학생들이 알레르기를 일으킬 수 있는 성분(견과류, 유제품 등)이 포함되어 있는지 미리 확인하고, 학부모에게 사전 안내를 합니다. 위생을 위해 과자를 나누어 먹기 전에 반드시 손을 깨끗이 씻고, 개별 접시나 컵을 준비하는 것이 좋습니다. 맛이 강하거나 특이한 과자의 경우 학생들이 거부감을 보일 수 있으니 "다른 나라 사람들이 좋아하는 맛이에요."라고 설명하며 문화적 차이임을 강조해 주세요. 이 활동의 목적은 맛있는 과자를 먹는 것이 아니라 다양한 문화를 이해하는 것임을 학생들에게 안내하고, 편식하지 않는 열린 마음을 기르는 계기로 활용합니다.

# 접착제 없이도
# 멋진 집 짓는 법

간단하게 접고 끼우며 완성하는 세계 건축물 체험

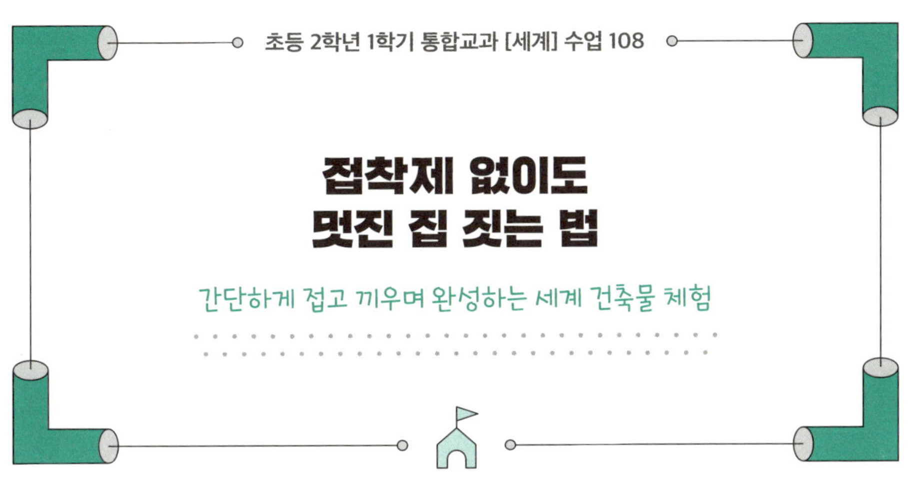

현재 세계의 수많은 사람이 현대식 주택과 아파트에 살고 있습니다. 하지만 주택과 아파트가 일반화되기 전에는 각 나라의 기후와 문화에 맞는 다양한 전통 가옥에서 살았지요. 오늘 학생들은 스콜라스Scholas에서 제작한 '세계의 전통 가옥과 전통 의상' 입체 퍼즐 키트를 활용해 세계 여러 나라의 전통 가옥을 직접 만들어 보는 활동을 합니다. 이 키트는 접착 도구를 전혀 사용하지 않고도 접고 끼워 넣고 조립만 하면 되는 간단한 과정을 통해 전통 가옥 모형을 손쉽게 만들 수 있도록 설계되어 있습니다.

학생들은 여러 나라의 전통 가옥 중에서 마음에 드는 것을 하나씩 선택해 설명서를 보면서 차근차근 제작해 나갑니다. "이탈리아 집은 어떻게 생겼을까요?", "저는 일본 전통 가옥을 만들어 볼래요!" 하며 각자 관심사에 따라 다양한 나라의 가옥을 선택하지요. 정교하게 설계된 키트 덕분에 2학년 학생들도 무리 없이 입체적인 건축물을 만들 수 있습니다.

"와, 진짜 집 같아요!", "지붕이 우리 집이랑 다르게 생겼네요!" 학생들은 완성된 세계의 전통 가옥을 보며 신이 나 합니다. 나라마다 기후와 문화에 따라 집의 모양이 다르다는 것을 직접 만들면서 체험적으로 학습하는 거지요. 완성한 작품들을 교실에 전시하면 작은 세계 건축 박물관 같은 멋진 광경이 만들어집니다. 이 활동을 통해 학생들은 단순히 모형을 만드는 재미를 넘어, 세계 각국의 다양한 주거 문화와 생활 양식에 대해 이해하는 소중한 기회를 가졌습니다.

## 수업 준비물

스콜라스의 세계의 전통 가옥과 전통 의상 키트, 설명서

## 활동 순서

1. 세계 여러 나라의 전통 가옥에 대해 간단히 소개하며 흥미를 유발한다.
2. 스콜라스 키트의 구성과 제작 방법에 대해 설명한다.
3. 학생들이 만들고 싶은 나라의 전통 가옥을 자유롭게 선택한다.
4. 키트에서 필요한 부품을 조심스럽게 떼어 낸다.
5. 설명서를 보며 접는 선과 끼우는 부분을 확인한다.
6. 순서에 맞게 접고 끼워 가며 세계 전통 가옥 모형을 완성한다.
7. 완성한 작품을 친구들과 함께 감상하고 그 나라의 주거 문화에 대해 이야기를 나눈다.

## 상현달 선생님의 수업 사전

스콜라스 키트는 품질이 우수하고 설명서가 명확하여 초등학생이 사용하기에 적합합니다. 다만 키트를 떼어 낼 때 찢어지지 않도록 천천히 조심스럽게 하도록 지도해 주세요. 접는 선(점선)과 자르는 선(실선)을 명확히 구분하여 설명하는 것이 중요합니다. 학생마다 손재주와 집중력의 차이가 있으니 어려워하는 학생에게는 개별 지도를 합니다. 완성한 작품들은 각 나라의 국기와 함께 전시하면 더욱 교육적 효과를 높일 수 있습니다. 무엇보다 이 활동의 목적이 세계 문화에 대한 이해와 존중임을 강조합니다.

# 우리 교실에
# 이탈리아 레스토랑 차리기

전교생이 함께하는 대규모 이탈리아 요리 체험

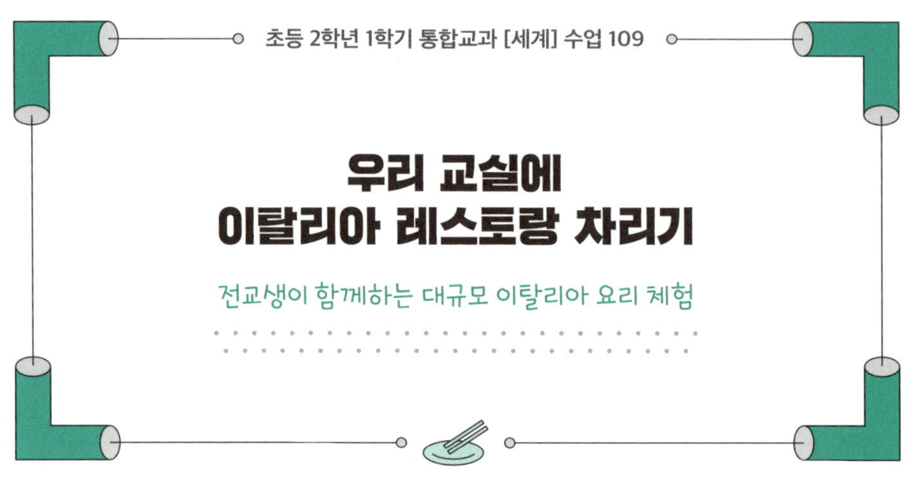

오늘은 학생들의 입맛에도 맞으면서 교실에서 쉽게 요리할 수 있는 토마토 파스타를 만들어 보려고 합니다. 식전에 먹을 수 있는 양송이 수프도 20봉지 준비하여 완벽한 이탈리아식 식사를 구성했습니다.

파스타에서 가장 중요한 것은 소스입니다. 소스를 맛있게 만들기 위해 토마토 소스 6통과 함께 신선한 토마토 10개를 준비했습니다. 토마토 소스만 사용하는 것이 아니라 실제 토마토를 넣으면 더욱 신선하고 깊은 맛이 나기 때문이지요. 토마토는 찜기에 넣어 쪄서 껍질을 쉽게 벗겨 낼 수 있도록 준비합니다. 그사이 다른 학생들은 양송이 수프를 물과 함께 섞은 후 눌어붙지 않게 계속 저어 줍니다. 한쪽에서는 전교생이 나누어 먹기 위해 구입한 파스타 면 1킬로그램을 큰 냄비에 넣고 끓입니다.

프라이팬에 토마토 소스를 넣고, 쪄서 익힌 토마토를 으깨어 함께 섞습니다. 파스타 면이 익으면 토마토 소스에 넣고, 타지 않도록 중간 불에서 계속 저어 줍니다. 그사이 학생들은 완성한 양송이 수프를 먼저 맛봅니다. 토마토 파스타가 완성되자 한 학년씩 차례로 초대하여 교실 뒷좌석에서 파스타를 나누어 먹습니다. 하지만 학생들이 먹는 속도를 파스타 제작 속도가 따라가지 못해, 한쪽에서는 계속 파스타 면을 삶고 다른 한쪽에서는 소스를 만드는 대작업이 이어집니다.

토마토 소스 6통, 생토마토 10개, 파스타 면 1킬로그램을 모두 사용했어요. 마지막에는 토마토 소스가 부족해 파스타 면이 조금 남기도 했지만 전교생이 모두 맛볼 수 있어서 다행이었습니다. 전교생이 함께 즐긴 이탈리아 요리 축제였습니다.

토마토 소스 6통, 토마토 10개, 파스타 면 1킬로그램, 양송이 수프 20봉지, 큰 냄비, 프라이팬

1. 이탈리아의 음식 문화와 파스타에 대해 간단히 소개한다.
2. 토마토를 찜기에 넣어 쪄서 껍질을 벗길 수 있도록 준비한다.
3. 양송이 수프를 물과 함께 섞어 끓인다.
4. 파스타 면을 큰 냄비에 넣고 삶는다.
5. 프라이팬에 토마토 소스와 익힌 토마토를 넣고 소스를 만든다.
6. 익은 파스타 면을 소스에 넣고 잘 섞어 준다.
7. 한 학년씩 초대하여 양송이 수프와 토마토 파스타를 나누어 먹는다.

대규모 요리 활동을 할 때는 안전이 최우선입니다. 뜨거운 물과 기름 사용 시 화상에 주의하고, 학생들이 직접 참여할 수 있는 안전한 역할(재료 준비, 설거지 등)을 나누어 주세요. 식재료는 여유분을 준비하되, 남는 것보다는 모든 학생이 골고루 맛볼 수 있도록 적절히 배분하는 것이 중요합니다. 알레르기가 있는 학생들을 미리 파악하여 대체 음식을 준비합니다. 활동 후에는 반드시 정리 정돈과 설거지를 함께하여 협동심과 책임감을 기를 수 있도록 지도합니다.

# 나도 이제는 이리저리
# 세계 지리 전문가

카드로 진행하는 세계 각국 매칭 게임과 빙고 활동

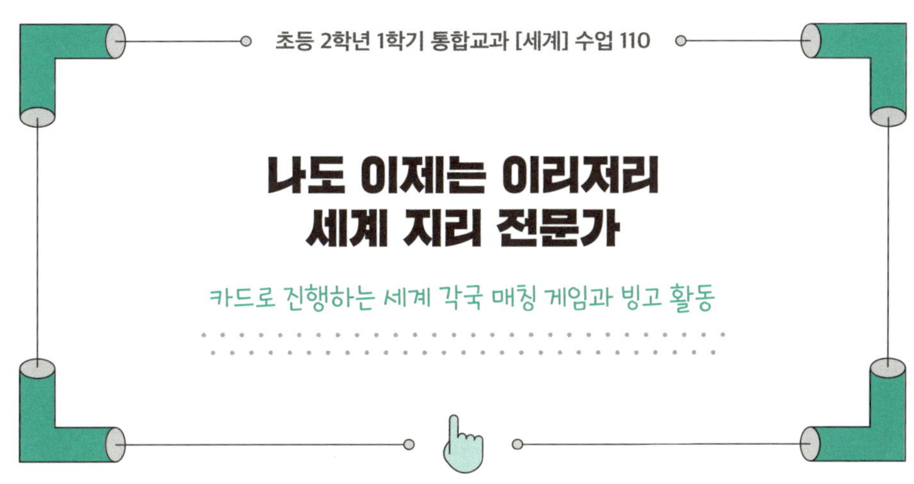

국기 퍼즐은 국기와 나라 이름을 결합해서 하나의 완전한 카드를 만드는 도구입니다. 학생들은 모둠원들과 협력하며 흩어진 국기 조각과 나라 이름을 올바르게 연결해야 합니다. 잘 알고 있는 미국, 일본, 중국 같은 나라도 있지만 처음 들어보는 낯선 나라들도 많습니다. 그래도 서로 머리를 맞대고 이야기를 나누며 생각을 모으다 보면 결국 모든 나라를 성공적으로 매칭해 내지요.

다음으로 다문화 나라 카드를 모둠별로 1개씩 구입하여 준비했습니다. 이 카드는 나라와 수도, 그리고 각 나라를 대표하는 특징적인 그림들로 구성되어 있어 학습에 매우 유용합니다. 카드를 미리 골고루 섞은 다음 각 모둠에 나누어 주었습니다. 학생들은 나라와 수도, 그림을 자세히 관찰하면서 한 쌍의 카드를 완성해 나갑니다. 나라와 수도를 이미 아는 경우에는 쉽게 매칭을 시킬 수 있지만 그렇지 못한 경우에는 조금 어려워합니다. 하지만 카드에 그려진 그림들이 서로 연결되어 있기 때문에 그림만 보고서도 해당하는 짝을 찾을 수 있도록 잘 설계되어 있습니다.

학생들이 활발하게 토론하고 의견을 나눌수록 매칭되는 카드가 하나씩 늘어 갑니다. 학생들은 자신의 배경 지식을 총동원하여 문제를 해결해 나가지요. 한 모둠이 모든 카드를 완성하면 아직 어려워하는 다른 모둠을 자연스럽게 도와주기도 합니다. 마지막으로 국기 퍼즐에 있는 나라 중에서 16개를 선택해 빙고 놀이를 진행합니다. 학생들은 세계 여러 나라의 이름을 직접 기록하고 말하는 과정에서 빙고를 하나씩 완성해 갑니다.

## 수업 준비물

국기 퍼즐 카드, 아이스크림몰 다문화 나라 카드, 빙고 학습지

## 활동 순서

1.  세계 여러 나라의 국기와 지리에 대해 간단히 소개한다.
2.  국기 퍼즐 카드를 모둠별로 나누어 주고 국기와 나라 이름을 매칭하는 활동을 한다.
3.  모둠원들과 협력하여 모든 국기 퍼즐을 완성한다.
4.  다문화 나라 카드를 섞어 각 모둠에 나누어 준다.
5.  나라, 수도, 특징 그림을 보며 한 쌍의 카드를 찾아 매칭한다.
6.  완성한 모둠은 다른 모둠을 도와주며 협력한다.
7.  국기 퍼즐 나라 중 16개를 선택하여 빙고판에 기록한 후 빙고 게임을 한다.

## 상현달 선생님의 수업 사전

국기 퍼즐과 나라 카드 활동은 협동 학습의 좋은 예시입니다. 학생들끼리 서로 도움을 주고받으며 함께 문제를 해결하는 과정을 격려해 주세요. 모든 나라를 정확히 매칭하는 것보다는 다양한 나라가 존재한다는 것을 인식하고 세계에 대한 관심을 갖게 하는 것이 더 중요합니다. 빙고 게임 활동에서는 학생들이 생소한 나라 이름을 어려워할 수 있으니, 간단한 특징이나 위치를 함께 설명하면 좋습니다. 완성한 카드들은 교실에 전시하여 학생들이 수시로 볼 수 있도록 하고, 이후 문화 교육과 연계하여 활용하면 더욱 효과적입니다.

# 우리나라를 도와준 국가는
# 어떤 나라들일까?

### 낱말 찾기, 빙고 게임, 분류 활동으로 알아보는 한국전쟁

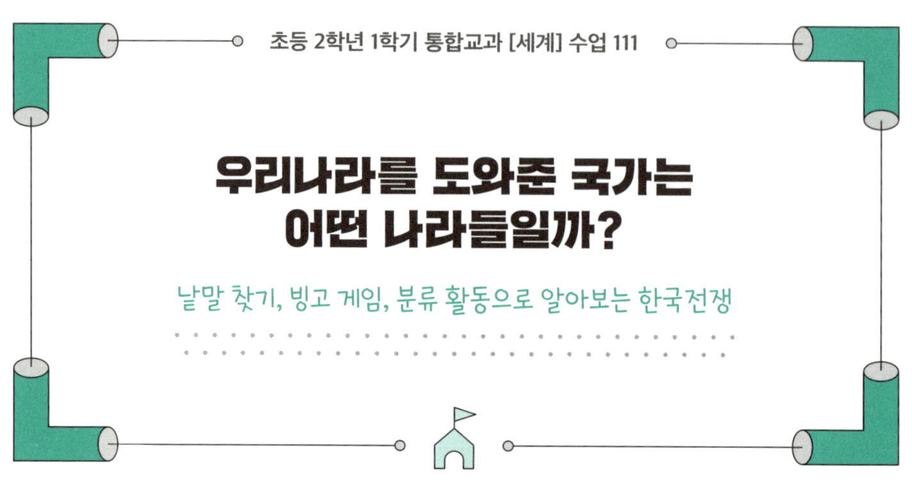

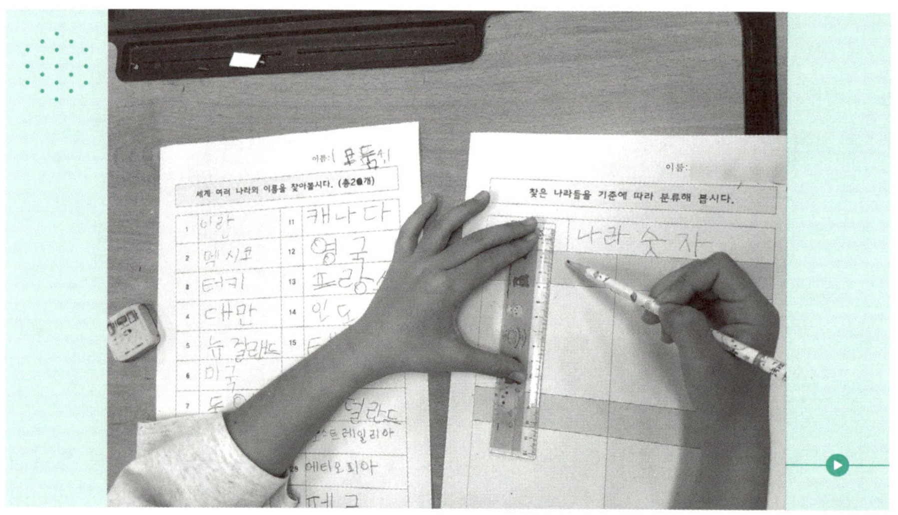

학습지에 20개 나라 이름을 한 칸에 무작위로 한 글자씩 넣은 대형 낱말 찾기 퍼즐을 만들었습니다. 학생들은 2명씩 짝을 이루어 학습지에 쓰인 글자들을 자세히 관찰하면서 가로, 세로, 대각선으로 연결된 나라 이름을 차근차근 찾아

갑니다.

이렇게 찾은 나라 이름을 별도의 학습지에 하나씩 기록하면서 20개 나라를 모두 찾아갑니다. 다음으로 학생들은 자신이 찾은 20개 나라의 이름을 전자칠판으로 확인하여 정답을 맞춰 봅니다. 그리고 4×4 빙고판이 그려진 학습지에 자신이 찾은 나라 중 16개를 선택하여 채워 넣습니다. 학생들은 서로 돌아가면서 나라 이름을 하나씩 부르면서 빙고를 먼저 완성하는 게임을 합니다.

수학 시간에 학생들은 분류에 대해 배웁니다. 이것과 연계하여 20개 나라를 다양한 기준에 따라 분류하는 활동을 진행합니다. 먼저 분류 기준을 세우고 그 기준에 따라 나라를 나눕니다. 학생들은 나라의 글자 수, 나라가 위치한 대륙, 심지어 나라의 힘의 세기로 분류하는 모습도 보여 줍니다.

학생들은 분류한 내용을 공유하면서 20개 나라의 공통점 10가지를 찾아 학습지에 기록합니다. 사실 이 20개 나라는 모두 한국전쟁 당시 우리나라에 군대를 파견하거나 물자를 지원한 나라, 의료와 복구 사업에 도움을 준 소중한 나라들입니다. 마지막으로 한국전쟁과 관련한 영상을 시청합니다. 이 과정에서 학생들은 자신이 글자를 찾아 맞추고 빙고 게임을 하고 다양한 기준으로 분류했던 나라들이 실은 모두 한국전쟁 때 우리나라를 도와준 고마운 나라라는 것을 깨닫게 됩니다.

## 수업 준비물

학습지 4종, 색연필, 한국전쟁 영상

## 활동 순서

1. 6월 25일의 의미를 간단히 소개하며 수업을 시작한다.
2. 20개국 낱말 찾기 퍼즐을 2명씩 짝을 이루어 협력하여 해결한다.
3. 찾은 나라들을 색칠하거나, 선으로 연결하여 표시하고, 별도 학습지에 기록한다.
4. 전자칠판으로 정답을 확인하고 모든 나라를 찾았는지 점검한다.
5. 20개국 중 16개를 선택하여 빙고 학습지에 기록한다.
6. 나라 이름을 부르며 빙고 게임을 진행한다.
7. 20개 나라를 다양한 기준으로 분류하고 공통점을 찾는다.
8. 한국전쟁 영상을 시청하고 이 나라들이 우리를 도운 나라임을 알게 한다.

## 상현달 선생님의 수업 사전

이 수업의 핵심은 놀이 활동을 통해 자연스럽게 한국전쟁의 의미를 깨닫게 하는 것입니다. 낱말 찾기가 너무 어려우면 힌트를 제공하되, 학생들이 스스로 찾는 성취감을 느낄 수 있도록 도와주세요. 분류 활동에서는 정답을 요구하기보다는 학생들의 창의적인 사고를 격려하는 것이 중요합니다. 한국전쟁에 대한 설명은 2학년 수준에 맞도록 쉽고 감동적으로 전달하되, 전쟁의 참혹함보다는 도움을 준 나라들에 대한 감사의 마음에 중점을 둡니다.

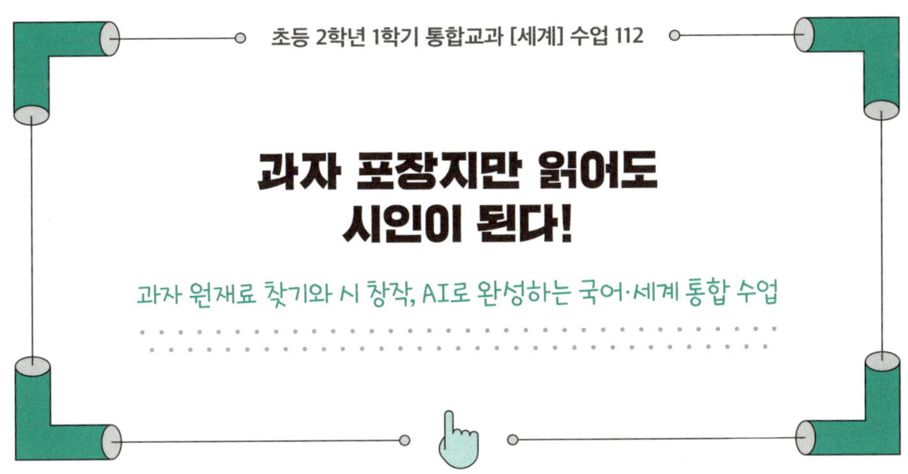


# 과자 포장지만 읽어도 시인이 된다!

## 과자 원재료 찾기와 시 창작, AI로 완성하는 국어·세계 통합 수업

오늘은 학생들과 함께하는 특별한 과자 파티 날입니다. 하지만 그냥 과자를 먹고 마는 하루가 아닙니다. 과자를 먹으면서 동시에 과자의 원재료가 무엇인지 먼저 꼼꼼히 알아봅니다. 학생들은 과자의 뒷면 포장지를 마치 탐정이 된 듯 자세히 읽어 보면서 과자가 어떤 재료들로 이루어져 있는지 확인합니다. 과자만 먹으면 무언가 아쉬워서 팡파레 아이스콘도 함께 준비했습니다. 팡파레 역시 마찬가지로 어떤 재료들로 만들어졌는지 포장지를 통해 알아봅니다. 이렇게 확인한 과자와 팡파레의 원재료를 학습지에 차근차근 기록합니다. 이 과정에서 과자가 우리나라에서 만들어지기는 하지만, 대부분의 원재료는 외국에서 수입한 것임을 학생들이 직접 발견하게 되지요.

다음으로 학생들은 자신이 먹은 과자 중에서 가장 인상 깊은 것 하나를 골라 시로 표현해 보는 창의 활동을 합니다. 콘칩, 뻥이요 등 학생들 입맛에 맞는 다양한 과자가 시의 소재가 되어 교실 곳곳에서 아름다운 시가 탄생합니다.

"바삭바삭 콘칩이 / 입안에서 춤을 춰요 / 달콤한 맛이 좋아요."

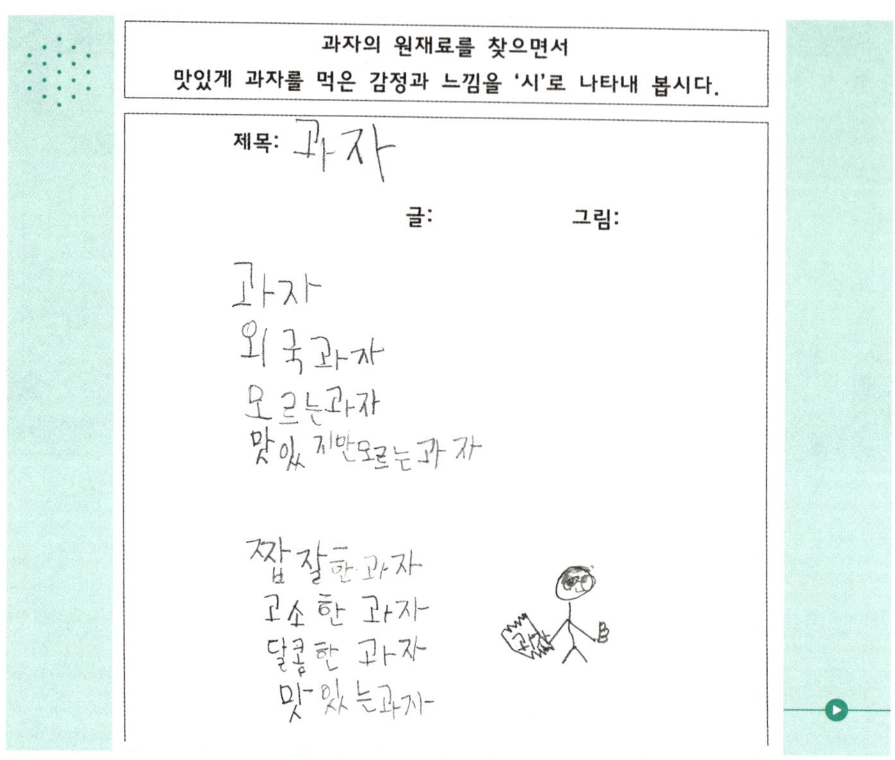


이런 순수하고 정감 넘치는 시가 학생들 손끝에서 만들어지지요.

마지막으로 학생들이 정성스럽게 쓴 시를 윈도우 11의 코파일럿[Copilot]에 입력한 후 시의 내용과 어울리는 그림을 그려 달라고 요청합니다. 인공지능 기술의 발달로 이제는 교실에서도 손쉽게 AI 그림을 생성할 수 있습니다. 얼마 지나지 않아 코파일럿은 학생들의 시 내용과 완벽하게 어울리는 멋진 그림을 그려 줍니다.

## 수업 준비물

다양한 종류의 과자, 학습지, 윈도우 11이 설치된 컴퓨터, 코파일럿

## 활동 순서

1. 과자 파티를 소개하며 단순히 먹는 날이 아닌 학습 활동임을 안내한다.
2. 과자와 팡파레 포장지의 원재료 명을 자세히 읽어 본다.
3. 확인한 원재료를 학습지에 기록하고 어느 나라에서 온 재료인지 알아본다.
4. 원재료의 원산지를 통해 세계 여러 나라와의 연결 고리를 발견한다.
5. 먹어 본 과자 중 하나를 선택하여 자유로운 형식의 시를 창작한다.
6. 완성한 시를 친구들과 함께 낭독하며 감상한다.
7. 코파일럿에 시 내용을 입력하고 어울리는 그림을 생성해 달라고 요청한다.
8. AI가 생성한 그림과 자신의 시를 비교하며 소감을 나눈다.

## 상현달 선생님의 수업 사전

원재료의 원산지를 통해 세계 여러 나라와의 연결점을 찾는 활동에서는 지도를 함께 활용하면 더욱 효과적입니다. 시 창작 시에는 형식보다는 자유로운 표현을 격려하되, 과자에 대한 감정이나 느낌을 솔직하게 표현하도록 안내해 주세요. 코파일럿 사용 시에는 개인정보 보호에 주의하고, AI 생성 그림이 완벽하지 않을 수 있음을 미리 안내합니다. 무엇보다 이 활동의 목적은 창의성과 융합적 사고를 기르는 것임을 잊지 말고, 학생들의 상상력과 표현력을 충분히 격려합니다.

# 노래만 들어도
# 세계 지리 박사가 된다!

다양한 노래로 즐기는 글로벌 음악 여행

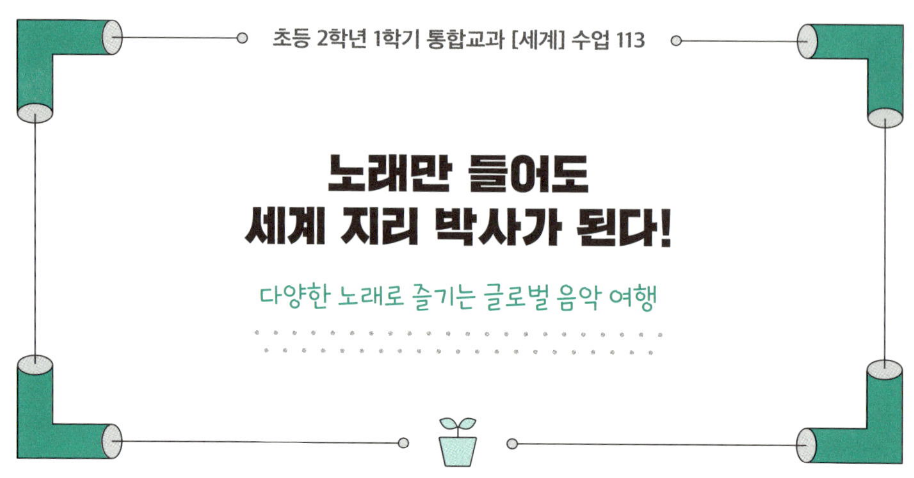

오늘은 주니토니의 〈랜드마크송〉과 〈세계 수도송〉 등 학생들에게 친숙한 멜로디와 가사를 가진 노래를 중심으로 수업을 구성했습니다. 학생들은 신나는 멜로디에 맞춰 세계 여러 나라의 수도와 랜드마크를 노래로 부르면서 지구에는

다양한 나라가 존재한다는 것을 자연스럽게 알아 갑니다.

"미국 자유의 여신상, 프랑스 에펠탑, 중국 만리장성!"

학생들은 손동작과 함께 즐겁게 노래를 부르지요.

"한국 서울, 일본 도쿄, 중국 베이징!"

리듬감 있게 외치며 저절로 여러 나라의 수도를 외우는 시간입니다.

다음으로 학생들과 여러 나라의 국가를 듣고 어느 나라의 국가인지 맞춰 보는 좀 더 도전적인 활동을 합니다. 이 활동은 작년 4학년 학생들과 함께한 활동으로, 사실 2학년 학생들이 하기에는 조금 어려운 면이 있습니다. 노래로 흘러나오는 국가의 언어적인 뉘앙스 차이와 선율의 특징을 알고 있어야 어느 나라인지 유추할 수 있기 때문이지요.

그래도 교사가 중간중간 적절한 힌트를 주면서 활동을 흥미롭게 진행해 봅니다. 학생들은 국가를 듣고 모둠원들과 활발하게 이야기를 나누면서 어느 나라 국가인지 추리합니다. "이 음악은 뭔가 웅장한 느낌이에요!", "이 나라 말은 처음 들어 봐요!" 하며 진지하게 친구들과 이야기합니다. 그러면서 모둠원들이 쓴 내용을 계속 비교하고 수정하는 과정을 거쳐 최종 답안을 완성합니다. 모든 나라의 국가를 듣고 나서는 함께 영상을 다시 보며 어떤 나라의 국가인지 정답을 확인합니다.

주니토니의 세계 〈랜드마크송〉 영상, 〈세계 수도송〉 영상, 여러 나라의 국가 음원

1. 세계 여러 나라의 랜드마크와 수도에 대해 간단히 소개한다.
2. 학생들이 알고 있는 〈랜드마크송〉과 〈세계 수도송〉을 함께 부른다.
3. 손동작과 함께 즐겁게 노래하며 랜드마크와 수도를 암기한다.
4. 여러 나라의 국가를 듣고 맞추기 활동 규칙을 설명한다.
5. 각 나라의 국가를 들으며 모둠별로 토의하여 답안을 작성한다.
6. 모둠원들과 의견을 나누고 답안을 수정하며 완성한다.
7. 정답을 함께 확인하고 각 나라의 특징에 대해 이야기를 나눈다.

〈랜드마크송〉과 〈세계 수도송〉은 학생들이 쉽게 따라 부를 수 있도록 천천히 시작해서 점차 속도를 높여 가는 것이 좋습니다. 국가 맞추기는 2학년에게는 다소 어려울 수 있으니 "이 음악은 어떤 느낌인가요?" 등 힌트를 적절히 제공합니다. 정답을 맞히는 것보다는 다양한 나라의 음악을 경험하고 세계에 대한 관심을 갖게 하는 것이 더 중요합니다. 활동 후에는 "우리나라 〈애국가〉는 어떤 느낌인가요?"라고 물어보며 우리나라에 대한 자긍심도 함께 기를 수 있도록 해 주세요. 음량 조절에 주의하여 학생들의 청력을 보호하고, 모든 학생이 잘 들을 수 있도록 환경을 조성합니다.

초등 2학년 2학기 통합교과 수업

# 계절

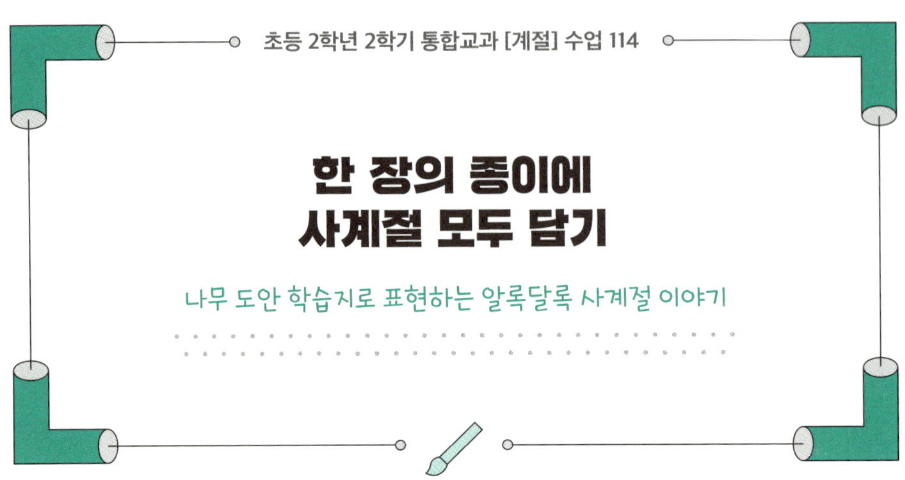

# 한 장의 종이에
# 사계절 모두 담기

나무 도안 학습지로 표현하는 알록달록 사계절 이야기

학생들이 자연의 순환과 계절의 아름다움을 명확히 인지하고 표현하도록 돕기 위해, 나무의 변화를 중심으로 한 미술 활동을 기획했습니다. 계절의 변화를 가장 직관적으로 보여 주는 것이 바로 나무의 모습이기 때문입니다.

수업은 먼저 최근 날씨와 계절 변화에 대한 이야기로 시작하여 활동의 주제를 자연스럽게 제시합니다. 활동의 중심 재료는 앙상한 나뭇가지만 그려진 도안 4개가 포함된 학습지입니다. 이 빈 도안은 학생들이 각 계절의 특징을 자유롭게 상상하고 채워 넣을 수 있는 캔버스 역할을 합니다. 학생들은 이 학습지 위에 봄, 여름, 가을, 겨울 등 각 계절에 맞는 나무의 모습을 자신만의 해석으로 표현하는 과제를 받았습니다.

학생들은 저마다 색연필, 사인펜 등 다양한 도구를 사용하여 빈 나뭇가지를 채워 나갔습니다. 봄 나무에는 연둣빛 새싹과 화사한 벚꽃이 피어났고, 여름 나무는 짙은 녹음으로 가득 찼습니다. 가을 나무는 빨강과 노랑이 어우러진 화려한 단풍으로 물들었으며, 겨울나무는 앙상한 가지 위에 흰 눈이 소복이 쌓인 모

습으로 표현했습니다. 이 과정에서 학생들은 단순히 나무를 그리는 것을 넘어, 각 계절을 대표하는 색과 형태, 분위기를 탐색하고 시각적으로 구현하는 경험을 하게 됩니다.

학생 개개인의 작품도 인상적이었지만, 모든 학생의 작품을 교실 벽에 함께 전시했을 때 그 효과는 커집니다. 각기 다른 개성이 담긴 봄, 여름, 가을, 겨울이 모여 하나의 거대한 사계절 풍경을 만들어 냈습니다.

## 수업 준비물

사계절 나무 도안 학습지, 색연필, 사인펜, 크레파스 등 다양한 채색 도구

## 활동 순서

1. 우리나라 사계절의 특징에 대해 이야기를 나누며 활동 주제를 소개한다.
2. 나뭇가지 그림이 있는 학습지를 배부하고, 각 나무를 사계절에 맞게 꾸밀 것을 안내한다.
3. 학습지 한쪽에 자신이 가장 좋아하는 계절과 그 이유를 간단히 글로 작성한다.
4. 봄, 여름, 가을, 겨울, 각 계절의 특징을 떠올리며 나무의 모습을 자유롭게 그리고 채색한다.
5. 완성한 작품을 교실 벽면에 모두 전시하여 '우리 반의 사계절 갤러리'를 조성한다.
6. 전시한 작품을 다 함께 감상하며 각자 표현한 계절의 특징과 작품에 대한 소감을 나눈다.

## 상현달 선생님의 수업 사전

수업 도입부에서 기후 변화와 관련한 실제 날씨 이야기를 통해 학생들의 경험과 연결하면 활동의 동기를 효과적으로 부여할 수 있습니다. 앙상한 나뭇가지 도안은 학생들이 정해진 틀에서 벗어나 자유롭게 상상하고 표현하도록 돕는 유용한 도구입니다. 이때 나뭇잎뿐만 아니라, 계절에 맞는 꽃, 열매, 주변 동물이나 곤충 등을 함께 그리도록 격려하여 표현의 범위를 확장해 주는 것이 좋습니다.

작품 감상 시에는 단순히 잘 그린 그림을 칭찬하기보다, 학생들이 각자 어떤 생각으로 해당 계절을 표현했는지 그 의도와 창의성에 초점을 맞춰 소통하는 것이 중요합니다.

# 흩어진 이야기 조각을 모아
# 그림책 완성하기

그림책 『사계절 목욕탕』 문장 카드로 즐기는 이야기 재구성과 그림 표현 활동

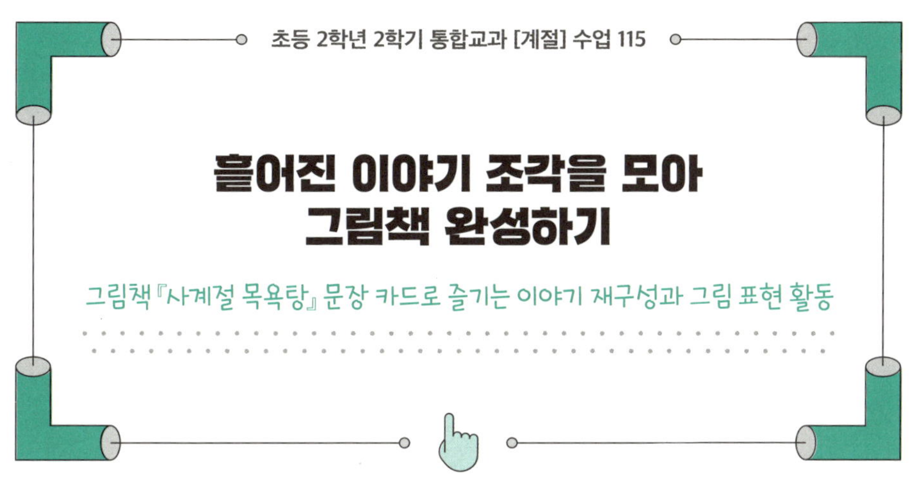

그림책의 문장을 활용하여 학생들이 이야기의 구조를 직접 탐색하고, 문해력과 창의적 표현력을 함께 기를 수 있는 활동을 진행했습니다. 이번 수업의 핵심은 교과서를 바로 보여 주지 않고, 학생들이 스스로 이야기 순서를 재구성하

는 탐정 같은 역할을 맡는다는 점입니다.

먼저 수업 시작과 함께, 교과서를 펼치지 않고 모둠별로 그림책 내용이 담긴 문장 카드 뭉치를 나누어 주었습니다. 각 카드에는 그림책 『사계절 목욕탕』의 문장이 하나씩 적혀 있습니다. 학생들은 먼저 이 카드들을 읽으며 흩어진 이야기 조각을 마주합니다. 첫 번째 미션은 모둠원들과 협력하여 이 문장 카드들을 이야기의 흐름에 맞게 순서대로 배열하는 것입니다.

물론 학생들이 처음부터 모든 카드를 완벽하게 맞추기는 어렵습니다. 하지만 정답을 찾는 과정에서 모둠원들과 활발하게 소통하고 서로 의견을 조율하며 협업 능력을 자연스럽게 기르게 됩니다. 모든 모둠이 카드 배열을 마치면, 정답을 바로 알려 주는 대신 작은 힌트를 제공합니다. 그림책 원본이 교실 어딘가에 있다는 암시를 주면, 학생들은 보물찾기라도 하듯 교실 곳곳을 탐색하기 시작합니다. 하지만 진짜 보물은 가장 가까운 곳, 바로 자신들의 교과서 안에 숨겨져 있지요.

교과서 속에서 원본을 발견한 학생들은 자신들이 배열한 카드 순서와 비교하며 스스로 오류를 수정합니다. 이야기의 순서를 완벽하게 맞춘 후에는 마지막 활동으로 이어집니다. 학생들은 배열한 카드 중에서 가장 마음에 드는 문장 카드 하나를 골라 학습지에 붙이고, 그 문장이 주는 느낌과 장면을 자신만의 그림으로 표현합니다.

그림책 『사계절 목욕탕』 내용 카드(모둠별), 교과서, 학습지, 풀, 색연필, 사인펜

## 활동 순서

1. 모둠별로 『사계절 목욕탕』의 문장이 적힌 카드를 나누어 받고, 내용을 탐색한다.
2. 모둠원들과 상의하여 계절의 흐름에 따라 이야기 순서가 맞도록 카드를 배열한다.
3. 카드 배열이 끝나면, 교사의 힌트를 듣고 교실에서 정답(교과서)을 찾는다.
4. 교과서에 실린 원본과 비교하며 자신들이 배열한 카드 순서를 스스로 확인하고 수정한다.
5. 가장 마음에 드는 문장 카드 하나를 골라 학습지에 붙인다.
6. 선택한 문장을 읽고 떠오르는 장면을 상상하여 자유롭게 그림으로 표현한다.
7. 완성한 작품을 친구들과 함께 감상하며 소개하는 시간을 갖는다.

## 상현달 선생님의 수업 사전

문장 카드를 만들 때는 글자 크기를 키우고 문장 단위로 명확하게 끊어 학생들이 읽기 쉽도록 제작하는 것이 좋습니다. 이야기 순서 맞추기 활동에서는 정답을 맞히는 것보다, 학생들이 친구들과 근거를 들어 토론하고 협의하는 과정 자체를 칭찬하고 격려하는 것이 중요합니다. 교과서에서 정답을 찾는 과정은 학생들의 흥미를 유발하는 일종의 보물찾기 이벤트처럼 연출하면 더욱 효과적입니다.

# 색종이 개구리 한 마리로 여는
# 신나는 올림픽

색종이와 카플라로 즐기는 개구리 높이뛰기, 멀리뛰기, 사격, 육상 4종 놀이

수업은 먼저 겨울잠에서 깨어나 힘차게 움직이는 개구리의 생태 영상을 시청하며 시작했습니다. 영상을 통해 학생들은 개구리의 생김새와 움직임을 생생하게 관찰하며 활동에 대한 흥미와 배경 지식을 쌓았지요. 이후 본격적인 개구

리 만들기에 돌입했습니다. 2학년 학생 눈높이에 맞춰 따라 하기 쉬운 〈네모 아저씨의 개구리 만들기〉 영상을 활용했습니다. 영상을 중간중간 멈추고 각 단계를 함께 따라 하며 접었습니다.

모든 학생이 자신만의 개구리를 완성한 후, 교실은 '개구리 올림픽' 경기장으로 변신했습니다. 총 4가지 종목으로 구성된 이 놀이는 학생들이 만든 개구리의 성능을 시험해 보는 즐거운 경쟁의 장이 되었습니다.

[첫 번째 놀이. 높이뛰기]

카플라 블록을 하나씩 쌓아 만든 장애물을 자신의 개구리가 얼마나 높이 뛰어넘는지 측정하는 경기입니다. 학생들은 개구리의 꼬리 부분을 눌렀다 떼는 힘을 조절하며 자신의 기록에 도전했습니다.

[두 번째 놀이. 멀리뛰기]

책상 2개를 이어 붙여 만든 경기장에서 어느 개구리가 가장 멀리 점프하는지 겨루는 활동입니다. 학생들은 책상 사이의 간격을 점차 넓혀 가며 자신의 개구리가 가진 잠재력을 최대한으로 끌어냈습니다.

[세 번째 놀이. 사격]

개구리가 총알이 되어 과녁인 비타민을 맞추는 정교한 놀이입니다. 정확한 조준과 힘 조절을 통해 한 번에 비타민을 맞춘 학생은 달콤한 보상을 얻을 수 있어 집중도가 매우 높았습니다.

[네 번째 놀이. 육상]

책상 위에 놓인 비타민을 향해 가장 먼저 개구리를 도착하게 하는 스피드 게임입니다. 단순히 빠르게 뛰는 것뿐만 아니라, 정확한 방향으로 점프시키는 능력이 승패를 좌우했습니다.

색종이(1인 2장 이상), 개구리 접기 참고 영상, 카플라, 비타민(개별 포장), 책상

1. 봄에 활동을 시작하는 개구리의 생태 영상을 시청하며 동기를 유발한다.
2. 개구리 접기 영상을 보며 단계별로 천천히 색종이 개구리를 만든다.
3. [높이뛰기] 카플라 블록을 쌓아 만든 장애물을 개구리로 뛰어넘으며 기록을 측정한다.
4. [멀리뛰기] 책상 위에서 개구리를 점프시켜 가장 멀리 간 개구리를 가린다.
5. [사격] 개구리로 비타민 과녁을 맞추는 놀이를 진행한다.
6. [육상] 책상 위 비타민 목표물을 향해 개구리를 점프시켜 먼저 도착하는 놀이를 한다.

개구리 접기 영상을 선택할 때는 저학년 학생들이 쉽게 따라 할 수 있도록 설명이 명확하고 속도가 느린 것을 고르는 것이 좋습니다. 4종 놀이를 진행할 때는 승패에 연연하기보다, 자신이 만든 개구리의 특성을 파악하고 힘과 방향을 조절하는 과정 자체를 즐길 수 있도록 격려하는 분위기를 만들어 주는 것이 중요합니다. 특히 높이뛰기에서 카플라 블록으로 높이를 측정하거나, 멀리뛰기에서 자를 이용해 거리를 재는 활동은 자연스럽게 측정의 개념을 익히는 기회입니다.

# 24절기 교과서가 된
# 페트병 뚜껑 시합

24절기 노래와 재활용 뚜껑으로 배우는 우리 조상의 지혜와 협동 놀이

첫날 활동은 24절기 노래를 듣는 것으로 시작합니다. 학생들은 노래를 들으며 절기 이름이 빈칸으로 처리된 학습지를 채워 나갑니다. 처음 듣는 낯선 이름이 많았지만, 노래가 반복되는 동안 학생들은 서로가 놓친 부분을 알려 주

며 함께 빈칸을 해결해 나갔습니다. 24절기의 이름을 무작정 외우게 하는 것이 아니라, 즐거운 노래를 통해 그 의미와 순서에 익숙해지는 것이 이 활동의 목표입니다.

노래로 24절기에 대한 감을 잡은 후, 두 번째 활동으로 넘어갔습니다. 각 모둠에는 24절기 이름이 하나씩 적힌 페트병 뚜껑이 뒤섞인 채로 제공됩니다. 학생들의 임무는 조금 전 참고했던 학습지 없이, 오직 자신의 기억과 귓가에 맴도는 노랫말에 의지하여 이 뚜껑들을 24절기 순서에 맞게 배열하는 것입니다. 막히는 부분에서는 힌트로 노래를 한 번 더 들려주었고, 학생들은 노래를 따라 부르며 순서를 재배열하여 24개 절기를 완벽하게 정렬해 냈습니다.

다음 날, 수업은 전날 배운 24절기 노래를 다 함께 부르며 시작합니다. 이어진 활동은 교실 바닥 전체를 활용하는 동적인 놀이입니다. 전날 사용했던 24절기 페트병 뚜껑을 바닥에 흩어 놓고, 학생들은 2인 1조로 '봄', '여름', '가을', '겨울' 중 하나의 계절을 맡습니다. 학생들은 손가락으로 뚜껑을 튕기는 알까기 방식으로, 자신이 맡은 계절에 해당하는 6개 절기 뚜껑을 찾아 모아야 합니다. 이 놀이는 모둠 간의 경쟁이 아니라, 모든 계절이 완성되어야 끝나는 협력 미션입니다. 따라서 먼저 자신의 계절을 완성한 모둠은 아직 찾고 있는 다른 모둠을 도와주며 함께 과제를 해결합니다.

## 수업 준비물

24절기 노래 영상, 빈칸 학습지, 24절기 이름이 적힌 페트병 뚜껑 24개(모둠별)

## 활동 순서

1. [1일차] 24절기 노래를 2번 반복해서 들으며 빈칸으로 된 학습지를 채운다.
2. 모둠별로 뒤섞인 24절기 페트병 뚜껑을 학습지 없이 기억에 의존해 순서대로 배열한다.
3. 순서 배열이 막힐 때, 힌트로 노래를 들으며 배열을 완성한다.
4. [2일차] 다 함께 24절기 노래를 부르며 학습 내용을 복습한다.
5. 2인 1조로 봄, 여름, 가을, 겨울 중 한 계절을 맡는다.
6. 바닥에 흩어진 페트병 뚜껑 중에서 알까기 방식으로 자신이 맡은 계절의 절기를 찾는다.
7. 먼저 찾은 모둠이 다른 모둠을 도와 모든 계절의 절기를 찾고, 다 함께 노래를 부른다.

## 상현달 선생님의 수업 사전

이 활동의 핵심은 '암기'가 아닌 '친숙함'에 있습니다. 노래와 놀이라는 매체를 통해 학생들이 24절기를 어려운 학습 대상이 아닌 즐거운 문화유산으로 느끼게 하는 것이 중요합니다. 페트병 뚜껑은 쉽게 구할 수 있는 훌륭한 재활용 교구이며, 직접 만지고 조작하는 활동은 학생들의 학습 몰입도를 높입니다. 특히 둘째 날의 알까기 활동은 경쟁이 아닌 '협력'을 통해 완성되는 미션임을 강조해 주세요. 먼저 끝난 모둠이 자연스럽게 다른 모둠을 돕는 과정에서 공동체 의식과 협동의 가치를 배울 수 있습니다.

# '양파'와 '경운기' 카드로 쓴 우리만의 소설

## 2종류의 그림 카드로 상상력을 깨우는 우리 모둠 릴레이 이야기 만들기

국어 시간에는 상상력을 발휘하여 글을 쓰는 활동을, 통합교과 시간에는 계절의 변화에 대해 배우는 요즘, 두 교과의 학습 목표를 자연스럽게 융합할 수 있는 이야기 만들기 활동을 진행했습니다. 이 수업은 그림책 『농부 달력』의 그림

카드와 '도란도란' 카드를 함께 활용하여, 학생들이 예측 불가능한 상황 속에서 창의력과 협동심을 발휘해 한 편의 이야기를 완성하도록 설계했습니다.

수업은 각 모둠에 『농부 달력』 그림 카드 1세트와 도란도란 카드 1세트를 나누어 주는 것으로 시작합니다. 학생들은 먼저 『농부 달력』 카드를 뒤집어 놓은 더미에서 1장을 뽑습니다. 카드에는 '양파', '봄', '감자', '경운기' 등 계절과 관련된 다양한 낱말이 적혀 있으며, 이것이 바로 우리 모둠이 만들 이야기의 핵심 주제어가 됩니다.

주제어가 정해지면, 학생들은 각자 도란도란 카드를 1장씩 뽑습니다. 이 카드에는 주제어와 전혀 관련 없어 보이는 다양한 상황의 그림이 그려져 있습니다. 이제 학생들은 순서대로 돌아가며, 자신이 가진 도란도란 카드의 그림과 모둠의 주제어를 연결하여 한 문장씩 이야기를 만들어 나갑니다. 예를 들어 주제어가 '감자'이고 내 도란도란 카드가 '화가 난 여자' 그림이라면, "옛날 옛적에 감자를 너무너무 싫어해서 화가 난 공주님이 살았어요."와 같이 이야기를 시작할 수 있지요.

모둠의 마지막 순서인 학생은 지금까지의 내용을 종합하여 그럴듯한 결말을 만들어야 하는 중요한 임무를 맡습니다. 이렇게 한 편의 이야기가 완성되면, 다시 새로운 『농부 달력』 카드를 뽑아 완전히 다른 주제로 두 번째 이야기를 만들어 가며 활동을 반복합니다.

그림책 『농부 달력』 그림 카드 1세트(모둠별), 도란도란 카드 1세트(모둠별)

1. 모둠별로 『농부 달력』 그림 카드와 도란도란 카드를 1세트씩 배부한다.
2. 모든 카드를 뒤집어 더미를 만들고, 그림 카드 1장을 뽑아 이야기의 주제어를 정한다.
3. 모둠원들이 각자 도란도란 카드를 1장씩 뽑는다.
4. 앞사람의 이야기에 자신의 카드 그림을 연결하여 이야기의 한 부분을 만든다.
5. 모든 모둠원이 참여하여 릴레이로 이야기를 이어 가고, 마지막 사람은 이야기의 결말을 맺는다.
6. 한 편의 이야기가 완성되면, 다시 새로운 카드를 뽑아 활동을 반복한다.

계절과 관련된 낱말로 주제를 한정하는 『농부 달력』 그림 카드를 더하면, 학생들은 상상력을 발휘하면서도 학습 목표에서 벗어나지 않게 활동에 참여할 수 있습니다. 『농부 달력』 그림 카드는 출판사(웅진주니어) 누리집에서 무료로 내려받을 수 있습니다. 이 활동은 단순히 재미있는 이야기를 만드는 것을 넘어, 친구의 이야기를 귀 기울여 듣는 '경청'의 태도를 길러 줍니다. 또한 전혀 다른 두 요소를 논리적으로 연결하는 과정을 통해 창의적 사고력과 문제 해결력을 향상할 수 있습니다.

# 친구의 마음을 읽어야만
# 술래를 피할 수 있다고?

마커 위에서 펼쳐지는 기억력과 순발력의 계절 술래잡기

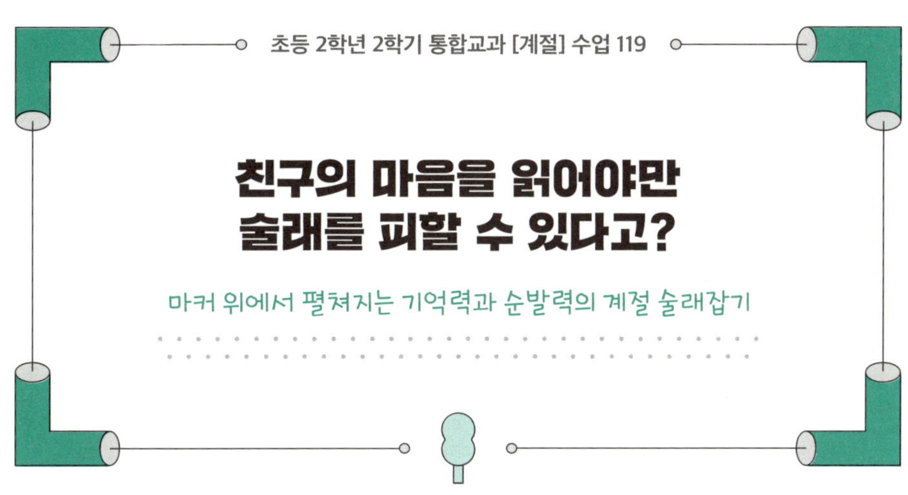

때로는 좋은 놀이 하나가 그 어떤 설명보다 훌륭한 수업이 되기도 합니다. 〈열정기백쌤〉 유튜브 채널에서 발견한 재미있는 신체 활동을 현재 배우고 있는 『계절』 교과서와 통합하여 우리 반만의 특별한 술래잡기 놀이로 재창조했습

니다.

　먼저 수업 시작 전, 학생들과 각자 가장 좋아하는 계절이 무엇인지 이야기를 나누며 서로의 취향을 확인하는 시간을 가집니다. 이 정보는 곧 시작할 게임의 가장 중요한 규칙이 됩니다. 이후 체육관이나 넓은 교실 공간에 학생 수만큼 원마커를 깔아 경기장을 만들고, 그 중앙에 술래가 설 마커 하나를 추가로 놓습니다. 첫 번째 술래가 중앙에 서고 나머지 학생들은 각자 마커 위에 자리를 잡으면, 긴장감 넘치는 기억력 술래잡기가 시작됩니다.

　게임의 규칙은 간단하지만 고도의 집중력을 요구합니다. 술래는 사계절 중 하나를 큰 소리로 외칩니다. 이때 술래가 외친 계절이 바로 '술래 자신이 좋아하는 계절'과 일치할 경우에만 다른 학생들은 자신의 마커를 떠나 비어 있는 다른 마커로 재빨리 이동해야 합니다. 만약 술래가 자신이 좋아하지 않는 다른 계절을 외쳤다면, 모두가 그 자리에서 움직이지 않아야 합니다. 술래는 규칙에 따라 움직이는 학생들 사이에서 빈 마커를 차지하지 못했거나, 이동 중에 잡힌 친구를 다음 술래로 지목합니다.

　이 게임이 진행되는 동안 학생들은 끊임없이 생각해야 합니다. '지금 술래인 ○○이가 좋아하는 계절이 뭐였지?'와 같이, 친구에 대한 기억 정보와 현재 상황에 대한 집중력이 승패를 가르는 핵심 열쇠가 됩니다.

## 수업 준비물

학생 수+1개의 원마커, 넓은 놀이 공간

## 활동 순서

1. 놀이 시작 전, 모든 학생이 자신이 가장 좋아하는 계절을 친구들에게 이야기한다.
2. 학생 수만큼 마커를 원형으로 배치하고, 중앙에 술래용 마커 1개를 추가로 놓는다.
3. 술래 1명은 중앙 마커에, 나머지 학생들은 바깥 마커 위에 1명씩 선다.
4. 술래는 사계절 중 하나를 큰 소리로 외친다.
5. 술래가 외친 계절이 '술래가 좋아하는 계절'일 경우에만 다른 학생들은 비어 있는 마커로 이동한다.
6. 술래는 이동하는 학생을 잡고, 자리를 차지하지 못했거나 잡힌 학생이 다음 술래가 된다.
7. 술래가 바뀔 때마다 '기억해야 할 친구의 정보'가 바뀌며 활동을 반복한다.

## 상현달 선생님의 수업 사전

놀이 전, 학생들이 서로 좋아하는 계절을 충분히 인지할 수 있도록 미리 한 번 정리하고 시작하는 것이 좋습니다. 또한 학생들이 이동할 때 너무 멀리 벗어나지 않도록 '마커가 있는 원 안에서만 움직이기' 같은 안전 규칙을 명확히 정해야 합니다. 이 활동의 핵심은 '경청'과 '기억'입니다. 술래는 모든 친구가 들을 수 있도록 계절을 큰 소리로 외쳐야 하고, 다른 학생들은 술래의 목소리와 친구에 대한 정보를 동시에 떠올려야 합니다. 놀이를 통해 학생들은 자연스럽게 친구에게 관심을 기울이고, 타인의 말을 주의 깊게 듣는 태도를 기를 수 있어 학급 긍정 훈육 활동으로도 효과적입니다.

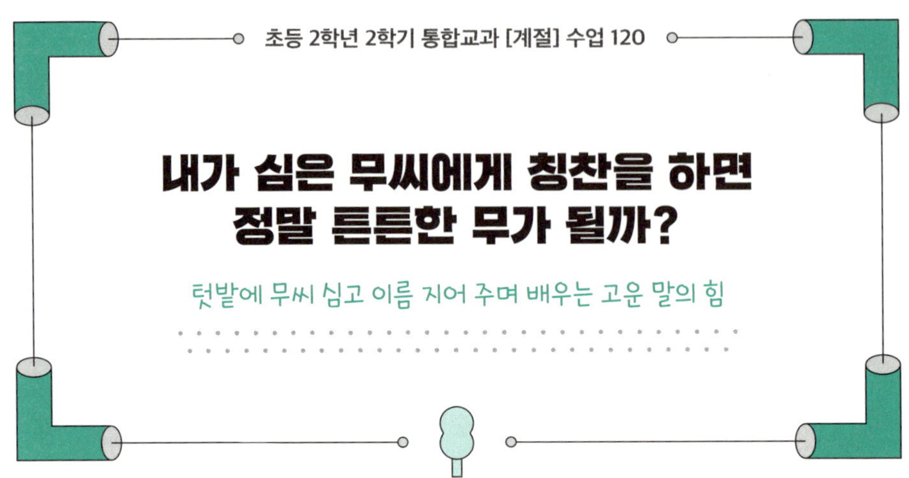


학생들과 함께 학교 텃밭으로 나가, 겨울 무가 될 빨간 무씨와 상추 모종을 조심스럽게 심었습니다. 씨앗과 모종을 모두 심은 후에는 물을 듬뿍 주며 생명의 첫 시작을 응원했지요. 텃밭 활동을 마치고 교실로 돌아와서는, '2학년 텃밭'이라는 글씨를 쓴 나무 푯말을 만들어 우리만의 작은 농장이 생겼음을 기념했습니다.

다음 활동은 상상력을 발휘하는 시간입니다. 학생들은 가을에 심은 이 작은 씨앗이 겨울이 되면 어떤 모습의 무로 자라날지 상상하며 학습지에 그림으로 표현했습니다. 이 과정에서 학생들은 자신의 무에게 '통통이', '예쁘고 꽃 같은 무', '헬스 클럽 무' 등 개성 넘치는 이름을 지어 주며 애정을 쏟았습니다. 이 활동은 국어 시간에 배우는 '상대를 존중하고 배려하는 말'을 실천하는 시간과 자연스럽게 연결되었습니다. 학생들은 자신이 이름 지어 준 무가 튼튼하게 자라길 바라는 마음을 담아 따뜻한 칭찬과 응원의 말을 학습지에 정성껏 기록했습니다.

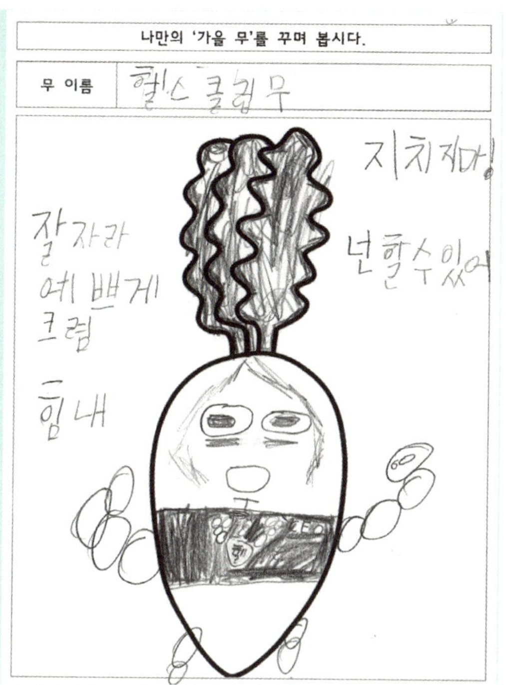

학습지 활동을 마친 후, 학생들은 직접 만든 나무 푯말과 응원의 메시지를 들고 다시 텃밭으로 향했습니다. 텃밭 한가운데 푯말을 세우고, 식물이 목마르지 않도록 다시 한 번 물을 충분히 주었습니다. 그리고 학생들은 흙 속의 작은 씨앗과 여린 모종을 향해, 방금 학습지에 썼던 따뜻한 응원의 말을 소리 내어 읽어 주었습니다. 식물이 학생들의 말을 알아듣지는 못하겠지만, 작은 생명을 소중히 여기고 응원하는 학생들의 순수한 마음은 텃밭의 모든 생명에게 분명 전달되었을 것입니다.

## 수업 준비물

무씨, 상추 모종, 텃밭, 물뿌리개, 나무 푯말, 학습지, 꾸미기 도구

## 활동 순서

1. 이전 차시에서 배운 식물과 씨앗에 대해 이야기하며 텃밭 활동을 소개한다.
2. 학교 텃밭에 무씨와 상추 모종을 심고 물을 충분히 준다.
3. 교실로 돌아와 '2학년 텃밭' 푯말을 만들고, 학습지 활동을 준비한다.
4. 학습지에 자신이 심은 무가 자란 모습을 상상하여 그리고, 개성 있는 이름을 지어 준다.
5. 국어 시간과 연계하여, 자신의 무에게 해 주고 싶은 칭찬과 응원의 말을 학습지에 기록한다.
6. 완성한 푯말과 학습지를 들고 다시 텃밭으로 나가 푯말을 세우고 물을 준다.
7. 학생들이 직접 심은 씨앗과 모종을 향해 학습지에 적은 응원의 말을 소리 내어 읽어 준다.

## 상현달 선생님의 수업 사전

이 활동은 이전 학습 내용(씨앗)과 실제 체험(텃밭 가꾸기)을 연결하여 학생들의 학습 동기와 흥미를 극대화합니다. 특히 국어 교과의 '고운 말 사용하기' 단원과 통합하여, 학생들이 배운 내용을 구체적인 대상에게 적용하고 실천하는 살아 있는 교육의 기회를 제공합니다. 학생들이 식물에 지어 준 이름과 응원의 말을 발표하는 시간을 가지면, 서로의 따뜻한 마음을 공유하며 긍정적인 학급 분위기를 형성할 수 있습니다. 비록 식물이 말을 알아듣지는 못하더라도, 생명을 향해 진심 어린 응원을 보내는 경험은 그 자체로 학생들에게 생명 존중의 태도를 길러 주는 소중한 인성 교육이 됩니다.

# 달력 조각 속에 숨겨진 우리 학교 사계절 찾기

## 학교 달력 퍼즐로 맞추는 계절별 행사와 시간의 흐름

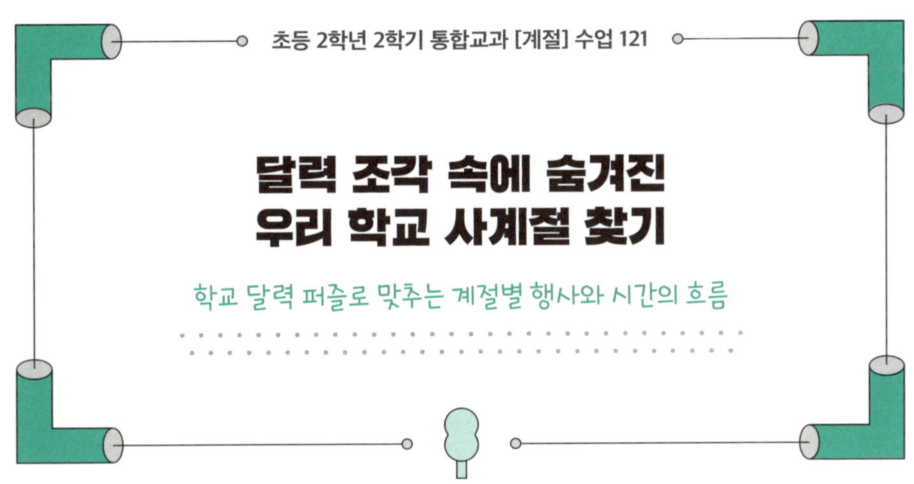

학교에서 매년 제작하여 배부하는 달력은 단순한 날짜 모음이 아니라, 한 해 동안 펼쳐질 우리들의 이야기가 담긴 소중한 지도와 같습니다. 오늘은 학생들에게 친숙한 이 학교 달력을 활용하여, 계절의 흐름 속에서 우리 학교의 1년이 어떻게 채워지는지 탐구하는 퍼즐 맞추기 활동을 진행합니다.

활동을 위해 먼저 교실에 비치된 학교 달력 2장을 '날짜가 적힌 부분'과 '행사가 기록된 부분'으로 잘라 조각으로 만들었습니다. 각 모둠은 뒤죽박죽 섞인 달력 조각 더미와 봄, 여름, 가을, 겨울로 칸이 나뉜 빈 학습지를 받았습니다. 학생들의 첫 번째 임무는 흩어진 날짜와 행사 조각의 짝을 찾아 연결하고, 해당 행사를 학습지의 올바른 계절 칸에 기록하는 것입니다.

물론 모든 날짜와 행사를 정확히 기억하기란 쉽지 않습니다. 모둠원들과 머리를 맞대고 고민하며 학습지를 채워 나가던 학생들은 점차 막히는 부분 앞에서 난관에 부딪혔습니다. 바로 그때 이 활동의 결정적인 힌트가 공개됩니다. 정답은 멀리 있지 않고, 바로 늘 그 자리에 있는 교실 벽면의 온전한 달력입니다.

| 계절 | 월 | 일 | 행사 |
|---|---|---|---|
| 봄 | 3월 | 4일 | 입학식 · 시업식 |
| | | 22일 | 해보교육 설명회 |
| | 4월 | 22일 | 과학의 날 행사 |
| | | 26일 | 함평 나비대 축제 |
| | 5월 | 3일 | 해보가족한마당 |
| | | 16~17일 | 야영수련 활동 |
| 여름 | 6월 | 6일 | 현충일 |
| | | 14일 | 안전체험 |
| | 7월 | 10일 | 2학기 전교학생회 임원선 |
| | | 19일 | 여름방학식 |
| | 8월 | 19일 | 개학식 |
| | | 22일 | 2학기 학급임원 선거 |

학생들은 자신들이 그 사실을 까맣게 잊고 있었다는 것에 놀라워하며, 저마다 달력 앞으로 달려가 자신이 맞춘 퍼즐의 정답을 확인하기 시작했습니다.

학생들은 자신들이 맞춘 퍼즐 내용과 실제 달력을 비교하며 스스로 오류를 수정했습니다. 이 과정을 통해 학생들은 단순히 정답을 알게 되는 것을 넘어, 봄의 입학식부터 여름의 방학, 가을의 운동회, 겨울의 졸업식에 이르기까지, 학교에서의 삶이 계절의 순환과 얼마나 밀접하게 연결되어 있는지를 온몸으로 깨닫게 되었습니다.

## 수업 준비물

학교 달력 2장, 계절별 행사 학습지(모둠별), 가위, 풀

## 활동 순서

1. 학교 달력을 활용한 계절별 행사 퍼즐 맞추기 활동임을 안내한다.
2. 모둠별로 '날짜' 조각과 '행사' 조각으로 나뉘어 섞인 달력 카드, 계절별 학습지를 배부한다.
3. 모둠원들과 함께 날짜와 행사의 짝을 맞추고, 해당 행사를 학습지의 알맞은 계절 칸에 기록한다.
4. 모든 모둠이 활동을 마치면, 교실 벽에 붙어 있는 온전한 달력을 정답지로 공개한다.
5. 학생들은 실제 달력과 비교하며 자신이 정리한 내용을 스스로 확인하고 수정한다.
6. 완성한 학습지를 보며, 각 계절에 어떤 학교 행사가 있는지 이야기를 나누며 활동을 마무리한다.

## 상현달 선생님의 수업 사전

이 활동은 학교 달력이라는 매우 친숙한 소재를 활용하기 때문에 학생들의 참여와 몰입을 쉽게 끌어낼 수 있습니다. 처음부터 정답(온전한 달력)을 알려 주지 않고 학생들이 스스로 토론하고 추리할 충분한 시간을 주는 것이 중요합니다. 이 과정에서 학생들의 협동심과 문제 해결력이 자연스럽게 성장합니다. 학생들이 직접 정답을 찾아 스스로 수정하는 과정은 이 활동의 핵심적인 배움의 순간입니다. 교사가 정답을 알려 주는 것보다 훨씬 높은 성취감과 학습 효과를 가져다 줍니다.

# 평면 명화,
# 살아 움직이는 입체 작품으로 변신!

교과서 명화를 나만의 계절색으로 칠하고 입체 도안으로 완성하는 팝업 아트

가을: 빈센트 반 고흐의 그림 '라 크라우의 추수'

통합교과의 『계절』 교과서에는 계절의 변화를 아름답게 담아 낸 여러 명화가 실려 있습니다. 오늘은 이 작품들을 단순히 감상하는 것을 넘어, 학생들이 직접 화가가 되어 자신만의 계절색을 입히고, 나아가 평면의 그림을 입체적으로

재창조하는 미술 활동을 진행합니다.

먼저 활동을 위해 교과서에 실린 계절 관련 명화들을 인터넷에서 찾아, 포토케이프 X 같은 무료 이미지 편집 프로그램을 사용해 학생들이 색칠하기 좋은 흑백의 선 그림으로 변환합니다. 이 도안들을 작가와 작품 이름과 함께 학습지로 만들어 학생들에게 나누어 주었습니다. 학생들은 여러 명화 도안 중 가장 마음에 드는 것을 하나 고른 후, 원작의 색에 얽매이지 않고 자신이 표현하고 싶은 계절의 색으로 그림을 새롭게 채워 나갑니다. 예를 들어, 여름 풍경이 담긴 그림에 가을의 색을 입히거나, 겨울 풍경에 봄의 화사함을 더하는 등 기발한 상상력이 더해집니다.

평면 색칠 활동이 끝난 후, 수업은 두 번째 단계인 '그림에 생명 불어넣기'로 넘어갑니다. 학생들은 자신의 그림과 어울리는 작은 도안들(꽃, 동물, 사람 등)을 받아, 이것 역시 자신만의 색으로 칠하고 가위로 오렸습니다. 이 작은 조각들을 그림 위에 입체적으로 세우기 위해, 종이를 계단처럼 접어 스프링을 만들었습니다. 그리고 이 종이 스프링을 오려 낸 도안과 그림 뒷면에 붙이자, 마법 같은 일이 일어났습니다. 평면 그림 위로 작은 도안들이 불쑥 튀어나오며, 그림 전체가 마치 살아 움직이는 듯한 입체적인 팝업 아트로 변신했습니다.

명화에 나만의 색을 입히는 재해석 과정은 학생들의 창의성을 자극합니다. 또한 평면이 입체로 바뀌는 순간을 직접 손으로 만들어 보며 공간 감각을 익히고, 정지된 그림이 살아 움직이는 듯한 시각적 즐거움을 경험하게 됩니다.

## 수업 준비물

계절 관련 명화 도안(흑백 변환), 색연필, 입체 표현용 작은 도안, 종이(계단 접기용)

## 활동 순서

1. 교과서 속 계절 관련 명화를 감상하고, 흑백으로 변환한 명화 도안을 배부한다.
2. 학생들은 마음에 드는 명화 도안을 하나 고르고, 표현하고 싶은 계절을 정한다.
3. 자신이 정한 계절의 느낌이 나도록 명화 도안을 자유롭게 색칠한다.
4. 그림을 입체적으로 꾸밀 작은 도안을 골라 색칠하고 가위로 오린다.
5. 종이를 계단처럼 접어 입체감을 줄 종이 스프링을 만든다.
6. 오려낸 작은 도안 뒷면에 종이 스프링을 붙여 그림 위의 원하는 위치에 고정한다.
7. 완성한 입체 명화 작품을 친구들과 함께 감상하며 작품에 담긴 계절 이야기를 나눈다.

## 상현달 선생님의 수업 사전

이 활동의 핵심은 명화를 '따라 그리는 것'이 아니라 '재창조하는 것'에 있습니다. 학생들이 원작의 색을 무시하고 자신만의 계절을 입히는 과정을 격려해 주세요. 이 과정에서 학생들의 창의성이 자라고 계절에 대한 이해가 깊어집니다. 그림을 입체로 만드는 계단 접기는 아주 간단하지만 시각적 효과가 매우 큰 기술로, 조형의 원리를 쉽게 체험하게 돕습니다. 활동 후, "만약 이 그림에 다른 계절의 색을 칠한다면 어떤 느낌일까요?", "이 그림 속 사람들은 지금 어떤 기분일까요?" 등의 질문을 통해 학생들의 상상력을 자극하고 작품 감상을 더욱 풍부하게 이끌어 낼 수 있습니다.

# 종이 뒤에 빛을 비추면 숨겨진 그림이 나타난다

그림책『건강한 농장의 사계절』과 손전등으로 만나는 마법 같은 이야기

『건강한 농장의 사계절』은 페이지마다 질문을 던지고, 다음 장을 넘기면 그에 대한 답이 그림과 함께 나타나는 독특한 구조를 지닌 그림책입니다. 오늘은 이 그림책을 활용하여, 학생들이 농장의 사계절에 일어나는 일들을 배우고 책

속에 숨겨진 비밀을 발견하는 마법 같은 탐구 활동을 진행합니다.

첫 번째 활동은 '귀 기울여 듣기'입니다. 학생들에게 그림책의 질문이 적힌 빈 학습지를 나누어 준 후, 교사가 직접 책을 읽기 시작했습니다. 학생들은 다음에 나올 답을 놓치지 않기 위해, 이야기의 모든 문장에 귀를 기울이며 학습지의 빈칸을 채워 나갑니다. 이 과정에서 학생들은 단순히 글을 읽는 것을 넘어, 자연스럽게 소리에 집중하고 들은 내용을 정확히 기록하는 훈련을 하게 됩니다.

이제 모든 학생이 학습지를 채운 후, '숨겨진 그림 찾기' 활동을 시작합니다. 먼저 교실의 모든 불을 끄고 커튼을 쳐서 공간을 어둡게 만들었습니다. 그리고 스마트폰 손전등을 켠 채, 그림책의 첫 장으로 돌아갔습니다. 종이 뒷면에 손전등 빛을 비추자, 방금 전까지는 보이지 않던 새로운 그림들이 마법처럼 환하게 나타났습니다. 흙 속에 숨어 있던 감자의 모습, 구름 뒤에 가려져 있던 해의 모습이 드러날 때마다 교실에서는 감탄과 함께 우레 같은 환호성이 터져 나옵니다.

학생들은 빛으로 그림자를 탐색하는 탐정이 되어, 책의 모든 페이지에 숨겨진 비밀을 찾아내며 완전히 새로운 방식으로 그림책을 경험했습니다. 보이지 않는 것을 보기 위해 빛을 비추는 행위는 호기심을 탐구심으로 발전시키는 가장 좋은 방법입니다. 종이 뒤에 숨겨진 그림을 찾아내는 극적인 시각 경험은 학생들에게 책이 단순한 글자가 아닌, '발견의 기쁨'을 주는 보물창고임을 깨닫게 합니다.

## 수업 준비물

그림책『건강한 농장의 사계절』, 질문 학습지, 스마트폰(손전등 기능), 암막 커튼

## 활동 순서

1. 그림책을 소개하고, 내용을 들으며 학습지를 채우는 활동임을 안내한다.
2. 교사가 그림책을 천천히 읽어 주면, 학생들은 질문에 대한 답을 학습지에 기록한다.
3. 학습지 활동이 끝나면 교실의 불을 끄고 주변을 어둡게 만든다.
4. 스마트폰 손전등을 사용하여 그림책 페이지 뒷면에 빛을 비춘다.
5. 빛을 통해 새롭게 나타나는 숨겨진 그림들을 함께 관찰하고 감상한다.

## 상현달 선생님의 수업 사전

첫 번째 활동에서는 학생들이 이야기에 온전히 집중하고 중요한 정보를 기억하는 능력을 기를 수 있도록 차분한 분위기를 조성하는 것이 좋습니다. 손전등을 활용한 두 번째 활동은 극적인 효과를 위해 교실을 최대한 어둡게 만드는 것이 중요합니다. 빛을 통해 숨겨진 그림이 나타나는 순간의 '마법 같은 경험'은 학생들에게 책 읽기가 얼마나 신나고 놀라운 모험이 될 수 있는지를 강렬하게 느끼게 합니다. 이 활동은 학생들이 책의 구조와 작가의 창의적인 의도에 대해 관심을 갖게 하는 훌륭한 계기가 될 수 있으며, 독서에 대한 흥미를 크게 높여 주는 효과가 있습니다.

|14권|

## 초등 2학년 2학기 통합교과 수업

# 인물

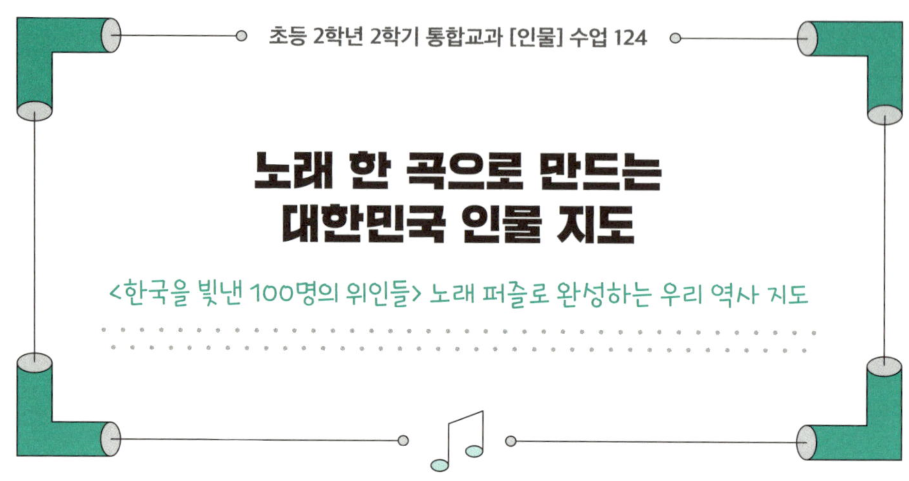

# 노래 한 곡으로 만드는
# 대한민국 인물 지도

<한국을 빛낸 100명의 위인들> 노래 퍼즐로 완성하는 우리 역사 지도

오늘은 〈한국을 빛낸 100명의 위인들〉 노래를 활용하여, 학생들이 협동과 놀이를 통해 자연스럽게 우리 역사 인물들과 친숙해지고, 나아가 우리 손으로 직접 '대한민국 인물 지도'를 완성해 보는 활동을 진행합니다.

첫 번째 활동은 노래 가사를 채우는 '우리들의 지식 모으기'입니다. 학생들에게 노래 가사의 일부가 빈칸으로 뚫린 학습지를 나누어 주고, 먼저 모둠별로 자신이 아는 부분을 친구들에게 알려 주며 빈칸을 채워 나가도록 했습니다. 모둠 활동 후에는 반 전체가 모여 다시 지혜를 모았고, 빈칸은 점점 줄어들었습니다. 마지막으로 다 함께 〈한국을 빛낸 100명의 위인들〉 노래를 부르며, 끝까지 채우지 못했던 빈칸의 정답을 확인하고 잘못된 부분을 수정하며 완벽한 가사집을 완성했습니다.

두 번째 활동은 이 노래를 '시각적인 인물 지도로 만들기'입니다. 노래에 등장하는 인물들의 이름으로 한반도 지도를 그리고, 그중 일부를 빈칸으로 만든 3종류의 다른 학습지를 준비했습니다. 먼저 학생들은 자신과 같은 종류의 학습

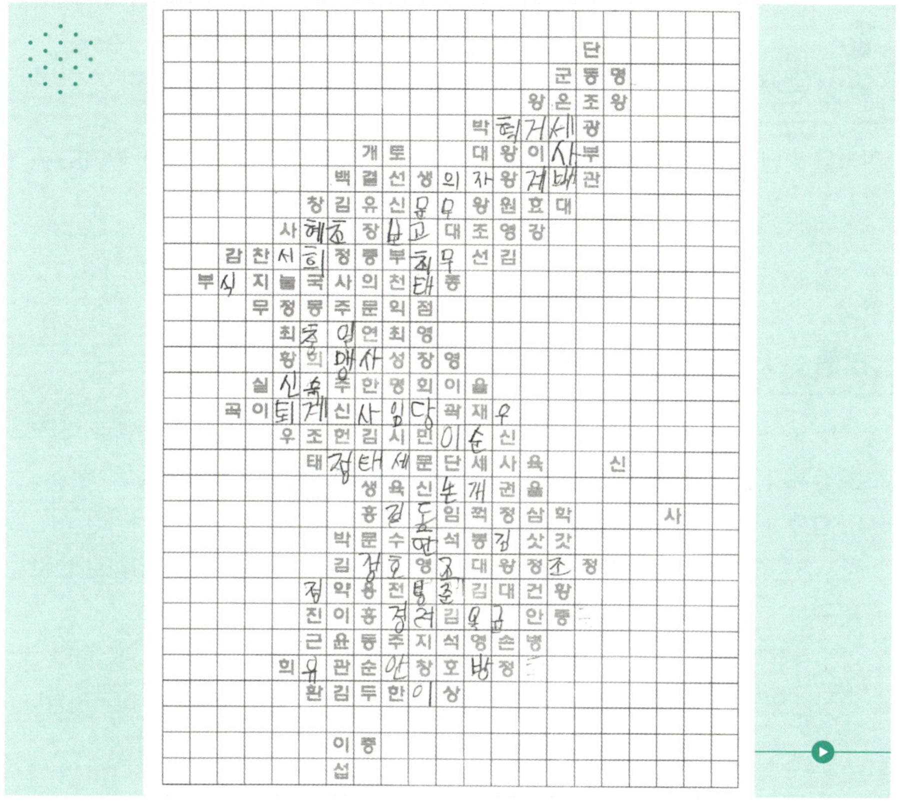

지를 가진 친구들과 모여 1차로 빈칸을 채웠습니다. 다음으로 학생들은 이제 다른 종류의 학습지를 가진 친구들을 찾아 새로운 모둠을 구성했습니다. 내 학습지에는 비어 있는 칸이 친구의 학습지에는 채워져 있고, 친구의 빈칸은 내 학습지에 정답이 있는 상황이 만들어진 것입니다. 학생들은 서로가 서로에게 '힌트'이자 '선생님'이 되어 가르쳐 주고 배우며 빈칸을 모두 채워 나갔습니다. 모든 빈칸이 채워졌을 때, 학생들의 책상 위에 우리 역사를 빛낸 위인들의 이름으로 가득 찬 대한민국 지도가 완성되었습니다.

## 수업 준비물

〈한국을 빛낸 100명의 위인들〉 노래, 빈칸 학습지, 인물 지도 학습지(3종), 필기도구

## 활동 순서

1. 〈한국을 빛낸 100명의 위인들〉 노래를 들으며 빈칸 가사 학습지를 모둠별로 채운다.
2. 반 전체가 함께 논의하며 모둠에서 해결하지 못한 빈칸을 추가로 채운다.
3. 다 함께 노래를 부르며 최종적으로 가사 학습지를 완성한다.
4. 각자 3종류의 학습지 중 하나를 받고, 같은 종류를 가진 친구들과 모여 1차로 빈칸을 채운다.
5. 다른 종류의 학습지를 가진 친구들과 만나, 서로 가르쳐 주며 모든 빈칸을 완성한다.
6. 완성한 인물 지도를 보며 다 함께 노래를 부르고, 최종 점검하며 활동을 마무리한다.

## 상현달 선생님의 수업 사전

이 수업은 학생들이 이미 알고 있는 노래를 활용하여 학습에 대한 부담감을 줄이고, '직소 jigsaw 모형'이라는 협동 학습 전략을 통해 학습 효과를 극대화하는 데 초점을 맞춥니다. 서로 다른 과제(다른 종류의 학습지)를 가진 학생들이 협력해야만 문제를 해결할 수 있는 구조는, 자연스럽게 활발한 상호 작용과 또래 교수를 유도합니다. 활동을 진행할 때, 학생들이 서로의 학습지가 '정답지'가 된다는 규칙을 명확히 인지해 '내가 친구를 도와야 하고, 나도 친구의 도움이 필요하다.'라는 상호 의존적인 관계를 형성하는 것이 중요합니다.

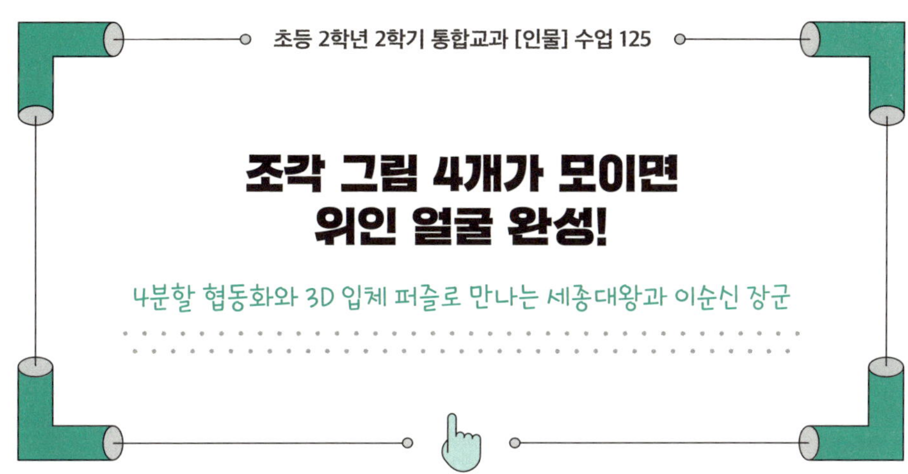

# 조각 그림 4개가 모이면
# 위인 얼굴 완성!

## 4분할 협동화와 3D 입체 퍼즐로 만나는 세종대왕과 이순신 장군

대한민국 화폐에서 만날 수 있는 세종대왕과 이순신 장군은 우리 역사에서 가장 존경받는 대표적인 위인입니다. 오늘은 학생들이 이 두 위인과 더 깊이 친숙해질 수 있도록 미술 활동과 만들기 그리고 재미있는 역사 이야기를 결합한 2단계 통합 활동을 진행합니다.

첫 번째 활동은 '4분할 협동화 그리기'입니다. 먼저 세종대왕과 이순신 장군의 초상화를 흑백 선 그림으로 변환한 뒤, 각각 4조각으로 나누어 준비했습니다. 각 모둠은 4분할 그림 중 하나를 선택하고, 모둠원들은 각자 1조각씩 맡아 자신만의 색으로 자유롭게 칠합니다. 학생들은 전자칠판에 띄운 원본 사진을 참고하기도 하고, 때로는 상상력을 발휘해 색을 사용하기도 했습니다. 각자의 조각만 볼 때는 어떤 그림이 될지 알 수 없었지만, 색칠을 마친 4개의 조각을 하나로 모으자 마법 같은 일이 일어났습니다. 흩어져 있던 그림들이 모여 하나의 거대한 세종대왕과 이순신 장군의 얼굴을 완성합니다.

두 번째 활동은 '나만의 위인 만들기'입니다. 4분할 그림으로 두 위인을 만

난 후, 학생들은 스콜라스에서 제작한 3D 입체 퍼즐을 이용해 광개토대왕, 장영실, 신사임당, 유관순 등 자신이 만들고 싶은 다른 위인들을 직접 선택하여 제작하기 시작했습니다. 간단한 구조 덕분에 학생들은 설명서를 보며 조각을 떼어 내고 끼우는 과정에 순식간에 몰입했습니다.

학생들이 퍼즐에 집중하는 동안, 교사는 각 인물에 얽힌 흥미로운 이야기를 들려줍니다. 책을 너무 좋아해 아버지 태종이 책을 숨겨야만 했던 세종대왕의 어린 시절 이야기, 영화보다 더 극적인 한산도대첩과 큰 승리를 거둔 명량해전 속 이순신 장군의 지혜 등 역사적 사실에 재미있는 일화를 더한 이야기는 학생들의 귀를 사로잡았습니다.

## 수업 준비물

4분할 위인 그림 도안(세종대왕, 이순신), 채색 도구, 위인 3D 퍼즐 키트, 인물 사진 자료

## 활동 순서

1. 세종대왕과 이순신 장군의 4분할 도안을 모둠별로 배부하고, 각자 1조각씩 맡는다.
2. 학생들은 자신이 맡은 조각을 자유롭게 색칠한다.
3. 색칠이 끝나면 모둠원들의 조각을 모아 하나의 초상화를 완성한다.
4. 다양한 위인 3D 퍼즐을 제시하고, 각자 만들고 싶은 인물을 선택한다.
5. 학생들이 퍼즐을 만드는 동안, 교사는 위인에 대한 재미있는 역사 이야기를 들려준다.

## 상현달 선생님의 수업 사전

이 협동화 활동의 핵심은 '부분'만으로는 알 수 없는 '전체'의 모습을 발견하며 느끼는 성취감과 협업의 즐거움을 경험하는 것입니다. 손으로 직접 조립하는 3D 퍼즐 활동은 학생들의 집중력과 소근육 발달에 도움이 될 뿐만 아니라, 역사적 인물을 친근하고 구체적인 존재로 느끼게 합니다. 특히 학생들이 만들기에 몰입하고 있을 때 관련 역사 이야기를 들려주면, 지식 전달이 일방적인 강의가 아닌 흥미로운 배경 음악처럼 자연스럽게 스며들어 학습 효과가 매우 높아집니다.

# 단계별 힌트로 풀어 보는
# 세종대왕의 비밀 편지

『훈민정음』서문 카드 퍼즐과 3단계 힌트로 배우는 한글 창제의 위대한 뜻

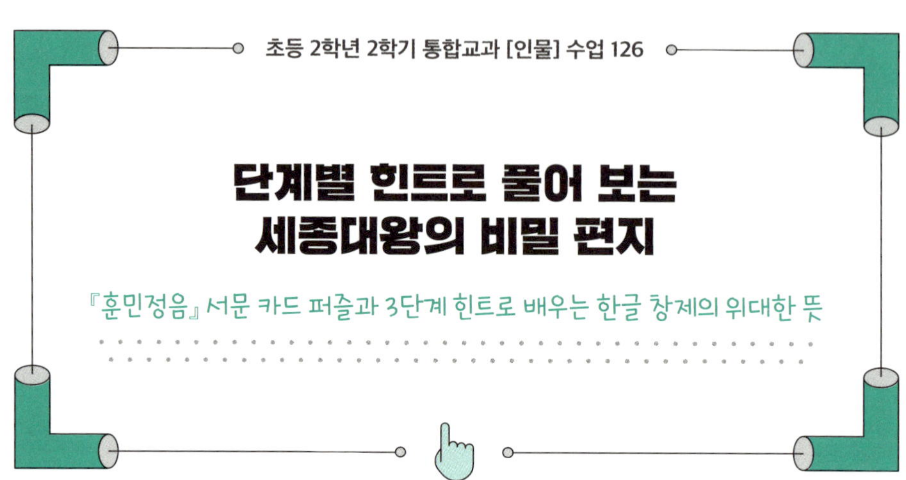

수업은 먼저 『훈민정음』 창제 배경 영상을 시청하는 것으로 시작했습니다. 학생들은 영상 속 어려운 내용에 크게 집중하지 않는 듯 보였지만, 이 영상은 곧 시작할 탐정 놀이의 중요한 배경 지식이 됩니다. 이어서 각 모둠에 『훈민정음』

서문의 각 구절이 적힌 카드 뭉치를 뒤죽박죽 섞어 나누어 줍니다. 학생들의 첫 번째 임무는 이 어려운 옛글의 순서를 맞추는 것입니다. 당연히 2학년에게는 너무나 어려운 과제였지만, 학생들은 머리를 맞대고 아는 단어를 찾아가며 몇 개의 순서는 맞출 수 있었습니다.

학생들이 난관에 부딪혔을 때, 첫 번째 힌트가 제공됩니다. 바로 옛한글로 쓰인 『훈민정음』 서문 원본이었습니다. 오른쪽에서 왼쪽으로, 위에서 아래로 읽어야 하는 낯선 방식과 지금은 쓰이지 않는 글자들 앞에서 학생들은 당황했지만, 읽는 방법을 배우며 조금씩 해독해 나갔습니다. 이어서 제공된 두 번째 힌트는 현대식으로 왼쪽에서 오른쪽으로 읽도록 편집된 자료였고, 마지막 세 번째 힌트는 오늘날의 말로 알기 쉽게 풀이된 내용이었습니다. 학생들은 단계별 힌트를 따라가며 마침내 흩어져 있던 카드 퍼즐을 완벽하게 맞췄고, 그제야 세종대왕이 한글을 만든 이유를 온전히 이해하게 되었습니다.

마지막 활동은 김차균 명예교수가 오랜 연구 끝에 복원한 『훈민정음』 창제 당시 발음을 영상으로 들어보는 것입니다. 중국어처럼 성조가 있고, 낯선 소리가 가득한 서문 낭독에 학생들은 무척 당황하며 내용을 따라가지 못했습니다. 하지만 이 경험을 통해 학생들은 지금 우리가 쓰는 말과 글이 수많은 시간 속에서 변화를 거쳐 왔음을 알게 되었지요.

## 수업 준비물

『훈민정음』 서문 문장 카드, 『훈민정음』 설명 영상, 힌트 학습지, 『훈민정음』 원문 발음 영상

## 활동 순서

1. 『훈민정음』 창제 배경에 대한 영상을 시청하며 활동의 기초 지식을 쌓는다.
2. 모둠별로 섞여 있는 『훈민정음』 서문 카드의 순서를 추리하여 배열한다.
3. [1단계 힌트] 서문 원본 자료를 보며 옛글 해독에 도전한다.
4. [2단계 힌트] 현대식으로 배열된 서문 자료를 보며 순서를 다시 조정한다.
5. [3단계 힌트] 오늘날의 말로 풀이된 내용을 보며 서문 카드의 순서를 최종적으로 완성한다.
6. 창제 당시의 발음으로 복원된 『훈민정음』 서문 낭독 영상을 함께 들으며 활동을 마무리한다.

## 상현달 선생님의 수업 사전

이 활동의 핵심은 '정답'이 아니라 '과정'에 있습니다. 처음부터 어려운 과제를 제시하고, 점진적인 힌트를 통해 학생들이 스스로 문제를 해결해 나가는 성취감을 느끼게 하는 것이 중요합니다. 학생들이 낯선 옛글 앞에서 좌절하지 않고, 친구들과 협력하며 "이건 무슨 뜻일까?" 하고 고민하는 과정 자체가 훌륭한 배움의 순간입니다. 마지막 『훈민정음』 원음 듣기 활동은 어린 학생들에게 다소 어렵고 생소할 수 있습니다. 하지만 이는 지금 우리가 당연하게 사용하는 한글이 처음에는 어떤 소리와 모습이었을지 상상하게 하는 강력한 동기를 부여합니다.



초등 통합교과 수업 대백과 152

# 글자 수와 별의 개수로 펼치는 위인 대결

'대한민국의 인물' 카드로 즐기는 우리 역사 인물 배틀 게임

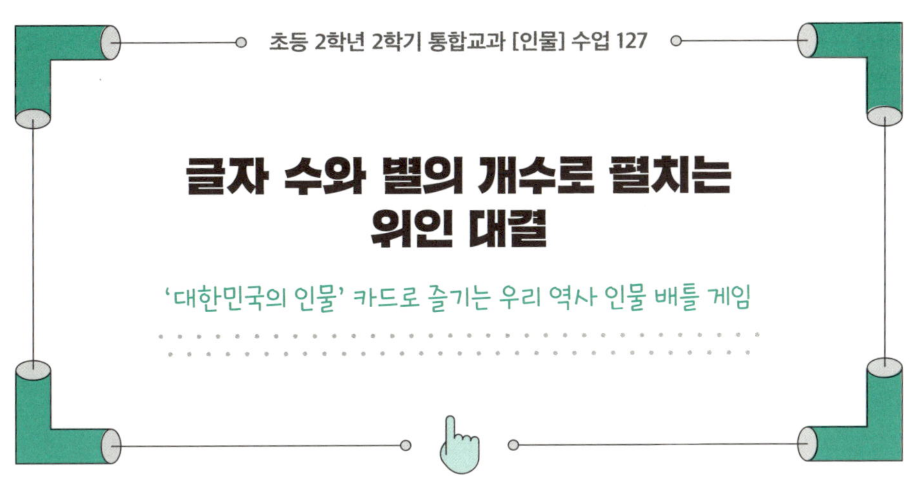

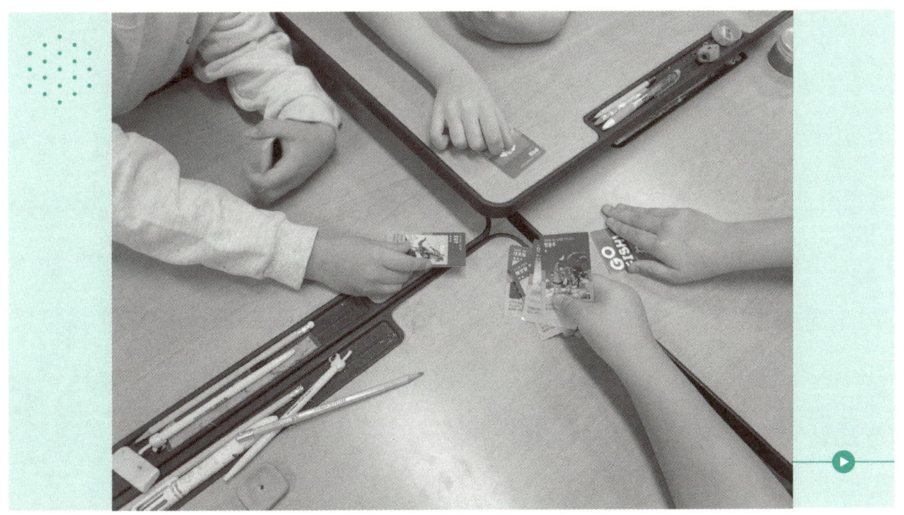

우리나라 역사 속 위인들을 알아 가는 활동은 때로 학생들에게 어렵고 지루하게 느껴질 수 있습니다. 오늘은 이러한 고정관념을 깨고, 행복한 바오밥에서 출시한 고피쉬go fish(보드 게임의 한 종류) 대한민국의 인물 카드를 활용하여 학생

들이 게임처럼 즐겁게 역사 인물과 만나는 시간을 가졌습니다.

먼저 놀이에 참여한 학생들에게 카드를 똑같이 나누어 줍니다. 학생들은 게임 시작 전, 자신이 받은 카드에 어떤 위인이 있는지, 각 카드의 특징은 무엇인지 탐색하는 시간을 갖습니다. 김구, 신사임당, 장영실 등 익숙한 위인부터 다소 낯선 인물까지 다양한 위인 카드를 살펴보며 게임에 대한 기대감을 높입니다.

탐색이 끝나면 본격적인 대결이 시작됩니다. 모든 학생은 자신이 가진 카드 중 이번 라운드에 승리할 것 같은 가장 강력한 카드 1장을 골라 동시에 내려놓습니다. 승패는 아래와 같은 독특하고 절대적인 순서에 따라 결정됩니다. 이기는 순서를 보면, 별의 개수가 더 많은 카드가 이깁니다. (만약 별의 개수가 같다면, 초록색 별이 노란색 별을 이깁니다.) 위의 조건이 같다면 인물 이름의 글자 수가 더 긴 카드가 이기고, 이름 글자 수까지 같다면 인물을 소개하는 글이 더 긴 카드가 최종적으로 승리합니다.

학생들은 라운드에서 승리하기 위해 자연스럽게 자신이 가진 카드의 별 개수, 인물 이름의 길이, 심지어 설명 글의 길이까지 꼼꼼하게 살펴보게 되지요. 승리한 학생은 그 라운드에 나온 모든 카드를 가져가며, 1명의 손에 모든 카드가 모일 때까지 게임은 계속됩니다.

## 수업 준비물

고피쉬 대한민국의 인물 카드 세트

## 활동 순서

1. 대한민국의 인물 카드를 학생들에게 똑같이 나누어 준다.
2. 자신이 받은 카드에 어떤 인물이 있는지, 별의 개수나 설명, 글의 특징은 무엇인지 탐색한다.
3. 모든 학생이 동시에 자신이 선택한 카드 1장을 내려놓는다.
4. 정해진 승리 규칙(별 개수, 이름 길이, 설명 길이)에 따라 승자를 가린다.
5. 해당 라운드의 승자가 바닥에 깔린 카드를 모두 가져간다.
6. 1명의 학생이 모든 카드를 획득할 때까지 게임을 반복한다.

## 상현달 선생님의 수업 사전

게임을 시작하기 전, 3가지 승리 규칙의 우선 순위를 학생들이 명확히 이해할 수 있도록 예시와 함께 충분히 설명해 주는 것이 중요합니다. 활동 중에는 학생들이 승패에만 몰두하기보다, 카드를 비교하는 과정에서 "이 인물은 이런 업적이 있구나!", "이 위인은 이름이 정말 특이하네."와 같이 자연스럽게 인물 정보에 관심을 갖도록 격려합니다. 게임이 끝난 후에는 "가장 별이 많았던 인물은 누구였나요?"와 같은 질문을 통해 학습 내용을 한 번 더 정리해 주면 교육 효과를 더욱 높일 수 있습니다.

# 소크라테스 카드를 내면 무조건 이기는 게임

## 세계 위인 카드로 즐기는 협동 학습과 전략 배틀 게임

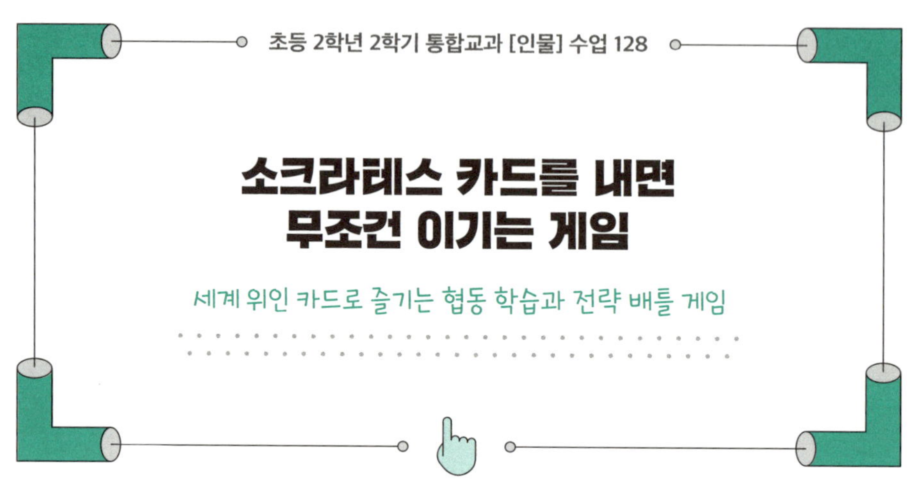

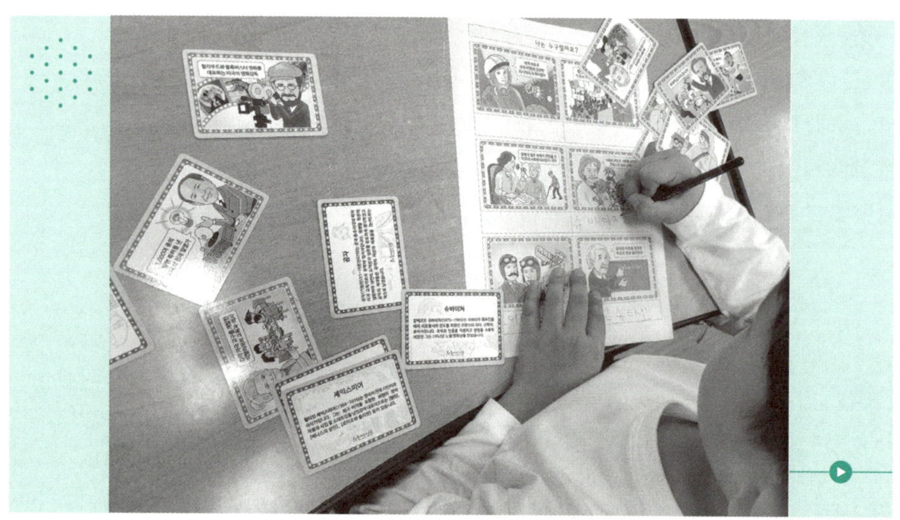

첫 번째 활동은 '협동으로 완성하는 세계 위인 사전'입니다. 먼저 여러 위인 카드를 스캔하여 얼굴과 주요 설명은 있지만, 이름은 비어 있는 학습지를 여러 종류로 제작했습니다. 모둠원 4명은 모두 다른 인물이 담긴 학습지를 받게 되며, 다른 모둠의 누군가와는 같은 학습지를 갖게 되는 직소 구조입니다. 학생들은 모둠별로 위인 카드를 펼쳐 놓고, 자신의 학습지에 있는 인물을 찾아 이름을 채워 넣었습니다. 이 과정에서 학생들은 자연스럽게 서로를 돕고, 모둠 내에서 해결되지 않는 부분은 다른 모둠의 같은 학습지를 가진 친구와 협력하며 해결해 나갔습니다.

학습지 활동으로 세계 여러 위인과 얼굴을 익힌 후, 두 번째 활동으로 배운 내용을 활용한 '위인 카드 배틀' 게임을 진행했습니다. 학생들은 카드를 똑같이 나누어 갖고, 2가지 규칙에 따라 대결을 펼쳤습니다.

[놀이 1. 이름이 긴 인물 대결]

모두가 동시에 카드 1장을 내려놓고, 인물 이름의 글자 수가 가장 긴 사람이 승리하는 방식입니다. 만약 이름 길이가 같다면, 인물에 대한 설명 글이 더 긴 사람이 이기는 규칙을 더해 학생들이 카드의 세부 정보까지 꼼꼼히 보도록 유도했습니다.

[놀이 2. 빨리 태어난 사람 대결]

이번에는 카드의 인물이 태어난 연도를 비교하여 더 먼저 태어난 사람이 이기는 방식입니다. 몇 라운드가 지나자, 학생들은 기원전에 태어난 공자와 소크라테스 카드가 다른 카드들을 대부분 이기는 압도적인 '필살 카드'임을 스스로 발견했습니다. 학생들은 이 필살 카드를 언제 사용해야 할지 고민하며, 게임을 단순한 운이 아닌 전략 싸움으로 만들어 갔습니다.

## 수업 준비물

세계 여러 나라 위인 카드 세트(메모리 교육), 위인 학습지(여러 종류), 필기도구

## 활동 순서

1. 이름이 비어 있는 위인 학습지를 받고, 위인 카드를 활용해 인물 이름을 찾아 기록한다.
2. 모둠 내에서, 그리고 다른 모둠의 친구들과 협력하여 학습지를 모두 완성한다.
3. 완성한 카드를 모두 섞어 똑같이 나누어 가지고 카드 게임을 준비한다.
4. [놀이 1] 이름이 긴 인물 대결 규칙에 따라 게임을 진행한다.
5. [놀이 2] 빨리 태어난 사람 대결 규칙에 따라 게임을 진행하며 자신만의 전략을 세운다.

## 상현달 선생님의 수업 사전

카드 게임 규칙은 학생들이 학습 내용을 즐겁게 반복하도록 만드는 핵심 장치입니다. 이름 길이나 출생 연도를 비교하는 과정에서 학생들은 자연스럽게 카드의 모든 정보를 주의 깊게 읽게 됩니다. 학생들이 필살 카드를 발견하고 전략을 세우는 순간은, 아이들이 수동적인 학습자에서 능동적인 게임 플레이어로 변화하는 중요한 지점입니다. 이 발견을 칭찬하고, "왜 그 카드가 필살 카드라고 생각했나요?"와 같은 질문을 통해 학생들의 전략적 사고를 격려해 주세요.

# '호텔리어' 다음엔
# '아나운서'가 나오는 게임의 법칙

직업 카드로 즐기는 신개념 자음 끝말잇기 놀이

첫 번째 활동은 '사라진 직업의 이름을 찾아라!'라는 탐정 놀이입니다. 먼저 100장의 직업 카드를 50장씩 2모둠으로 나누고, 각 모둠은 책상 위에 카드를 모두 펼쳐 놓습니다. 학생들은 직업 이름 부분이 까맣게 칠해진 미완성 학습지를 받습니다. 이 빈칸을 채우기 위해서는, 책상 위에 펼쳐진 카드 50장 중에서 자신의 학습지에 있는 그림과 일치하는 카드를 찾아내야만 하지요. 학생들은 '호텔리어', '제과제빵사', '상담 전문가' 등 수많은 카드 속에서 보물을 찾듯 자신의 카드를 찾아 헤맸습니다. 만약 우리 모둠 카드에 없다면, 옆 모둠으로 넘어가 도움을 요청해야 합니다. 학생들은 카드를 찾아 직업 이름을 기록하고, 카드 뒷면에 적힌 '꿈을 이룬 멘토'의 이름과 업적까지 함께 학습지에 옮겨 적으며 우리 사회를 빛낸 다양한 인물을 만났습니다.

학습지 활동으로 다양한 직업과 인물에 대해 알아본 후, 두 번째 활동으로 '직업 카드 줄줄이 잇기' 놀이를 진행했습니다. 이 놀이는 일반적인 끝말잇기와 달리, '마지막 글자의 첫 자음'으로 시작하는 새로운 직업 카드를 연결하는 독특

한 규칙을 가집니다. 예를 들어 '호텔 컨시어지(ス)' 카드를 냈다면, 다음 사람은 'ス'으로 시작하는 '제과제빵사(ㅅ)' 카드를, 그다음 사람은 'ㅅ'으로 시작하는 '상담 전문가' 카드를 이어 가는 방식입니다. 학생들은 먼저 각자의 모둠이 소유한 50장의 카드로 가장 긴 기차를 만들었습니다. 더는 이을 카드가 없을 때는 2모둠의 카드를 모두 합쳐 100장의 카드로 교실 바닥을 가득 채우는 거대한 직업 카드 기차를 완성하며 협력의 즐거움을 만끽했습니다.

인물 직업 카드 100장, 이름이 가려진 직업 학습지, 필기도구



1. 직업 카드 100장을 2모둠으로 나누고, 직업 이름이 가려진 학습지를 배부한다.
2. 학생들은 자신의 학습지에 있는 그림과 일치하는 카드를 찾아 직업 이름과 멘토 정보를 기록한다.
3. 자신의 모둠에 카드가 없을 경우, 다른 모둠과 협력하여 정보를 찾는다.
4. 학습지를 모두 완성한 후, 자음 끝말잇기 규칙을 설명하고 카드 잇기 놀이를 시작한다.
5. 먼저 모둠별로 50장의 카드를 활용해 가장 긴 직업 카드 기차를 만든다.
6. 더 이상 이을 카드가 없으면, 2모둠의 카드를 모두 합쳐 다 함께 더 긴 기차를 이어간다.



학습지의 직업 이름을 가려 놓는 간단한 장치는, 학생들이 모든 카드를 살살이 훑어보게 만들어 자연스럽게 다양한 직업에 노출하게 하는 효과적인 전략입니다. 자음 끝말잇기라는 변형된 규칙은 학생들의 흥미를 유발할 뿐만 아니라, 놀이를 통해 한글의 자음과 음절 구조에 대한 이해를 자연스럽게 복습하게 합니다. 처음에는 모둠별 경쟁으로 시작했다가 마지막에 모두의 카드를 합쳐 거대한 결과물을 만드는 협력 활동으로 마무리하는 구조는, 건강한 경쟁심과 함께 공동체 의식을 기르는 데 도움을 줍니다.

# 친구의 칭찬을 받으면
# 정말로 슈퍼히어로가 된다!

칭찬의 힘으로 외계인을 무찌르는 영웅 이야기 쓰기

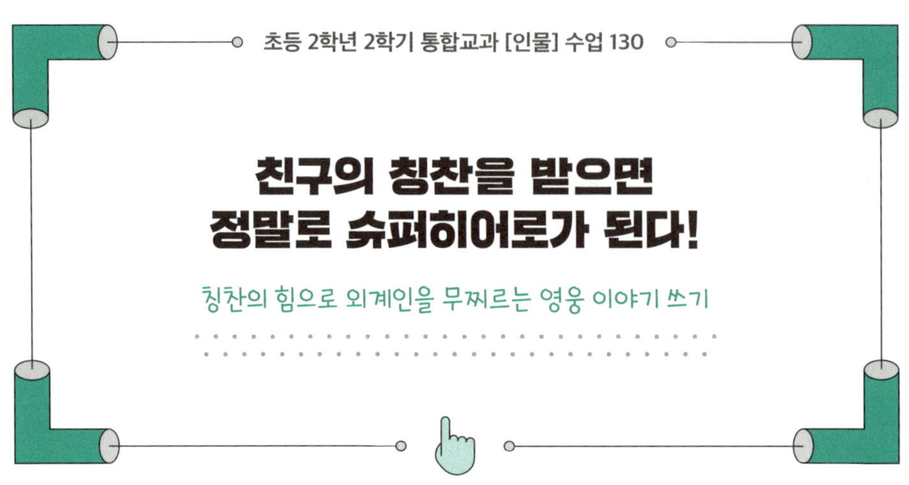

오늘은 아이들의 눈높이에 맞춰 더욱 흥미롭게 변형한, 평범한 학생이 아닌 '우리 반 슈퍼히어로'에게 칭찬의 힘을 불어넣는 특별하고 재미난 활동을 진행합니다.

　활동의 시작은 아이들의 얼굴을 마블 영화 속 영웅의 몸과 합성하는 작업입니다. 리무브 프로그램으로 학생의 얼굴과 히어로 몸통의 배경을 깔끔하게 제거한 뒤, 포토스케이프 X 프로그램을 이용해 자연스럽게 합성하여 '우리 반 어벤져스'를 탄생시킵니다.

　첫 번째 미션은 친구 히어로에게 '가치 에너지'를 충전해 주는 것입니다. 학생들은 교과서의 가치 스티커를 들고 교실을 자유롭게 돌아다니며 친구의 히어로 학습지에 어울리는 스티커를 붙여 주었습니다. 중요한 규칙은 스티커만 붙이는 것이 아니라, 그 가치를 직접 소리 내어 친구에게 말하는 것입니다. 학생들은 친구의 눈을 바라보며 "넌 정말 성실해.", "넌 이해심이 많아서 멋져."와 같은 따뜻한 칭찬의 말을 건넸습니다. 시간이 지나자 학생들의 히어로 학습지는 친구들의 인정과 칭찬이 담긴 가치 스티커로 가득 찼고, 학생들은 말 그대로 '칭찬의 힘'으로 더욱 강해진 슈퍼히어로가 되었습니다.

　칭찬 에너지로 최고조에 이른 히어로들에게 두 번째 미션이 주어졌습니다. 바로 '외계인이 지구를 침공했다! 칭찬의 힘으로 강해진 영웅인 당신, 어떻게 지구를 구할 것인가?'라는 주제로 영웅 이야기를 쓰는 것입니다. 학생들은 자신만의 히어로 이름을 짓고, 친구들에게 받은 '성실의 힘', '용기의 에너지'를 필살기 삼아 외계인을 물리치는, 기발하고 흥미진진한 영웅 이야기를 상상력의 도움을 받아 써 내려갔습니다.

학생 얼굴 사진, 마블 히어로 이미지, 리무브 프로그램, 교과서 가치 스티커, 히어로 학습지

1. 학생들의 얼굴과 히어로의 몸을 합성하여 개인별 '히어로 학습지'를 제작한다.
2. 학생들은 자신의 히어로 학습지를 받고, 교과서에 있는 가치 스티커의 의미에 대해 알아본다.
3. 교실을 돌아다니며 친구의 히어로 학습지에 어울리는 가치 스티커를 붙여 주고, 칭찬의 말을 전한다.
4. 모든 학생이 칭찬 스티커를 골고루 받을 수 있도록 교사가 격려하고 조율한다.
5. 친구들의 칭찬으로 '파워 업'을 완료한 후, 외계인과 싸우는 히어로라는 주제로 글쓰기를 한다.

이 활동의 성공은 '개인화'에 있습니다. 자신의 얼굴이 들어간 히어로 학습지는 학생들에게 강력한 동기 부여와 몰입감을 선사합니다. 합성 프로그램 사용이 어렵다면, 학생들이 직접 자신의 사진을 오려 히어로 그림 위에 붙이는 방식으로 대체할 수 있습니다. 가치 스티커 붙여 주기 활동 시, 스티커를 붙이는 행위보다 칭찬의 말을 직접 주고받는 과정이 더 중요함을 강조합니다. 이 과정을 통해 교실에는 긍정적인 언어와 따뜻한 에너지가 넘쳐흐르게 됩니다. 혹시라도 스티커를 적게 받은 학생이 없도록 교사가 살피고, "아직 ○○ 히어로에게는 에너지가 더 필요해요!"와 같이 모두를 격려하며 참여를 유도합니다.

# 내가 좋아하고 잘하는 일로
# 디자인하는 미래의 직업

## 직업 카드로 발견하고 꾸미는 나의 꿈 명함 만들기

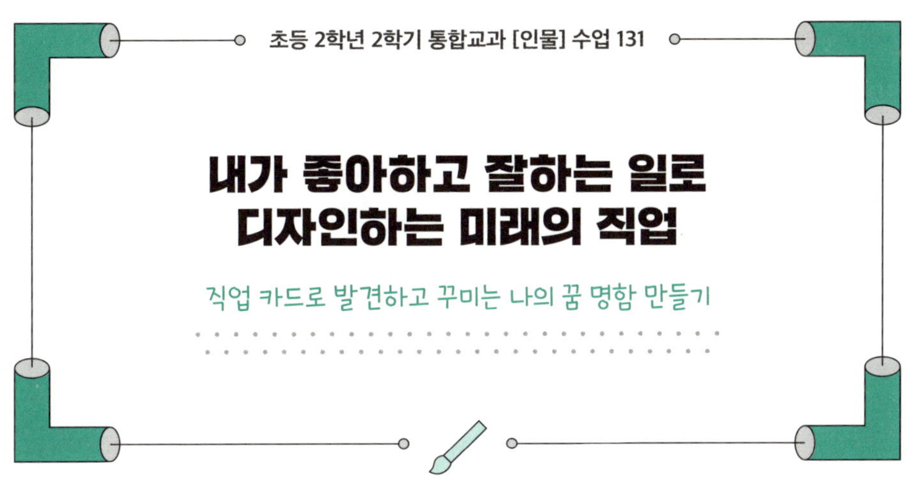

오늘은 학생들이 '좋아하는 것'과 '잘하는 것'이라는 2개의 열쇠로 자신의 미래를 탐색하고, 나아가 꿈의 직업을 직접 디자인해 보는 2단계 진로 탐색 활동을 진행합니다. 이 활동의 목표는 막연한 꿈을 구체적인 자기 이해에서 출발

하여 시각적으로 표현하는 경험을 제공하는 데 있습니다.

첫 번째 활동은 '나를 발견하는 시간'입니다. 학생들은 먼저 '나는 새로운 것을 만드는 것을 좋아하나요?', '나는 다른 사람을 돕는 것에 보람을 느끼나요?' 등 11개 질문으로 구성된 자기 탐색 학습지를 통해 자신의 성향과 강점을 확인합니다. 스스로에 대한 이해를 바탕으로, 학생들은 100여 개 직업이 소개된 인물 직업 카드를 살펴보며 자신의 특성과 어울리는 직업 카드 3개를 신중하게 골랐습니다. 책상 위에 각자 고른 3장의 카드를 올려놓고 교실을 한 바퀴 둘러보는 '직업 갤러리 워크'를 통해, 학생들은 친구의 관심사가 얼마나 다양한지, 세상에는 얼마나 많은 길이 있는지를 자연스럽게 배우고 서로의 다름을 존중하게 되었습니다.

두 번째 활동은 '나의 꿈을 디자인하는 시간'입니다. 전날 미리 학생들에게 장래 희망을 물어보고, 인터넷에서 각 직업에 맞는 멋진 그림들을 찾아 출력해 둡니다. 학생들은 자신의 꿈이 담긴 그림을 받아들고 학습지에 붙인 후, 그 직업을 표현하는 공간으로 꾸미기 시작했습니다. 요리사를 꿈꾸는 학생은 맛있는 음식 그림을 곁들이고, 축구선수를 꿈꾸는 학생은 멋진 골 장면을 그려 넣으며, 모두 자신의 꿈을 구체적이고 생생한 한 폭의 그림으로 완성해 나갑니다.

진로 교육의 핵심은 '직업 정보'가 아닌 '자기 이해'에 있습니다. 내가 무엇을 좋아하고 잘하는지 스스로 묻고 답하는 과정은 학생들에게 꿈을 향한 나침반을 선물해 줍니다. 또한 꿈을 시각적으로 구체화하는 활동은 막연했던 미래를 생생한 현실로 당겨 오는 긍정적인 힘을 발휘합니다.

## 수업 준비물

인물 직업 카드, 학생들이 원하는 직업 그림 출력물, 가위, 풀, 꾸미기 도구, 자기 탐색 학습지

## 활동 순서

1. 좋아하는 일과 잘하는 일을 알아보는 11개 문항의 자기 탐색 학습지를 작성한다.
2. 자신의 특성을 바탕으로, 100개 직업 카드 중 가장 어울리는 직업 3개를 선택한다.
3. 자신이 고른 직업 카드를 책상 위에 올려놓고, 교실을 둘러보며 친구들의 선택을 구경한다.
4. 서로의 관심사와 꿈이 얼마나 다른지 이야기를 나눈다.
5. 교사가 미리 준비한 자신의 장래 희망 그림을 받아 학습지에 붙인다.
6. 해당 직업과 어울리는 배경, 도구, 관련 낱말 등을 그리거나 써넣어 '나의 꿈 명함'을 디자인한다.
7. 완성한 작품을 친구들에게 소개하며 자신의 꿈에 대해 발표하는 시간을 갖는다.

## 상현달 선생님의 수업 사전

진로 교육의 시작은 '어떤 직업이 좋은가'가 아니라 '나는 어떤 사람인가'를 아는 것입니다. 자기 탐색 학습지 활동은 학생들이 자신의 내면을 들여다보는 중요한 첫걸음이므로 충분한 시간을 갖고 진행하는 것이 좋습니다. 다양한 직업 카드를 탐색하는 과정은 학생들이 미처 알지 못했던 새로운 직업의 세계를 발견하는 좋은 기회입니다. 교사가 학생들의 꿈을 미리 조사하고 관련 이미지를 준비해 주는 과정은, 학생 한 명 한 명의 꿈을 존중하고 지지한다는 따뜻한 메시지를 전달하여 사제 간의 긍정적인 유대감을 형성합니다. 학생들이 완성한 꿈 명함은 단순한 미술 작품을 넘어, 각자의 정체성과 미래에 대한 다짐이 담긴 소중한 결과물입니다.

# 평면 종이 조각,
# 입체 직업 인물로 변신 성공!

### 3D 직업 퍼즐로 조립하며 배우는 다양한 직업의 세계

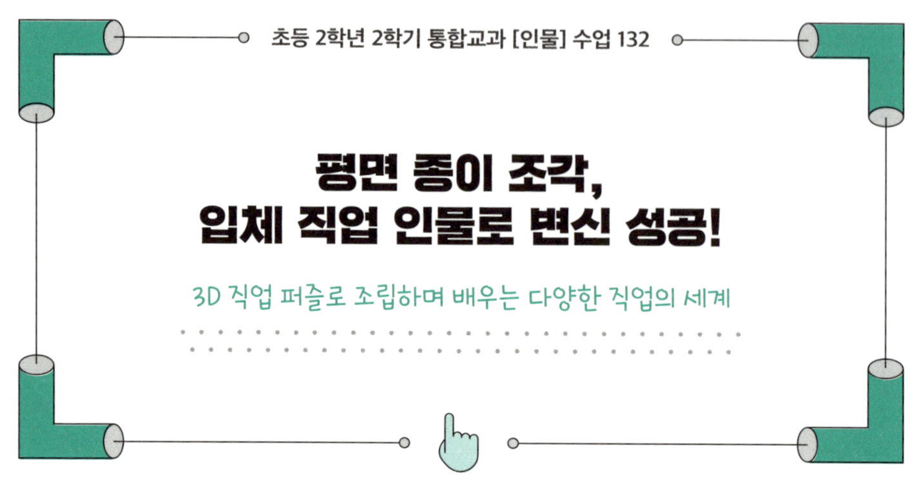

활동을 위해 요리사, 소방관, 경찰, 가수 등 8가지 서로 다른 직업을 만들 수 있는 3D 퍼즐 키트를 준비합니다. 학생들은 저마다 자신이 평소에 관심을 가졌거나, 새롭게 도전하고 싶은 직업을 하나씩 선택합니다. 퍼즐 조각을 떼어 내고 설명서를 보며 조립을 시작한 학생들의 얼굴에는 설렘과 함께 고도의 집중력 역시 엿보였습니다. 작은 홈을 맞추고 접고 끼우는 과정을 반복하며, 흩어져 있던 종이 조각은 점차 입체적인 인물의 모습을 갖추어 갑니다.

물론 모든 학생이 순조롭게 활동을 이어 간 것은 아닙니다. 설명서의 기호를 이해하지 못해 어려움을 겪는 학생, 조각을 잘못 끼워 애를 먹는 학생도 있습니다. 바로 그때 이 교실의 진정한 배움이 시작되었습니다. 먼저 자신의 퍼즐을 완성한 학생들이 자연스럽게 '꼬마 선생님'이 되어 도움이 필요한 친구의 자리로 다가간 것입니다. 학생들은 자신이 터득한 노하우를 친구의 눈높이에 맞춰 설명하고, 어려운 부분을 함께 해결하며 문제를 풀어 나갔습니다. 교사의 지시가 없었는데도, 교실 곳곳에서 서로 돕고 가르쳐 주는 아름다운 협력의 장면이 펼쳐진 것입니다.

시간이 지나자, 학생들의 책상 위에는 저마다 개성을 뽐내는 직업인 8종 입체 인물이 하나둘씩 완성되어 작은 마을을 이루었습니다. 학생들은 자신이 직접 완성한 작품을 손에 들고 뿌듯한 미소를 지었습니다. 이제 막연했던 '직업'이라는 단어는 손에 잡히는 구체적인 존재가 되어 학생들의 마음에 들어왔습니다.

손끝으로 조립하며 완성해 가는 성취감은 학생들에게 '나도 할 수 있다.'라는 자신감을 심어 줍니다. 무엇보다 서로의 어려움을 돕는 꼬마 선생님 활동을 통해, 직업 세계에서 가장 필요한 덕목인 협력과 배려를 몸소 체험하게 됩니다.

## 수업 준비물

다양한 직업 3D 퍼즐 키트(요리사, 소방관, 경찰, 가수 등 8종), 조립 설명서

## 활동 순서

1.  8가지 직업 3D 퍼즐을 제시하고, 각자 만들고 싶은 직업을 하나씩 선택한다.
2.  설명서를 꼼꼼히 살펴보며 퍼즐 조각을 떼어 내고 순서에 맞게 조립을 시작한다.
3.  조립 과정에서 어려움을 겪는 친구가 있으면, 먼저 완성한 친구가 다가가 도움을 준다.
4.  모든 학생이 협력하여 자신만의 3D 직업 퍼즐을 완성한다.
5.  완성한 작품들을 한데 모아 '우리 반 직업 박람회'를 열고, 서로의 작품을 감상한다.

## 상현달 선생님의 수업 사전

3D 퍼즐 만들기는 학생들의 소근육 발달, 공간 지각 능력, 그리고 설명서를 해독하는 문제 해결 능력을 동시에 길러 주는 훌륭한 활동입니다. 특히 저학년 학생의 수준을 고려하여 너무 복잡하지 않고, 완성했을 때 만족감이 큰 제품을 선택하는 것이 좋습니다. 이 활동의 가장 중요한 교육적 가치는 '자발적인 협동'에 있습니다. 교사가 "어려운 친구를 도와주세요."라고 지시하기보다, 먼저 완성한 학생들이 성취감을 바탕으로 자연스럽게 친구를 돕는 기쁨을 느끼도록 기다려 주는 것이 중요합니다. 활동 후, "만들면서 어떤 점이 가장 어려웠나요?", "친구의 도움을 받으니 기분이 어땠나요?"와 같은 질문을 통해 협력의 중요성과 고마움을 되새겨 보는 시간을 가지면 좋습니다.

| 15권 |

# 초등 2학년 2학기 통합교과 수업
# 물건

# 1명이 안 되면 2명, 2명이 안 되면 10명이 나서는 놀이

## 비유 카드를 활용한 협동 릴레이, 몸으로 말해요

다양한 사물의 그림이 담긴 비유 카드는 학생들의 상상력과 표현력을 자극하는 훌륭한 수업 도구입니다. 오늘은 이 카드를 활용하여, 정답을 맞히는 즐거움보다 다 함께 즐겁게 참여하는 과정의 즐거움을 배우는 '몸으로 말해요' 놀이를 진행했습니다.

활동의 규칙은 간단합니다. 1명이 앞으로 나와 비유 카드를 1장 뽑고, 카드에 그려진 사물을 오직 몸짓으로만 설명합니다. 단, 표현의 풍부함을 위해 의성어나 의태어의 사용은 허용했습니다. 발표 학생이 '가위' 카드를 뽑았다면, "싹둑싹둑" 소리를 내며 손가락으로 자르는 흉내를 낼 수 있습니다. 특징이 명확한 사물은 대부분 학생이 금방 정답을 맞혔습니다.

하지만 이 놀이의 진짜 재미는 정답을 쉽게 맞히지 못하는 어려운 문제가 나왔을 때 시작됩니다. 발표자가 아무리 애를 써도 친구들이 정답을 맞히지 못하면, 앉아 있던 학생 중 1명이 자원하여 앞으로 나옵니다. 이제 2명의 학생이 힘을 합쳐 같은 사물을 표현하기 시작합니다. 하나는 믹서기 몸통이 되고, 다른 하나는 믹서기 칼날이 되어 "윙~" 소리를 내며 맹렬하게 도는 모습을 표현하는 식입니다. 2명이 설명해도 맞히지 못하면, 또 1명이 추가되어 3명이 되고, 또 4명이 됩니다.

문제 하나를 설명하기 위해 교실의 거의 모든 학생이 앞으로 나와 다 함께 몸으로 설명합니다. 결국 정답을 맞혀야 하는 사람은 단 1명이 남게 되는, 문제 풀이가 아닌 '모두가 함께하는 즐거운 표현의 장'이 됩니다. 학생들은 정답을 맞히는 결과보다, 친구들과 함께 웃고 뒹굴며 온몸으로 소통하는 과정에서 진정한 배움의 즐거움을 느꼈습니다.

## 수업 준비물

비유 카드 또는 다양한 사물 그림 카드, 넓은 활동 공간

## 활동 순서

1. 활동 방법을 간단히 설명하고, 첫 번째 발표 학생을 정한다.
2. 발표 학생은 비유 카드를 1장 뽑아, 카드 속 사물을 말없이 몸짓과 의성어·의태어로만 표현한다.
3. 앉아 있는 학생들은 정답을 맞혀야 한다.
4. 만약 정답이 나오지 않으면, 앉아 있는 학생 중 1명이 추가로 나와 함께 몸으로 설명한다.
5. 정답이 나올 때까지 설명하는 학생의 수를 계속해서 늘려 나간다.
6. 정답을 맞힌 후 다음 발표자를 정해 활동을 반복한다.

## 상현달 선생님의 수업 사전

여러 명이 함께 표현할 때, 학생들이 서로의 움직임을 보고 아이디어를 더하며 창의적인 협동 작품을 만들어 가는 과정을 칭찬해 주는 것이 좋습니다. 의성어와 의태어를 허용하면 표현의 폭이 넓어져 저학년 학생들도 더욱 쉽게 참여할 수 있습니다. 이 활동은 신체 표현력과 창의력을 길러줄 뿐만 아니라, 어려운 문제 앞에서 포기하지 않고 친구와 함께 힘을 합쳐 해결해 나가는 긍정적인 문제 해결 태도를 기르는 훌륭한 공동체 놀이입니다.

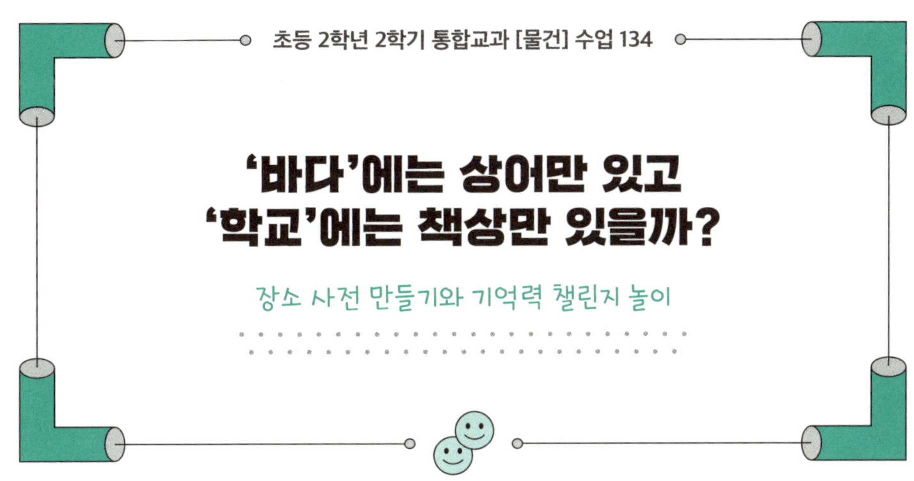

# '바다'에는 상어만 있고 '학교'에는 책상만 있을까?

### 장소 사전 만들기와 기억력 챌린지 놀이

오늘은 학생들이 낱말 창고의 문을 활짝 열어 그 안의 낱말들을 재료 삼아 상상력 넘치는 이야기를 만들고, 나아가 온몸으로 기억력의 한계에 도전하는 2단계 국어 활동을 진행합니다.

첫 번째 활동은 '나만의 장소 사전 만들기'입니다. 학생들은 먼저 '집', '학교', '바다', '정글' 등 자신이 탐험하고 싶은 장소 한 곳을 정합니다. 그리고 학습지에 그 장소에서 볼 수 있는 사물 9가지를 자유롭게 적으며 자신만의 '장소 사전'을 만들었습니다. 다음 미션은 이 사전 속 낱말 2개 이상을 뽑아 한 편의 짧은 이야기를 만드는 거예요. '바다'를 선택한 학생은 '상어'와 '진주'를 골라 "무서운 상어가 반짝이는 진주를 지키고 있었다."라는 이야기를, '정글'을 선택한 학생은 '원숭이'와 '보물 상자'를 골라 "장난꾸러기 원숭이가 숨겨진 보물 상자를 발견했다."라는 모험 이야기를 만들어 냈습니다.

두 번째 활동은 우리에게 익숙한 추억의 놀이인 '시장에 가면'을 활용한 기억력 챌린지 '○○에 가면' 놀이입니다. 첫 번째 학생이 "시장에 가면 사과가 있

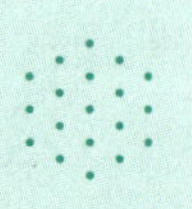

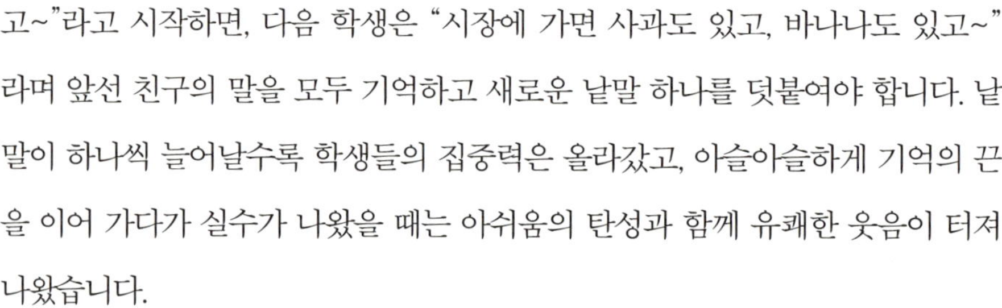


고~"라고 시작하면, 다음 학생은 "시장에 가면 사과도 있고, 바나나도 있고~"라며 앞선 친구의 말을 모두 기억하고 새로운 낱말 하나를 덧붙여야 합니다. 낱말이 하나씩 늘어날수록 학생들의 집중력은 올라갔고, 아슬아슬하게 기억의 끈을 이어 가다가 실수가 나왔을 때는 아쉬움의 탄성과 함께 유쾌한 웃음이 터져 나왔습니다.

학생들은 '시장'뿐 아니라, 조금 전 자신들이 탐험했던 '학교', '바다', '정글' 등 다양한 장소로 무대를 옮겨 가며 기억력 놀이를 즐겼습니다.

## 수업 준비물

학습지, 필기도구, 발표 공간

## 활동 순서

1. 학습지에 자신이 탐험하고 싶은 장소 한 곳(예: 학교)을 정해 쓴다.
2. 해당 장소에서 볼 수 있는 사물 9가지를 학습지에 자유롭게 나열한다.
3. 자신이 쓴 9개 낱말 중 2개 이상을 선택하여 짧은 이야기를 만든다.
4. 완성한 이야기를 친구들 앞에서 발표하며 상상력을 공유한다.
5. ○○에 가면 놀이의 규칙을 설명하고, 모든 학생이 참여하는 기억력 게임을 시작한다.
6. '학교에 가면', '정글에 가면' 등 장소를 바꾸어 가며 놀이를 반복한다.

## 상현달 선생님의 수업 사전

이 활동의 핵심은 학생들이 이미 알고 있는 낱말을 활용하여 자신감을 심어 주고, 이를 바탕으로 창의적인 글쓰기와 즐거운 놀이로 자연스럽게 연결하는 데 있습니다. 낱말 쓰기 활동 시, '정글'과 같이 상상력이 필요한 장소를 제시하면 더욱 기발하고 재미있는 아이디어가 나올 수 있습니다. ○○에 가면 놀이는 단순한 기억력 게임을 넘어, 다른 친구의 말을 귀 기울여 듣는 '경청'의 태도를 기르는 데 매우 효과적입니다. 게임에서 졌을 때 벌칙을 주기보다, 다 함께 웃으며 새로운 판을 시작하는 긍정적인 분위기를 만들어 주는 것이 중요합니다.

# '　ㄴ　ㅈ　ㄱ　'의 정답은?
# 우리 반 전체가 초성 탐정단

## 정답 없는 초성 퀴즈로 우리 집 물건 다시 보기

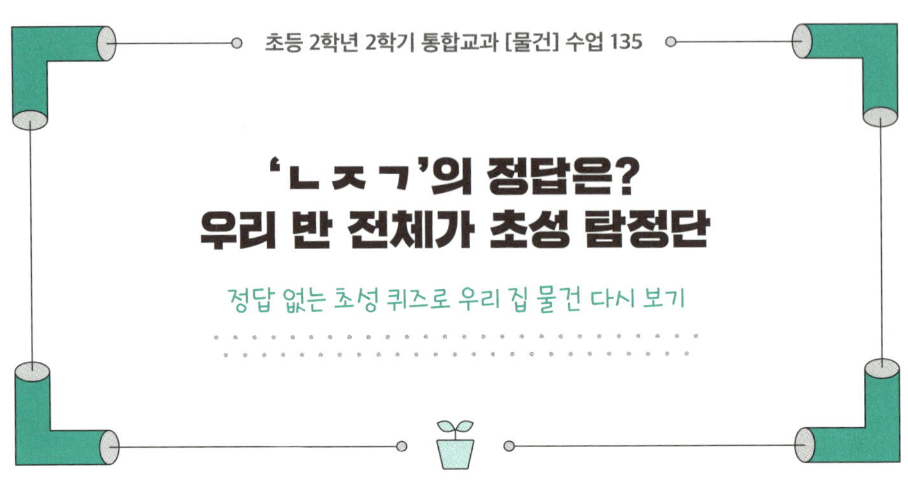

　　오늘은 당연하게만 여겼던 물건의 이름을 잠시 잊고, 오직 '초성'이라는 단서만으로 물건의 정체를 추리해 보는 '우리 집 물건 이름 찾기' 초성 퀴즈 활동을 진행합니다.

활동을 위해 집에서 볼 수 있는 물건 10개의 이름을 초성으로 바꾼 퀴즈 학습지를 2종류로 만들었습니다. 학생들을 2모둠으로 나누고 서로 다른 학습지를 나누어 주자, 학생들은 먼저 모둠 친구들과 머리를 맞대고 알쏭달쏭한 초성들의 정체를 밝히기 시작했습니다. "이건 'ㅅㅍ'니까 소파 아닐까?", "아니야, '수프'일 수도 있어!"처럼 교실 곳곳에서 활발한 토론이 벌어집니다.

모둠의 힘으로도 해결되지 않는 어려운 문제가 나타나자, 학생들은 자연스럽게 다른 모둠 친구들에게 도움을 청하기 시작했습니다. 서로의 학습지를 들여다보며 "아, 너희 문제의 정답은 이거였구나!", "우리 문제는 너무 어려운데 힌트 좀 줘!"라고 외치며 반 전체가 하나의 거대한 탐정단이 됩니다.

모든 모둠이 나름의 답을 채워 넣었을 때, 드디어 정답을 확인하는 시간이 되었습니다. 교사가 "ㅂㄱ의 정답은 '베개'입니다!"라고 외치자, 한 학생이 "선생님, 저는 '방구'라고 썼는데 이것도 집에서 뀌는 거 맞잖아요!"라고 주장했습니다. 생각지도 못한 기발한 답변에 감탄했습니다. 이제 교사는 이 활동의 진짜 규칙을 공개합니다. 바로 "교사가 생각한 정답은 하나이지만, 초성이 맞고 집에 있는 물건이라면 모두 정답으로 인정합니다."라는 말이지요. 이 규칙을 통해 학생들은 정답의 경계를 허무는 유연한 사고의 즐거움을 맛볼 수 있었습니다.

## 수업 준비물

초성 퀴즈 학습지(2종 이상), 필기도구

## 활동 순서

1. 서로 다른 초성 퀴즈 학습지를 2모둠에 나누어 준다.
2. 모둠원들과 함께 의논하며 자신의 학습지에 있는 초성 퀴즈의 정답을 찾는다.
3. 모둠에서 해결하지 못한 문제는 다른 모둠 친구들과 함께 모여 해결한다.
4. 모두의 지혜를 모아도 풀리지 않는 문제에 대해 다 함께 고민한다.
5. 정답을 확인하며, 교사가 의도한 답 외에 기발하고 타당한 다른 답들도 정답으로 인정한다.

## 상현달 선생님의 수업 사전

활동 전, "정답은 여러 개일 수 있습니다."라고 미리 안내하기보다, 마지막에 규칙을 공개하여 학생들이 고정 관념을 깨는 경험을 하도록 유도하는 것이 더욱 효과적입니다. 서로 다른 학습지를 제공하여 모둠 간 협력이 필수적으로 일어나도록 설계하는 것도 중요합니다. 학생들의 창의적인 오답을 발견했을 때, "와, 어떻게 그런 생각을 했나요? 정말 멋진 아이디어예요!"와 같이 적극적으로 칭찬하고 격려하며, 정답보다 중요한 것은 창의적인 생각임을 강조합니다.

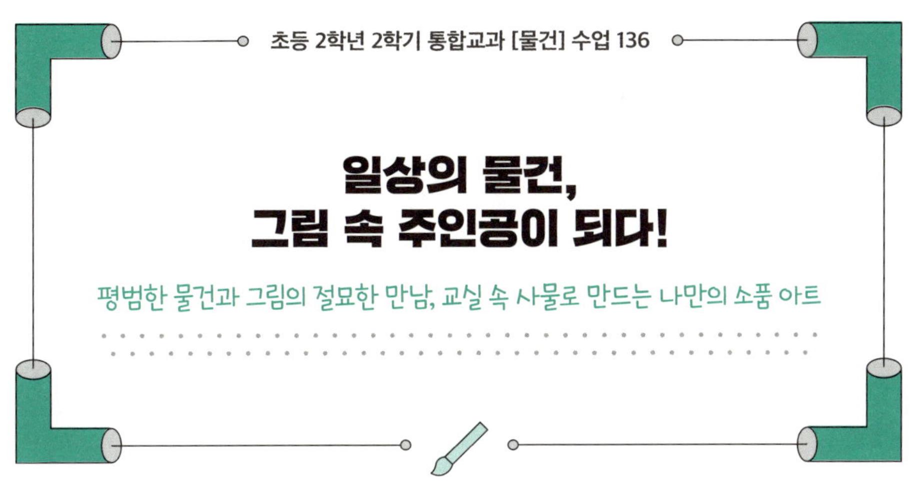

# 일상의 물건,
# 그림 속 주인공이 되다!

평범한 물건과 그림의 절묘한 만남, 교실 속 사물로 만드는 나만의 소품 아트

SBS 〈순간 포착 세상에 이런 일이〉 프로그램에 평범한 물건을 그림의 일부로 활용하여 기발한 작품을 만드는 예술가가 소개된 적이 있습니다. 손톱깎이가 펠리컨의 부리가 되고, 병따개가 기타가 되는 마법 같은 장면에 영감을 받아, 오늘은 우리 교실의 흔한 물건으로 상상력 넘치는 '소품 아트'를 만들어 보는 활동을 진행했습니다.

먼저 수업은 학생들과 함께 소품 아트를 소개하는 3분가량의 짧은 영상을 시청하면서 시작합니다. 영상 속에서 일상의 사물이 예술 작품의 주인공으로 변신하는 모습을 보며 학생들의 눈도 호기심으로 반짝였지요. 영상을 본 후 학생들은 저마다의 보물을 찾기 위해 교실을 탐험했습니다. 학생들의 눈이 포착한 클립, 가위, 지우개, 풀 뚜껑은 이제 더는 평범한 학용품이 아니라, 곧 탄생할 작품의 핵심 재료가 되었습니다.

작품 제작은 학생들이 선택하는 2가지 방식으로 진행되었습니다. 첫 번째는 '물건 먼저' 방식입니다. 도화지 위에 물건을 먼저 올려놓고, '이건 무엇처럼 보

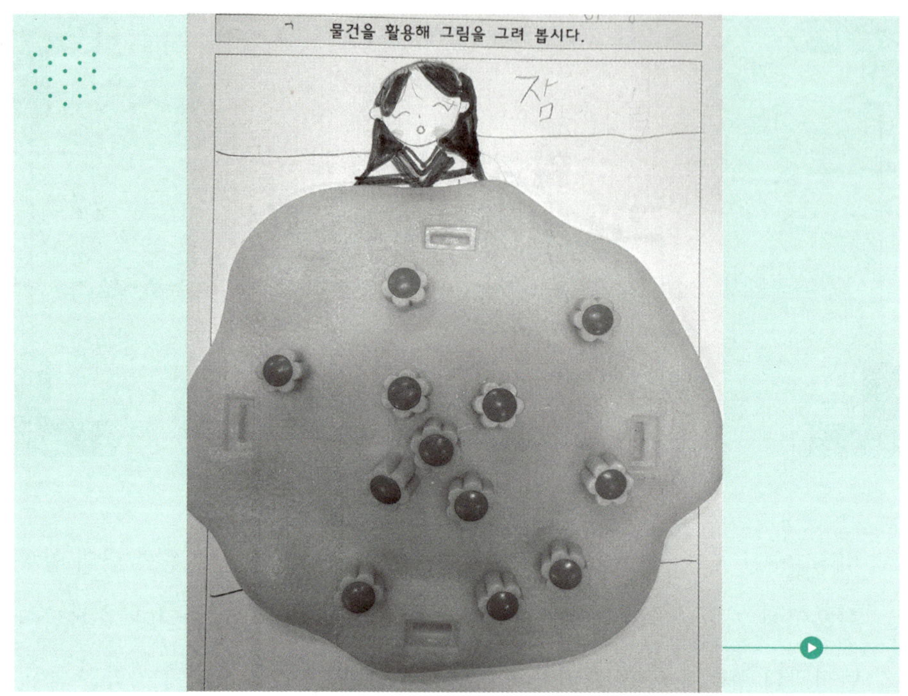


일까?' 하고 상상하며 물건과 어울리는 그림을 그려 넣는 것입니다. 두 번째는 '그림 먼저' 방식입니다. 그림을 그리다가 '여기에 어떤 물건을 더하면 재미있을까?' 하고 생각하며, 그림을 완성해 줄 물건을 찾아 붙이는 것입니다. 학생들은 물건의 크기와 색깔, 형태를 고려하여 그림과 물건이 원래부터 하나였던 것처럼 조화롭게 어우러지도록 세심하게 작품을 구성했습니다. 마지막으로 자신의 작품에 어울리는 제목까지 붙여 주며, 세상에 단 하나뿐인 자신만의 소품 아트를 완성했습니다.

## 수업 준비물

〈순간 포착 세상에 이런 일이-소품 아트〉 영상, 교실 속 다양한 물건, 도화지, 채색
도구

## 활동 순서

1. 물건을 활용해 그림을 그리는 영상을 함께 시청하며 영감을 얻는다.
2. 교실에서 작품에 활용할 자신만의 물건(소품)을 찾는다.
3. '물건 먼저' 또는 '그림 먼저' 2가지 방식 중 하나를 선택한다.
4. 물건의 크기와 색깔을 고려하여 그림과 물건이 어우러지도록 작품을 만든다.
5. 완성한 작품의 제목을 학습지에 기록한다.
6. 친구들에게 자신의 작품과 제목을 소개하며 서로의 창의적인 아이디어를 감상한다.

## 상현달 선생님의 수업 사전

이 활동은 그림 실력이 아니라 '창의적인 생각'이 가장 중요함을 강조하는 것이 핵심입
니다. "클립이 트롬본이 될 수도 있고, 단추가 비행 접시가 될 수도 있어요!"와 같이, 학
생들이 고정 관념에서 벗어나 자유롭게 상상할 수 있도록 격려하세요. 학생들에게 2
가지 제작 방식을 선택하게 함으로써, 각자의 창의적인 사고 흐름을 존중해 줄 수 있
습니다. 작품에 제목을 붙이는 과정은 자신의 창작 의도를 언어로 정리하는 중요한 마
무리 활동입니다. 완성한 작품들은 교실에 전시하여 '우리 반 소품 아트 갤러리'를 열
어 주세요.

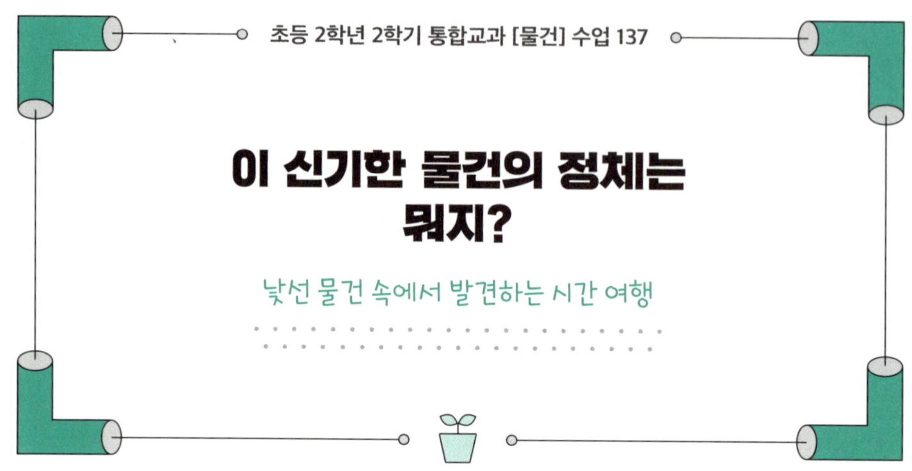

# 이 신기한 물건의 정체는 뭐지?

## 낯선 물건 속에서 발견하는 시간 여행

지금의 2학년 학생들에게 부모님의 어린 시절인 1990년대는 스마트폰도, 유튜브도 없던 아주 먼 옛날이야기처럼 느껴지지요. 오늘은 이제는 사라진 1990년대의 여러 가지 물건을 통해, 부모님의 시대로 시간 여행을 떠나는 특별한 탐구 활동을 진행합니다.

수업은 1990년대 학교와 가정의 모습을 담은 짧은 영상 2편을 시청하는 것으로 시작했습니다. 학생들은 지금과는 사뭇 다른 옷차림과 생활 모습에 신기해하면서도, 낯선 풍경 속에서 부모님의 어린 시절을 상상하기 시작했습니다. 영상을 통해 1990년대에 대한 호기심이 한껏 부풀어 올랐을 때, 본격적인 보물찾기를 시작합니다. 학생들은 2모둠으로 나뉘어, 1990년대 물건 사진 16개가 담긴 서로 다른 학습지를 받았습니다.

"이건 뭐예요?", "우리 할머니 집에서 본 것 같아요!" 학생들은 난생처음 보는 물건 앞에서 고개를 갸우뚱거리면서도, 저마다의 경험과 상상력을 동원해 물건의 정체를 추리해 나갔습니다. 모둠별 토의가 끝난 후, 2모둠은 하나의 팀

이 되어 각자 풀지 못했던 미스터리를 함께 해결하기 시작했습니다. 서로 다른 과제를 가진 2모둠이 이제 힘을 합치자, 좀처럼 해결되지 않던 문제들이 하나둘씩 풀려 갑니다.

물론 모든 추리가 끝난 후에도 정답을 찾지 못한 물건들이 있었습니다. 학생들의 기발한 추측을 충분히 들은 후, 드디어 진짜 정답을 공개했습니다. '삐삐', '카세트테이프', '공중전화 카드' 등 지금은 박물관에서나 볼 수 있는 물건의 진짜 이름과 쓰임새를 알게 되자, 학생들은 신기함과 함께 시간의 흐름을 온몸으로 느꼈습니다.

## 수업 준비물

1990년대 물건 사진 학습지(2종), 1990년대 생활상 영상, 필기도구, 정답 확인용 자료

## 활동 순서

1. 1990년대의 학교와 가정의 모습을 담은 영상을 함께 시청한다.
2. 서로 다른 내용이 담긴 1990년대 물건 사진 퀴즈 학습지를 2모둠에게 나누어 준다.
3. 모둠별로 토의하며 사진 속 물건의 이름이나 용도를 추측하여 학습지에 기록한다.
4. 모둠 활동이 끝난 후, 반 전체가 모여 각 모둠이 해결하지 못한 문제를 공유하고 함께 해결한다.
5. 모든 추리가 끝나면, 정답을 보며 물건의 정확한 이름과 쓰임새를 확인하고 학습지에 기록한다.

## 상현달 선생님의 수업 사전

정답을 확인하기 전, 학생들이 쓴 창의적인 오답을 칭찬하며 "그렇게 생각할 수도 있겠어요! 정말 좋은 아이디어예요!"라고 격려해 주세요. '음악 듣는 테이프', '사진 찍는 필름'처럼, 정확한 명칭은 아니더라도 용도를 맞혔다면 모두 훌륭한 답으로 인정해 주는 열린 자세가 필요합니다. 활동 후 '집에 가서 부모님께 이 물건들을 사용해 본 적이 있는지 인터뷰하기' 같은 후속 과제를 제시하면, 학습이 교실을 넘어 가정으로 이어지는 의미 있는 세대 공감의 기회가 될 수 있어요.

# 만화 영화 〈은비까비의 옛날 옛적에〉는 우리의 박물관!

## 추억의 만화 속에서 발견하는 옛날 물건 탐험

〈은비까비의 옛날 옛적에〉는 교사에게는 아련한 추억을, 학생들에게는 신선한 재미를 선사하는 옛날이야기를 소재로 한 만화 영화입니다. 오늘은 이 만화 영화를 교실로 가져와, 학생들이 꼬마 탐정이 되어 이야기 속에 숨겨진 옛날 물

건들을 찾아보는 특별한 '영상 고고학' 활동을 진행합니다. 이 활동의 목표는 학생들이 즐겁게 만화를 보면서 자연스럽게 과거의 생활 도구를 발견하고, 또 현재의 물건과 비교하며 시간의 흐름을 이해하게 하는 데 있습니다.

수업은 다 함께 〈은비까비의 옛날 옛적에〉를 시청하는 것으로 시작했습니다. 학생들은 단순히 이야기를 즐기는 것을 넘어, 주인공의 손에 들린 '짚신', 방 안에 놓인 '호롱불', 아궁이의 '가마솥' 등 지금은 보기 힘든 낯선 물건들을 발견하는 미션을 받았지요.

학생들은 눈을 반짝이며 화면 구석구석을 살폈고, 새로운 물건을 발견할 때마다 학습지에 꼼꼼히 기록해 나갔습니다. 물론 만화 속에는 오늘날 우리가 사용하는 밥그릇이나 숟가락 같은 익숙한 물건들도 등장하여, 과거와 현재가 어떻게 연결되고 또 달라졌는지 비교해 보는 재미를 더했습니다.

영상 시청이 끝난 후, 학생들은 모둠별로 모여 각자 자신이 발견한 '보물' 목록을 공유했습니다. 마지막으로 다 함께 정답을 확인하며 낯선 물건들의 정확한 이름과 쓰임새를 배웠습니다. 딱딱한 박물관이나 교과서 사진이 아닌, 살아 움직이는 만화 속 이야기를 통해 만나는 옛날 물건은 학생들에게 생생한 역사 공부가 됩니다. 영상 속 숨은그림찾기는 관찰력을 키워줄 뿐 아니라, 과거와 현재를 잇는 문화적 연속성을 자연스럽게 깨닫게 해 줍니다.

## 수업 준비물

만화 영화 〈은비까비의 옛날 옛적에〉 영상, 물건 기록용 학습지, 필기도구

## 활동 순서

1. 옛날이야기를 담은 〈은비까비의 옛날 옛적에〉를 다 함께 시청한다.
2. 만화 영화 속에 등장하는 다양한 물건(옛날 물건, 오늘날에도 사용하는 물건)을 찾아 학습지에 기록한다.
3. 친구들과 함께 자신이 찾은 물건 목록을 비교하고 이야기를 나눈다.
4. 교사와 함께 정답을 확인하며 옛날 물건의 정확한 이름과 쓰임새에 대해 알아본다.

## 상현달 선생님의 수업 사전

이 활동은 학생들이 가장 좋아하는 '만화 영화 보기' 활동을 학습과 자연스럽게 연결하여 참여도와 몰입도를 극대화할 수 있는 효과적인 방법입니다. 영상을 보기 전 "숨은 그림 찾기처럼 옛날 물건을 찾아봅시다!"라고 안내하여 학생들에게 명확한 관찰 목표를 심어 주는 것이 좋습니다. 학습지에 '옛날 물건'과 '오늘날 물건'을 구분하여 적는 칸을 만들면, 학생들이 시간의 변화를 더욱 명확하게 인지하는 데 도움이 됩니다. 활동 후, "만약 짚신 대신 지금의 신발을 신었다면 어땠을까요?", "호롱불이 없던 시절, 밤에는 어떻게 지냈을까요?" 같은 질문을 통해 과거의 삶을 상상하고 현재의 편리함에 감사하는 마음을 갖도록 이끌어 주는 것도 좋은 확장 활동이 될 수 있습니다. 이 수업은 딱딱한 역사 공부가 아닌, 재미있는 만화로 떠나는 즐거운 시간 여행이 될 것입니다.

# 그림자 괴물로 변신하는
# 내 필통 속 지우개

교실 속 사물과 빛으로 만드는 우연의 예술

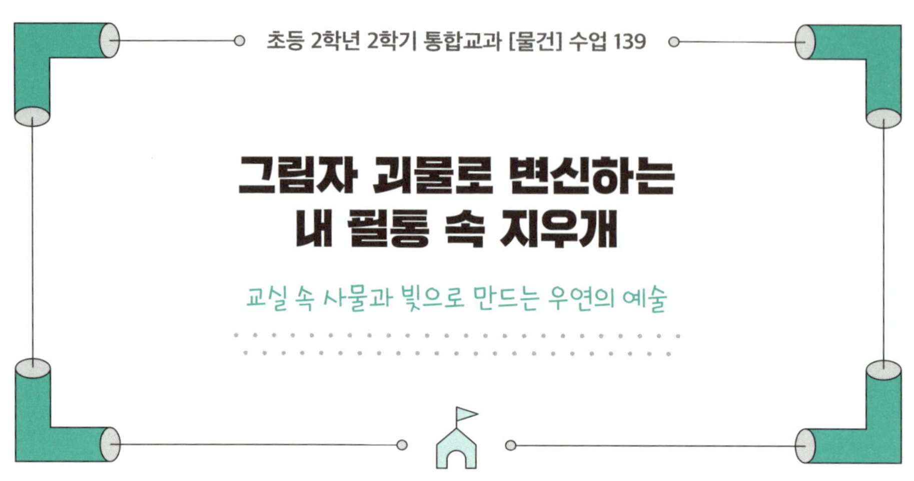

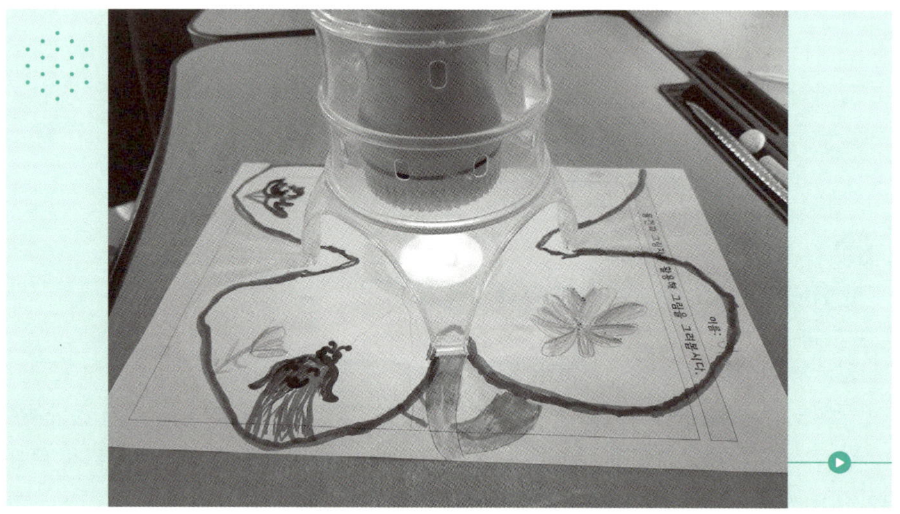

벨기에의 예술가 빈센트 발<sup>Vincent Bal</sup>은 평범한 사물에 빛을 비춰 생긴 그림자를 활용해 위트와 상상력이 넘치는 작품을 만드는 '그림자 화가'로 유명합니다. 오늘은 학생들과 함께 발의 작품 세계를 탐험하고, 우리 교실의 흔한 물건과 손

전등 빛만으로 세상에 단 하나뿐인 '그림자 아트'를 만들어 보는 창의적인 미술 활동을 진행했습니다.

수업은 먼저 빛의 작품과 작업 과정을 소개하는 〈순간 포착 세상에 이런 일이〉 프로그램 영상을 함께 시청하며 시작했습니다. 유리잔 그림자가 펭귄이 되고, 장난감 그림자가 춤추는 DJ로 변신하는 마법 같은 장면을 보며 학생들의 눈은 호기심으로 가득 찼습니다. 영상 시청 후, 학생들은 저마다의 '보물(재료)'을 찾기 위해 교실을 탐험했지요. 학생들의 손에 들린 가위, 풀, 클립, 지우개는 더 이상 평범한 학용품이 아니라, 곧 놀라운 작품으로 변신할 주인공이 되었습니다.

본격적인 작품 활동에 앞서, 학생들은 손전등의 각도와 방향, 물건과의 거리에 따라 그림자의 모양과 크기가 천차만별로 달라지는 것을 탐색했습니다. 이윽고 학생들은 자신만의 방법으로 그림자 아트를 만들기 시작했습니다. 한 손으로 손전등을, 다른 한 손으로 펜을 들고 홀로 작품을 만드는 학생도 있었고, 스마트폰을 책상에 기대어 두고 빛을 고정해 활용하는 학생도 있었습니다.

학생들의 손에서 우연히 만들어진 그림자는 기발한 상상력과 만나 '땅굴을 파는 귀여운 두더지', '행운을 가져다 주는 네 잎 클로버', '수정 동굴을 탐험하는 광부들' 등 멋진 작품들로 다시 태어났습니다.

## 수업 준비물

그림자 아트에 관한 영상, 손전등(또는 스마트폰), 교실 속 다양한 물건, 도화지

## 활동 순서

1. 그림자 화가 발의 작품 영상을 보며 창의적인 영감을 얻는다.
2. 교실을 탐험하며 그림자 아트를 만들 재료(다양한 물건)를 찾는다.
3. 손전등의 각도와 거리를 조절하며 물건으로 다양한 모양의 그림자를 만들어 본다.
4. 혼자서 혹은 친구와 협력하여 그림자와 어울리는 그림을 그려 작품을 만든다.
5. 완성한 작품을 친구들에게 소개하고, 어떤 물건으로 어떻게 만들었는지 설명한다.

## 상현달 선생님의 수업 사전

이 활동의 가장 큰 매력은 '우연성'에 있습니다. 그림을 잘 그려야 한다는 부담감 없이, 우연히 만들어진 그림자의 형태에서 재미있는 상상을 시작하면 누구나 훌륭한 예술가가 될 수 있음을 강조해 주세요. "이 그림자는 무엇처럼 보여요?"라는 질문을 통해 학생들이 자유롭게 아이디어를 내도록 격려하는 것이 중요합니다. 특히 2명이 협력하여 작품을 만드는 과정은 의사소통 능력과 협동심을 길러 주는 훌륭한 기회가 됩니다. 완성한 작품들은 사진으로 찍어 '우리 반 그림자 아트 갤러리'를 열어 서로의 기발한 상상력을 공유하는 시간을 가집니다.

# 우리 반 모두가 함께하는
# 사격 놀이와 과자 파티

너프건과 교실 속 사물로 즐기는 우리 반 협동 사격 챌린지

교실은 사물함처럼 커다란 물건부터 카플라 블록처럼 작은 물건까지, 학생

들과 함께 생활하는 수많은 사물로 가득 찬 공간이지요. 오늘은 이 익숙한 교실

을 무대 삼아, 학생들의 집중력과 협동심을 동시에 기를 수 있는 특별한 사격 놀

이를 진행합니다.

활동을 위해 먼저 너프건 총알에 맞아 쉽게 넘어질 수 있는 작고 가벼운 교실 물건들(지우개, 풀 뚜껑, 카플라 등)을 탁자 위에 세워 과녁으로 삼았습니다. 그리고 "우리 반 전체가 힘을 합쳐 물건 5개를 넘어뜨릴 때마다, 우리 반 간식 창고에 칙촉 과자 1상자가 적립됩니다!"라며 흥미로운 규칙을 발표했습니다. 게임은 1인당 8발의 총알을 사용하는 릴레이 방식으로, 혼자만 잘해서는 많은 간식을 얻을 수 없고 모두가 힘을 합쳐야만 성공할 수 있는 구조입니다.

게임이 시작되자, 교실은 순식간에 응원과 탄식이 교차하는 뜨거운 사격장으로 변했습니다. 처음에는 긴장한 탓인지 총알이 자꾸만 과녁을 빗나갔습니다. 하지만 한 친구가 "조금만 더 오른쪽을 겨눠 봐!", "숨 참고 쏴!"와 같이 조언해 주자, 신기하게도 명중률이 높아지기 시작했습니다. 친구들이 총을 쏠 때는 모두가 한마음으로 "제발 맞아라!" 하고 응원했고, 물건이 넘어질 때마다 교실이 떠나가라 환호성을 질렀습니다.

이날 학생들은 놀라운 집중력과 팀워크를 발휘하여 총 20개의 물건을 넘어뜨렸고, 칙촉, 크라운 산도 등 무려 4상자의 간식을 획득했습니다. 학생들은 자신의 힘으로 얻어 낸 전리품을 '우리 반 간식 창고'에 쌓아 두고, 앞으로 먹고 싶을 때마다 함께 나누어 먹기로 약속하며 공동의 성공을 자축했습니다.

경쟁이 아닌 '공동의 목표'를 향해 달릴 때 학생들의 협동심은 빛을 발합니다. 친구가 성공해야 나도 맛있는 간식을 먹을 수 있다는 단순한 규칙이, 서로를 비난하는 대신 뜨겁게 응원하고 격려하는 아름다운 교실 문화를 만듭니다.

## 수업 준비물

너프건, 스펀지 총알, 넘어뜨릴 가벼운 교실 물건들, 탁자, 보상용 간식

## 활동 순서

1. 교실에서 너프건으로 넘어뜨릴 수 있는 안전하고 가벼운 물건들을 찾아 탁자 위에 세운다.
2. 너프건 안전 수칙과 게임 규칙(1인당 8발, 5개 성공하면 간식 1상자)을 안내한다.
3. 학생들은 순서대로 너프건으로 물건을 조준해 쏘고, 다른 친구들은 응원하거나 조언한다.
4. 넘어진 물건의 개수를 다 함께 세고, 5개를 채울 때마다 간식을 획득한다.
5. 모든 사격이 끝난 후, 상품으로 받은 간식을 우리 반 간식 창고에 보관하고 활동 소감을 나눈다.

## 상현달 선생님의 수업 사전

이 활동에서 중요한 것은 '개인전'이 아닌 '단체전'으로 게임을 설계하여, '나'의 성공이 아닌 '우리'의 성공에 초점을 맞추는 것이 핵심입니다. 친구의 성공에 함께 기뻐하고, 실패에 함께 안타까워하며 응원하는 과정에서 학생들의 공동체 의식은 자연스럽게 성장합니다. 획득한 간식을 바로 나누어 먹기보다, 간식 창고를 만들어 함께 관리하고 함께 먹는 경험은 학생들에게 책임감과 나눔의 기쁨을 가르쳐 주는 훌륭한 인성 교육의 기회가 될 것입니다.

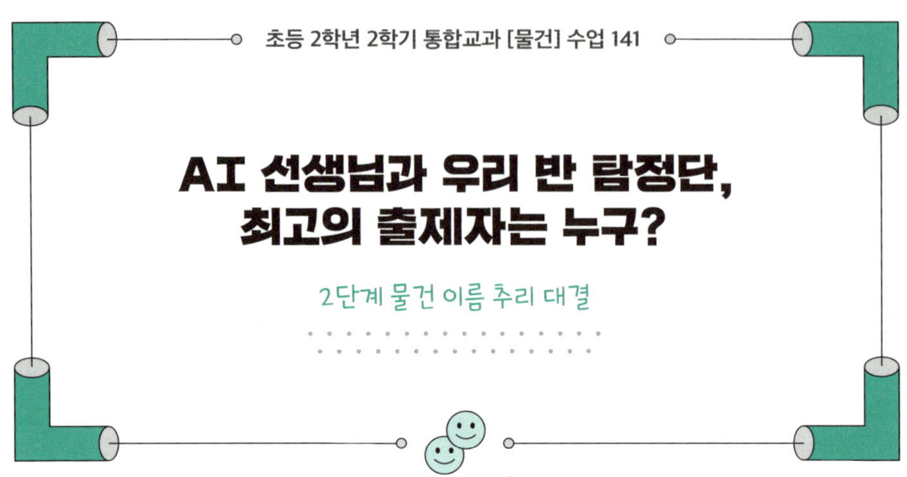

# AI 선생님과 우리 반 탐정단, 최고의 출제자는 누구?

## 2단계 물건 이름 추리 대결

"나는 네모난 모양에, 누르면 숫자가 나타나고, 멀리 있는 사람과 이야기할 수 있게 해 주지요. 나는 누구일까요?" 오늘은 이처럼 물건의 특징을 설명하는 글을 읽고 그 정체를 추리하는 2단계 탐정 놀이를 진행합니다.

첫 번째 활동은 'AI 선생님과의 대결'입니다. 먼저 AI에게 "초등 2학년 수준에 맞는 물건 알아맞히기 퀴즈 10개를 난이도 '상'으로 만들어 줘."라고 요청하여 기본 문제를 만들었습니다. AI가 만들어 준 문제를 학생들 눈높이에 맞게 다듬어 학습지로 제작한 후, 학생들은 먼저 혼자 힘으로 문제를 풀었습니다. 이후 반 전체가 모여 서로의 생각을 나누며 정답을 찾아갔습니다. 이때 교사가 의도한 답이 아니더라도, 학생의 설명이 논리적이라면 모두 정답으로 인정해 주는 '열린 정답' 규칙을 적용하여 창의적인 생각을 격려했습니다.

두 번째 활동은 역할이 바뀌는 '우리 반 출제 위원 선발 대회'였습니다. 학생들은 이제 정답자에서 출제자로 변신하여, 친구들이 맞힐 만한 물건을 하나 정해 그 특징을 설명하는 자신만의 퀴즈를 만들지요. "이 문제는 너무 쉬운 것 같

<table>
<tr><td colspan="2" align="center">어떤 물건일까요? 문제를 만들어 봅시다.</td></tr>
<tr><td colspan="2">나는 아주 넓습니다. 그리고 사각형입니<br>다.</td></tr>
<tr><td>정답</td><td>칠판</td></tr>
<tr><td colspan="2">나는 동그란 모양입니다. 그리고<br>사람이쓸 수 있습니다.</td></tr>
<tr><td>정답</td><td>안경</td></tr>
<tr><td colspan="2">나는색이있습니다. 그리고글을쓰고<br>붙일 수 있습니다.</td></tr>
<tr><td>정답</td><td>포스트잇</td></tr>
<tr><td colspan="2">나는 게임할 때 쓰 입니다. 그리고<br>숫자가 있습니다.</td></tr>
<tr><td>정답</td><td>주사위</td></tr>
</table>

아.", "이 설명만으로는 맞히기 어려울 거야." 하며 고민하는 모습에서 제법 진지한 출제자의 모습이 엿보였습니다.

교사는 학생들이 만든 문제들을 모아 다듬고 편집하여, 총 3장 분량의 '우리 반 공식 퀴즈' 학습지를 완성했습니다. 학생들은 친구들이 직접 낸 문제로 가득한 학습지를 받고 더욱 신나게 문제 풀이에 몰입했습니다. 자신이 낸 문제의 정답을 잠시 잊어버려 다시 친구들과 머리를 맞대고 함께 정답을 찾아가는 유쾌한 장면이 펼쳐지기도 했습니다.

AI 프로그램, 물건 퀴즈 학습지

1. AI를 활용해 만든 물건 설명 퀴즈 학습지를 해결한다.
2. 혼자 힘으로 푼 후, 전체 토의를 통해 정답을 공유하고 다양한 답을 인정한다.
3. 스스로 문제 출제자가 되어 물건의 특징을 설명하는 자신만의 퀴즈를 만든다.
4. 교사는 학생들이 만든 문제를 수합하고 편집하여 새로운 우리 반 퀴즈 학습지를 제작한다.
5. 학생들은 우리 반 퀴즈 학습지를 개인별, 모둠별로 협력하여 해결한다.
6. 활동을 통해 문제 해결의 즐거움과 출제자의 관점을 경험하고 학습 내용을 정리한다.

이 활동은 AI를 수업 준비를 돕는 훌륭한 보조 교사로 활용할 수 있음을 보여 줍니다. AI가 생성한 초안을 교사가 학생 수준에 맞게 수정하고 편집하는 과정이 핵심입니다. '정답 맞히기'에서 '문제 만들기'로 역할을 전환하는 경험은 학생들에게 매우 강력한 동기를 부여하며, 학습 내용을 수동적으로 받아들이는 것이 아니라 능동적으로 구성하게 만듭니다. 열린 정답 규칙은 학생들이 정답의 압박에서 벗어나 자유롭고 창의적인 사고를 하도록 돕습니다. 친구들이 직접 낸 문제를 푸는 과정은 "이건 ○○가 낸 문제 같은데?" 하며 서로에 대해 더 깊이 이해하는 즐거운 소통의 장이 됩니다.

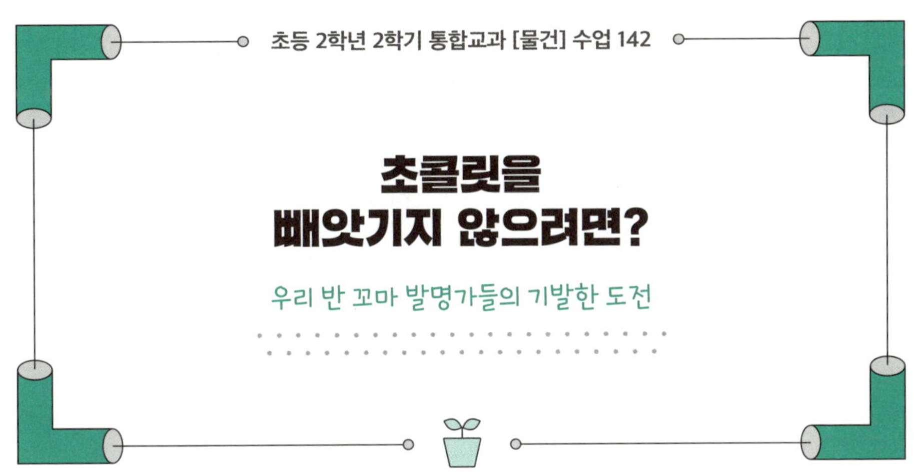

# 초콜릿을
# 빼앗기지 않으려면?

## 우리 반 꼬마 발명가들의 기발한 도전

세상의 모든 위대한 발명은 "이건 좀 불편한데?"라는 작은 생각에서 출발합니다. 오늘은 우리 반 학생들이 직접 꼬마 발명가가 되어, 일상 속에서 느꼈던 불편함을 자신만의 기발한 아이디어로 해결해 보는 '우리 반 발명 대회'를 열었습니다. 이 활동의 목표는 문제 상황을 인식하고, 이를 해결하기 위한 창의적인 방법을 고민하며, 주변의 사물을 활용해 직접 발명품을 만드는 과정을 통해 문제 해결 능력을 기르는 것입니다.

활동은 먼저 각자 '바꾸고 싶은 물건'을 하나씩 정하고 그 물건을 사용하며 느꼈던 불편한 점을 학습지에 기록하는 것으로 시작했습니다. 학생들의 아이디어는 매우 구체적이고 현실적이었어요. 한 학생은 "누나가 내 초콜릿을 자꾸 빼앗아 먹어서 속상해요."라며 '나만 열 수 있는 비밀 초콜릿 상자'의 필요성을 말했고, 다른 학생은 지난 과학 시간에 사용한 투석기가 잘 날아가지 않았던 문제를 떠올리며 '더 멀리 날아가는 강력 투석기' 개발에 의지를 불태웠습니다.

자신이 해결하고 싶은 문제를 명확히 한 후, 학생들은 교실에 있는 다양한

재활용품과 만들기 도구를 활용하여 자신의 아이디어를 직접 실물로 구현하기 시작했습니다. 페트병, 상자, 고무줄, 테이프, 빨대 등 평범했던 재료들이 학생들의 손에서 세상에 단 하나뿐인 발명품으로 재탄생했습니다. 겉보기에는 조금 어설프고 투박해 보일지 몰라도, 그 안에는 일상의 불편함을 스스로 해결하려는 학생들의 빛나는 노력과 창의적인 고민이 고스란히 담겨 있습니다.

## 수업 준비물

발명 아이디어 학습지, 다양한 재활용품(상자, 페트병 등), 만들기 도구

## 활동 순서

1. 일상생활에서 불편했던 경험과 바꾸고 싶은 물건에 대해 이야기를 나눈다.
2. 학습지에 자신이 해결하고 싶은 '문제 상황(불편한 점)'과 '해결 방안'을 구체적으로 기록한다.
3. 교실에 준비된 다양한 재료를 탐색하며 자신의 아이디어를 실현할 방법을 구상한다.
4. 직접 발명품을 제작한다.
5. 완성한 발명품을 친구들에게 소개한다.

## 상현달 선생님의 수업 사전

발명 교육의 핵심은 '결과물'이 아니라 '과정'에 있습니다. 얼마나 멋지고 완벽한 것을 만드느냐가 중요한 것이 아니라, '문제를 인식하고 → 해결책을 고민하고 → 직접 만들어 보는' 경험 자체가 가장 큰 배움임을 강조합니다. 학생들의 다소 엉뚱하고 비현실적인 아이디어라도 "정말 기발한 생각이네요!", "어떻게 그런 생각을 했어요?"와 같이 적극적으로 칭찬하며, 실패를 두려워하지 않고 도전하는 발명가의 정신을 격려하는 것이 중요합니다. 완성한 발명품을 발표하는 시간을 통해, 학생들은 자신의 아이디어를 논리적으로 설명하는 능력을 기르고 친구들의 기발한 아이디어를 보며 창의적인 자극을 받습니다.

초등 2학년 2학기 통합교과 수업

# 기억

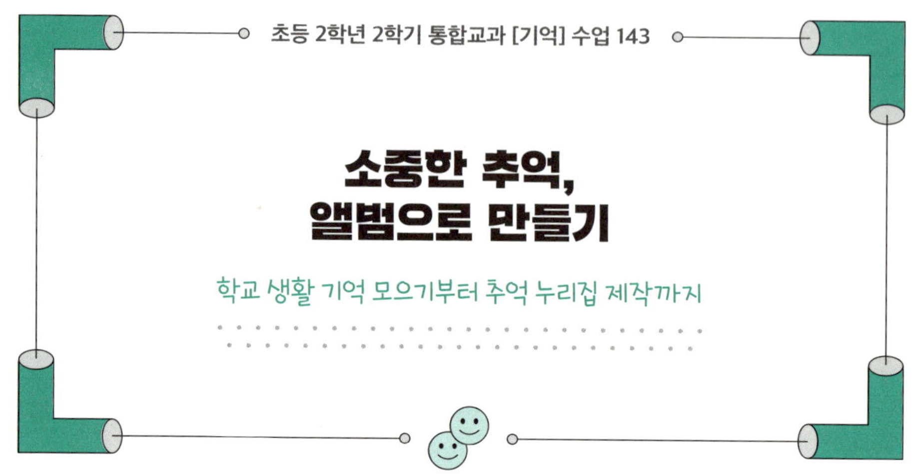

# 소중한 추억,
# 앨범으로 만들기

## 학교 생활 기억 모으기부터 추억 누리집 제작까지

한 해가 거의 끝나가는 시기, 2학년 학생들의 마음속에는 소중한 추억이 가득 쌓여 있습니다. 입학 첫날의 설렘, 친구들과 함께한 체험학습, 운동회에서 열심히 뛰었던 기억……. 이런 소중한 기억이 시간이 지나면서 잊히지 않도록 오늘은 우리만의 추억 누리집을 만들어 보는 특별한 활동을 진행합니다.

첫 번째 활동은 '우리의 기억 보물찾기'입니다. 학생들은 먼저 학교 누리집을 탐험하며 "우리 학교에는 이런 소식들이 올라오는구나." 하고 디지털 기록의 의미를 이해했습니다. 학교 누리집의 구조를 파악한 후, 이제 학생들은 "우리 반의 기억도 이렇게 정리해 보면 어떨까?"라는 토론으로 2학년 생활을 되돌아봅니다. "3월에 처음 만났을 때 기억나?", "현장학습 갔을 때 정말 재미있었지?", "친구랑 싸웠다가 금세 화해했던 일도 있었어."와 같이 하나둘 소중했던 순간을 떠올렸습니다.

두 번째 활동은 '우리 반 추억 누리집 만들기'입니다. 학교 누리집을 본떠서 학생들은 도화지에 자신들만의 웹사이트를 디자인하기 시작했습니다. '2학년 1반

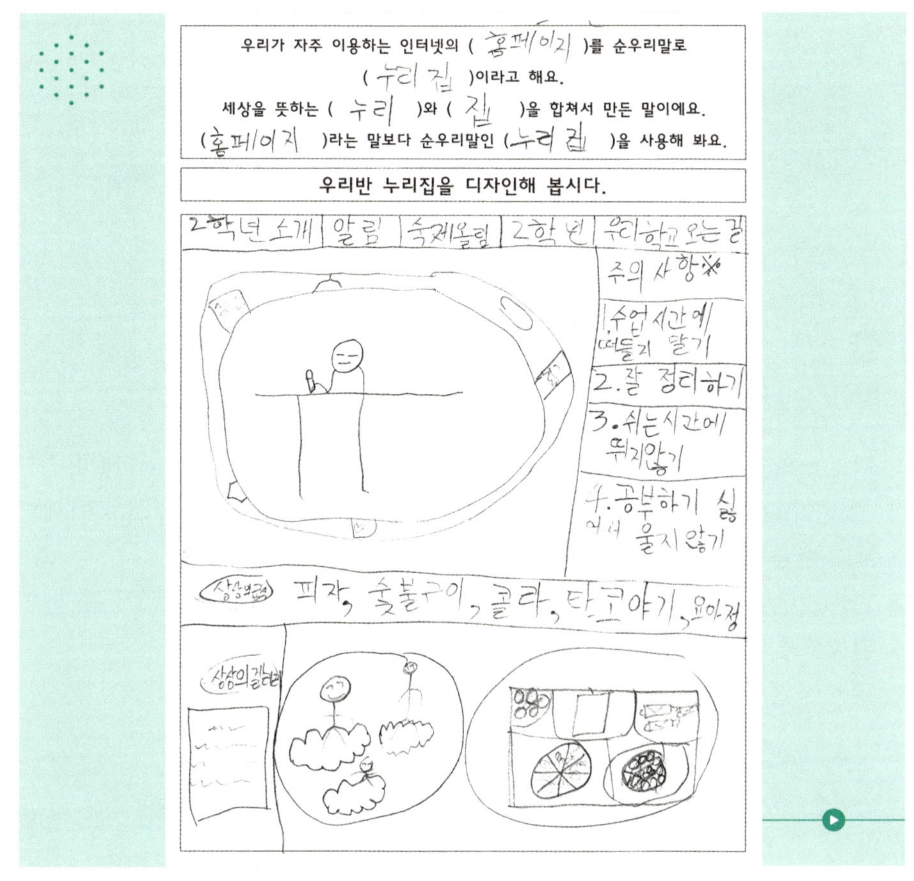



추억 저장소', '우리가 함께한 특별한 순간들', '친구들 소개' 등 메뉴를 만들고, 각자 가장 기억에 남는 학교 생활 장면 하나를 선택하여 게시물로 꾸며 보았습니다. 어떤 학생은 체험학습에서 본 나비를 그렸고, 어떤 학생은 친구들과 술래잡기하던 모습을 그렸습니다. 그림과 함께 "그때 정말 즐거웠어요.", "친구들과 함께여서 더 재미있었어요."와 같은 기억 속 감정까지 글로 표현하며, 각자의 소중한 추억을 하나의 디지털 앨범 형태로 완성해 나갔습니다.

## 수업 준비물

학교 누리집 캡처 자료, 도화지, 그리기 도구, 2학년 생활 사진 자료(선택 사항)

## 활동 순서

1. 학교 누리집을 살펴보며 정보가 어떻게 체계적으로 정리되어 있는지 관찰한다.
2. 2학년이 되어 지금까지의 학교 생활을 되돌아보며 기억에 남는 순간을 이야기한다.
3. 우리 반 추억 누리집 메뉴를 구상하고 도화지에 레이아웃을 그린다.
4. 가장 소중한 기억 1가지를 선택하여 그림과 글로 게시물을 만든다.
5. 완성한 추억 누리집을 친구들과 공유하며 서로의 기억을 나눈다.
6. 우리 반 전체의 추억을 모아 교실 벽면에 '추억 갤러리'를 만든다.

## 상현달 선생님의 수업 사전

이 『기억』 교과서의 핵심은 학생들이 지난 시간을 의미 있게 되돌아보고, 자신의 성장과 변화를 인식하는 데 있습니다. 단순히 '재미있었다'라는 피상적인 회상을 넘어, '왜 그때가 특별했는지', '그 경험을 통해 내가 어떻게 달라졌는지'까지 생각해 볼 수 있도록 질문을 던져 주세요. 학생들이 추억을 나눌 때는 "맞다, 그때 정말 그랬지!" 하며 서로의 기억을 확인하고 보완하는 과정이 자연스럽게 일어납니다. 이는 개인의 기억이 공동의 기억으로 확장되는 소중한 경험이므로 충분한 시간을 가지고 진행하는 것이 좋습니다.



초등 통합교과 수업 대백과 152

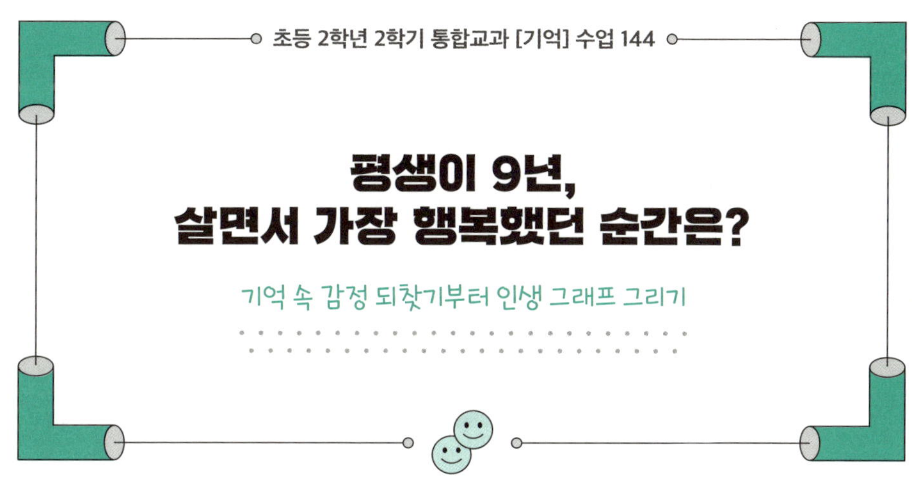


오늘은 학생들이 지난 9년 동안의 인생을 되돌아보며 자신의 감정 변화를 선으로 표현해 보고, 가장 인상 깊었던 경험을 글로 정리하는 '나의 마음 여행' 놀이를 진행합니다.

첫 번째 활동은 '기억 속 감정 찾아가기'입니다. 학생들은 먼저 학습지에 지금까지 살아 온 경험 중 기뻤던 일, 슬펐던 일, 화났던 일, 무서웠던 일 등 다양한 감정의 순간을 글로 기록합니다. '처음으로 자전거를 탔을 때', '강아지가 아팠을 때' 등 각자의 소중한 기억이 학습지 위에 하나둘씩 채워졌습니다. 단순히 사건을 나열하는 것이 아니라, 그때 느꼈던 감정까지 함께 떠올리며 자신의 마음을 들여다보는 시간을 가졌습니다.

두 번째 활동은 '나만의 인생 그래프 만들기'입니다. 학생들은 앞서 기록한 감정의 기억을 바탕으로, 태어났을 때부터 현재까지 평생인 9년 동안의 감정 변화를 하나의 곡선으로 표현했습니다. 기분이 좋았던 시기는 선이 위로 올라가고, 힘들었던 시기는 아래로 내려가도록 그려 자신만의 감정 그래프를 완성했

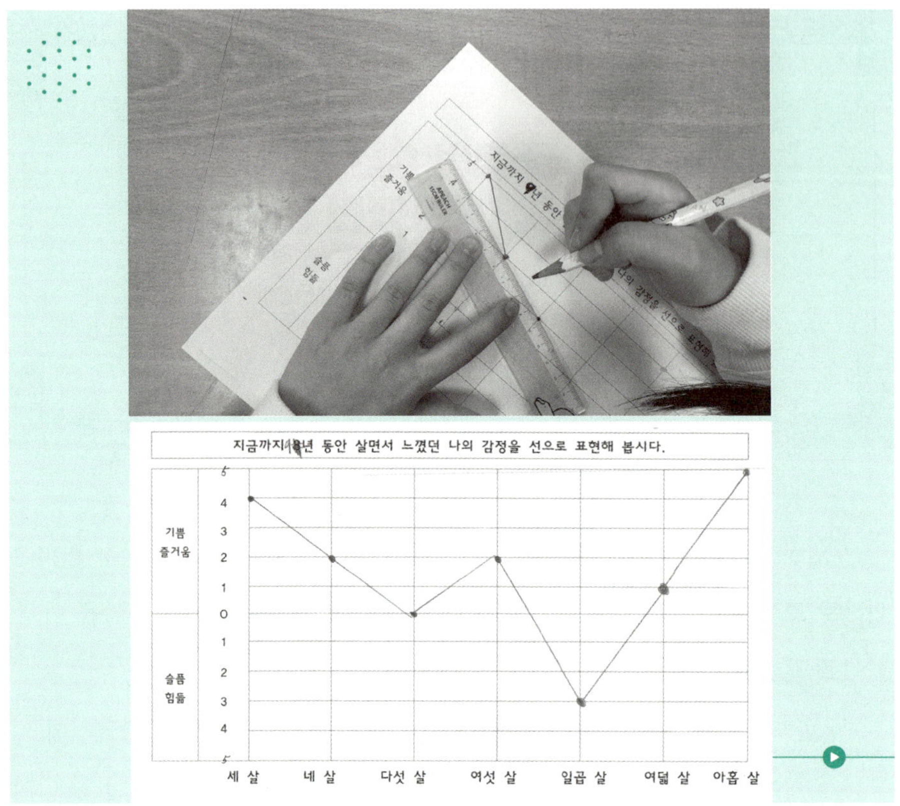


습니다. 감정은 늘 좋을 수만은 없고 내려갈 때도 있고 올라갈 때도 있다는 것, 그리고 지금 이 순간이 소중하다는 것을 자연스럽게 깨달았습니다.

마지막 활동은 '특별한 기억 한 편 쓰기'입니다. 여러 가지 감정이 담긴 경험 중에서 하나를 선택하여, 그때의 구체적인 상황과 느낌을 자세하게 글로 표현해 보았습니다. 기쁨과 즐거움, 슬픔과 힘듦 중에서 기억에 남는 경험을 떠올린 후, '언제, 어디서, 무엇을, 어떻게'의 요소와 함께 '그때 내 마음은 어땠는지'까지 학습지에 꼼꼼히 채워 나갔습니다.

468

## 수업 준비물

감정 기록 학습지, 인생 그래프 용지, 필기구, 색연필

## 활동 순서

1. 지금까지 살면서 경험했던 다양한 감정의 순간을 떠올려 학습지에 기록한다.
2. 기록한 감정의 기억을 바탕으로, 태어날 때부터 현재까지 감정 변화를 꺾은선으로 표현한다.
3. 완성한 인생 곡선을 보며 현재 자신의 감정 상태를 확인하고 친구들과 나눈다.
4. 여러 기억 중 가장 인상 깊었던 경험 하나를 선택한다.
5. 선택한 기억의 구체적인 상황과 그때의 감정을 자세하게 글로 표현한다.
6. 완성한 글을 친구들과 공유하며 서로의 경험에 공감하는 시간을 갖는다.

## 상현달 선생님의 수업 사전

이 활동은 학생들이 자신의 감정을 솔직하게 표현할 수 있는 안전하고 따뜻한 분위기에서 진행되어야 합니다. 특히 부정적인 감정을 기록할 때는 '나쁜 감정'이라고 여기지 않도록, 모든 감정이 자연스럽고 소중한 것임을 강조해 주세요. 인생 그래프 그리기에서 중요한 것은 정확한 그래프가 아니라, 자신의 감정 변화를 되돌아보는 과정입니다. "지금이 가장 행복해!"라고 표현하는 학생들의 마음을 충분히 공감해 주고 격려해 주세요. 감정을 글로 표현하는 활동에서는 '맞다, 틀리다'의 평가보다는 "솔직하고 구체적으로 표현했어요." 하는 식으로 과정 중심의 피드백을 제공하는 것이 중요합니다.

# 기억력 게임
# A-7번은 325였나, 352였나?

암기 챌린지, 기억력 올림픽을 열어요

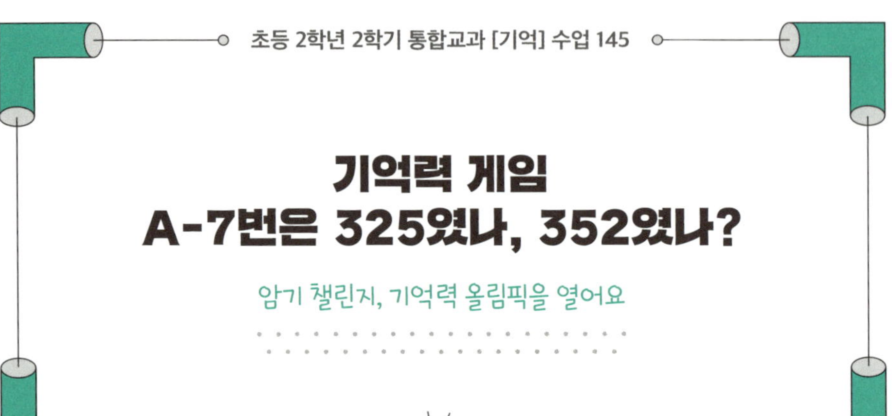

기억력은 혼자 힘으로는 한계가 있지만, 친구들과 함께하면 놀라운 힘을 발휘합니다. 오늘은 학생들과 함께 TV 프로그램에서 본 기억력 게임을 교실로 가져와, 2가지 서로 다른 방식의 기억력 챌린지를 진행했습니다.

첫 번째 게임은 '대학 전쟁 숫자 암기 챌린지'였습니다. 먼저 〈대학 전쟁〉 예능 프로그램에서 참가자들이 어떻게 숫자를 기억하는지 영상을 함께 시청했습니다. 그 후 〈대학 전쟁〉의 문제를 2학년 수준에 맞게 수정하여, 알파벳으로 구분된 칸에 적힌 숫자를 학생들에게 보여 주었습니다. 충분한 암기 시간을 준 후, 특정 알파벳을 불러 그곳에 있던 숫자를 포스트잇에 적도록 했지요. 학생들은 1명씩 앞으로 나와 자신의 포스트잇을 칠판에 붙이며 긴장감 넘치는 정답 공개의 순간을 맞았습니다.

두 번째 게임은 '협동 낱말 기억 미션'이었습니다. '김정식과 허명성의 과학 사랑' 웹사이트의 도구를 활용하여, 16개 낱말이 숨겨진 판을 학생들에게 보여 줍니다. 모둠별로 작전을 세워 최대한 많이 외울 수 있는 방법을 찾아보게 했는데, "위에서부터 차례대로 외우자!", "비슷한 낱말끼리 묶어서 기억하자!" 등 다양한 전략이 나왔어요. 16개 낱말을 4명이 나누어 외우니 비교적 쉽게 성공했기에, 난도를 높여 36개의 낱말판으로 도전했습니다. 이번에는 모둠 활동으로 끝내지 않고, 반 전체가 모여 빈칸에 적절한 낱말을 함께 채워 나가며 집단 지성의 힘을 체험했습니다.

마지막으로는 36개 낱말의 위치 번호를 부르며, 그 낱말을 기억하는 학생이 손을 들어 맞히는 스피드 퀴즈를 진행했습니다.

## 수업 준비물

〈대학 전쟁〉 프로그램 영상, 숫자 암기 자료, 포스트잇, 16개·36개 낱말판, 학습지

## 활동 순서

1. 〈대학 전쟁〉 프로그램의 숫자 기억 게임 영상을 시청한다.
2. 알파벳별로 구분된 숫자 자료를 충분한 시간 동안 암기한다.
3. 특정 알파벳을 불러 주면 해당 숫자를 포스트잇에 적어 칠판에 붙인다.
4. 16개 낱말 기억 게임을 모둠별로 진행하며 전략을 세운다.
5. 36개 낱말로 난도를 높여 모둠별 협력 게임을 진행한다.
6. 반 전체가 모여 기억하지 못한 낱말들을 함께 채워 나간다.
7. 번호를 부르면 해당 낱말을 맞히는 스피드 퀴즈로 마무리한다.

## 상현달 선생님의 수업 사전

학생들이 기억하지 못했을 때 실망하지 않도록, "틀려도 괜찮아요, 도전하는 게 중요해요!"라는 격려의 분위기를 만들어 주세요. 특히 모둠 활동에서는 1명이 모든 것을 기억하려 하지 않고, 역할을 분담하여 협력하는 전략의 중요성을 깨닫게 해 주는 것이 중요합니다. 〈대학 전쟁〉의 숫자 게임을 2학년 수준에 맞게 조정할 때는 너무 많은 숫자나 복잡한 배열보다는 학생들이 도전할 만한 적절한 수준으로 설정하세요. 36개 낱말 게임에서는 학생들이 서로 다른 기억 방식(시각, 청각, 연상 등)을 사용할 수 있도록 다양한 암기 전략을 소개하면 더욱 효과적입니다.

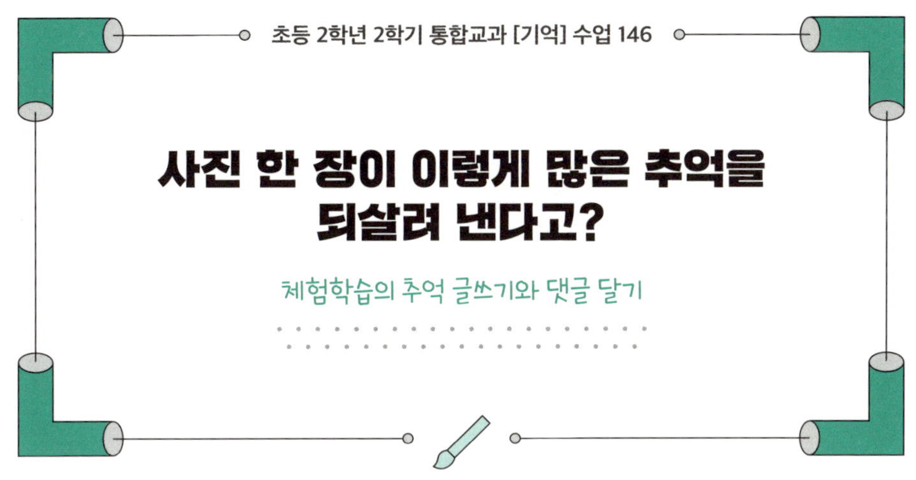

# 사진 한 장이 이렇게 많은 추억을 되살려 낸다고?

체험학습의 추억 글쓰기와 댓글 달기

오늘은 그동안 찍었던 체험학습 단체 사진을 모아 특별한 학습지를 만들어 학생들과 함께 잊혀 가는 추억을 되살리고, 그 기억을 글로 남기는 의미 있는 '기억 되찾기' 활동을 진행합니다.

첫 번째 활동은 '사진 속 기억 찾기'입니다. 학생들은 12개 체험학습 사진이 담긴 학습지를 받고, 사진을 보며 "아, 이때 여기 갔었지!" 하고 기억을 되살렸습니다. 하지만 시간이 지나니 잘 기억나지 않는 경우도 많았고, 서로 다른 체험학습의 기억이 얽혀 헷갈리는 일도 있었지요. 그럴 때마다 학생들은 자연스럽게 친구들과 함께 이야기를 나누며 "맞아, 그때 그랬었지!", "나는 이것만 기억나는데, 너는 뭐가 기억나?" 하며 서로의 기억을 보완해 나갔습니다. 학습지에 있는 12개 체험학습뿐만 아니라 빠진 다른 체험학습까지 떠올리며 1년간의 풍성한 경험을 차근차근 정리해 나갔습니다.

두 번째 활동은 '가장 기억에 남는 체험학습 글쓰기'입니다. 다양한 체험학습 중에서 하나를 선택하여 그때의 경험과 감정을 글로 표현했습니다. 흥미롭

게도 많은 학생이 1학기에 다녀온 나주 중흥 골드스파와 패밀리랜드를 선택했습니다. 따뜻한 온천에서 친구들과 함께 즐겁게 놀았던 기억, 놀이기구를 타며 신나게 웃었던 순간이 글 속에 생생하게 되살아났습니다.

마지막 활동은 '친구 글에 댓글 달기'였습니다. 완성한 글을 칠판에 붙여 놓고, 학생들은 친구들이 쓴 글을 천천히 읽어 보았습니다. 그리고 포스트잇에 "정말 재미있게 썼네!", "나도 그때 그 생각을 했어!", "글을 읽으니 그때가 다시 생각나!" 등 따뜻한 댓글을 달아 주었습니다.

## 수업 준비물

체험학습 사진이 포함된 학습지, 필기구, 포스트잇

## 활동 순서

1. 체험학습 단체 사진을 보며 각각 어떤 체험학습인지 기억을 되살린다.
2. 기억이 나지 않거나 헷갈리는 일은 친구들과 함께 이야기하며 기억을 찾아간다.
3. 학습지에 있는 체험학습 외에 빠진 다른 체험학습들도 함께 떠올려 본다.
4. 그동안의 체험학습 중 가장 기억에 남는 것을 하나 선택한다.
5. 선택한 체험학습에서의 경험과 느낌을 글로 자세히 표현한다.
6. 완성한 글을 칠판에 붙이고 친구들의 글을 읽어 본다.
7. 친구들이 쓴 글의 좋은 점을 찾아 포스트잇으로 댓글을 남긴다.

## 상현달 선생님의 수업 사전

학습지 제작 시에는 대표적이고 인상 깊었던 체험학습 사진을 선별하여 학생들이 쉽게 기억할 수 있도록 도와주세요. 특히 단체 사진보다는 학생들의 표정이나 활동 모습이 잘 드러나는 사진을 선택하는 것이 좋습니다. 글쓰기에서는 '무엇을 했다.'라는 사실 나열보다는 '그때 어떤 기분이었다.', '왜 기억에 남는가.'와 같은 감정과 의미를 표현하도록 이끌어 주세요. 댓글 달기 활동은 단순한 칭찬을 넘어, 서로의 추억에 공감하고 소통하는 따뜻한 교실 문화를 만드는 소중한 시간이 될 것입니다.

# 보드 게임 카페로 변신한 우리 교실

## 6가지 보드 게임으로 즐기는 기억력 올림픽

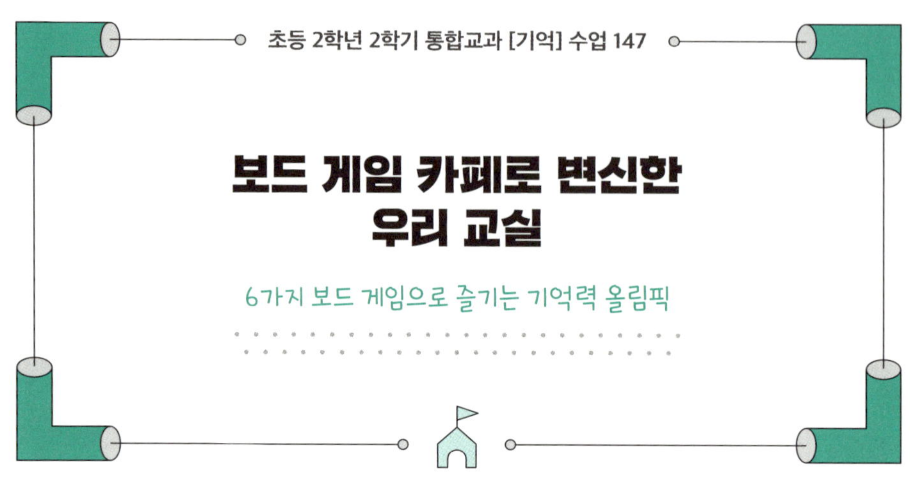

기억력은 단순한 암기 능력을 넘어, 집중력과 관찰력, 그리고 순발력까지 함께 기르는 종합적인 인지 능력입니다. 오늘은 교실을 보드 게임 카페로 변신시켜, 기억력과 관련된 6가지 보드 게임을 통해 학생들이 즐겁게 놀면서 자연스럽

게 다양한 인지 능력을 기를 수 있는 특별한 활동을 진행합니다.

첫 번째 게임은 '도블dobble'입니다. 어떤 2장의 카드를 비교해도 반드시 하나의 공통된 그림이 있다는 신기한 원리로 만들어진 이 게임에서, 학생들은 빠른 관찰력과 순발력을 발휘해야 했습니다. 두 번째는 '치킨차차chicken chacha'였는데, 일부 부품이 사라져 말판만 활용했지만, 학생들은 창의적으로 규칙을 변형하여 즐겁게 게임을 진행했습니다. 세 번째 '쿠키 박스cookie box' 게임에서는 학생들이 기억력과 전략적 사고를 동시에 발휘해야 했고, 네 번째 '메모리 체스memory chess'에서는 체스 말의 위치를 기억하며 논리적 추론 능력을 기를 수 있었습니다. 다섯 번째 게임 '구룡투九龍鬪'는 학생들이 가장 좋아한 게임이었는데, 게임판이 스스로 누가 승리했는지 알려 주는 신기한 메커니즘 때문에 다들 "어떻게 이게 가능해?" 하며 깜짝 놀랐습니다. 마지막 여섯 번째 '스톨른 페인팅stolen painting'에서는 세계적인 명화가 그려진 아름다운 카드를 보며 미적 감각과 기억력을 동시에 기를 수 있었지요.

6가지 서로 다른 게임을 통해 학생들은 시각적 기억, 순서 기억, 공간 기억 등 다양한 유형의 기억력을 골고루 사용하게 되었고, 각자의 강점을 발견하며 자신감을 얻을 수 있었습니다. 무엇보다 '공부'가 아닌 '놀이'를 통해 자연스럽게 학습이 이루어지는 즐거운 경험이었습니다.

'놀이'는 뇌를 성장시키는 최고의 영양분입니다. 승패를 떠나 규칙을 지키며 친구들과 어울리는 과정은 사회성을 길러 주고, 몰입의 즐거움을 통해 학습된 기억력과 집중력은 학생들의 평생 자산이 됩니다.

## 수업 준비물

도블·치킨차차·쿠키 박스·메모리 체스·구룡투·스톨른 페인팅 보드 게임 6종

## 활동 순서

1. 6가지 보드 게임의 규칙을 간단히 소개하고 시연한다.
2. 모둠을 나누어 각 모둠이 순서대로 다른 게임을 체험하도록 순서를 구성한다.
3. 게임별로 충분한 시간을 주어 학생들이 규칙을 익히고 재미를 느낄 수 있게 한다.
4. 게임별 우승자를 정하되, 결과보다는 과정과 참여를 더욱 중시한다.
5. 모든 게임을 체험한 후, 어떤 게임이 가장 재미있었는지 이야기를 나눈다.
6. 기억력 향상에 도움이 된 점을 정리하며 활동을 마무리한다.

## 상현달 선생님의 수업 사전

보드 게임을 활용한 수업의 핵심은 '재미'입니다. 규칙 설명이 너무 복잡하면 학생들이 흥미를 잃을 수 있으므로, 간단하게 시연하며 설명하고, 실제로 해 보면서 익히도록 하는 것이 좋습니다. 특히 2학년 학생들에게는 복잡한 전략보다는 직관적이고 즉각적인 반응이 필요한 게임이 더 적합합니다.

게임 중 경쟁이 치열해질 수 있지만, "이기는 것보다 함께 즐기는 것이 중요합니다."라고 말해 분위기를 유지해 주세요. 각 게임이 기억력의 어떤 측면(시각적 기억, 순서 기억, 패턴 인식 등)을 기르는지 학생들과 이야기하며, 단순한 놀이를 넘어 학습의 의미를 찾을 수 있도록 도와주세요.

# 혼자서는 그릴 수 없는
# '우리 반 쉬는 시간' 완성 비법

허니컴 보드를 활용한 생각 펼치기부터 협동 시와 그림으로 마무리하는 우리 반 이야기

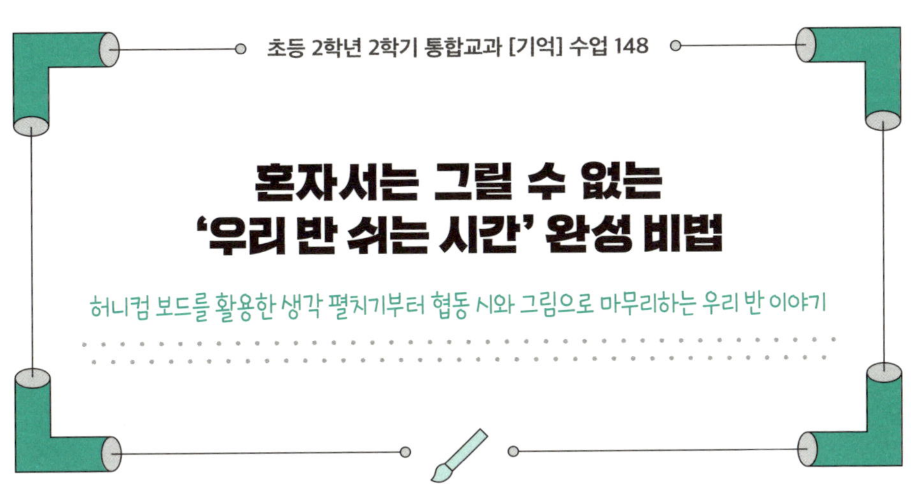
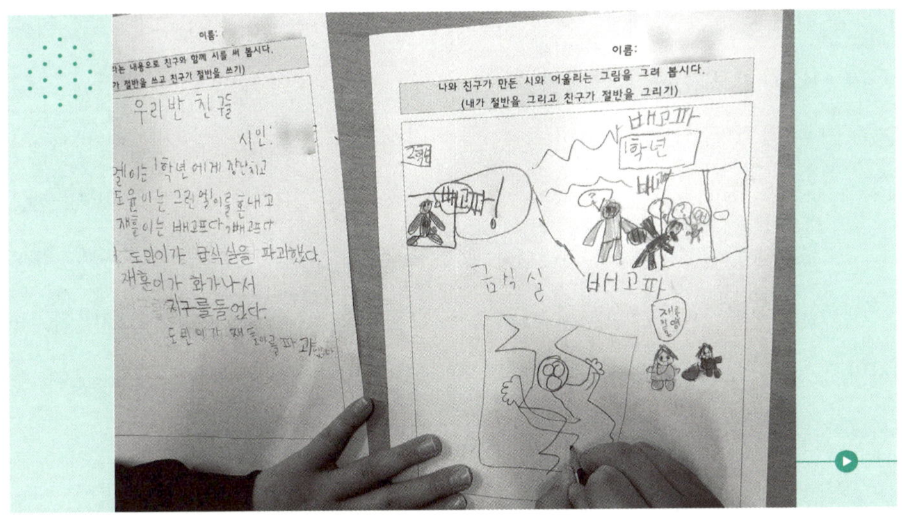

오늘은 학생들과 함께 가장 즐겁고 활기찬 시간, '우리 반 쉬는 시간'을 주제로 활동을 진행합니다. 활동의 첫 단계는 벌집 구조의 허니컴 보드honeycomb board를 활용한 생각 펼치기입니다. 학생들은 육각형 모양의 허니컴 보드에 '쉬는 시

간' 하면 떠오르는 기억, 생각, 감정을 자유롭게 적어 내려갔습니다. 학생들의 보드 위에는 짧지만 소중한 쉬는 시간 모습이 다채롭게 펼쳐졌습니다.

다음으로 허니컴 보드에 기록한 내용을 바탕으로 협동 시 쓰기 활동을 시작합니다. 오늘 시 쓰기는 혼자가 아닌 짝과 함께 완성하는 특별한 방식으로, 시의 전반부는 자신이 쓰고, 나머지 후반부는 짝이 이어받아 마무리하는 것입니다. 이 활동의 핵심은 소통과 공감입니다. 짝이 쓴 시를 제대로 이해하지 못하면 자연스러운 마무리를 할 수 없기 때문입니다. 학생들은 짝이 쓴 부분을 꼼꼼하게 읽고, 어떤 마음으로 이런 표현을 썼는지 서로 질문하고 이야기하며 생각을 나누는 과정을 거쳤습니다.

세 번째 활동은 함께 쓴 시에 어울리는 협동 그림 그리기입니다. 그림 역시 시와 마찬가지로 짝과 함께 절반씩 나누어 그렸습니다. 서로 다른 생각과 그림 스타일을 가진 둘이 모여 하나의 그림을 완성하는 것은 또 다른 도전이었습니다. 학생들은 어떤 장면을 그릴지, 어떤 색깔을 사용할지 함께 의논하며 밑그림을 그리고 색을 칠했습니다. 서로의 생각을 존중하고 나누는 과정을 통해, 개성이 다른 두 그림이 자연스럽게 하나로 연결되는 멋진 작품이 탄생했습니다. 마지막으로 완성한 시와 그림을 교실에 전시하고, 다른 친구들의 작품을 보며 자신의 작품과 비교하고 칭찬할 점을 찾아 이야기를 나누었습니다.

'절반만 쓰고, 절반만 그리는' 불편한 규칙은 역설적으로 가장 완벽한 소통의 도구가 됩니다. 내 생각만 고집해서는 결코 작품을 완성할 수 없기에, 학생들은 친구의 마음에 귀 기울이고 보폭을 맞추는 진정한 협력의 기술을 배우게 됩니다.

## 수업 준비물

허니컴 보드, 시와 그림을 그릴 도화지, 필기구와 색칠 도구

## 활동 순서

1. 우리 반 쉬는 시간을 주제로 허니컴 보드에 자신의 생각, 기억, 느낌을 자유롭게 적는다.
2. 허니컴 보드 내용을 바탕으로 짝과 함께 시의 전반부와 후반부를 나누어 쓴다.
3. 시를 쓰는 과정에서 짝과 충분히 소통하며 내용을 조율하고 하나의 시로 완성한다.
4. 완성한 시에 어울리는 그림을 짝과 함께 절반씩 나누어 그린다.
5. 완성한 시와 그림 작품을 교실에 전시한다.
6. 다른 친구들의 작품을 감상하며 칭찬할 점을 찾아 이야기를 나눈다.

## 상현달 선생님의 수업 사전

이 수업의 핵심은 결과물의 완성도가 아니라, 짝과 함께 소통하고 협력하는 '과정'에 있습니다. 짝이 쓴 시를 이해하지 못하면 자연스러운 마무리를 할 수 없기에, 학생들은 서로 질문하고 생각을 나누며 적극적으로 소통하게 됩니다. 그림을 그릴 때도 서로 다른 스타일을 조율하며 하나의 작품을 만들어 가는 과정을 통해, 혼자가 아닌 '우리'가 함께할 때 더 멋진 결과를 만들어 낼 수 있다는 협력의 가치를 온몸으로 배웁니다.

# 〈런닝맨〉처럼 침묵 속에서
# 마피아 찾아내기

펀스틱과 안대로 즐기는 오감 추리 놀이

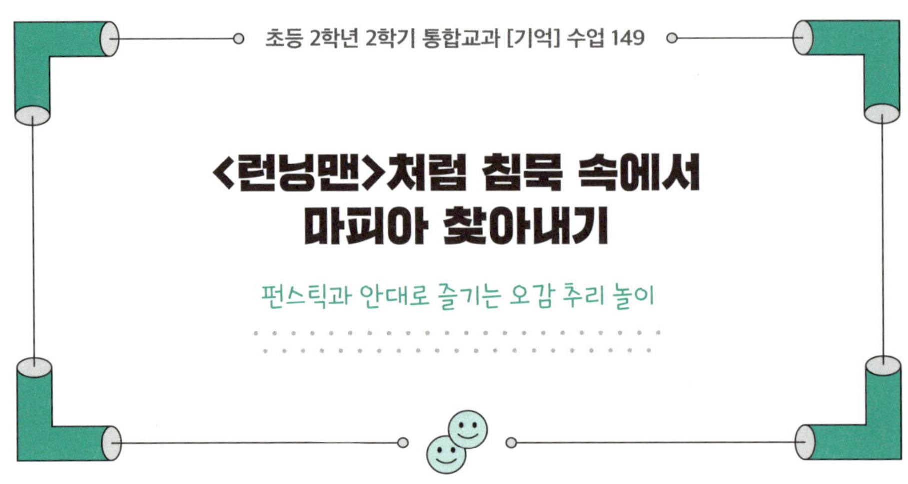

　　며칠 전 TV 프로그램 〈런닝맨〉에서 펀스틱과 안대를 활용한 흥미진진한 추리 놀이를 보았습니다. 단순한 도구들이지만 오감과 기억력, 논리적 추론까지 활용해야 하는 깊이 있는 게임이었지요. 오늘은 우리 교실의 펀스틱과 안대를 활용해서 학생들과 함께 '침묵의 마피아 찾기' 놀이를 진행합니다.

활동이 시작되면 모든 학생이 안대를 착용하고 펀스틱을 하나씩 손에 쥔 채 교실 곳곳에 일정한 간격으로 떨어져 정지합니다. 이때 교실은 완전한 침묵 속에 잠기지요. 교사가 조용히 다가가 마피아 1명을 몰래 선정합니다. 선정된 마피아는 조용히 안대를 살짝 올린 후, 살금살금 걸어서 펀스틱을 사용해 친구들을 한 번씩 공격해야 합니다.

마피아에게는 전략적 사고가 필요합니다. 누구를 공격할지, 반대로 누구는 공격하지 않을지 신중하게 결정해야 하고, 무엇보다 들키지 않도록 조용히 움직이는 능력이 중요합니다. 반면 시민에게는 예민한 청각이 필요합니다. 마피아가 걸어가는 작은 발소리, 옷 스치는 소리, 펀스틱이 공기를 가르는 소리까지 모든 청각 정보를 수집해야 하지요. 안대를 벗은 후에는 마피아의 이동 경로를 기억하고 추론하는 기억력과 논리적 사고력이 필요합니다.

모든 공격이 끝나고 안대를 벗으면 본격적인 추리 타임이 시작됩니다. 학생들은 충분한 토의 시간을 가진 후, 동시에 펀스틱으로 마피아라고 생각하는 친구를 가리킵니다. 마피아를 성공적으로 찾아내면 시민의 승리, 찾지 못하면 마피아의 승리가 됩니다.

이 간단해 보이는 놀이 속에서 학생들은 오감을 활용한 관찰력, 정보를 종합하는 분석력, 그리고 친구들과 협력하는 소통 능력을 자연스럽게 기를 수 있습니다.

## 수업 준비물

펀스틱, 안대, 넓은 활동 공간

## 활동 순서

1. 게임 규칙을 설명하고 모든 학생이 안대를 착용한 후 펀스틱을 손에 든다.
2. 학생들이 교실 곳곳에 일정 간격으로 떨어져 정지한다.
3. 교사가 조용히 마피아 1명을 선정하고, 마피아는 안대를 올려 시야를 확보한다.
4. 마피아는 조용히 움직이며 펀스틱으로 친구들을 한 번씩 공격한다.
5. 공격이 끝나면 모든 학생이 안대를 벗고 충분한 토의 시간을 갖는다.
6. 동시에 펀스틱으로 마피아라고 생각하는 사람을 가리켜 정답을 확인한다.

## 상현달 선생님의 수업 사전

펀스틱 사용 시 친구를 다치게 하지 않을 정도의 가벼운 터치만 허용한다는 규칙을 명확히 해야 합니다. 마피아 역할을 할 학생에게는 '조용히 걷는 것'이 가장 중요한 기술이라고 안내하고, 시민 역할의 학생들에게는 "귀를 최대한 집중해서 들어봐요." 하고 격려해 주세요. 추리 과정에서는 '왜 그 친구가 마피아라고 생각하는가?'의 문제에 논리적인 근거를 제시하도록 하여 단순한 추측이 아닌, 합리적인 추론 능력을 기르도록 지도하는 것이 중요합니다.



초등 통합교과 수업 대백과 152

# 마커 25개 지뢰밭 무사히 통과하기

## 교실 속 지뢰 찾기 대작전

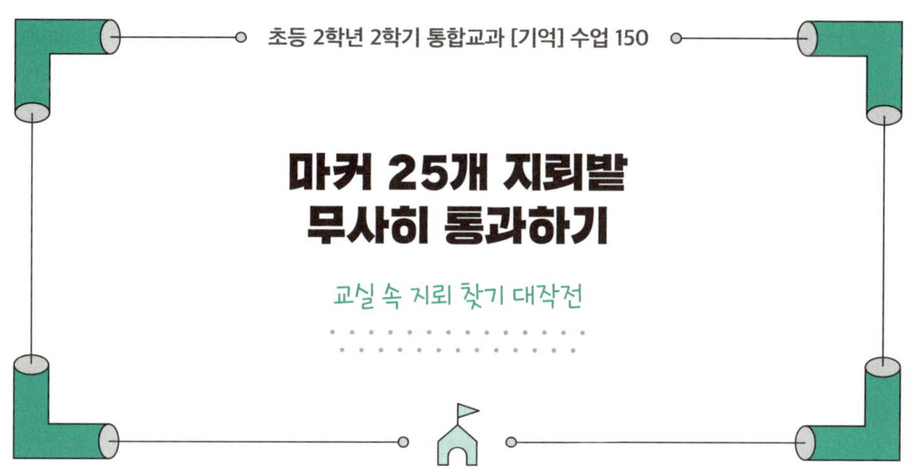

오늘은 교실을 긴장감 넘치는 지뢰밭으로 변신시켜, 학생들이 전략적 사고와 기억력, 그리고 팀워크를 동시에 발휘할 수 있는 '지뢰를 피해라' 놀이를 진행합니다.

　게임 준비는 마커 25개를 바닥에 가로, 세로 5개씩 정사각형 모양으로 배치하는 것으로 시작합니다. 학생들을 2모둠으로 나눈 후, 각 모둠에 A4 용지를 나누어 주고 25개 칸 중 10곳에 '지뢰'를 설치할 위치를 비밀리에 정하게 합니다. 이때 전략이 필요합니다. 상대 모둠이 선택할 만한 경로를 예측하여 지뢰를 배치해야 하기 때문입니다. "첫 번째 줄에는 많이 놓지 말자.", "가운데는 피해 갈 거니까 거기에 설치하자." 등 학생들의 치밀한 작전 회의가 벌어졌습니다.

　본격적인 게임이 시작되면, 한 모둠은 지뢰를 설치한 '수비 팀'이 되어 출발점 뒤편에서 대기하고, 다른 모둠은 지뢰밭을 통과해야 하는 '공격 팀'이 되어 출발선에 한 줄로 섭니다. 공격 팀의 첫 번째 주자가 첫 줄 마커 중 하나를 밟을 때, 수비 팀은 그 위치에 지뢰가 있다면 "펑!" 하고 외치고, 없다면 조용히 있습니다. 지뢰를 밟지 않으면 1초 후 다음 줄로 이동할 수 있지만, 지뢰를 밟으면 맨 뒤로 돌아가야 하고 다음 사람이 도전합니다. 모든 팀원이 무사히 도착지에 도달할 때까지의 시간을 측정하고, 역할을 바꿔 다시 한 번 도전합니다.

　1라운드가 끝나면 난도를 높여 지뢰 개수를 16개로 늘려 2라운드를 진행합니다. 지뢰가 더 많아지자 학생들은 더욱 신중하게 발을 내딛고, 앞서 실패한 친구들의 경로를 기억하며 안전한 길을 찾으려 노력했습니다.

## 수업 준비물

마커 25개, A4 용지, 필기구, 스톱워치

## 활동 순서

1. 마커 25개를 바닥에 5×5 격자 모양으로 배치한다.
2. 2모둠으로 나누고 각 모둠이 칸을 그린 A4 용지에 10개의 지뢰 위치를 비밀리에 정한다.
3. 한 모둠은 수비 팀(지뢰 설치 팀), 다른 모둠은 공격 팀(통과 팀)이 된다.
4. 공격 팀은 1명씩 지뢰밭을 통과하며, 지뢰를 밟으면 "펑!" 소리와 함께 처음부터 다시 시작한다.
5. 모든 팀원이 무사히 통과할 때까지의 시간을 측정한다.
6. 역할을 바꿔 다시 진행하고 더 빠른 시간을 기록한 팀이 승리한다.
7. 지뢰 개수를 16개로 늘려 더 어려운 2라운드를 진행한다.

## 상현달 선생님의 수업 사전

이 활동의 핵심은 '함께 성공하기'입니다. 개인의 실력보다는 팀워크와 기억력, 그리고 전략적 사고가 중요함을 강조해 주세요. 지뢰를 밟아 실패한 학생이 좌절하지 않도록 "괜찮아요. ○○가 확인해 준 덕분에 다른 친구들이 안전한 길을 알 수 있어요!"라고 격려하는 것이 중요합니다. 안전을 위해 마커는 미끄러지지 않는 재질로 준비하고, 학생들이 뛰거나 급하게 움직이지 않도록 천천히 걸어서 이동하게 지도합니다. 지뢰 배치 전략을 세울 때는 "상대방이 어떻게 움직일까요?"라는 질문을 생각하게 하여 상대방의 입장에서 조정하는 능력도 기를 수 있습니다.

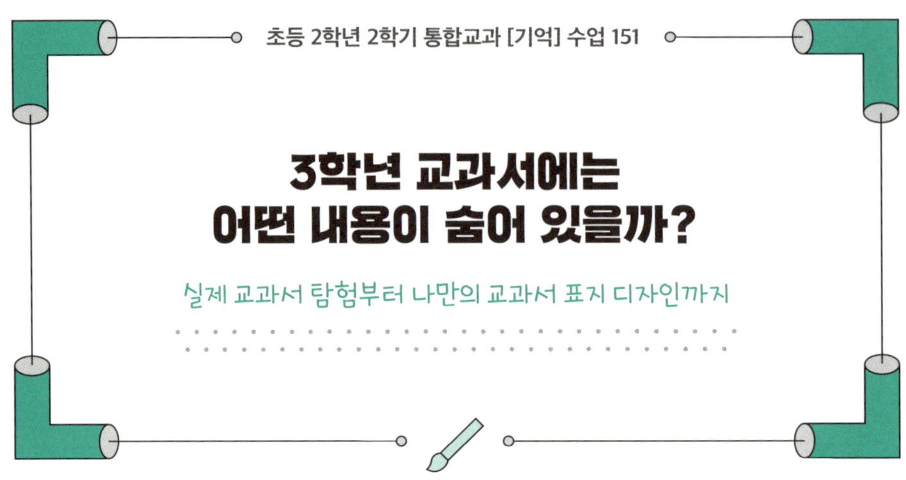

# 3학년 교과서에는
# 어떤 내용이 숨어 있을까?

실제 교과서 탐험부터 나만의 교과서 표지 디자인까지

3학년으로 올라가는 것에 대한 호기심과 기대감이 가득한 2학년 학생들에게, 오늘은 특별한 선물을 준비했습니다. 바로 진짜 3학년 교과서를 직접 만지고 탐험할 수 있는 시간입니다. 교과서 선정을 위해 창고에 보관된 3학년 교과서 여러 권을 꺼내 교실로 가져와 각 모둠에 나누어 주었습니다.

첫 번째 활동은 '3학년 교과서 대탐험'입니다. 학생들은 국어, 수학, 사회, 과학, 영어, 도덕 등 다양한 교과서를 손에 들고 직접 페이지를 넘기며 3학년에서는 어떤 내용을 배우는지 살펴보았습니다. "와, 영어 교과서에 재미있는 그림이 많아!", "과학에서는 실험도 하는구나!" 하고 외치며 발견의 즐거움에 푹 빠진 모습이었습니다.

학생들은 교과서를 탐험하면서 재미있을 것 같은 과목과 구체적인 내용을 학습지에 꼼꼼히 기록했습니다. 2학년 때보다 훨씬 다양하고 깊이 있는 내용을 발견하며 놀라워하는 동시에, 새로운 도전에 대한 설렘을 느끼고 있었습니다.

두 번째 활동은 '나만의 3학년 교과서 표지 만들기'입니다. 여러 교과서의

488

표지 디자인을 참고한 후, 학생들은 자신이 가장 흥미를 느끼는 과목을 하나 선정했습니다. 어떤 학생은 과학을 선택하여 현미경과 실험 도구가 그려진 표지를, 또 다른 학생은 사회를 선택하여 우리나라 지도와 전통문화가 담긴 표지를 디자인했습니다. 학생들은 단순히 예쁘게 꾸미는 것을 넘어, 그 과목에서 배우고 싶은 내용과 자신의 기대를 표지에 담으며 3학년 학습에 대한 구체적인 목표 의식을 갖게 되었습니다.

## 수업 준비물

3학년 교과서 여러 종, 교과서 내용 탐색 학습지, 도화지, 색칠 도구

## 활동 순서

1.  여러 종류의 3학년 교과서를 모둠별로 나누어 받는다.
2.  교과서를 직접 보며 어떤 내용을 배우는지 탐색한다.
3.  재미있을 것 같은 과목과 구체적인 학습 내용을 학습지에 기록한다.
4.  여러 교과서의 표지 디자인을 관찰하고 참고한다.
5.  자신이 가장 흥미를 느끼는 과목을 하나 선정한다.
6.  선정한 과목으로 나만의 교과서 표지를 창의적으로 디자인한다.
7.  완성한 표지를 친구들과 공유하며 3학년에 대한 기대를 나눈다.

## 상현달 선생님의 수업 사전

실제 교과서를 만져 보고 탐험하는 경험은 3학년 진급에 대한 막연한 불안감을 구체적인 기대감으로 바꾸어 주는 강력한 효과가 있습니다. 학생들이 교과서를 볼 때는 '어렵겠다'보다는 '재미있겠다'라는 관점으로 접근할 수 있도록 긍정적인 분위기를 조성해 주세요. 교과서 탐색 시에는 학생들이 자유롭게 여러 교과서를 돌려 가며 볼 수 있도록 하되, 소중히 다루도록 지도하는 것이 중요합니다. 표지 디자인 활동에서는 '어떤 내용을 배우고 싶은가', '왜 이 과목이 기대되는가' 등을 표지에 담아 내도록 격려하여 단순한 미술 활동을 넘어 학습 동기 부여의 시간이 되도록 합니다. 완성한 표지를 교실에 전시하여 3학년 진급에 대한 기대감을 지속적으로 북돋는 것도 좋은 방법입니다.

# 타임머신을 타고 2학년 과거로
# 되돌아갈 수 있다면?

추억 여행 학습지와 마법 같은 우주선 만들기

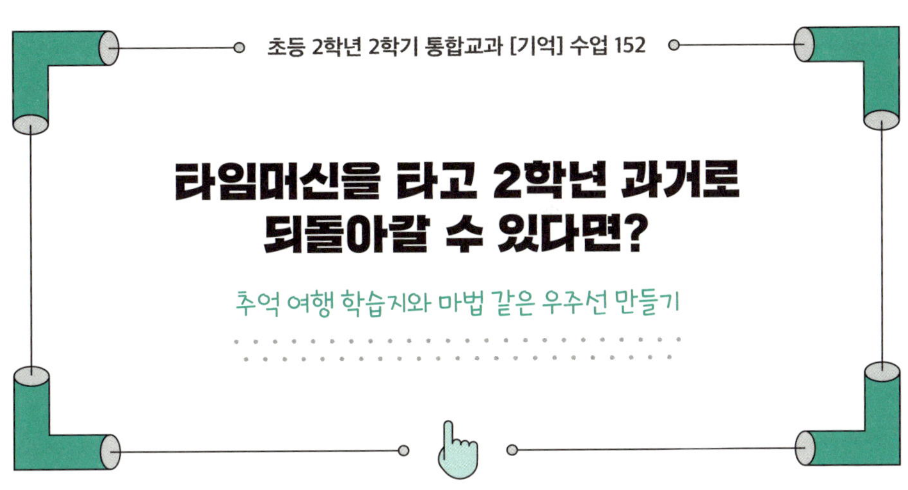

만약 진짜 타임머신이 있다면, 2학년 생활 중 어느 순간으로 다시 돌아가고 싶을까요? 오늘은 학생들과 함께 상상의 타임머신을 타고 소중했던 2학년의 한 순간으로 여행을 떠나 보는 특별한 활동을 진행합니다. 단순한 상상에서 그치지 않고, 실제로 공중에 떠 있는 것처럼 보이는 신기한 텐세그리티<sup>tensegrity</sup>(장력을 이용한 구조체) 우주선을 직접 만들며 과학적 호기심과 추억을 함께 되새기는 시간을 가졌습니다.

첫 번째 활동은 '나만의 타임머신 여행 계획서 작성하기'입니다. 과거로 갈 수 있는 우주선 도안이 그려진 학습지에, 학생들은 2학년의 시간 중 어느 때로 가고 싶은지, 그리고 그 이유는 무엇인지 진지하게 생각하며 기록했습니다. "친구와 처음 만났던 3월로 가고 싶어요.", "체험학습 갔던 날로 돌아가고 싶어요." 등 저마다의 소중한 순간이 학습지 위에 담겼습니다. 학생들은 상상 속 타임머신 우주선에 알록달록한 색을 칠하며 자신만의 특별한 우주선을 완성했습니다.

두 번째 활동은 '진짜 떠 있는 텐세그리티 우주선 만들기'입니다. 학습지 속 상상의 우주선에서 한 단계 더 나아가, 실제로 만질 수 있는 3차원 우주선을 제작했습니다. 우주선 모양의 텐세그리티 키트를 사용하여, 먼저 부품들을 뜯기 전에 색칠부터 했습니다. 색칠을 완료하면 설명서를 보며 하나씩 조심스럽게 조립하고, 가장 중요한 단계인 줄 연결과 길이 조정을 통해 우주선이 공중에 떠 있도록 만들었습니다. 여러 번 실패를 거쳐 드디어 우주선이 떠 있게 되었을 때 학생들의 환호성이 교실을 가득 메웠습니다.

줄의 팽팽한 힘(장력)으로 공중에 떠 있는 우주선처럼, 우리들의 추억도 보이지 않는 끈으로 연결되어 2학년 생활을 아름답게 지탱하고 있습니다. 신기한 과학 원리와 감성적인 추억 여행이 만나, 아이들의 마지막 수업을 잊지 못할 기억으로 남겨줍니다.

## 수업 준비물

타임머신 우주선 학습지, 우주선 텐세그리티 키트, 색칠 도구, 줄, 조립 설명서

## 활동 순서

1. 타임머신을 타고 2학년의 언제로 가고 싶은지, 그 이유와 함께 학습지에 기록한다.
2. 학습지의 우주선 도안을 자신만의 색깔로 예쁘게 칠한다.
3. 텐세그리티 우주선 키트의 부품에 먼저 색을 칠한다.
4. 설명서를 보며 부품을 하나씩 조립하여 우주선을 완성한다.
5. 줄을 연결하고 길이를 세밀하게 조정하여 우주선이 공중에 뜨도록 만든다.
6. 완성한 텐세그리티 우주선의 신기한 원리를 체험하고 친구들과 공유한다.

## 상현달 선생님의 수업 사전

텐세그리티는 'tension(장력)'과 'integrity(통합)'를 결합한 단어로, 압축력과 인장력의 균형을 통해 구조물이 떠 있는 것처럼 보이는 과학 원리입니다. 학생들에게는 복잡한 원리보다는 "줄의 힘이 서로 균형을 이루어 떠 있게 만들어요." 하는 정도로 간단히 설명합니다. 키트 조립 과정에서 가장 어려운 부분은 줄의 길이 조정입니다. 너무 길거나 짧으면 균형이 맞지 않아 떠 있지 못하니, 인내심을 갖고 조금씩 조정하도록 격려하세요. 실패를 두려워하지 않고 여러 번 도전하는 자세가 중요함을 강조하고, 성공한 친구가 어려워하는 친구를 도와주는 협력 분위기를 만듭니다.

# 교실에서 빛나는 순간으로 피어날
# 수업 아이디어, 모으고 또 모아라

이 책은 초등 1학년과 2학년 통합교과 수업에서 활용할 수 있는 다양한 활동 아이디어를 모아 엮은 기록입니다. 지난 18년간 교실에서 학생들과 부딪치며 하나씩 만들어 본 다양한 수업을 정리하면서, 결국 수업은 '완성'된 결과물이 아니라 끊임없이 변화하는 '과정'이라는 사실을 다시금 깨달았습니다. 만족스러워 웃음 지었던 날도, 뜻대로 풀리지 않아 스스로 실망했던 날도 있었지만, 이 모든 순간을 기록하고 고민했기에 어제보다 아주 조금 더 나은 수업을 할 수 있었습니다.

통합교과 수업도 마찬가지입니다. 같은 활동이라도 교실의 풍경, 학생들의 표정, 그날의 공기에 따라 완전히 다른 이야기가 펼쳐집니다. 어떤 날은 준비한 활동이 엉뚱한 방향으로 흘러가기도 하고, 예상치 못한 아이의 말 한마디가 수업 전체를 근사하게 바꾸기도 합니다. 그런 날들이 켜켜이 쌓여 이 책이 되었습니다. 교사의 평범한 일상은 그 자체로 가장 훌륭한 연구 노트가 아닐까요.

이 책에 담긴 아이디어가 그대로 따라 해야 하는 '정답지'가 아니라, 선생님의 교실에서 마음껏 변형하고 재구성할 수 있는 '마중물'이 되기를 바랍니다. 학생들의 흥미 정도, 학교의 환경, 우리 반만의 색깔에 맞춰 마음껏 활동을 비틀고 섞어 보며 시도하기를 기대합니다. 그렇게 선생님의 손을 거쳐 새롭게 태어난 수업은 책 속에 머물러 있던 글자들을 교실 속 빛나는 순간으로 피어오르게 할 것입니다.

선생님들의 풍성한 수업 준비를 돕기 위해, 이 책에 소개된 모든 활동의 학습지 자료를 제가 만든 '상현달 전쌤' 블로그에 모아 두었습니다. 이 블로그에 정리된 목록에서 필요한 학습 자료를 쉽게 찾을 수 있으니 선생님의 학급 상황에 맞춰 자유롭게 다듬어 사용하면 됩니다. 다음 페이지의 QR 코드나 웹사이트 주소를 통해 연결된 자료가 선생님의 수업 고민을 덜어 주는 든든한 보탬이 되었으면 합니다.

무엇보다 이 책을 읽는 선생님들이 수업을 기록하고 고민하는 교사가 되기를 진심으로 권합니다. 완벽한 수업을 위해서가 아니라, 오늘의 시행착오가 내일의 성장으로 이어지기 위함입니다. 짧은 메모, 사진 한 장이라도 좋습니다. 기록하고 돌아보는 습관은 어느새 선생님만의 단단한 수업 철학을 만들어 줄 것입니다. 저 또한 여전히 배우고 기록하며, 더 나은 수업을 향해 걸어가겠습니다.

앞으로의 학교가 정답을 빨리 찾는 아이들보다, 함께 놀고 질문하며 깊이 생각할 줄 아는 아이들을 기르는 곳이 되기를 소망합니다. 통합교과 수업이 지식 전달을 넘어, 학생들이 자기 삶과 주변 세계를 사랑하게 만드는 따뜻한 통로가 되기를 바랍니다. 그 길 위에서 이 책이 잠시 숨을 고를 때마다 꺼내 볼 수 있는 작은 동반자가 된다면 더 바랄 것이 없습니다.

끝으로, 오늘도 교실에서 학생들과 함께 치열하게 고민하고 성장하고 있는 모든 선생님에게 깊은 존경과 응원을 보냅니다. 우리의 크고 작은 도전이 서로에게 상처가 아닌 성장의 흔적으로 남기를 바라며, 이 책의 마지막 장을 덮는 순간이 선생님만의 새로운 수업을 향해 한 걸음 더 내딛는 설레는 출발선이 되리라 기대합니다.

★ '상현달 전쌤' 블로그 학습지 다운로드 바로 가기
https://blog.naver.com/bbunbbun3/224057804782